대학과 자본주의 국가

대학과 자본주의 국가

지은이 | 클라이드 W. 바로우
옮긴이 | 박거용

초판인쇄 | 2011년 1월 10일
초판발행 | 2011년 1월 17일

발행인 | 손자희
발행처 | 문화과학사
출판등록 | 제1-1902 (1995. 6. 12)
주소 | 120-831 서대문구 연희동 421-43호
전화 | 02-335-0461
팩스 | 02-335-0461
e-mail | transics2@gmail.com

값 23,000원

ISBN 978-89-86598-96-4   93300

문화과학 이론신서 60

대학과 자본주의 국가:

기업자유주의와 미국 고등교육의 개조, 1894-1928

클라이드 W. 바로우

박거용 옮김

문화과학사

차 례

그림표 목록

표 목록

감사의 글

우리가 자신들의 노동을 책이라는 상품생산으로 기여하고 있는 많은 사람들을 인정할 때, 요즘 대학이 하는 작업의 산업적인 특성은 가장 즉각적으로 분명하게 드러난다. 지적 노동과정은 이제 국가적이며 심지어 지구적 규모에서 일어나고 있는 사회화된 진정한 집단적인 노력이다. 이 과정은 대학교수에게는 종종 보이지 않게 도움을 주는 사람들의 여러 가지 종류의 노동, 직업적 기술, 사무적 지원 그리고 행정적 서비스를 필요로 한다. 그렇기 때문에, 이 책을 결과물로 내놓은 생산과정의 필수적인 구성요소로서 많은 익명의 사람들을 처음부터 인정해야만 한다.

물론 또한 나는 내가 이름을 알고 있는 사람들에게도 많은 각별한 빚을 지고 있다. 로스앤젤레스 소재 캘리포니아 대학교(UCLA) 정치학과의 두 분의 현직교수와 한 분의 전직 교수는 특별히 언급할 만하다. 리차드 애쉬크래프트 R. Ashcraft 교수의 만하임 Mannheim의 『이데올로기와 유토피아』에 관한 1981년 세미나는 이 책을 위한 최초의 영감이었다. 20세기 맑시즘에 관한 이 세미나와 그 이후의 세미나에서, 내가 맑스의 이데올로기 문제, 그람시의 유기적 지식인 이론, 그리고 이것들과 만하임의 지식사회학과의 관계를 검토했던 일련의 소논문들을 쓰게 되었다. 이 논문들은 이데올로기 문제를 추상적인 인식론적 논제로부터 지식인, 사회구조 그리고 국가 간의 사회 제도적 관계에 중점을 둔 구체적인 정치적 문제로 이동시키면서 만하임에게 매우 많이 의존하였다. 나는 이 논문들을 쓰고나서 나로 하여금 미국 지식인 계급 형성의 정치 경제를 파헤치도록 했던 박사학위논문 연구계획을 개발하였다. 애쉬크래프트 교수는 1984년에 정치학 박사학위논문으로 처음에 완성되었던 이 작업을 그 후에 지도하였다. 내 학위논문의 최초의 지도교수였던 오렌 K. Orren도 역시 미국 정치발전과 제도화된 정치경제에 대한 그녀의 엄청난 지식을 제공해 주었다. 그 여교수의 비판적 조언은 내가 국가에 대한 이론적 접근을 역사적이며 제도적인 분석과 통합하면서 달성하고자 했던 실질적인 성과에 영향을 미쳤다. 1982년에 스코로네크 S. Skowronek가 제시했던 미국사회제도 발전에서 행정정치의 역할에 관한 세미나에서 제기되었던 문제들은 내가 국가를 개념화하는 데 영향을 주었다.

텍사스 A&M 대학 정치학과에서 2년간 연구하는 동안에, 나는 정치적 지도력의 문제들에 대한 그 학과교수들이 최근 보여준 집중적 관심의 수혜자이기도 하였다. 그래서 나는 나를 이 대학교로 인도해준 포티스 E. Potis와 위긴스 C. Wiggins에게 빚을 지고 있다. 나는 초년 객원 교수인 나에게 그 성장하는 학과의 모든 자원들을 이용 가능하게 해준 존스 B.D. Jones에게 꼭 감사를 해야겠다. 돌이켜보면 그것은 최근 작업이 현재 형상과 상당히 비슷한 모습을 드러냈던 마치 인민주의자 Populist의 고립된 섬과 같았다. 보이어 P.S. Boyer와 애플 M.W. Apple은 초기 원고의 수정본을 그 이후에 읽어주었다. 그 두 분은 모두 실제적으로 향상된 최종본을 만들어낸 비판적인 제안들을 해주었다.

나는 또한 나 같은 이방인을 위해 따분한 연구를 해줄 정도로 너그러웠던 분들에게도 감사를 드려야겠다. 이 기록 보관자들이라는 산업군(나는 이들로부터 무임금 노동의 형태로 약간의 잉여가치를 얻어냈다)은 3장을 완성하도록 해주었던 숨겨진 전기적 정보를 나에게 제공해주었다. 이 가운데에는 하버드 대학교 사료 보관소 부소장 멜로니 B.S. Meloni, 뉴저지 역사학회 도서관 조수 알레그리니 M. Allegrini, 럿거스 대학교 사료 보관소 한센 J. Hansen, 드럭셀 대학교 대학 기록

보관자 프레스톤 A. Preston, 미시시피 대학교 기록 보관자 베리치 T. Verich 박사; 텍사스 A&M대학교 대학교 기록 보관자 슐츠 R. Schultz, 텍사스 주립 도서관 사료 보관소 연구조수 비맨 C.J. Beeman, 인디애나 대학교 사료 보관소 두 기록보관자 짐크 C.F. Ziemke, 워싱턴 대학교 퍼시픽 노스웨스트 소장품 사서 존슨 A.F. Johnson, 바싸 대학 희귀도서와 원고 관리자 브로위 L. Browar, 릴리군 카운티(캔자스주)역사학회 기록보관자 콜린스 D.C. Collins와 이사 댈러스 J.C. Dallas, 사우스다코다 주립대학교 참고 도서장 스테펜슨 M.B. Steffenson, 사우스다코다 피메르의 역사자원센터 소장 카나데이 D.W. Canaday, 아이오와 주립 역사학회 사서 로프린 K. Laughlin, 워싱턴 주립대학교 기록 보관자 에브라함 T. Abraham, 메사츄세스 대학교 암허스트 기록 보관소 조교 밀류스키 M.F. Milewski, 그리고 시카고 역사학회, 네바다 역사학회 그리고 캔자스 주립대학교 기록 보관소에 있는 아직도 이름을 알 수 없는 몇몇 분들이 있다.

버팔로 소재 뉴욕주립대학교 대학교 기록 보관소 소장 피네간 S. Finnegan은 내가 카펜 문서들 the Capen Papers을 검토할 시간이 거의 없을 때, 곧바로 그것들을 내가 이용할 수 있을 정도로 만들 만큼 관대하고 유능하였다. 깁스 P. Gibs와 맥닐 C. McNeil은 이 원고의 최종본을 완성하는 데 필요했던 자료들을 찾는 데 매우 많은 도움을 주었다. 나는 미국 국립 보관소로 갔던 나의 자료연구 여행을 효과적으로 만들었던 선행 작업에 대해선 수엔 C. Suen에게 감사드린다. 박카로 J. Vaccaro는 그녀의 기술적인 지원을 해주는 데 있어서 예의적으로 협조적이었다. 그녀의 노력은 내가 가지고 있는 학문적 자본을 더욱 최근의 기술적 혁신들을 이용해 재편성하는 것을 손쉽게 해주었다. 그녀는 또한 최종 원고의 긴요한 부분들을 그렇지 않더라면 영원히 상실되었을 천당과 지옥의 변방으로부터 구출해 내기도 하였다.

국립 기록 보관소로 가는 자료연구 여행에 대한 재정 지원은 UCLA 정치학과에 지급된 1983년 학회 연구 보조금에서 나왔다. 그 당시에 학과장이었던 시쓴

R. Sisson 교수에게 꼭 필요한 때에 그 기금을 사용할 수 있도록 해준 데 대하여 감사를 해야겠다. 이 기금은 캘리포니아 대학교 사무처장의 1983년 겨울과 1984년 가을의 특허 기금에서 지급된 두 개의 연구보조금에 의해 보충이 되었다. 사우스 이스턴 매사추세츠 대학교 연구위원회에서 나온 자료연구 여행 보조금은 내가 1987년 10월에 카펜 문서들을 검토할 수 있도록 해주었다. 이 연구보조금 모두가 5장과 6장의 핵심을 구성하는 기록보관소의 자료들을 축적하는 데 실질적으로 이바지하였다.

마지막으로 나는 내 작업의 별난 요구사항들을 이해해 주었던 나의 아내 트리니 Trini에게 감사한다. 이 기획에 대한 그녀의 관심과 지원은 이 책을 완성하는 데 꼭 필요했다. 물론 여기에는 나름대로의 방식으로 기여를 해준 많은 친구들과 동료들도 있다.

줄임말들

AAUP	American Association of University Professors	미국대학교수협의회

AAUP   American Association of University Professors   미국대학교수협의회

ACE   American Council on Education   미국교육자문위원회

AEA   American Economic Association   미국경제학협의회

AFL   American Federation of Labor   미국노동총연맹

AFT   American Federation of Teachers   미국교원연맹

APSA   American Political Science Association   미국정치과학협의회

ASS   American Sociological Society   미국사회학학회

AAC   Association of American Colleges   미국대학협의회

BLS   Bureau of Labor Statistics   노동통계청

BMR   Bureau of Municipal Research   시영연구국

CFAT   Carnegie Foundation for the Advancement of Teaching   교육향상을 위한 카네기재단

CCP   Committee on Classification of Personnel   인사분류위원회

CEST   Committee on Education and Special Training   교육과특별훈련위원회

CEE   Committee on Engineering Education   공학교육위원회

COPI   Committee on Public Information   공공정보위원회

CND   Council of National Defence   국방위원회

ECE   Emergency Council on Education   비상교육위원회

GEB   General Education Board   일반교육이사회

ILL   Intercollegiate Liberal League   대학간자유주의연맹

ISS   Intercollegiate Socialist Society   대학간사회주의자협회

LID   League for Industrial Democracy   산업민주주의연맹

NAS   National Academy of Sciences   국립과학원

NA   National Archives   국가기록보관소

NDA   National Defense Act of 1916   1916년 국가방위법

NEA   National Education Association   미국교육협회

NHSB   National Historical Service Board   국가역사봉사이사회

NRC   National Research Council   국가연구위원회

NSL   National Security League   전국안전보장연맹

NPL   Non-Partisan League   초당파연맹

ROTC   Reserve Officer Training Corps   예비역장교훈련단

SSRC   Social Science Research Council   사회과학연구위원회

SEB   Southern Education Board   남부교육위원회

SPEE   Society for the Promotion of Engineering Education   공학교육증진학회

SATC   Student Army Training Corps   학생육군훈련단

USBE   United States Bureau of Education   미국교육국

USDA   United States Department of Agriculture   미국농무부

USDW   United States Department of War   미국국무성

국가, 자본 그리고 대학(지식인) 간의
상호관계에 대한 성찰

박거용

1.

현재 미국대학교 교수협의회(AAUP) 회장인 일리노이 대학교(어바나-샴페인 소재) 영문학 교수인 넬슨Cary Nelson은 1997년 「정년보장받은 진보 교수의 선언」에서 학문 공동체 진영, 특히 대학원생, 시간강사, 그리고 캠퍼스 노동자들의 개량화를 개탄했고 미국 대학 교육의 기업화를 비판하면서 조교노조화를 지지한 바 있다. 2년 뒤 넬슨은 인디아나 대학교 문화연구와 영문학 교수인 와트Stephen Watt와 함께 엄청나게 풍자적이고 냉소적이며 비판적인 사전인 *Academic Keywords*[1] 를 출간하는데, 그 책에서 "기업형 대학교 Corporate University"를 다음과 같이 정의 내린다.

1. 기업들을 위하여 계약 임무를 수행하는 대학교들
2. 기업들과 재정 제휴를 맺은 대학교들
3. 교육과정과 학위 프로그램들을 기업의 채용 요구에 맞도록 설계한 대학교들
4. 기업이 지원한 프로그램들, 연구원 장학금 그리고 교수진 채용 방침을 받아들임으

---

[1]_ Cary Nelson, Stephen Watt, *Academic Keywords: Devil's Dictionary for Higher Education* (New York: Routledge, 1999).

써 교육과정과 프로그램 개발에 대한 기업의 영향력을 눈감아 주는 대학교들

5. 이윤 추구적인 기업의 가치관을 채택한 대학교들

6. 기업식 경영과 회계 기법들을 채택한 대학교들

7. 자신들 사업의 일부를 기업들에게 효과적으로 판매하는 대학교들

8. 교수진이나 직원의 시간을 기업들에게 판매하는 대학교들

9. 많은 급여를 주는 고문으로 교수들을 채용하고, 연구에 재정지원을 하는 기업들이 교수 구성원들을 흡수한 대학교들

10. 교수/직원 노동의 산물을 팔기 위해 기업들과 계약을 맺은 대학교들

11. 학생들과 직원들에게 기업문화를 주입하는 대학교들

12. 그 최상위 지배층(이사회)을 기업의 경영간부들이 지배하는 대학교들

다소 중첩되는 사항들이 있지만, 이러한 정의에 따르면, 미국 대학교들은 물론이고 우리나라 대학교들 가운데서도 '기업형 대학교'가 아닌 대학이 있을까? 특히 최근 우리나라 대학교에서 미국 대학교들을 무조건 모방하면서 산학협동을 지나치게 강조하고, 기업의 경영간부들과 전직 정부관료들을 이사나 총장으로 영입하고, 기업식 경영과 회계 기법을 경쟁적으로 도입하는 지배적인 경향을 볼 때, 우리나라의 모든 대학교들이 기업형 대학교로의 구조조정을 지상과제로 삼고 있다고 해도 과언이 아니다.

또 미국의 유명한 사회학자인 아로노비츠Stanley Aronowitz도 *The Knowledge Factory*[2]에서 미국 대학교가 고등교육기관이 아니라 후기중등 교육기관화가 되어 직업 훈련학교와 다를 바 없는 "지식 공장"으로 전락했음을 비판하면서, 그와 같은 기업형 대학교를 해체하지 못한다면 의사결정이 중앙집중화된 영리목적대학(For-Profit University)이 될 것이라고 경고했다.

2_ Stanley Aronowitz, *The Knowledge Factory: Dismantling the Corporate University and Creating True Higher Learning* (Boston: Beacon Press, 2000).

한편 이 책의 저자인 바로우는 「미국 고등교육에서 합리성 위기」(2009)라는 최근 논문에서 20세기를 거치면서 선진 자본주의의 많은 긴장들과 모순들이 대학으로 옮겨졌다고 주장한다. 왜냐하면 대학은 이데올로기 국가장치의 중요한 요소로서 법적·정치적·재정적으로 이제 국가에 직접 부속되었기 때문이다. 그래서 대학 및 대학교는 자본의 확대재생산을 지지하는 3가지 기능(인력훈련과 고급노동력 개발/과학기술이전/미국 이데올로기의 함양·촉진)에 대한 책임을 더욱 더 많이 떠안게 되었고, 그 결과 고등교육은 국가의 전반적인 유지기능에서 점점 더 중요한 역할을 하는 생산의 사회비용이 되었다. 그래서 이데올로기 국가장치의 한 요소로서 대학교는 국가의 재정위기의 원인이자 해결책으로 그 위기에 연루되었다. 따라서 바로우는 사유자본축적 촉진(자본주의 기능)과 민주적인 정치적 합리화 유지(대중접근성) 간의 모순되는 긴장이 정치적이고 문화적인 하위체계 안으로부터 위기 경향들을 만들어내고 있다고, 그 경향들은 고등교육체제를 포함한 국가장치들의 붕괴에서 드러나는 합리성 위기로 이제 주목할 만하게 되었다고 주장한다.

　이상의 현대 대학교에 대한 비판적인 진단에 입각해서 볼 때, 미국 대학교들이 기업의 경영논리를 계속 모방한다면, 넬슨과 와트는 가까운 미래에 미국 대학교들이 영리를 목적으로 설립된 피닉스 대학교처럼 될 것이라고 '악마의 사전'답게 예측하였다. 미국의 피닉스 대학교는 1976년에 설립되어서 미국 39개주에 산재해 있는 200여개의 학교 캠퍼스(강의실)에서 32만 5,000여 명의 학부생을 두고 있다. 이 대학 교수진의 95%는 시간강사이며, 기숙사·도서관·체육시설이 없는 것은 물론이고, 비용은 최소화하고 매출은 최대화한다는 목적을 가지고 동일한 완제품을 판매하는 것처럼 200여개 캠퍼스에서 동일한 강의를 하고 있다.

　넬슨과 와트는 현재 미국대학의 기업화를 저지하지 못한다면 다음과 같은 '기업형 대학의 지배 원리'가 미국 전역의 대학교들의 미래를 좌지우지할 것이라고 매우 냉소적으로 예측한다.

1. 학생 소비자는 항상 옳다.

2. 계약 교수진은 항상 쾌활하고 친절한 품행을 유지해야 한다.

3. 계약 교수진은 학생 소비자들에게 도전하거나 그들을 위협하거나 또는 당황하게 하는 일을 피해야 한다.

4. 모든 과목들은 명백하고 보편적으로 이룰 수 있는 목적에 기초해서 학점을 매길 것이다. 수월성과 질이라는 분할 가능한 통념들은 소비자 수행을 평가하는 데 아무런 역할을 하지 못할 것이다.

5. 교수진 노동의 모든 생산물은 기업의 재산이다.

6. 경고 없는 계약 종료가 교수진의 무반응이나 불복종에 대해 유효하다.

7. 모든 교수진 구성원들에게 과목의 교수 요목과 교과서가 무료로 제공된다. 과목 내용에 대해서는 경영진이 책임진다.

8. 모든 교수진은 추정상으로 과잉 상태에 있다. 그들의 봉사에 대한 필요는 매 학기마다 재평가될 것이다.

9. 모든 교수진은 기업의 사명에 그들이 어떻게 더 잘 복무할 수 있는가에 대한 상세한 보고서를 매년 제출해야만 한다.

10. 모든 교수진 구성원들은 이 원칙들을 받아들이면 완전한 학문의 자유를 가질 것이고 그렇지 않으면 사직해야 한다.

너무나 끔찍한 대학교의 미래상이기 때문에, 더 이상 생각하기도 싫을 지경이다. 그러나 이러한 미래상이 현실화되고 있는 지금 교수, 학생, 직원을 포함한 대학인들의 사명은 더욱 커져가고 있는 것 또한 사실이다.

2.

앞에서 살펴보았듯이, 대학의 기업화, 대학의 지식공장화 그리고 선진자본주의 모순의 대학교로의 이전 등에 대한 비판이 현재 대학교들에 대한 성찰과 반성의 결과라면, 이러한 3가지 경향의 기원을 탐색한 이 책은 제목이 말하듯이 1894년부터 1928년까지 기업 자유주의가 득세하는 과정과 1차 세계대전을 치르면서 미국 고등교육이 재건 또는 개조되는 과정을 정치적, 경제적 그리고 교육적 관점에서 분석한 것이다. 그러나 정치학자인 저자 바로우는 "대학과 자본주의 국가"라는 제목에서 대학과 국가를 당위적으로 대당관계로 설정했지만, 실제로는 기업의 영향력이 더욱 커져가는 자본주의 국가인 미국 안에서 대학의 변천사를 다루고 있다. 바꾸어 말하면, 이 책은 대학이 재정적인 면과 행정적인 차원에서 기업이 강조하는 사회적 효율성 논리에 종속되는 과정 그리고 대학이 이데올로기적인 면과 군학복합체 형성과정에서 국가에 종속되는 과정을 보여주고 있다고 할 수 있다.

미국 대학교의 근대화 시기라 할 수 있는 1894년부터 1928년 사이에서 이 책의 이해를 위해 언급해야 할 몇 가지 미국 역사와 사회의 특성을 간단히 설명하면 다음과 같다.

우선 미국은 많은 다른 나라들과는 달리 교육체제가 분권화되어 있다는 점이 중요하다. 교육 업무의 대부분이 주정부나 주 산하에 있는 지방정부가 결정하여 집행하고, 연방정부의 역할은 연방정부에 교육부가 생기기 전인 이 시기에는 거의 없었다고 할 수 있다. 실제로 미국의 초기 헌법에는 교육에 대한 어떠한 언급도 없으며, 1867년에 일시적으로 연방교육부가 만들어졌으나, 대부분의 주들이 이의를 제기하여 곧바로 교육청(Office)으로 격하되었다. 따라서 교육청(이 책에서는 교육국[USBE])은 내무부에 소속이었다가 그 후 보건교육후생부 장관 관할 하에 있었다. 1980년이 되어서야 연방정부의 교육정책 부서로 교육부가 발족되었다. 이 연방정부 교육부는 당시 지미 카터 대통령이 자신을 지지해 주었던 교원노조에 대한 보답 차원에서 설립되었다고 하는데, 교육부는 법제상 교육에 관한 권한이 주정부에 귀속되어 있기 때문에 현재는 교육에 관한 재정지원과 교육 및 서비스기관으로서 기능을 수행하고 있다.

다음으로, 연방정부 차원의 교육부가 이 시기에 없었기 때문에, 막강한 재력을 가진 카네기 교육재단(CFAT)와 록펠러가 설립한 일반교육재단(GEB)이 전국적으로 막강한 영향력을 이 시기에 발휘할 수 있었고, 그래서 사회적 효율성을 강조하면서 미국의 대학을 기업형으로 개조하는 터전이 마련되었다고 할 수 있다.

여기서 언급되는 기업자유주의Corporate liberalism는 1960년대 미국의 뉴 레프트 진영의 역사가들이 19세기 말과 20세기 초 '혁신의 시대'에 진행된 미국 자유주의적 개혁의 성격을 규명하기 위해 고안하여 사용한 개념인데, 이는 '기업들만의 자유주의'라는 그 자유주의의 보수성을 비판하는 용어라고 할 수 있다. 즉 기업자유주의는 기업과 정부의 유착, 형식적인 사회복지입법, 타협적인 자본-노동관계를 구축하여 미국의 사회·경제적 질서를 기업중심의 질서로 통합하는 역할을 수행하는 이데올로기라고 할 수 있다.

마지막으로 언급해야 할 점은 이 미국 대학교의 근대화 시기에 1차 세계대전이 있었고, 이로 인하여 미국 대학교들이 전쟁준비를 위하여 동원되었다는 점이다. 군산학복합체와 군학복합체를 개발하기 위하여 교수들과 학생들이 동원되었던 것은 물론이고, 이데올로기적으로도 대학교들이 활용되었던 것이다.

3.
다시 말해서, 이 책에서 다루는 1894년과 1928년 사이에 연방정부 차원에서 교육부가 없었다는 점, 기업자유주의가 득세하면서 대학에 대한 간섭과 통제가 시작되었다는 점, 그리고 1차대전으로 인하여 교수와 학생들이 여러 형태로 전쟁준비를 위해 동원되면서 대학이 이데올로기 국가장치로 구축되었다는 점을 배경으로 해서 볼 때, 이 책의 내용은 다음과 같이 간략하게 요약될 수 있다.

우선 이 시기에 대학에 대한 통제가 종교적 권위로부터 세속적인 권위, 즉 기업 간부들과 변호사들로 이전되었으며 그와 함께 대학교 실태조사운동이 전국적으로 전개되면서 효율성의 관점에서 대학의 산업화가 시작되었다.

다음으로 1차 세계대전의 발발과 함께, 대학이 이데올로기 국가장치의 중요한 요소가 되었으며 또 군학복합체 또는 군산학복합체가 설립되었다.

끝으로 이 시기에 교수들은 전문직 프롤레타리아로 전락하면서 대학 자율이 축소되고 많은 교수들이 해직되면서 학문의 자유도 정년보장 문제에 파묻혀서 많은 제한을 받게 되었다는 것이다.

이 책의 저자 바로우는 1894년부터 1928년까지의 시기에 발생했던 것과 유사한 성격의 사건들이 1929년부터 1962년까지 반복되면서 위에서 요약한 3가지 경향들이 더욱 강화되었으며 또 1963년부터 그 3번째 주기가 시작되었다고 주장한다. 이 3번째 주기에도 앞의 두 주기들과 마찬가지로, 교육과정, 교육기관의 사명, 그리고 교수의 연구가 자본축적과 국방의 필요에 밀접하게 통합되게 되었다고 판단한다.

그래서 바로우는 대학과 교수의 상대적 자율성이라는 개념으로 절대적 자율과 전체주의적 통제 사이에서 국가와 자본 그리고 대학(지식인) 사이의 상호관계를 설명하면서 교수노조가 현 미국 대학의 체제를 변혁할 수 있는 가능성을 가지고 있음을 암시하고 있다.

이 책의 저자 바로우 Clyde W. Barrow는 UCLA에서 정치(과)학 박사학위를 받았으며, 이 책이 출판된 1990년 당시 사우스이스턴 매사추세츠 대학교의 정치(과)학 조교수였으며, 현재는 매사추세츠 다트머스 대학교 UMass Dartmouth의 공공정책학과에 재직 중이다. 그는 정치이론(특히 국가이론), 정치경제 그리고 공공정책(특히 고등교육정책) 등에 관심을 가지고 많은 논문을 쓰고 있으며, 저서로는

Critical Theories of the State: Marxist, Neo-Marxist, Post-Marxist (1993)

More than a Historian: the Political and Economic Thought of Charles A. Beard (2000)

Implicating Empire: Globalization and Resistance in the 21st Century World Order (2003, 공저)

Globalization, Trade Liberalization, and Higher Education in North America: the Emergence

of a New Market under NAFTA (2003, 공저)

Class, Power and the State in Capitalist Society: Essays on Ralph Miliband (2008, 공편) 등이
있다.

4.

이 책은 원래 국립대학교 기업화의 첨병격인 "서울대 특수법인화"가 구체적으로 거론되기 시작하던 2008년에 서울대 서양사학과 최갑수 교수의 제안에 의해서 번역작업이 시작되었는데, 2010년 말에 서울대 특수법인화법이 결국 통과되고서야 출판을 하게 되었다. 이 모두 본인의 게으름과 무능 탓이라고 할 수 밖에 없다.

책을 번역하는 과정에서 동국대학교 사학과(미국사 전공) 양흥석 교수가 많은 도움을 주었다. 양교수는 원고도 꼼꼼히 읽고 역주를 다는 데 많은 도움을 주었다. 또 원고를 정리하는 과정에서는 한국대학교육연구소 식구들과 상명대학교 영어교육과 조교들이 많은 노력을 기울여 주었다. 모두들에게 감사한다는 인사를 전한다. 모쪼록 번역 과정에서 알게 모르게 저지른 실수도 상당수 있을텐데 빠른 시일 내에 교정할 수 있기를 바란다.

2011년 1월 2일
북한산 우이암을 바라보며

서장

　미국 맑시스트 이론가들 사이에서 요즈음 부상하고 있는 합의 사안이 있는데,
선진 자본주의사회에서의 정치 발전을 자본주의와 민주주의의 서로 모순되는 요
구들을 중재하려는 지속적인 노력으로 설명할 수 있다는 것이 그것이다.[1] 한편,
자본주의 경제 틀 안에서 경제 발전을 증진하는 국가 정책들은 사적 자본축적의
시장 규칙들을 계속해서 따라야만 한다. 정치와 시장 간 분할은 그래서 국가 엘리
트와 자본가들 사이의 자연스런 협력을 촉진한다.[2] 자본이 사적 재산인 곳에서
성장 전략을 성공시키고자 한다면 국가 엘리트들은 자본가계급이 애호하는 것에
특권화된 지위를 필연적으로 부여해야만 한다. 특히 현대 영리법인기업Corporation
(이 단어는 사단법인, 유한주식회사 등으로 번역되지만, 여기서는 영리법인 기업
과 비영리법인 교육기관의 구분을 확실히 하기 위해 영리법인으로 옮기려고도
생각했으나 편의상 기업으로 옮긴다 - 역자) 시대에, 그 정치적 결과들은 자본가
계급 - 심지어 직접적으로 통치하지 않을 때에도 지배하는 - 이다.[3] 반면에, 19세

1_ Bob Jessop, The *Capitalist State* (New York: New York University Press, 1982); Martin Carnoy,
　The State and Political Theory (Princeton: Princeton University Press, 1984); Samuel Bowles and
　Herbert Gintis, *Democracy and Capitalism* (New York: Basic Books, 1986; and cf Robert Dahl,
　A Preface to Economic Democracy (Berkeley and Los Angeles: University of California Press, 1985).

2_ Charles Lindblom, *Politics and Markets* (New York: Basic Books, 1977); Stephen L. Elkin, *City
　and Regime in the American Republic* (Chicago: University of Chicago Press, 1987).

3_ Fred L. Block, "The Ruling-Class Does Not Rule: Notes on the Marxist Theory of the State,"
　Socialist Revolution 7, no. 3 (1977): 6-28.

기 말과 20세기 초의 민주주의 운동의 출현은 국가로 하여금 평등주의적 재분배라는 모순되는 전략들도 동시에 추구하도록 강요하였다. 이 후자의 요구는 민주적이고 민중적 합법성에 대한 주장을 유지하기 위해 필요하게 되었다. 사회 세력의 이러한 균형과 연관되어 있는 모순적인 정책들은 수십 년 동안에 자유주의 국가로 제도화된 불안정한 합의를 확립하였다.

그러나 주기적인 경제위기가 지속되는 현실은 이 상호모순적인 요구사항들을 효과적으로 중재할 수 있는 국가 엘리트의 능력에 지속적으로 이의를 제기하고 있다. 진보적인 정치적 합의 안에서 이러한 요구들의 보류 상태는 통제된 경제성장이라는 조정된 전략에 의존해 왔으며 또 여전히 의존하고 있다. 경제성장은 사적 자본축적(즉, 이윤과 기업의 재투자)을 유지하고 또 동시에 대부분의 시민에게 일반적인 생활수준이 계속해서 상승하도록 촉진하는 재분배 정책을 가능하게 할 정도로 충분해야만 한다. 따라서 자본주의 경제 내에서 여전히 주기적으로 다시 나타나는 순환적 축적 위기는 심지어 선진 자본주의사회 안에서도 계속되고 있고 그래서 항존하는 계급투쟁이라는 유령을 출현시킨다.

이 투쟁의 사회제도상의 결과는 계급 갈등을 관리하려는 목적을 가진 다양한 경제적·사회적 정책들을 통하여, 자본주의의 근본적인 경제위기를 국가로 점진적으로 이전시켜온 것이었다. 자유주의 국가는 다양한 생산 비용을 사회화함으로써만이, 그것도 주로 사회투자로 합리화되는 재정 정책과 지출 프로그램들을 통하여 사적(즉, 대기업의) 축적의 필요 수준을 역설적이게도 조성할 수 있었다. 그러나 사회를 위한 자본의 배치, 이용 그리고 그것의 장기적 결과에 관한 실질적 결정은 사적 영역에 머물러 왔다. 그래서 민주적인 국가들은 사유재산 제도를 그대로 놔둔 채 이러한 결정들의 사회적이며 환경적인 결과들을 시정하라는 시민들의 요구 또한 만족시켜 주어야만 한다. 우리가 지난 세기 동안에 자본주의 국가의 정치적 발전에 대한 설명을 발견하는 곳은 바로 이 두 개의 사건 즉 위기의 이전과 조정에서이다.[4] 이 두 경우에 있어서, 정치 발전의 진보적 전략은 국가

안에서 재정적이며 정치적 긴장을 증폭시키는 결과를 초래했던 관료에 의한 사회적 · 경제적 통제의 보다 간섭주의적 정책들에 의해 주로 특징지어졌다. 그래서 이러한 갈등을 일으키는 요구들을 민주적으로 정치적으로 해결하기 위해서는 사회로부터 재원을 짜낼 수 있는 국가 능력의 지속적인 팽창, 국가의 관료적이며 행정적인 역량의 증대, 그리고 사회 통제를 위한 제도의 강화가 요청되었다.[5]

따라서 개념상으로 국가와 정치권력은 단순하게 정부에 대한 고전적 정의와 더 이상 동일시될 수가 없다.[6] 국가는 다양한 독립적인 사회제도의 중심기구들로부터 정책을 공식화하고 통제적인 권위를 행사하며 또 사회 통제를 지원하는 서로 중첩되는 공적인(그리고 심지어 명목상으로는 사적인) 공동단체들로 이루어진 사회 · 산업 복합체가 되었다. 이 매트릭스는 이제 국가행정, 법정체제, 직업 경찰 · 군대 · 지식인 집단, 이익집단, 정당, 전문공동단체, 교사, 교육기관 그리고 대중매체를 포함하는 상대적으로 자율적인 사회기구 진용을 포괄한다. 게다가 이 다양한 기구들의 복잡성과 상대적 자율성이 점증하기 때문에 정치 발전에 대한 구체적인 이해를 위해서는 특정 사회 제도와 또 그와 연관된 정책 형성에 대한 분석에 더욱 집중하는 제도적 접근방법을 채택해야만 한다.

그런 접근 방법에 대한 요구는 최근의 비교 연구—관료의 통제 정도와 유형뿐만 아니라 사회 투자의 실질적 비율과 형태들이 재투자, 재분배 그리고 그 파급효과들을 실제 계급갈등과 국가권력의 현 발전 수준에 의해 정치적으로 결정되는 수준에서 유지하려는 필요에 의해 대체로 결정된다는 점을 분명하게 논증하는—에 의해 강화되고 있다.[7] 그 결과로, 개별 국가 그리고 그 국가들 내의 관련

4_ James O'Connor, *The Fiscal Crisis of the State* (New York: St. Martin's, 1973); Jürgen Habermas, *Legitimation Crisis* (Boston: Beacon, 1975); Claus Offe, *Contradictions of the Welfare State* (Cambridge: MIT Press, 1984).

5_ Charles Tilly, *The Formation of National States in Western Europe* (Princeton: Princeton University Press, 1975).

6_ Steven Lukes, *Power: A Radical View* (London: Macmillan, 1974); Ralph Miliband, *The State in Capitalist Society* (New York: Basic Books, 1969), pp. 49-55.

공공기관들이 채택하는 전략적인 합의 만들기 정책들을 자본주의 생산양식에서 추상적이며 자동적으로 기능하는 구성요소로서 접근한다면,[8] 그 정책들을 지배 엘리트들의 수중에 있는 갈등도 없는 도구로 간단히 파악하려 했었던 과거와 마찬가지로 그 정책들을 적절하게 설명할 수 없다. 사실, 맑스주의 국가이론에는 3개의 분석상의 문제가 있어 보이는데, 그것은 특정 사회제도에 대한 연구에 의해서만 해결될 수 있을 것이다. 그 문제들은 국가와 자본 간의 정치적 관계, 정치 발전에 대한 계급갈등의 실질적인 충격 그리고 특정 국가권력의 조직역량이다. 이 세 가지 현상이 역사적이며 제도적으로 연결되는 방식이 개별 자본주의 국가들과 동일시할 수 있는 정치발전의 진로를 설명해줄 것이다.

이러한 사실은 국가와 자본 간의 자연스러운 협력관계가 이제부터는 자본주의 생산양식의 어떠한 선험적 모델로부터도 추출해낼 수 없는 경험적이며 사회제도적인 정밀도와 동일시되어야만 한다는 점을 암시한다. 우선 자본가계급(광의로는 생산수단 소유자들이라 지칭하는 계급)은 분명하게 결코 고정되었거나 또는 역사적으로 변하지 않는 사회구성체가 아니다. 이 계급이 조직되거나 해산되는 특정한 방식이 국가 그리고 국가권력을 놓고 다투고 있는 다른 계급들과의 관계 속에서 그 계급의 정치 역량에 크게 영향을 미치게 될 것이다.[9] 정치적 헤게모니

7_ Ekhart Zimmermann, "The 1930s World Economic Crisis in Six European Countries: A First Report on Causes of Political Instability and Reactions to Crisis," in Paul M. Johnson and William R. Thompson, eds., *The State in Western Europe* (London: St. Martin's, 1980); Alan Wolfe, *The Limits of Legitimacy: Political Contradictions of Contemporary Capitalism* (New York: Free Press, 1978). Cf. Harry Cleaver, *Reading Capital Politically* (Austin: University of Texas Press, 1979); Harry Cleaver and Peer Bell, "Marx's Crisis Theory as a Theory of Class Relations," *Research in Political Economy*, no. 5 (1982); Joachim Hirsch, "The State Apparatus and Social Reproduction: Elements of a Theory of the Bourgeois State," in John Holloway and Sol Picciotto, eds., *State and Capital* (Austin: University of Texas Press, 1978), pp. 57-107.

8_ Heide Gerstenberger, "Class Conflict, Competition, and State Functions," in Holloway and Picciotto, *State and Capital*, pp. 148-59.

9_ Alvin W. Gouldner, *The Future of Intellectuals and the Rise of the New Class* (New York: Continuum, 1979), p. 31. 내 생각으로는, 이 책에서 굴드너는 다음과 같이 올바르게 주목한다. "대부분의

는 자연스러운 협력관계 안에서 구조화되기는 하지만, 계급의 이해관계를 앞뒤가 맞게 개념화해내고, 이 개념들을 구체적인 쟁점이나 정책들로 분명히 표현하고 또 더 폭넓은 제휴에서 그 계급이 지도력을 가질 수 있도록 허주는 정치적인 사회제도들을 건설하는 역사적인 능력에 의존하는 상태로 남아있다. 계급 헤게모니는 그렇기 때문에 국가, 자본 그리고 대중계급들간의 제도적인 권력 균형인데, 이 균형은 역사적인 계급구성체와 정치조직들의 독립적인 문제들에 의해 결정적으로 매개된다. 이러한 사건들의 우발성은 분석적이며 구조적인 이론화가 국가건설과 정치발전에서 그 사건들의 역할을 문서화하는 데 필요한 종류의 연구를 대체할 수 없다는 점을 의미한다.[10]

마찬가지로, 그렇기 때문에 자본주의 발전의 어떠한 일반적인 모델로부터도 계급투쟁의 역사적 성격을 추론하는 것이 불가능하다. 경제적이며 사회적인 구조의 일반적인 모델들은 국가들이 특정한 생산양식들 안에서 해결해야만 하는 일반적인 위기와 갈등을 진단하는 데 적절할지도 모른다. 그러나 정치발전을 만드는 역사적 계급구성체의 실질적인 사회적 세력이 경제적 위기를 의식적으로 조직된 정치적이며 이념적인 투쟁으로 경험하는 가혹함 그리고 따라서 이 위기들을 관리하는 국가 엘리트들의 능력에 영향을 미칠 것이다.[11] 조직된 계급투쟁

경우에 계급들 그 자체들은 적극적인 정치투쟁에 참여하지 않는다. 정치투쟁에 적극 참여자들은 대체로 조직, 정당, 협의체, 그리고 선봉대들이다. 계급들은 그 안에서 이러한 조직들이 지지를 동원하고, 보강하고 징집하며 또 그 이름으로 조직들이 그들의 투쟁을 합법화하는 은닉 장소이다. 그러한 계급들은 다른 계급들과의 투쟁에서 결코 통일되지 않는다." 그래서 나는 Karl Mannheim의 *Ideology and Utopia* (New York: Harcourt, Brace, Jovanovich, 1936), p. 276에 따라서, "자본주의사회에서 가능한 모든 사회집단들 가운데에서, 계급 계층화가 가장 중요한 것으로 남아있다. 왜냐하면 결국 모든 다른 사회집단들은 생산과 지배의 더욱 근본적인 조건들의 부분들로서 생겨나고 변형된다"고 주장한다.

10_ Karl Marx and Friedrich Engels, *The German Ideology* (New York: International Publishers, 1970), pp. 46-48. "경험적인 관찰을 각각의 개별적인 사례에 있어서 경험적으로 그리고 어떠한 신비화와 추측 없이 생산과 사회적이며 정치적인 구조의 연결 관계를 끄집어내야만 한다." 역사유물론의 방법은 일정한 조건 하에 있는 사회관계들의 실질적이며 경험적으로 파악 가능한 발전과정에 있는 "그 사회관계들에 대한 관찰로부터 시작한다."

의 실제 수준은 결과적으로 국가 엘리트, 정당 그리고 지배계급에게 열려있는 실행 가능한 정책 선택의 범위뿐만 아니라 개인의 정치적 수완과 정치적 주도권에 유효한 정치공간을 확장하거나 축소할 것이다. 바꾸어 말하면, 특정 자본주의 사회 내에서 계급조직의 세력은 한 국가의 상대적 자율성 또는 타율성의 중요한 결정 요소이며 그래서 이론적 틀거리의 부분으로 개념적으로 추정될 수 없는 것이다.

마찬가지로, 국가들도 위급한 변화를 잘 관리하고 또 사회계급들 안에서 그리고 그 사이에서 계급헤게모니 균형에 있어서 생겨난 변화를 제도화하기 위해 구성되고 또 재구성된다.[12] 이러한 제도개혁의 시기들은 대체로 권위있는 지위를 차지하는 인사들의 유형 변화를 동반한다. 이러한 변화들은 특정 계급헤게모니의 발전을 활성화할 것이지만, 그 헤게모니가 효과적으로 되기 위해서는 그 계급이 동원되어 실제 아젠다를 촉진해야만 한다. 게다가 내가 나중에 주장할 것이지만, 이러한 개혁들과 연관된 계급갈등은 놀라울 정도로 높은 수준의 의식적 계획 그리고 마찬가지로 국가권력의 제도적 변형에 의해 불리하게 된 사람들의 의식적인 저항과 마주치는 장기적인 정치적 전망과 함께 자주 발생한다.[13]

이러한 관측은 국가권력 문제에 직접 적용된다. 구별해낼 수 있는 제도적 네트

11_ James O'Connor, *The Meaning of Crisis* (London: Basil Blackwell, 1987); Philip Abrams, *Historical Sociology* (Ithaca: Cornell University Press, 1982); Anthony Oberschall, *Social Conflict and Social Movements* (Englewood Cliffs: Prentice Hall, 1973); Charles Tilly, *From Mobilization to Revolution* (New york: Random House, 1978). Cf. Edward P. Thompson, *The Making of the English Working Class* (London: Gallancz, 1963), and Mike Davis, *Prisoners of the American Dream: Politics and Economy in the History of the U.S. Working Class* (London: Verso Books, 1986).

12_ For example, Wolfe, *Limits of Legitimacy*, Theda Skocpol, "Political Response to Capitalist Crisis: Neo-Marxist Theories of the State and the Case of the New Deal," *Politics and Society* 10 (1980): 155-201.

13_ William Appleman Williams, "A Profile of the Corporate Elite," in Ronald Radosh and Murray N. Rothbard, eds., *A New History of Leviathan* (New York: E. P. Dutton, 1972), pp. 1-6; G. William Domhoff, *The Higher Circles: The Governing Class in America* (New York: Random House, 1970).

워크로서 모든 자본주의 국가들은 사회와 관련된 국가권력을 중앙집권화하거나 또는 발산하는 조직의 역사적으로 상이한(비교할 수는 있다고 하더라도) 형태들을 보여준다. 이러한 점은 과세를 통하여 합법적으로 재원을 얻어내고, 관료들을 통해 정책들을 집행하고 또 법원, 정부의 통제기관들, 경찰, 군대 그리고 학교를 통해서 집단 간의 갈등을 조정하거나 또는 직접 통제하는 그 국가들의 정치적 역량에 직접 영향을 미친다. 그 결과로, 정치조직들도 또한 "경제에서 국가 개입을 강력하게 구체화하고 제한하며 또 그 조직들은 계급이해관계와 갈등을 특정 시간과 장소에서 전략으로 (그리고 전략으로부터) 조직하는 방식들을 결정한다."[14] 국가에 대한 적절한 설명은 그렇기 때문에 이러한 제도의 특수성을 고려해야만 한다. 왜냐하면 개별 국가들은 "계급관계와 경제발전에 충격을 주는 고유의 구조, 역사 그리고 갈등 형태들을"[15] 가지고 있기 때문이다. 많은 이론가들은 그렇기 때문에 국가들 고유의 계급구성체와 제도 발전의 환원할 수 없는 행로 안에 위치해 있는 국가들에 대한 특수한 역사적 분석을 이해할 필요성을 인정하기 시작하고 있다.[16]

이어지는 역사적 분석을 선도하는 것은 바로 국가에 대한 이러한 이해 그리고 그 이해에서 비롯되는 방법론적 결론이다. 미국에서 현대 지식인 계층의 계급 구성체는 기업자본주의의 발생과 정치적 민주주의의 요구를 중재하려는 시도들로부터 생겨났던 상호모순적인 부득이한 사정들에 의해 결정적으로 형성되어 왔다는 것이 바로 나의 기본적인 주장이다. 미국 지식인들의 현대사적인 구성체는 그들의 전문직업화와 대학으로의 이주뿐만 아니라 대학에 집중되었던

14_ Skocpol, "Political Response to Capitalist Crisis," p. 200.

15_ Ibid., p. 199. Carnoy, *State and Political Theory*, pp. 246-61; Jessop, *Capitalist State*, pp. 211-259을 보라. 그리고 Theda Skocpol, *States and Revolution* (Cambridge: Cambridge University Press, 1979) 참조.

16_ Jean L. Cohen, "Between Crisis Management and Social Movements: The Place of Institutional Reform," *Telos* 52 (Summer 1982): 21-40; O'Connor, *Meaning of Crisis*, p. 135.

"이데올로기 국가장치"를 구축하려는 노력을 둘러싸고 생겨났던 계급갈등의 결과이기도 하다.[17]

이러한 발전들은 미국에 기업-자유주의 국가corporate-liberal state 건설을 동반했던 훨씬 더 큰 사회적이며 정치적인 투쟁의 부분이었다.[18] 미국 정치발전의 이러한 새로운 국면은 본질적으로 인민당Populist의 봉기와 함께 시작되었다가 우리가 종종 "개혁의 시대the age of reform"[19]라고 부르는 시기인 뉴딜New Deal 안에 그것이 통합되면서 끝났다. 이 시기에 구성되었던 새 국가는 1789년에 수립되었던 중상주의국가, 그리고 1861년부터 1870년까지 10년 동안에 재구성되었던 자유방임 산업국가와는 실질적으로 달랐다.[20] 개혁가들이 직면했던 새로운 정치문제는 사회 평등과 경제적 효율에 대한 갈등을 일으키는 요구들을 균형 잡는 것이었다.[21]

이 문제의 합의에 의한 해결은 "기업의 이상The corporate ideal"(담합주의적

17_ Louis Althusser, "Ideology and Ideological State Apparatuses," in *Lenin and Philosophy and Other Essays* (New York: Monthly Review Press, 1971); Miliband, *State in Capitalist Society*, pp. 49-55; Nicos Poulantzas, *State, Power, Socialism* (New York: New Left Books, 1980), pp. 28-34, 54-62; Martin Carnoy, "Education, Economy, and the State," in Michael W. Apple, ed., *Cultural and Economic Reproduction in Education* (London: Routledge and Kegan Paul, 1982), pp. 79-126.

18_ Joel H. Spring, *Education and the Rise of the Corporate State* (Boston: Beacon Press, 1972); Stephen Skowronek, *Building a New American State* (Cambridge: Cambridge University Press, 1982); James Weinstein, *The Corporate Ideal in the Liberal State, 1900-1918* (Boston: Beacon, 1968); Robert H. Wiebe, *Businessmen and Reform: A Study of the Progressive Movement* (Cambridge: Harvard University Press, 1962); Rovert H. Wiebe, *The Search for Order, 1877-1920* (New York: Hill and Wang, 1967); Samuel P. Hays, *Municipal Reform in the Progressive Era: Whose Class Interest?* (Boston: New England Free Press, 1960).

19_ Richard Hofstadter, *The Age of Reform* (New York: Vintage Books, 1955).

20_ Wolfe, *Limits of Legitimacy*, pp. 13-79.

21_ Arthur M. Okun, *Equality and Efficiency: The Big Trade-Off* (Washington D.C.: Brookings Institution, 1975). Cf. Samuel Haber, *Efficiency and Uplift: Scientific Management in the Progressive Era, 1890-1920* (Chicago: University of Chicago Press, 1964); Samuel P. Hays, *The Response to Industrialism, 1885-1914* (Chicago: University of Chicago Press, 1957); Samuel P. Hays, *Conservation and the Gospel of Efficiency* (Cambridge: Harvard University Press, 1959).

이상 또는 협동주의적 이상이라고도 한다-역자)으로 불리어 왔던 정치와 행정의 명목상의 분기에 놓여있었다.22 제도 개혁의 중심 목적은 행정을 "과학적"으로 만들어 정치로부터 분리하려는 것이었다. 이 분기는 사회제도조직의 관리상의 합리화를 통해서 일어났으며, 전문요원들이 이 기구들에 일제히 배치되었다. 이러한 행정조직들은 그들 활동의 결과에 대하여 민주 국민에게 책임을 지기로 되어 있었다.

그렇기 때문에 개혁의 시대는 사법부, 공익사업, 군대, 정당, 자치정부, 학교 그리고 대학교와 같은 다양한 미국 사회제도들의 행정상 재구성에 몰두하였다. 그리고는 이것들 각각은 재조직되고 확장되고 또 새롭게 전문직업화된 요원들에 의해 운영되었다. 이 요원들은 자율적인 과학적 중립성과 전문화된 기술이라는 전문직의 이상에 전념할 뿐만 아니라 행정사무를 수행할 것으로 기대되었다.

이러한 두 개의 목적은 지식인의 경우에는 누구로부터 자율적이며, 누구에게 책임을 져야 하는가라는 두 개의 단순한 질문에 의해 분명해졌던 정치적 모순이었다. 이런 질문들에 대한 답변은 계급갈등에 의해 구조화된 사회에서 객관성과 공익사업이 뜻하는 바에 대해 근본적으로 상이한 개념화를 만들어냈다. 게다가, 이러한 논의에서 야기된 문제들은 전문가 단체들, 입법 의회들, 대학, 그리고 대학교들이 논쟁을 벌이는 영역에서 오직 일시적으로만 해결되었다.23

이러한 점들은 현대의 이론가가 제기한 단순히 분석적인 문제들이 아니다. 이

22_ Ronald C. Tobey, *The American Ideology of National Science, 1919-1930* (Pittsburgh: University of Pittsburgh Press, 1971). Frank J. Goodnow, *Politics and Administration* (New York: Macmillan, 1900)도 보라; Herbert Croly, *The Promise of American Life* (New York: Macmillan, 1909); Charles McCarthy, *The Wisconsin Idea* (New York: Macmillan, 1912).

23_ Mary O. Furner, *Advocacy and Objectivity: A Crisis in the Professionalization of American Social Science, 1865-1905* (Lexington: University Press of Kentucky, 1975); Burton J. Bledstein, *The Culture of Professionalism* (New York: W. W. Norton, 1976); Thomas L. Haskell, *The Emergence of Professional Social Science* (Urbana: University of Illinois Press, 1977); Magali Sarfatti Larson, *The Rise of Professionalism* (Berkeley and Los Angeles: University of California Press, 1977).

문제들은 학교교육, 사회계급 그리고 국가 간의 관계를 정의하는 데 모두 관심이 있었던 지식인, 국가공무원, 농부 그리고 노동자들이 의식적으로 분명히 표명하였던 것들이었다. 많은 사람들이 이 형성기에 정확하게 무엇이 문제인가에 대하여 분명하게 이해하였다. 지식인들을 정복하려는 계급전쟁은 기업자본주의corporate capitalism(담합 자본주의, 기업중심 자본주의 등으로 옮기기도 한다 - 역자)의 발생과 새로운 미국국가의 구성에 의해 태어난 폭넓은 갈등의 부분으로 나타났다.

이러한 투쟁 중 하나의 결과는 선진 자본주의의 많은 긴장들과 모순들이 대학으로 그리고 동시에 당대의 지식인들에게 옮겨졌다는 점이다. 이데올로기 국가장치의 당대 이론가들은 그 장치의 경제적 치환이 사적 생산의 두 가지 비용을 성공적으로 사회화한 데서 그 정체성을 확인할 수 있다고 일반적으로 암시해 왔는데, 그것은 현대산업과 국방을 지원하기 위한 인력훈련과 과학·기술적인 하부구조의 공급이다.24

전통적인 미국 대학은 이러한 임무들을 추구하기 위해 기획된 "도구적 질서 Instrumental order"에 즉각 적응할 수 없었으며, 대학 지식인들과 민주운동들도 이러한 임무들을 합법적이라고 즉각 인정하지도 않았다.25 적어도 긴장과 모순이라는 두 개의 축은 미국 지식인들을 계속 파편화하고 있는 대학 안에서 다시 출현하였다. 대학에서 기업 이상의 제도화는 폭넓은 민주 공동체 안에서 최근에는 "열망aspiration의 문화"26로 불리고 있는 "표현적인 질서expressive order"를

24_ Jerome Karabel, ed., *Power and Ideology in Education* (Oxford: Oxford University Press, 1977); Martin Carnoy, ed., *Schooling in a Corporate Society* (New York: McKay, 1977).

25_ Basil Bernstein, *Toward a Theory of Educational Transmissions*, vol. 3 of *Class, Codes, and Control*, (London: Routledge and Kegan Paul, 1975), p. 38. 번스타인은 이 책에서 지식인들의 "도구적 질서"를 특정 기술의 교육과 습득에 관련된 활동들과 동일시한다. Samuel Bowles and Herbert Gintis, *Schooling in Capitalist America* (New York: Basic Books, 1976), pp. 201-44와 Alain Touraine, *The Academic System in American Society* (New York: McGraw-Hill, 1974) 참조.

26_ Bernstein, *Class, Codes, and Control*, 3:38; David O. Levine, *The American College and the Culture of Aspiration, 1915-1940* (Ithaca: Cornell University Press, 1986). 번스타인은 교육의 "표현적 질서"를 사회적이며 교육적인 질서의 이미지를 전달하는 교육의 행위, 특성 그리고 습관과

동반했다는 정도까지만 합법성을 성취하였다. 교과과정과 연구를 사회적으로 기업자본주의 인사와 기술적인 요구조건들과 효율적인 통합을 하는 것도 국가가 학교와 대학을 통하여 개인의 성취와 향상이라는 영재교육의 이상을 증진하였다는 정도까지만 합법적으로 파악되어 왔다.[27] 교육에서 행정 합리성이라는 기업의 이상은 인구의 폭넓은 부분들에게 개방했던 보편적인 평등한 기회라는 의미심장한 신화를 통해 대학을 교육의 민주주의를 향한 요구와 화해시켰다. 지식의 이러한 민주화는 성공과 실패가 오로지 재능, 지능, 장점, 야망 그리고 근면의 결과라는 신화를 실제로 만들어낸다.[28]

그러나 우리는 이제 표준화된 수행평가가 학교와 대학의 불평등체제에 적용될 때, 개인들은 그 체제 안에서 계급에 의해 일반적으로 선별된다는 점을 사실은 알고 있다. 그래서 교육체제는 직업 자격증과 전문직업 자격증(즉, 인력훈련)을 통해서 현존하는 계급구조를 재생산하는 직업상의 지위 틀에 개인들을 재배치하는 데 단순히 중재만 하면서 그 훈련 내용은 국가로 이전하고 있다. 더 나아가서 교육에 의한 계급구조 중재는 가진 자와 없는 자가 (심지어 그들 자신들에 의해서도) 재능이 있는 자와 없는 자, 똑똑한 자와 무능력한 자로 파악되는 문화적이며 이념적인 이미지를 그 구조 안에 불어넣는다. 민주적인 영재교육제도의 표현적인 질서에 지식인들 자신이 전념하게 되자, 그들은 현존하는 계급구조와 그 엘리트뿐만 아니라 그 자체의 표현적인 질서를 경험적으로 위반하는 교육제도의 도구적 질서와도 주기적으로 갈등을 일으키게 된다.[29]

갈등의 두 번째 축은 전문가의 객관성과 권위라는 지식인의 이상을 중심에

동일시한다.

27_ Michael W. Apple, *Education and Power* (London: Routledge and Kegan Paul, 1982), pp. 14-28.

28_ Ibid., pp. 54-55; idem, *Ideology and Curriculum* (London: Routledge and Kegan Paul, 1979); idem, *Ideology and Practice in Schooling* (Philadelphia: Temple University Press, 1983).

29_ Jerome Karabel, *Trends in the Racial, Sexual, and Class Inequalities in Access to American Higher Education* (Cambridge: Huron Institute, 1981); Samuel Bowles, "Unequal Education and the Reproduction of the Social Division of Labor," in Carnoy, *Schooling in a Corporate Society.*

두고 있다. 그것들이 기업으로부터 직접 발산되었건 또는 국가를 통해 나오건 간에 상관없이 기업 이상의 명령은 근본적으로 임무지향적이다. 이데올로기 국가장치의 역할은 연구(기초와 응용 모두)에 초점을 맞추게 되고, 그래서 직업·전문직업 인력 훈련을 노동시장 그리고 자본시장과 균형이 잡히도록 하는 것이다. 이 목적은 자율에 대한 전통적인 요구, 즉 집단적인 자기관리에 근거를 두고 있는 지식인 자신의 문화적 또는 과학적 의도와 종종 갈등을 일으킨다.

그럼에도 불구하고, 이 두 축을 따라서 지적 노동과정에 대한 계급투쟁은 관료적 기업 이상의 합리화 영향 하에서 미국 인텔리겐치아를 불완전하며 여전히 불안전하게 재구성하게 되었다.[30] 그렇기 때문에 급진적 학자들이 재발견해야만 하는 것은 지식인들이 자본주의와 자본주의 국가의 재생산에 중요한 역할을 한다는 점뿐만 아니라 교육이 작업현장, 정당지방대회 그리고 입법의회 강당만큼이나 모든 면에서 경쟁적인 지대였으며 지금도 여전히 그렇다는 점이다.[31]

최근 미국의 대학으로 수렴되고 있는 사회적이며 제도적인 세력들은 사실상 대학의 회계 위기 때마다 추진되는 의식적이며 장기적인 정치 전략의 연속물이다. 대학은 대학과 그 전 교직원을 자본과 국가 엘리트의 착취적인 모험주의의 필요조건들을 더 한층 가깝게 끌어들이도록 계획된 통합정책들의 계속되는 주기 한가운데에 다시 한번 놓여 있다.[32] 미국의 대학은 70여년도 전에 처음 제안되었

30_ Laurence R. Veysey, *The Emergence of the American University* (Chicago: University of Chicago Press, 1965); Roger L. Geiger, *To Advance Knowledge: The Growth of American Research Universities, 1900-1940* (New York: Oxford University Press, 1986).

31_ Roger Dale, "Education and the Capitalist State: Contributions and Contradictions," in Apple, *Cultural and Economic Reproduction*, pp. 127-61; David N. Smith, *Who Rules the Universities?* (New York: Monthly Review Press, 1974).

32_ Geoffrey Price, "Universities Today: Between the Corporate State and the Market," *Culture, Education, and Society* 39 (Winter 1984/85): 43-58; Theodore Draper, "Intellectuals in American Politics: Past and Present," in Nissan Oren, ed., *Intellectuals in Politics* (Jerusalem: Magnes Press, 1984); Irving Howe, "Intellectuals, Dissent, and Bureaucrats," *Dissent* 31 (Summer 1984): 303-8; Edward Shils, *The Constitution of Society* (Chicago: University of Chicago Press, 1972), p. 191;

던 것과 똑같이 지금도 기업과 국가로부터 기업의 이상에 필적하도록 교육과정과 연구를 더욱 선진적으로 수정하라고 계속해서 압력을 받고 있다. 이러한 최근의 배경이 이 책을 그 목적 면에서 정치적이며 더욱 논쟁적으로 만든다.

나는 두 개의 목적을 염두에 두고 이 책을 집필했다. 우선 선진 자본주의사회에서 정치발전과 국가의 역할에 관한 최근의 이론적 논의에 기여하기 위해 계획되었다. 이 목적은 그것을 정치적 제도 건설에서 비교적인 사례연구를 다루는 이데올로기 국가장치에 대한 역사적 분석을 통해서 추구하였다. 이 점에 관한 주된 이론적 기여는 이데올로기 국가장치에 대한 검토를 지식인들이 구체적으로 교사, 연구자 그리고 정치적 행위자로 보이는 소위 블랙박스 내부를 들여다봄으로써 구조적 인과관계에 대한 입력/출력 체제 분석으로부터 전환이라고 믿는다는 것이다. 이 역사적 틀은 미국 지식인의 현대 계급의식에 대한 이데올로기 비판을 개발하는 더욱 중요한 임무에 이론적 준거틀도 마련해 준다. 개혁의 시대에 작동하기 시작했던 교육 조치들과 갈등은 여전히 중요하다. 왜냐하면 이 시기에 요즘 미국 지식인의 실질적인 계급의식을 형상화하는 기본적인 제도의 윤곽이 확립되었기 때문이다. 지식인 계급 형성기 초기에 개발되었던 제도적이며 이념적인 불완전한 구조는 지난 수십 년 동안에 거의 변하지 않았다 미국 지식인들이 이제 자신들을 이해하는 수단이 되는 제도화된 자기 이미지는 그 자체가 지식인의 허위의식의 형태로서 현대 사회이론으로 진척되어 왔던 역사적으로 우발적인 이 시대의 정치적 순응이었다.33

이렇게 해서 생겨나는 분석은 비슷한 작업들이 미국 학회의 여러 진영에서 현재 일어나고 있다는 것이 우연이 아니라는 점을 시사한다.34 이 책은 베블렌

Paul J. Piccard, ed., *Science and Policy Issues* (Itasca, Ill., F.E. Peacock Publishers, 1959); Chester E. Finn, *Scholars, Dollars, and Bureaucrats* (Washington, D.C.: Brookings Institution, 1978).

33_ Clyde W. Barrow, "Intellectuals in Contemporary Social Theory: A Radical Critique," *Sociological Inquiry* 57 (Fall 1987): 415-30.

34_ Russell Jacoby, *The Last Intellectuals: American Culture in the Age of Academe* (New York: Basic

T. Veblen에 그 기원을 두고 있는 비판적인 미국의 장르 안에 굳건히 위치를 정하고 있다. 이러한 유형의 책들은 경제적 위기 또는 합법화 위기가 닥칠 때마다, 고등교육이 자본축적과 미국 이데올로기를 유지하는 데 더 큰 역할을 맡으라는 요청을 받을 때마다 20세기 미국 역사에서 주기적으로 나타난다. 이러한 점에서, 지식인들이 그 책임을 다시 한번 떠맡기만 한다면, 기업의 이상을 실천적이고 교육적이며 제도적인 대안을 가지고 건설적으로 반대할 수 있는 정치적 프로그램으로 인정하는 것이 중요하다.[35] 지식인, 자본주의 그리고 국가 사이의 불안정한 타협은 결국 오랫동안 "지식인 문제"[36]로 언급되어 오고 있다. 그래서 최근 교육의 위기는 부분적으로 인텔리겐치아가 자신의 역사적 사명에 입각하여 살 수 있는가 아닌가라는 문제이다. 이 책은 아직 끝나지 않은 그 이야기에서 하나의 모험이다.

이런 모험적인 계획에 따른 이 책은 단순한 계획에 의해 조직되었다. 제 1장은 기업 이상의 경제적 기원의 분석으로 이어지는 맑스주의 이론에 근거를 두고 있는 가설로부터 시작한다. 이것은 2장에서 대학이사회 university governing boards 의 사회적 구성을 비교 분석하기 위한 경험적이며 역사적인 틀거리를 공급해 준다. 이 틀거리는 3~5장에서 더욱 전개되는데, 그 부분에서는 선진 자본주의사회의 기능적이며 조직적인 명령들 즉, 효율성, 기능적 분업, 투자에 대한 확실한 이익 그리고 사용자-종업원 관계를 조정함으로써 대학을 중심으로 이데올로기

Books, 1987); Allan Bloom, *The Closing of the American Mind* (New York: Simon and Schuster, 1987); E. D. Hirsch, *Cultural Literacy* (Boston: Houghton-Mifflin, 1987).

35_ Ira Shor, *Critical Teaching and Everyday Life* (Boston: South End Press, 1980); idem, *A Pedagogy for Liberation* (South Hadley, Mass.; Bergin and Garvey, 1987); Theodore N. Norton and Bertell Ollman, *Studies in Socialist Pedagogy* (New York: Monthly Review Press, 1978); Joel H. Spring, *Educating the Worker-Citizen* (New York: Longman, 1980).

36_ Noam Chomsky, *Problems of Knowledge and Freedom* (New York: Pantheon Books, 1971); Conor Cruise O'Brien and William Dean Vanech, eds., *Power and Consciousness* (New York: New York University Press, 1969); Jean-Paul Sartre, *Between Existentialism and Marxism* (New York: Pantheon Books, 1974), pp. 230-87.

국가장치를 건설하려는 미국 기업인들의 역사상의 노력들을 검토한다.

    6~8장에서는 이러한 발전들이 지식인에게 준 충격과 그 발전에 대한 지식인들의 조직적 반응을 살펴본다. 노동계급과의 동맹을 통하여 기업의 이숍을 거부하려는 시도들은 분산된 사례들을 제외하고는 실패했다. 대부분의 지식인들은 개인적 안전의 제한된 절차상의 보장과 교환하여서 대학생활의 새로운 조직 구조를 받아들임으로써 기업 이익 그리고 국가에 기회주의적이고 역사적으로 순응하기를 타협해 왔는데, 그 보장은 학문의 자유를 포함하지 않았다는 것이 나의 주장이다.

1장

기업 이상의
경제적 기원

대학은 전통적으로 학문의 공익 사단법인(corporation)으로 묘사되고 있다. 베블렌은 대학을, "그 연구의 응용을 위해 어떠한 설비나 장치가 우연히 사용되더라도, 성숙한 학자들과 과학자들, 교직원의 조직"[1]으로 정의한다. 일반적으로 인정되는 대학의 이상은 지식 그 자체의 추구이다.[2] 그래서 대학은 어떠한 숨은 목적에 봉사하지 않는 학문을 위한 성역으로 여겨진다. 왜냐하면 대학은 "그 자체의 활동을 초월하는 어떠한 방편에 대한 고려에 의해 통제받지 않기 때문이다."[3]

1_ Thorstein Veblen, *The Higher Learning in America* (New York: Augustus M. Kelley, 1965), pp. 59, 18. Adam Smith, *An Inquiry into the Nature and Causes of the Wealth of Nations* (New York: Modern Library, 1965), pp. 120-25. 아담 스미스는 대학교의 개념을 중세 길드(동업조합) 법인 조직corporate 구조로까지 거슬러 올라간다. 그는 모든 법인조직(학자들, 빵제조업자, 대장장이, 재봉사의 조직과 상관없이)이 "옛날에는 universities로 불렸는데, 그것이 사실은 모든 법인조직에 대한 라틴어 고유 명칭"이라는 점에 주목한다.

2_ Robert Paul Wolff, *The Ideal of the University* (Boston: Beacon Press, 1969), pp. 3-8; Max Weber, "Science as a Vocation," in Hans H. Gerth and C. Wright Mills, eds., *From Max Weber: Essays in Sociology* (New York: Oxford University Press, 1946), pp. 129-56.

3_ Veblen, *Higher Learning*, p. 59. Mannheim, *Ideology and Utopia*, pp. 154-56; Talcott Parsons, "The Intellectual: A Social Role Category," in Philip Rieff, ed., *On Intellectuals* (Garden City: Doubleday, 1970), pp. 15-16; Talcott Parsons, "Considerations on the American Academic System," in Walter P. Metzger, ed., *Reader on the Sociology of the Academic Profession* (New York: Arno Press, 1977),

그러나 하나의 지적 전문직업적인 사회 유형으로서 지식인의 출현은 과학의 전임직으로서의 추구가 희귀한 물질적 자원의 사용에 의해 지배된다는 점을 그 어느 때보다도 더욱 분명히 의미하고 있다.4 개인의 수입, 석·박사학위, 도서관, 강의실, 학회참석, 연구기금, 연구지원, 출판 그리고 다른 모든 요소들이 교수로 서의 강의와 연구에 종사하는 가능성을 경제적으로 결정하는 실질적인 한계를 구성한다. 그래서 그 역량이 한 대학의 철학적 이상에 부수적인 것으로 여겨진다 고 하더라도, 이러한 자원들을 획득하여 그것들을 강의와 연구를 수행하는 실질 적인 능력으로 전환하는 그 대학의 역량이 대학의 경험적이며 역사적인 정의에 서 중심적인 특성이 된다.5

지식인들 사이에서 도구적 질서는 일부 생산도구의 소유 여부에 따라서 항상 역사적으로 정해진다. 맑스는 이러한 도구들을 "정신적 생산의 물질적 수단"6이 라고 불렀다. 이러한 도구들이 이용되는 특정 조건과 특수 형식이 지식인의 노동 과정을 정의한다. 모든 사회에서, 예를 들어서, 합법적으로 선전, 이데올로기 또 는 개인적 견해와 반대되는 교육과 과학적 사고로 간주하는 것을 구성하는 것은 바로 이 지식인의 노동과정이다. 현대의 대학은 지식인의 자격을 요구하는 사람 들을 인가하고 고용하면서, 그들이 객관적 지식을 생산할 수 있다고 추정하는 사회적 실천에 종사할 수 있는 역량이 있다고 보증한다. 대학은 그럼으로써 특정

p. 503; Everett Carl Ladd and Seymour Martin Lipset, *The Divided Academy: Professors and Politics* (New York: W. W. Norton, 1975), pp. 174-76; Richard Hofstadter, *Anti-Intellectualism in American Life* (New York: Vintage Books, 1963), pp. 408-9; Gouldner, *Future of Intellectuals*, pp. 3, 18-19; Charles Kadushin, *The American Intellectual Elite* (Boston: Little, Brown, 1974), pp. 337-38; Robert K. Merton, *Social Theory and Social Structure* (New York: Free Press, 1968), p. 266; Lewis Coser, *Men of Ideas: A Sociologist's View* (New York: Free Press, 1965), pp. 267-80.

4_ Max Weber, *The Methodology of the Social Sciences* (New York: Free Press, 1949), p. 65.

5_ Geiger, *To Advance Knowledge*, pp. vi, 67; J. McKeen Cattel, "Concerning the American University," *Popular Science Monthly* 61 (June 1902): 179; An American Professor, "The Status of the American Professor," *Educational Review* (December 1898), p. 420.

6_ Marx and Engels, *The German Ideology*, p. 64; Geiger, *To Advance Knowledge*, p. 67.

지식인들에게 "과학자"라는 규범적인 이미지를 부여한다. 대학은 이 일을 특정한 개인이나 또는 지식인 집단에 대한 자격보증과 채용을 승인하거나 거부하거나 또는 철회하면서 수행한다. 이러한 절차는 대학의 물리적 재산 사용에 의해 조절되는 사회적 실천으로의 접근을 효과적으로 허용하거나 억제한다.[7] 이러한 점에서, 대학이 지식인들로 하여금 그들 생산의 물질적 수단에의 접근, 사용 그리고 분배에 대한 어떠한 외부의 통제로부터도 독립하여 그들의 노동과정을 조직하도록 허용하는 한에서만, 대학의 이상은 정확하게 "학문의 자유"를 보장한다고 주장한다. 이 노동과정의 자기관리가 대학교수의 이상이다.[8]

그러나 이 교수의 이상과는 대조적으로, 미국 자본주의의 재산관계를 규정하는 법률은 대학을 종신재직권을 가진 교수진과 동일시되는 학문 공익법인 corporation으로 결코 간주하지 않는다. 그 대신에 대학 재산의 법적 감독권은 정부에 의해 이사를 trustees, regents, overseers, visitors, 또는 governors 등과 같이 다양하게 부르는 외부 이사회board of directors에 부여되어 있다. 대학을 운영하는

7_ Merton, *Social Theory and Social Structure*, p. 264; Edward Shils, *The Intellectuals and the Powers* (Chicago: University of Chicago Press, 1972), p. 15. 만일 면허를 받은 배관공이 배관공의 면허증의 권위에 근거해서 약국이나 변호사업을 개업한다면, 우리는 그것을 합법적으로 받아들이지 않을 것이다. 또 우리는 철물상의 뒤편에서 약을 짓는 면허받은 의사를 능력있는 개업이라고 믿지 않을 것이다. 특정직업 개업의 증명서뿐만 아니라 사회적 위치도 능력, 기술 그리고 심지어 특정직업 명칭을 주장할 권리의 증거로 해석될 것이다. 대학은 현대의 지식인들에게 전문가 지식의 표현적인 이미지를 수여하는 현대사회에서 사회적 위치를 차지하고 있다.

8_ 대학교 법인의 물리적 시설을 포함한 전문직업의 연구실에 "정년보장을 받은 교수freehold"의 소유권을 부여하려는 다음과 같은 두 번의 시도가 있었다. 캐롤라이나의 급진 토지균분론자인 테일러J. Taylor가 논증을 하고 1790년에 버지니아 항소법원이 판결했던 "브라켄J. Bracken 신부 대 윌리엄 & 메리대학 장학사들" 사건과 웹스터D. Webster가 논증하고 1819년에 미국 대법원이 판결했던 다트머스 대학 사례가 그것들이다. 전자에서는 마샬J. Marshall이 윌리엄 & 메리대학 장학사를 대표했고, 후자에서는 그가 미국 대법원의 대법원장이었다. 이 두 개의 판례들에서, 교수의 정년보장에 따른 주장은 법원에서 거부되었다. 대학교는 원칙상 다른 법인들과 다를 바 없이 "법인체"로 귀속되었다. 소유권은 "이사회"에 부여되었다. 아래의 책 참고: Richard Hofstadter and Walter P. Metzger, *The Development of Academic Freedom in the United States* (New York: Columbia University Press, 1955), pp. 460-64.

이사회가 법적으로 대학을 공익법인으로 구성하는 것인데, 이 법인은 다트머스 Dartmouth 대학 판례(다트머스 판결Trustees of Dartmouth College VS. Woodward 로 알려진 1819년의 대법원 판결을 말한다. 이 판결은 미국 독립 이전인 1769년 에 영국왕 조지 3세가 이 대학에 준 특허장의 계약조항의 존엄성을 인정한 것으로, 이 대학은 공립대학으로 바뀌지 않고 사립대학으로 남게 되었다. - 역자) 이후 로 다른 영리기업과 근본적으로 같은 것으로 취급되었다. 이사들은 대학 재산의 처분을 통제하는 소유권을 부여받았고, 법인 설립조항의 법적 제한, 계약의 약정 사항 그리고 미국 법에서 소유의 의미와 권리를 정의하는 다른 법령상 또는 사법 상의 규정에만 종속된다.9 그렇기 때문에 우리는 교수진이 정신적 성산수단을 물리적으로 "소유"하는 것과 (공적이며 사적인) 이사회가 이 도구들에 대해 법적 으로 "소유권 ownership"을 갖는 것을 경험적으로 구분해야만 한다.10

그래서 대학 안에서 교수의 소유권으로부터 자율에 대한 주장을 분리하는 것 은 적어도 원칙상으로 물질적 자원을 가르치고 연구하는 실질적인 역량으로 전 환하는 것을 중재한다. 게다가 현대 지식인들은 실질적인 생산수단을 거의 소유 하지 않기 때문에, 그들의 대학 내 존재는 일반적으로 이러한 공적이거나 사적인 후원자들의 후원에 의존하고 있다. 그렇기 때문에, 내가 앞으로 주장하겠지만, 정상적인 환경 하에서 "물질적 생산수단의 처분권을 가지고 있는 계급이 동시에 정신적 생산수단에 대한 통제권을 가질" 가능성이 더욱 크다.11 자본주의사회의

9_ 유럽의 법은 소유자가 없이 존재하는 재산으로 "재단foundation"의 개념을 가지고 있지만, 미국 의 법적 전통에서는 모든 재산은 소유자가 있어야만 한다. 그래서 유럽의 재단은 그것을 관리 하는 사람들 그리고 심지어 그것을 지원하는 국가로부터 독립해서 존재한다. 그러한 개념이 미국법에는 존재하지 않는다. 다음을 참고할 것. Arthur Livingston, "Academic Freedom," *New Republic,* November 17, 1917, pp. 69-71; Samuel P. Capen, *The Management of Universities* (Buffalo: Foster and Stewart, 1953), pp. 4-6.

10_ Louis Althusser and Etienne Balibar, *Reading Capital* (London: New Left Books, 1970), pp. 212-13, 226-33.

11_ Marx and Engels, *German Ideology,* p. 64.

기초를 구성하는 현존하는 재산관계들아―특히 이 관계들이 미국 대학교들의 내적 발전을 구조화하면서―지식인들의 자율에 가능한 역사적 한계를 부과한다. 소유권 통제와 정신적 생산수단에 대한 대학의 제도적 규제가 조직적 관계들인데, 사회 계급들은 이 관계들로 지식인의 노동과정에 지배력을 행사한다. 나는 이 사회적 관계를 "이데올로기적 권력"[12]이라고 부르고자 한다.

나의 이 작업의 요점은 대학에 응용된 기업의 이상이 사실은 이데올로기적 권력을 정복하려고 기획된 계급정치적 프로그램이었다는 점을 논증하는 것이다. 이 프로그램은 현대 기업의 출현과 직접적으로 그리고 정확하게 연결되어 있으며, 이 법인을 통해 재산관계가 정신적 생산의 물질적 수단 안에 확립되었다. 이러한 점에서, 미국 대학의 출현은 산업혁명의 문화적 구성요소, 이와 관련된 계급구조의 변형 그리고 혁신주의 시대 the progressive era (1890-1920) (이 시기 혁신주의 운동은 남북전쟁[1861~1865] 이후 산업혁명과 대기업 출현으로 야기된 모순과 부패를 "일소"하려는 것이었다.―역자)의 사회 합리화 운동 내에서 일어난 이러한 대변동의 절정으로 가장 잘 이해할 수 있다.[13]

미국 경제구조의 변형, 1861-1929

미국에서 자본주의의 발전은 계속되는 일련의 긴 파도처럼 발생하였다.[14] 각

12_ Lukes, *Power: A Radical View*, p. 41. 나의 분석은 권력개념의 급진적 응용을 제시한다. 류크스는 "권력사용의 직권이 다른 무엇보다도 다음과 같은 이중의 주장, 즉, A는 특정방식으로 행동하고(또는 실패하고), B는 그렇지 않았다면 하지 않을 일을 한다는 것을 포함한다"고 평한다. 권력의 한 형태로서 영향력이, A의 단지 "권력에 대한 명성"이 B로 하여금 어떤 특정한 경우에도 강제의 명확하거나 암시적인 협박 없이 B가 하는 것에 A의 반응을 기대하도록 하는 곳에 존재한다. 류크스는 "생각하고, 느끼고, 원하고, 등등"을 뜻하는 "do"라는 용어를 사용하는 것에 대하여 명확하다.

13_ Cf. Gabriel Kolko, *The Triumph of Conservatism* (New York: Free Press, 1977); Louis Hacker, *The Triumph of American Capitalism* (New York: Columbia University Press, 1940).

14_ Ernest Mande, *Long Waves of Capitalist Development: The Marxist Interpretation* (Cambridge:

각의 파도는 바란Baran과 스위지Sweezy가 "획기적인 혁신"이라고 부르는 것의
도입과 그것의 최종적 소멸에 의해 연료를 공급받았다. 이러한 혁신들은 산업
활동의 경제적 위치 선정과 생산품 생산액의 구성 모두에 미친 지대한 영향력
안에서 뚜렷하게 드러난다.15 합리화는 산업에서 효율성(이윤과 자본축적)을 유
지하고 또 자본과 사유재산의 축적을 증진하는 생산관계 안에서 "인적 자원"의
통제를 정례화하려는 시도들과 주로 관계를 가지고 있었다.16

　미국에서 산업혁명에 실제로 불을 붙였던 획기적인 혁신은 1861년부터 1907
년까지 전국철도체계의 건설이었다. 철도 마일수는 1865년부터 1893년 사이 5
배가 늘어났다.17 미국 산업자산 성장에 관한 10년 단위 자료는 "1850년부터
1900년까지 철도에 대한 투자가 모든 제조산업에 대한 투자를 합친 것보다 많았
다는 사실을 보여준다."18 철도체계의 건설은 철, 철강, 석탄, 산업 기계류 그리고
기계장비와 같은 다른 제조업과 광산업을 동시에 자극하였다. 자동차도 1907년
이후 새로운 획기적 혁신으로서 이와 비슷한 역할을 했다.

　동시에 농업에서 일어났던 상대적 쇠퇴는 단순한 통계 수치들에서도 분명히
드러난다. 미국 국내 경제에서 농업의 부가가치 비율은 1859년 약 54%에서 1899
년 33%로 줄어들었다. 제조업의 부가가치 비율은 같은 기간 동안에 약 32%에서
53% 이상으로 치솟았으며, 같은 통계수치에 따르면, 광산업은 3배로 늘어났다.19
농업 역시 1869년과 1878년 사이에 미국 국내 총생산의 35% 이상을 차지했었으

　　Cambridge University Press, 1980).

15_ Paul A. Baran and Paul M. Sweezy, *Monopoly Capital* (New York: Month y Review Press, 1966),
　　pp. 219-26.

16_ David Nobel, *America by Design: Science, Technology and the Rise of Corporate Capitalism* (New York:
　　Alfred A. Knopf, 1977), pp. xvii-xxvi.

17_ David M. Kotz, "Finance Capital and Corporate Control," in Richard C. Edwards, ed., *The Capitalist
　　System,* 2nd ed. (Englewood Cliffs, N.J.: Prentice-Hall, 1978), p. 150.

18_ Baran and Sweezy, *Monopoly Capital*, pp. 220-21.

19_ Percentages tabulated from figures in U.S. Bureau of the Census, *Historical Statistics of the United
　　States: From Colonial Times to 1970* (Washington, D.C.: GPO, 1972), p. 239.

나 1930년까지 11% 이하로 떨어졌다.[20]

노동도 다른 형태의 자본과 함께 공장, 광산 그리고 철도 중심지로 이주하였다. 1860년에 미국 전체 인구의 80% 이상이 시골 지역에 살았다고 하는데, 실제로는 절반 이상 정도만이 농촌에 거주하였을 것이다. 최초로 전문용어를 써서 말하자면, 1920년 인구조사와 함께 미국 전체가 도시국가가 되었다. 이 인구조사에 따르면 51% 이상의 인구가 도시지역에 거주했으며, 인구의 1/4이 조금 못되는 사람들이 여전히 농촌에 살고 있었다.[21]

철도는 다른 의미에서도 역시 획기적인 혁신이었다. 그것의 발달은 생산액의 구성이나 위치뿐만 아니라 산업과 상업행위의 구조에도 변화를 가져왔다. 철도 수송은 이전에는 소외되었던 지방과 지역의 시장들을 경제교환의 전국망과 연결시켰으며, 전국적 시장 구조의 출현을 촉진하였다. 원료와 농산품들은 먼 곳에 있는 제조 중심지로 운송될 수 있었던 반면에, 제조된 상품을 소비할 새로운 시장들이 이전에는 자체의 지방시장만을 위해 생산을 했던 회사들에게 열렸다. 이전에는 지방 독점만을 누렸던 회사들이 이제는 전국적 경쟁에 종속되었다. 그래서 전국철도체제의 건설은 남북전쟁 이후 국내의 다른 개량시설들과 함께, 시장들이 전국적 회사와 기업의 침입에 의해 재구조화되고 있었던 산업들 내에서 그 무제한적인 경쟁에서 전례를 찾아볼 수 없는 시대를 만들어냈다.[22]

전국 시장들은 현대 기업조직의 내적 발전과 밀접하게 연관되었다. 대부분의 제조업은 1860년과 같이 늦은 시기까지도 소규모 상점과 공장들에 여전히 집중되었다. 여기에는 팽창의 기회가 제한되어 있었다. 왜냐하면 대부분의 기업들이 수요의 증가가 인구 증가에만 매달려 있는 지방 시장을 위해 생산을 했기 때문이다. 게다가 이 제조업의 대부분이 직물, 의복, 피혁제품, 구두 그리고 모피제품과

20_ Ibid., p. 232.

21_ Ibid., pp. 11-12, 22, 457.

22_ Alfred D. Chandler, *Strategy and Structure* (Cambridge: MIT Press, 1962).

같은 경공업에 집중되었다. 제조업 회사들은 일반적으로 개인 혼자, 가족 또는 동업으로 소유하고 경쟁하는 소규모 기업이었다. 어림잡은 계산에 의하건, 남북전쟁 이전에 미국 경제 활동의 6~8% 정도가 대기업들 안에서 이루어졌다.

철도 건설 이후에, 주요 새 시장들이 공격적인 경쟁자들에게 개방됨에 따라 개별 회사들에게는 새로운 성장의 가능성들이 생겨났다. 더욱 성공적인 경쟁자들이 전국 시장의 비율을 점점 더 차지하게 되자, 산업계 회사의 설립이 성장하였다. 소기업과 중간 주식회사들이 기업조직의 기초 단위로서 현대 기업의 출현에 의해 급속하게 대체되었다. 제조업 생산량의 2/3 정도가 1900년에 이미 주식회사 형태의 대기업들 안에서 생산되었다.[23]

새로운 산업기업들 가운데 큰 것들은 종종 전국에 위치해 있는 생산기지, 직능기지 그리고 영업소를 포함할 정도로 성장하였다. 이것들의 효율성과 통제는 궁극적으로 산업합리화를 위한 아주 새로운 경영 방식을 요구하였다. 경영의 합리화는 약 1850년부터 1870년대까지 철도에 의하여 다시 한번 개척되었다.

내부조직의 합리화는 세 부분으로 이루어진 과정이었다. 그것은 생산기지로부터 경영을 분리하고 또 생산직능 기지를 개별적인 지리적인 부서들로 재조직하는 것으로부터 시작했다. 그런 다음 지리적인 단위들 각각은 특수화된 직능에 따라 내부적으로 세분화되었다. 마지막으로 직능 부서들은 위계적인 권위 피라미드의 집중화된 의사결정을 통하여 정리되었다. 권위는 행정부서에 집중되었고 조직은 위로부터 아래로 순환하였다. 저명한 기업가인 챈들러Chandler에 의하면, 이러한 유형은 1890년대와 그 이후에 대기업조직 건설의 선려를 만들었는데, 이 시기에 대규모 사업이 점점 더 일반적으로 되었다. 1차대전이 끝날 대까지, 미국의 대부분의 대규모 산업회사들은 "매우 동일한 유형의 조직, 즉 중앙 집중화되

23_ Gardiner Means, "Business Concentration in the American Economy," in Richard C. Edwards, ed., The Capitalist System (Englewood Cliffs: Prentice-Hall, 1972), p. 248; U.S. Bureau of the Census, Historical Statistics of the United States (Washington, D.C.: GPO, 1960), p. 413.

고 직능적으로 부서화된 구조를 통하여 관리되었다."[24]

생산의 집중과 합리화는 산업 내부 개별 기업들의 내적 운용에만 국한되지 않았고, 전체 산업 내부의 기업들 간의 관계로까지 점차 확장되었다. 1870년대부터 1890년대에 이르기까지 (그 당시에 기업인들에게 "대공황"으로 알려진 긴 파장을 가졌던 축적 위기의 시기), 가격에 대한 새로운 경쟁적 압력, 노동부족 그리고 끊임없는 기술혁신에 적응해야 할 필요성이 수익률 하락을 향한 장기적 경향을 만들어냈다.[25] 이 새로운 시장구조의 한층 더 나아간 결과는 그 수사적 표현과는 반대로, 사업가들이 무제한적 경쟁과 그것이 이윤에 손해를 끼치는 결과에 대하여 심한 경멸감을 드러내게 되었다는 것이다. 결과적으로 자유시장이 미국에서 승리를 거두자마자, 기업은 그것을 폐지하려는 끈질긴 노력을 하였다.[26]

이 목적을 이루기 위하여 다양한 기법들이 시도되었다. 동일 산업 안에서 사업 경쟁자들은 그 산업 내에서 가격을 인하하지 말자고 비공식적인 "신사협정"을 맺었다. 이 협정들은 "신사" 가운데 한 사람이 먼저 비밀리에 가격을 인하하여 단기간의 경쟁적 이익을 모색하게 되면 항상 실패하였다. 개별 기업의 이윤을 전체 산업의 이윤가능성과 연결하려는 노력이 이루어지자, 기업인들은 이제 산업이윤합동자금, 그리고 나중에는 트러스트(기업합동)로 방향을 돌렸다. 그러나 이것들은 거의 성공하지 못했다. 왜냐하면 경쟁자들은 자신들 기업의 정체성을 유지하였으며, 또 먼저 협상을 깨뜨리면서 약간의 이윤을 얻으려고 끊임없이 노력했기 때문이다. 결국, 집중된 통제 중심들에서 산업 생산을 합리화하는 데 성공한 것은 바로 회사들의 합병이었다.[27]

24_ Chandler, *Strategy and Structure*, pp. 21-38, 40-41.

25_ Eric Hobsbawn, "The Crisis of Capitalism in Historical Perspective," *Socialist Revolution* 6 (October–December 1976): 77-96. 그는 자본주의 축적의 세계적인 위기의 긴 물결이 1873년부터 1896년까지 그리고 1917년부터 1948년까지 발생했다고 본다.

26_ 영국의 산업화에 대한 비슷한 분석은 Karl Polanyi, *The Great Transformation* (Boston: Beacon, 1944), ch. 7을 참고할 것. 영국의 휘그당들이 자유시장들을 성공적으로 만들자마자, 영국의 기업인들은 그것들을 없애라고 외쳐댔다.

철도는 1890년대 산업 역사를 지배했던 합병운동 모델을 또 다시 제공하였다. 동일 노선 간의 경쟁(동일 노선에서 경쟁하는 별도의 철도회사들)은 경쟁하는 철도회사들을 간단히 매입하거나 또는 합병함으로써 종결되었다. 그러나 일찍이 1880년대에 이미 철도회사들은 엄청난 규모에 도달해서, 그 회사들을 합병하고 매입하는 데 개별 사업가나 심지어 전체 기업이 그들 개인 또는 내부 현금 적립금으로부터 마련할 수 있는 것보다 훨씬 더 많은 자본을 필요로 하였다. 합병운동은 거대한 기업들조차도 신생 투자은행들로부터 지원을 구하도록 만들었는데, 이 은행들은 사채를 시장에 내놓고, 신주 발행을 일괄 인수하거나 또는 기업 장기 대여금을 연장함으로써 새로운 자본 공급을 할 수 있었다.

미국 국내 자본의 대부분은 이미 산업혁명에 흡수되었다. 그렇기 때문에, 미국의 합병운동은 유럽 제국주의 발생기 동안에 외국 투자의 기회를 찾고 있던 거대한 유럽 자본의 잉여금에 접근할 수 있는 소수의 은행들에 점점 더 의존하게 되었다. 이러한 통로들은 뉴욕시에 있는 극히 소수의 거대 투자은행들이 이기 과도하게 독점하였으며, 특히 모건사 J.p. Morgan & Company는 영국 자본을 미국 자본으로 끌어들일 수 있는 주요 통로였다. 쿤-로에브 사 kuhn, loeb & company는 독일에서 미국 철도 채권을 일괄 인수하는 데 있어서 거의 타의 추종을 불허했다.

20세기에 접어들면서, 북동부의 투자은행들과 다른 금융업자들은 엄청난 양의 기업 대부금, 사채 그리고 증권을 보유하게 되었다. 한 단일 은행의 보유물은 종종 동일 산업 내에서 서로 경쟁하는 여러 회사들 것이었다. 따라서 투자은행들은 한 회사의 그 경쟁자들에 대한 단기 이익을 강조하기보다는 전체 산업의 이윤 가능성과 강점을 계획하면서 장기 이자를 키웠다. 이러한 점은 투자은행들이 특정 산업에 전문화된 금융 서비스를 제공할 수 있게 했던 정책들을 채택하였다는 점에서 더욱 그러했다. 이러한 정책들은 이들 은행들을 강철 철도, 석유 또는

27_ Douglas Dowd, *The Twisted Dream: Capitalist Development in the United States since 1776* (Cambridge: Winthrop Publishers, 1974), ch. 3.

중장비 같은 하나 또는 소수의 중요 산업들에 자본과 다른 금융 서비스를 제공하는 데 더욱 더 초점을 맞추도록 이끌어갔다.[28]

기업들이 그 규모와 자산 면에서 계속 성장함에 따라 이런 전문화된 금융기관들에 대한 산업체들의 의존은 증가했다. 모든 비금융 기업들은 20세기로 접어들면서 외부 재원들(차용, 사채, 증권 등)로부터 그들의 전체 자본 요구액의 40에서 45%를 획득하였다. 대규모 제조업체들은 적어도 자본의 30%를 외부의 재원들로부터 끌어왔다.[29]

자본에 대한 이러한 전략적 통제는 마침내 금융업자들의 새로운 한 분파를 미국 산업의 진로를 관리하는 지배 집단으로 뜨게 만들었다. 금융업자들은 여러 산업에서 자신들의 자본 이익을 보호하기 위하여 회사들을 합병하라고 압력을 넣었으며 때로는 비자발적인 합병도 강요하였다. 사실 합병운동의 최초의 물결은 1880년대 후반에 시작되었는데, 그 때 모건 J.P. Morgan은 여러 주요 철도회사들에게 카르텔을 형성하라고 압력을 넣었다. 그의 말에 따르면, 자신의 의도는 "낭비적인 경쟁"[30]을 피함으로써 철도 산업을 합리화하려는 것이었다고 한다.

이러한 초기 노력들은 1890년대에 가속화되었다. 1893년의 공황과 그 이후의 잇따른 불경기는 수십 년간의 요금 전쟁과 과잉건설로 인해 이미 쇠약해진 대부분의 대규모 철도회사들로 하여금 파산을 선고하도록 하였다. 사실상 철도산업 전체가 법원의 관리 상태에 들어갔다. 이래서 모건사와 쿤-로에브사가 채권자, 대금업자 그리고 사채 소유자들의 대표 자격으로 철도의 재조직과 관리에 대한

28_ Foregoing argument from Kotz, "Finance Capital," pp. 150-51.

29_ John Lintner, "The Financing of Corporations," in Edward Mason, ed., *The Corporation in Modern Society* (New York: Atheneum, 1969), p. 180; Daniel Creamer, Sergei P. Dobrovolski, and Israel Borenstein, *Capital in Manufacturing and Mining* (Princeton: Princeton University Press, 1960), pp. 192-93. Cf. Franz Hilferding, *Finance Capital: A Study of the Latest Phase of Capitalist Development* (Boston: Routledge and Kegan Paul, 1981).

30_ Lewis Corey, *House of Morgan: A Social Biography of the Masters of Money* (New York: G. H. Wyatt, 1930), p. 172. Ben Fine, *Marx's Capital* (London: Macmillan, 1975), p. 51.

직접적인 통제를 떠맡게 되었다. 이러한 금융업자들은 이제 다시 철도 체제를 더욱 합병하고 집중하고 합리화하도록 이 직권을 발휘하였다.[31]

이러한 성공적인 투기를 모방해서, 주요 금융업자들이 "산업계마다 차례차례로 경쟁하는 주요 회사들 사이에서 합병을 조장하도록 재정 지원도 하였는데", 그것은 1,200개 이상의 합병이 한 해에 일어났던 1899년에 절정에 달하였다.[32] 심지어는 카네기 Carnegie 같이 막강한 산업인조차도 유에스 스틸 U.S. Steel을 탄생시켰던 합병에 저항하려 했을 때, 자신이 모건의 상대가 아님을 발견했다. 합병을 향한 구조적 경향은 1차대전 후까지 낮은 활동 비율로 계속되었는데, 그 때 합병운동은 1929년에 두 번째 정점에 도달했다(그림 1.1 참고).

금융자본가의 지휘 하에 전체 산업의 집중과 합리화는 제조업, 광산업 그리고 운송업에서의 독점을 향한 경향을 엄청나게 증가시켰다. 1897년부터 1905년까지 10년도 채 안 되는 기간에 5,300개 이상의 산업체들이 스탠더드 오일, 유에스 스틸, 그리고 인터내셔널 하비스터 International Harvester와 같은 고작 318개의 대기업으로 합병되었다. 1904년까지 26개의 주요 "기업합동 trust"이 있었는데, 이들 각각은 해당 산업분야에서 생산의 80% 또는 그 이상을 차지하였다. 이들 기업합동의 대부분은 중공업, 광업 그리고 공익사업 utilities에 집중되었다. 소규모지만 더욱 경쟁적인 사업체들은 경공업, 무역 그리고 판매업에서만 우세한 상태로 남아있었다. 물론 이 분야에서조차 유나이티드 프룻 United Fruit, R.C.메이시 Macey, 시어스 Sears와 같은 거인들이 뜨고 있기는 하였지만, 그 순 결과는 1929년까지 200개의 대형 비금융대기업들이 미국의 비금융기업 자산의 48%를 소유한 것이었다.[33]

31_ Kotz, "Finance Capital," p. 150.

32_ Ibid., p. 151.

33_ Dowd, *Twisted Dream*, ch. 3; Temporary National Economic Committee (TNEC), *Investigation of Concentration of Economic Power: Final Report* (Washington, D.C.: GPO, 1941), p. 7; Gardiner C. Means, *The Structure of the American Economy* (Washington, D.C.: GPO, 1939), pp. 100-108, 239,

그림 1.1. 1895년부터 1929년까지 기업합병들

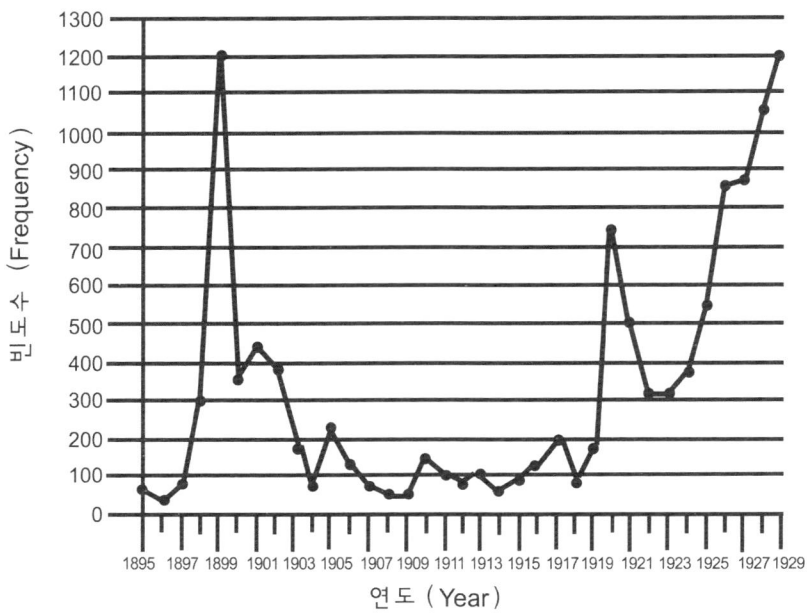

출처: 1895년부터 1919년 자료까지는 Ralph L. Nelson, *Merger Movements in American Industry, 1895-1956* (Princeton: Princeton University Press, 1959)를 참고했으며, 1920년부터 1929년까지 자료는 Temporary National Economic Committee, *Investigation of Concentration of Economic Power* (Washington, D.C.: GPO, 1941)을 참고하였음.

투자금융업자들이 시작해서 지휘했던 이런 집중 과정은 산업경제의 동시적인 집중을 동반하였다. 거대투자은행들로부터 재정 지원을 받았고 그 은행들의 특정산업 전문화와 연결되었던 계속된 합병은 뚜렷한 "금융그룹"의 출현으로 이어졌다. 금융그룹들은 20세기 초 10~20년 사이에 미국 경제에서 지배적인 세력이 되었다. 금융그룹은 미국하원의 금융위원회의 조사에 의해 1912년 처음 분명하게 확인되었다.[34]

277; idem, "Business Concentration," p. 147.

34_ U.S. Congress, House Banking and Currency Committee, *Report of the Committee Appointed Pursuant*

전형적인 금융그룹은 그 핵심으로 하나의 주요 투자은행을 항상 포함했다. 이 은행은 보통은 그 자본산출에서 여러 상업은행과 보험회사들로부터 지원을 받았다. 이 상업은행과 보험회사들은 투자은행에 직접 연결되었으며 종종 겸임 이사들의 네트워크를 통해서 서로 직접 연결되었다. 특정 고객 회사나 산업에 대한 이들의 공동이익은 이 회사들과 산업들에 분담한 투자와 증권인수에 의해 구조화되었다.[35]

그래서 모든 금융그룹은 중공업, 광업, 철도 또는 공익사업들과 같은 하나의 특정 산업이나 산업들의 고객 위성업체에 둘러싸였다. 통상 후원은행들과 금융업자들이 이러한 회사들의 미불증권의 큰 지분을 보유하였기 때문에, 그들은 자신들 회사의 대표 일부를 그들 고객 회사의 이사로 항상 선출할 수 있었다. 이들은 대부금, 채권 그리고 증권 인수에 특정한 조건을 부가함으로써 기업 정책결정의 매개변수를 간접적으로 구조화하는 데 더하여 고객 기업의 의사결정체에 직접 개입하는 것을 유지할 수 있었다.[36]

이러한 금융그룹들을 상세하게 요약하는 것은 불필요하고 따분할 것이다. 그럼에도 불구하고, 19세기 말과 20세기 초에 미국 산업경제를 구조화했던 중요

---

to H.R. 429 and 574 to Investigate the Concentration of Money and Credit, 62nd Cong., 2nd sess., 1913; TNEC, Investigation, ch. 10; Means, Structure of the American Economy, ch. 9.

35_ Means, Structure of the American Economy, p. 161. "이사들의 연결만으로는 기업들 간의 밀접한 관계의 충분한 증거가 아니다. 소수 증권이익의 소유만으로도 밀접한 결합의 증거가 못된다. 이 둘 간의 밀접한 결합에 관한 투자회사의 증거에 의한 기업 증권에 대한 보험업의 단일 사례도 역시 그렇지 못하다. 그러나 한 기업이 한 특정 투자회사에 의뢰 처음어 발기되었을 때, 그것의 모든 신주발행이 그 회사에 의해 통제된다면, 그 두 회사가 이사들을 공동으로 가지게 되면, 그리고 덜 정확한 성격의 다른 증거가 그 두 회사들 간에 긴밀한 결합을 지적한다면, 그것들을 단일 이익집단의 부분으로 취급하는 것이 적절해 보인다."

36_ 금융그룹들은 장기적인 금융관계로 구조화된다. 미국 하원의 금융통화위원회가 1912년에 확인한 그룹들은 민즈의 1935년 조사에서 모두가 물질적으로 거의 변하지 않은 상태로 있었다. 그들 대부분은 심지어 더욱 높은 수준의 통합을 유지한 채로 오늘날까지 지속되어 오고 있다. Ralph L. Andreano, ed., Superconcentration/Supercorporation (Andover, Mass.: Warner Modular Publications, 1973)을 참고할 것.

그룹들에 주목하는 것은 나의 이후의 논증에서 중요하다. 다음의 표 1.1은 민즈 L. Means가 1935년의 전국 자원위원회에 관한 연구에서 정의내린 이 그룹들의 부분적인 목록을 제공한다. 8개의 중요 그룹은 다음과 같다: (1) 모간-퍼스트 내셔널(뉴욕시), (2) 쿤-로에브(뉴욕), (3) 록펠러(뉴욕), (4) 보스턴, (5) 멜론(피츠버그), (6) 시카고, (7) 클리블랜드 그리고 (8) 듀퐁(디트로이트).

이들 그룹과 그들의 고객 회원들은 모두 미국의 250대 기업에 속한다. 미국의 200대 비금융기업 가운데에서 적어도 88개(44%)가 금융그룹의 회원임을 명백하게 확인할 수 있었다. 이번에는 이 비금융기업들이 미국의 50대 금융기관 가운데 17개를 중심으로 모여들었다. 남은 112대 비금융기업 대다수는 금융그룹과 대부금, 겸임이사들과 같은 결속을 맺는 경향이 있었다. 그러나 민즈는 이것들을 그룹 회원으로 분류하지 않았다. 왜냐하면 민즈의 엄격한 기준에 따르면, 이 비금융기업들은 기술적으로 회원으로 분류되지 못할 정도로 후원 금융기관들과 너무 느슨하게 제휴하였기 때문이거나 또는 단일한 통제 중심지를 확인할 수 없었기 때문이다.

이 표도 분명히 보여주듯이, 8개 금융그룹의 지리적 중심지는 산업적인 북동부, 특히 뉴욕시였는데, 가장 막강하고 광범위한 그룹 가운데 3개가 이곳을 근거지로 삼고 있었다(모건; 쿤-로에브; 록펠러). 이 3집단은 미국 전역에 금융연합체들과 산업재산을 가지고 있었다. 나머지 5개는 5대호 주변, 뉴잉글랜드 또는 대서양중부 지역에 위치해 있는 일반적으로 지역적인 그룹이었다.[37] 모건그룹이 당연히 가장 크고 또 경제적으로 가장 막강하였다. 사실, 미국의 200대 비금융기업 가운데 적어도 35개가 모간 그룹의 회원이었다.

37_ 미국 산업화의 지리적인 핵심과 주변부에 대한 뛰어난 경험적인 설명은 Elizabeth Sanders, "Industrial Concentration, Sectional Competition, and Antitrust Politics in America, 1880-1980," *Studies in American Political Development* 1 (1987): 142-214를 참고할 것.

표 1.1. 1912년과 1935년 사이에 그룹 회원으로 확인할 수 있는
200개의 대 비금융기업체 가운데에서 주요 금융그룹과 기업

Morgan / First National

은행들

  J.P. Morgan and Co. (N.Y.)

  Drexel and Co. (Philadelphia)

  First National Bank of N.Y.

  New York Trust Co.

  Guaranty Trust Co. of N.Y.

  Bankers' Trust Co. of N.Y.

철도회사 그리고 그와 관련된 회사들

  N.Y. Central RR

  Atchison, Topeka & Santa Fe Ry

  Northern Pacific Ry

  Delaware, Lackawanna, & Santa Fe Ry

  Western Pacific Ry Co.

  Southern Ry Co.

  Missouri Pacific Ry Co.

  Denver & Rio Grande West RR Co.

  Chicago & Eastern Illinois Ry Co.

  Pullman, Inc.

  Baldwin Locomotive Works

공익사업 그리고 그와 관련된 회사들

  International Telephone & Telegraph

  American Telephone & Telegraph

  Electric Power & Light Co.

  Consolidated Edison of N.Y.

  Public Service Corp of N.I.

  American Power & Light Co.

  National Power & Light Co.

  American Gas & Electric Co.

  Columbia Gas & Electric Co.

  General Electric Co.

  United Gas Improvement Co.

  American Radiator & Sanitary Corp.

천연자원

  U.S. Steel Corp.

Allegheny Corp.

Kennecott Copper Co.

Phelps-Dodge Corp.

Continental Oil Co.

Glen Alden Coal Co.

Philadelphia & Reading Coal & Iron

St. Regis Paper Co.

기타

National Biscuit Co.

Montgomery Wary Co. Inc.

Commonwealth and Southern Corp.

Kuhn, Loeb & Co.

은행

Bank of the Manhattan Co. (N.Y.)

철도

Pennsylvania RR Co.

Union Pacific RR

Southern Pacific RR

New York, New Haven, & Hartford RR Co.

Lehigh Valley RR

Illinois Central RR

Wabash Ry Co.

Chicago, Milwaukee, St. Paul & Pacific RR Co.

Delaware and Hudson Co.

Boston & Maine RR Co.

Chicago & Northwestern Ry Co.

Norfolk & Western Ry Co.

Missouri-Texas-Kansas RR Co.

공익사업

Western Union Telegraph Co.

Rockefeller

은행

Chase National Bank

석유

Standard Oil Co. of Indiana

Standard Oil Co. of New Jersey

Standard Oil Co. of California

Ohio Oil Co.

Socony Vacuum Oil Co. Inc.

Atlantic Refining Co.

BOSTON

은행

First National Bank of Boston

경공업

United Fruit Co.

United Shoe Machinery

American Woolen Co.

기타

Stone & Webster, Inc.

U.S. Smelting & Refining Co.

Edison Electric Illuminating Co. of Boston

Mellon

은행

Mellon National Bank (Pittsburgh)

Union Trust Co. (Pittsburgh)

천연자원과 제련

Aluminum Co. of America (Alcoa)

Crucible Steel Co. of America

Jones & Laughlin Steel Co.

American Rolling Mill Co.

Pittsburgh Coal Co.

Gulf Oil

Koppers Co.

공익사업 그리고 그와 관련 회사들

Brooklyn Union Gas Co.

United Light & Power Co.

Westinghouse Electric & Mfg. Co.

기타

Pittsburgh Plate Glass Co.

Chicago

은행

    Continental Illinois National Bank & Trust Co.

    First National Bank (Chicago)

    Northern Trust Co.

    Harris Trust & Savings Bank (Chicago)

공익사업

    Commonwealth Edison Co.

    Peoples' Gas Light & Coke Co.

    Public Service Co. of Northern Illinois

기타

    Armour & Co.

    International Harvester Co.

    Marshall Field & Co.

    Wilson & Co.

Cleveland

은행

    Cleveland Trust Co.

철강

    Republic Steel Co.

    Inland Steel Co.

    Cleveland-Cliffs Iron Co.

    Wheeling Steel Corp.

    Youngstown Sheet & Tube Co.

기타

    Goodyear Tire & Rubber Co.

Du Pont

은행

    National Bank of Detroit

자동차회사 그리고 그와 관련된 회사들

    General Motors Corp.

    U.S. Rubber Co.

    E. I. Du Pont de Nemours & Co.

출처: Gardiner C. Means, *The Structure of the American Economy* (Washington, D.C.: GPO, 1939), pp. 162-63.

이 그룹에 의해 제도화된 중앙집중화된 경제 구조에 대한 느낌은 몇 가지 예로 부터 모아볼 수 있다. 예를 들어서, 모간 그룹 내의 공익사업 회사들은 1935년까지 미국의 전체 전기발전용량의 37%를 생산하였다. 모간 철도회사들은 미국 전체 철도 길이의 26%를 소유하였다. 쿤-로에브 철도회사들은 미국 모든 철도의 22%를 통제하였다.[38]

미국 계급구조의 변형 1861-1929

생산수단에서 부의 사적 소유에 의해 정의된 사회적이고 법적인 체제는 미국 경제구조의 변형이 계급구조의 비슷한 집중화와 중앙화에 의해 재생산되었음을 의미했다. 혁신주의 역사가 호프스태터Richard Hofstadter는 "1870년까지 미국 은 부, 지위 그리고 권력이 다소 넓게 퍼져 있는 나라였는데, 그곳에서 적당한 재산을 가진 사람은, 특히 많은 작은 공동체들에서, 상당한 존경을 받고 또 상당한 영향력도 발휘할 수 있었다."[39]는 점에 주목한다. 사업체의 작은 규모뿐만 아니라 많은 숫자의 소작농들이 부가 상대적으로 널리 배분되어 있는 사회구조를 재생산하였다. 물론 이때에도 계급 간의 불평등은 있었지만, 이러한 차이들은 1870년 이후 생겨났던 차이들에 비하면 별것 아니었다. 1870년 이후에는 계급갈등의 성격이 재산을 소유한 계급들(즉 자본과 농업) 간의 갈등에서 자본과 노동 간의 갈등으로 바뀌었다.

사업이나 농업을 자영하는 미국 인구의 비율은 이러한 전개의 징후를 제시한다(표 1.2. 참고). 1880년 이전 수치는 여전히 불완전하기는 하지만, 매인Jackson T. Main의 측정치로부터 1880년의 수치를 보완해서 보게 되면, 산업화 이전 미국사회에 대한 호프스태터의 묘사가 꽤나 정확하다는 것을 알 수 있다. 1880년

38_ Means, *Structure of the American Economy*, pp. 161-62.

39_ Hofstadter, *Age of Reform*, p. 135.

표 1.2. 미국 노동력의 프롤레타리아화: 노동자, 자영업자, 경영자 비율

연도	임금 또는 봉급 종업원들[a]	자영업자들[b]	경영자들과 간부들	합계
1780[c]	20.0	80.0	–	100.0
1880	62.0	36.9	1.1	100.0
1890	65.0	33.8	1.2	100.0
1900	67.9	30.8	1.3	100.0
1910	71.9	26.3	1.8	100.0
1920	73.9	23.5	2.6	100.0
1930	76.8	20.3	2.9	100.0

출처: Table from Michael Reich, "The Evolution of the United States Labor Force," in Richard C. Edwards, ed., *The Capitalist System*, 1st ed. (Englewood Cliffs, N.Y.: Prentice Hall, 1972), p. 175. The Figures Reich uses for 1780 are from Jackson Turner Main, *The Social Structure of Revolutionary America* (Princeton: Princeton University Press, 1965).

주: 여기에서 노동력은 경제활동에 직접적으로 참여하는 모든 수입 수령인으로 정의되며, 무임금 가족 노동자들은 배제되었다.

[a] 봉급 받는 경영자와 간부들은 제외

[b] 사업가, 전문직업인, 농부, 그리고 다른 재산 소유자들

[c] 1780년 수치는 근사치임. 인구의 1/5을 차지했던 노예들은 제외하였음. 계약 하인들은 임금 또는 봉급을 받는 종업원 범주에 포함.

이후 과중한 산업화 시대는 부가 점점 집중되었고, 그에 따라 일반인구의 프롤레타리아화가 동반되었다.

그러나 재산소유계급의 인구비율 축소뿐 아니라, 권력의 극적인 중앙화도 역시 자본가계급 내에서 발생하였다. 호프스태터는 미국에서 산업혁명 이전에는 "소규모 상인이나 제조업자, 유명한 법률가, 편집인 또는 목사가 지닌 지역에서의 명성은 매우 중요했고" 특히 "전국권으로 권력과 위신의 원천이 부재하던 시대에는 위의 사람들이 지역에서 명성이 있는 사람이었다"고 논평한다. 예를 들어서 "1840년대에 미국에는 백만장자가 20명도 채 안 되었다"는 계산이 나온다.[40]

산업조직의 지배적 형태로서 대기업의 출현은 자본가계급 내에서 권력과 위신

40_ Ibid., pp. 135-36; Sidney Ratner, *American Taxation: Its History as a Social Force in Democracy* (New York: W. W. Norton, 1942), p. 136.

표 1.3 1922년과 1929년에 성인의 상위 1%가 소유한 개인 부분의 자산과 부처의 몫

자산 유형	1922	1929
부동산	18.0	17.3
미국 정부 채권	45.0	100.0
증권 및 지역 채권	88.0	100.0
기타 채권	69.2	82.0
기업 증권	61.5	65.6
현금, 저당권 그리고 어음	31.0	34.0
연금과 퇴직기금	8.0	8.0
보험	35.3	27.0
기타 재산	23.2	29.0

출처: Table from Robert J. Lampman, *The Share of Top Wealth-Holders in National Wealth* (Princeton: Princeton University Press, 1962), p. 209.

의 광범위한 배분을 바꾸어 놓았다. 한 인구 조사청 통계원에 따르면 1893년까지 미국가족의 고작 9%가 미국전체 부의 71%를 소유했다고 보고되었다.[41] 램프맨 Robert Lampman의 미국경제연구청 평가는 합병운동 이후 1922년까지 부의 사적 집중과 중앙화가 훨씬 더 현저해졌다는 점을 알려준다(표 1.3. 참고). 부의 중앙화는 증권 소유 분야에서 가장 컸는데, 거기에서는 인구의 고작 1%가 미국 기업 주식과 채권의 거의 2/3을 소유했다.[42]

그러나 계급구조의 변형과 양극화는 주요 금융그룹들이 차지하고 있는 지역의 중심지로부터 밖으로 발산하는 평탄치 않은 과정이었다. 예를 들어, 경제적 사회적 발전 유형에서 농촌지대의 대부분이 도시화에 관한 지역 수치들에 있어 북부 지역에 한 세대 뒤져 있는 반면, 남부의 경우는 두 세대 뒤쳐져 있음을 보여준다 (표 1.4. 참고). 사실, 북동부 지역을 제외하면, 전지역이 1920년까지 압도적으로 전원적이며 농촌 상태였다. 그 이후나 되서야 비로소 경제와 계급 구조들이 전국

41_ Hofstadter, *Age of Reform*, p. 136. C.L. Merwin, "American Studies of the Distribution of Wealth and Income by Size," in *Studies in Income and Wealth* (New York: Columbia University Press, 1942), pp. 3-84.

42_ TNEC, *Investigation*, ch. 8, 특히 pp. 171-74.

표 1.4. 1860년과 1930년 사이에 도시지역에 살았던 미국전역과 미국지역인구의 백분율

	1860	1870	1880	1890	1900	1910	1920	1930
미국 전체	19.7	25.7	28.2	35.1	39.7	45.7	51.2	56.2
북동부	35.8	44.3	50.8	59.0	66.1	71.8	75.5	77.6
북중부	13.9	20.8	24.2	33.1	38.6	45.1	52.3	57.9
남부	16.0	25.8	30.2	37.1	39.9	47.9	51.8	58.4
서부	9.6	12.2	12.2	16.3	18.0	22.5	28.1	34.1

출처: Compiled and tabulated from U.S. Bureau of the Census, *Historical Statistics of the United States: From Colonial Times to 1970* (Washington, D.C.: GPO, 1972), pp. 11-12, 22.

에 걸쳐서 진정으로 국가적 사회구조로 균등해지기 시작한다. 그때도 남부의 경우는 여전히 전국의 다른 지역들을 느릿느릿 뒤따라갔다. 그 결과로, 1890년부터 1930년까지 미국 농업인구의 분포 수치는 남부와 중서부에 압도적으로 집중되었음을 보여주는데, 그곳에서 그들은 유권자 전원이 "의견이 같은 다수"를 종종 형성하였다(표 1.5. 참고).[43]

계급구조에서 지역적 편차 그리고 국가 계급관계의 광범위한 구조 안에 불균등 발전은 정치 헤게모니의 지역적이거나 또는 의견이 같은 형태를 분명하게 야기시켰다. 나중에 제시하듯 이러한 점은 미국 대학들 사이의 지역적 편차를 설명하는 데 중요하다. 다음의 자료들은 대학과 대학교의 이사회 구성이 경제

표 1.5. 1890년과 1930년 사이에 전체 미국 농업 인구의 지역분포

	1890	1900	1910	1920	1930
북동부	12.9	11.3	9.0	7.9	7.5
북중부	40.3	37.1	33.4	31.8	31.4
남부	43.3	47.6	51.9	53.4	53.6
서부	3.5	4.0	5.6	6.9	7.5
합계	100.0	100.0	100.0	100.0	100.0

출처: U.S. Bureau of the Census, *Historical Statistics of the United States: From Colonial Times to 1970* (Washington, D.C.: GPO, 1972), p. 458.

43_ Sanders, "Industrial Concentration," pp. 146-84; Richard Franklin Bensel, *Sectionalism and American Political Development* (Madison: University of Wisconsin Press, 1984).

표 1.6. 1860년과 1930년 사이에 미국 지역별 농가 평균 농지넓이

	1860	1870	1880	1890	1900	1910	1920	1930
북동부	111	104	98	97	97	96	99	85
북중부	140	124	135	133	145	157	172	181
남부	336	214	153	140	138	114	109	110
서부	363	339	312	324	394	300	364	434

출처: Figures tabulated from data in U.S. Bureau of the Census, *Historical Statistics of the United States: From Colonial Times to 1970* (Washington, D.C.: GPO, 1972), pp. 459-60.

와 계급구조에서 미국 정치경제의 전국화 이후에도 지역적이고 지방적인 편차에 지극히 예민하였다는 점을 증명할 것이다. 국가교육기관, 지방교육기관 또는 사적 교육기관이던 간에, 일반적으로 그 이사회는 지방에서 주도적인 엘리트들의 관심사에 의해 지배되었다.

개혁시대에 고등교육을 분열시켰던 많은 지방 제도 간 경쟁과 국가적 갈등은 이데올로기 패권을 위한 적대적인 사회세력들의 투쟁으로 거슬러 올라가 조사할 수 있다.[44] 이러한 갈등 가운데 가장 뿌리 깊은 것은 미국 농부들과 도시 엘리트들 간의 그리고 또한 자본과 노동 간의 파벌싸움이었다.[45] 농부들은 산업사회 안에서 낮아지는 자신들의 지위에 대해 전체적으로 수세적 투쟁을 벌이고 있었다. 노동은 신생 산업민주주의 안에서 종속적이지만 떠오르는 계급으로서 그 정체성을 확립하려는 시도를 하고 있었다.

그러나 농촌계급 구조 안에서조차 상당한 지역적 차이가 있었다. 중요한 지역적 차이들은 농지의 평균 크기에서 분명하다(표 1.6. 참고). 북동부와 특히 중서부는 전통적인 가족농의 지역적 거점인 상태였다. 언뜻 보기에는 남부에서는 수치

44_ 미국 대학과 대학교의 2~3백여 개의 개별 학교역사들 가운데에서, 대학교 발전의 정치적인 면에 심각한 주의를 기울인 것은 얼마 되지 않는다. 이러한 작업들의 대부분에는, 이사들과 동문들(그러한 책들은 대체로 이들을 위해서 쓰여진다)을 화나게 하지 않기 위해서 정치적 갈등을 무시하거나 얼버무리는 절박한 노력들이 나타난다.

45_ Charles A. Beard and Mary R. Beard, *The Rise of American Civilization*, 2 vols. (New York: Macmillan, 1930)은 이 작업에 대하여 알려주는 미국 역사의 일반적 철학이다.

	1900	1910	1920	1930
미국전체				
완전소유자	55.8	52.7	52.2	46.3
부분소유자	7.9	9.3	8.7	10.4
관리인	1.0	1.0	1.1	1.0
소작인	35.3	37.0	38.1	42.4
	100.0	100.0	100.0	100.0
남부				
완전소유자	47.2	42.9	43.8	36.9
부분소유자	5.1	7.0	6.0	7.0
관리인	0.7	0.5	0.6	0.5
소작인	47.0	49.6	49.6	55.6
	100.0	100.0	100.0	100.0
남부에 사는 모든 미국 소작농의 %	60.8	65.2	64.7	67.1
남부에 사는 모든 미국 물납소작농의 %	–	–	100.0	100.0

출처: U.S. Bureau of the Census, *Historical Statistics of the United States: From Colonial Times to 1970* (Washington, D.C.: GPO, 1971), p. 465.

들이 큰 농장들이 남부재건기 중 파산되어서 소규모 자유·보유 토지들로 대체된 걸로 보이지만, 이러한 수치들은 사실상 꾸준히 팽창하는 지주–소작인과 물납소작제도sharecropping system가 무엇이었는가를 애매하게 한다. 이 시기의 미국 인구조사국의 농지면적 수치들은 소유권을 반영하지 않고, 사실상 다른 가족이 경작했던 각 농지의 평균 크기만을 보여주었다. 그 결과로 남부에서 계속된 토지소유 집중은 그 당시 통용되던 통계수단에 의해 숨겨졌다.

농지소유에 관한 표 1.7.의 자료들은, 대부분의 미국 농부들이 그들의 토지를 소유하거나 또는 부분적으로 소유하였던 (즉, 명목상 소유자로 저당을 잡힌) 반면, 대부분의 소작농과 모든 물납 소작인은 남부에 꾸준하게 집중되었다. 남부에서 모든 소작인과 물납소작인의 약 45%가 흑인이었는데, 거꾸로 말하면 남부농

그림 1.2. 1890년경 미국의 계급갈등 구조

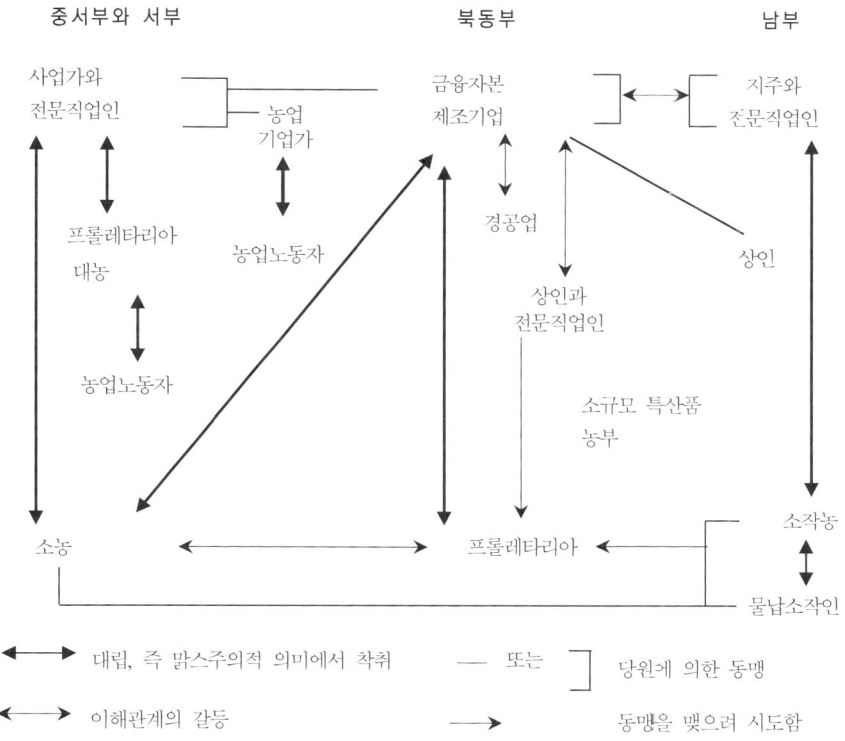

주: 대립과 이해관계의 갈등은 Etienne Balibar, *Reading Capital* (London: New Left Books, 1970), pp. 203, 290을 참고할 것.

업에서 거의 모든 흑인은 소작인과 물납소작인이었다.[46] 극서부, 특히 캘리포니리포니아에서는 농지와 목장들이 이미 대규모 농업 기업으로 경영되었다.

위의 그림 1.2는 1890년경 미국 계급구조 유형에 관한 시각적 설명도를 마련해 준다.

지금까지의 설명은 미국자본주의 발전에 대한 철저한 해설을 마련하는 데 분

46_ 남북전쟁이후 남부에서 계급구조에 관한 더욱 상세한 분석은 TNEC, *Investigation*, pp. 199-203 and Robert W. Shugg, *Origins of Class Struggle in Louisiana* (Baton Rouge: Louisiana State University Press, 1939), ch. 8을 참고할 것.

명하게 목적을 두고 있지 않다. 나는 미국 대학교의 출현에 이론적으로 중요하며 또 다음에 이어지는 장들에서 자주 나오는 주제들을 구성하는 미국자본주의의 발전에서 특정한 유형들을 강조하였다. 이 가운데 첫 번째 것은 19세기 말과 20세기 초 사이에 대기업의 발생이다. 전국적인 금융자본가 그룹 밑에서 그것의 합병은 우리가 기업의 이상the corporate ideal이라고 부르는 조직의 모델을 확립하였다.

게다가 기업 이상의 경제적 기원은 가치중심적이지 않았다. 이 법인 이상은 1870년부터 1896년까지 발생했고 1917년부터 1948년 사이에 재발했던 자본주의에서 전지구적 축적 위기에 대한 전략적 해결책으로 채택되었다. 그것의 우선적인 방향설정은 물적 자원과 인적 자원 이익을 많이 내는 이용이었다. 더 나아가서 기업의 이상은 그 자체가 이 자원들의 소유와 통제가 이미 점점 더 중앙화된 사회 구조의 발전에서 단지 하나의 구성요소에 지나지 않았다. 그래서 합리화의 유형은 전국적 축적위기를 배경으로 해서 이해해야만 하는데, 그 위기에서 자본과 노동 간의, 농민과 자본 간의 그리고 자본 내부에서의 점증하는 갈등은 자원 효율성의 문제들을 인간 조직 통제의 문제들과 연결시켰다.[47]

47_ Antonio Gramsci, "Americanism and Fordism," in Quintin Hoare and Geoffrey Nowell Smith, eds., *Selections from the Prison Notebooks* (New York: International Publishers, 1971), pp. 277-318; Claude Lefort, "What Is Bureaucracy?" in *The Political Forms of Modern Society* (Cambridge: MIT Press, 1986), pp. 89-121.

2장

누가 대학교를 소유하는가?

계급 구조와 정신적 생산의 물질적 수단

전문적 고등교육 지식인의 출현뿐만 아니라 미국대학의 근대화 역시 미국에서 산업혁명과 동시에 일어났다. 자본주의 발전과 연관된 구조적 유형은 미국대학과 그 노동과정에 혁명을 일으켰던 일련의 매우 유사한 사건들 안에서 다시 나타난다. 전통적인 미국 대학의 현대 대학으로의 변형은 정신적 생산수단의 집중, 경영통제의 중앙화와 관료화, 전국적 고등교육 시장의 건설 그리고 경쟁을 벌이는 교육기관들 간의 시장관계 합리화와 같은 제도적 변화와 동일한 유형의 뒤를 따랐다.

분산되고 서로 연관되지 않았던 사건들이 일찍이 1870년대와 1880년대에 일부 교육기관을 변화시키는 데 선례를 확립하였다는 것은 사실이다. 그러나 변화의 속도는 "1890년대에 갑자기 가속화되었고" 1차 세계대전이 끝날 때까지 그 속도로 계속되었다. 전후 1920년대 말까지, 미국대학교는 "오늘날에도 여전히 인지할 수 있는 구조 형태, 지식인 조직 그리고 재정 지원 면에서 현재 형태와 같은 것을 영원히 취하게 되었다."[1]

1_ Geiger, *To Advance Knowledge*, pp. 1-2. Also, Veysey, *Emergence of the American University*; Frederick Rudolph, *The American College and University* (New York: Alfred A. Knopf, 1962); John S. Brubacher and Willis Rudy, *Higher Education in Transition* (New York: Harper and Row 1976); Elbert Vaughn

현대의 역사가들은 우선적으로 이러한 변형을 미국 문화 안의 더욱 산만한 변화들로부터 생겨난 자국 내의 구조적인 긴급한 사정들의 견지에서 설명해 왔다. 예를 들어 블레드스타인Bledstein은 전문가주의가 중산층 직업에서 우위를 차지하게 되자 미국 대학과 대학교의 등록이 증가하였다는 점에 주목한다. 전문가주의의 상승은 대학졸업장을 신생 도시 중산층의 제도적 기초로 만들었는데, 배타성과 시장 특전에 대한 이 계층의 주장은 그 교육 증명서에 달려있었다. 개인의 사회적 유동성의 통로는 그래서 19세기 말과 20세기 초에 프런티어frontier에서 고등교육으로 이전되었다. 마찬가지로 르바인David O. Levine은 1차 세계대전 이후 대학등록금의 두 번째 폭등이 진보적 운동에 의해 중산층에서 생겨났던 대망aspiration의 문화(즉, 대학 졸업을 통한 출세주의 문화-역자)에서 그 근원을 찾아볼 수 있다고 결론짓는다.[2]

이러한 맥락에서, 가이거Geiger는 상승하는 대학등록이 대학 간 명성 경쟁을 이끌어냈다고 주장한다. 왜냐하면 그 명성이 지속적 성장에 필요한 재원을 확보하는 것을 손쉽게 만들었기 때문이었다. 성공적인 성장은 이번에는 또 다시 실력사회meritocratic 문화에 의해 동기화된 학생들의 직업적 성향에 맞게 특정 교육과정상 면허를 주는 것뿐만 아니라 이러한 "인적자원"을 관리하고 지도하기 위해서 교내 조직의 새로운 형태를 필요로 하게 되었다.[3] 베이세이Veysey는 이러한 대학 붐의 와중에서 대학은 "혼돈과 표류"[4]를 피하고자 하면서 중앙집중화된 관료적 절차가 필수적으로 되었다고 결론 내린다.

분명히 이러한 경향들은 있었다. 그러나 이런 경향에 근거한 설명들은 재원을

Will, *The Growth of American Higher Education* (Philadelphia: Dorrance and Co., 1936).

2_ Bledstein, *Culture of Professionalism*, p. xii; Levine, *American College*. Also, Haber, *Efficiency and Uplift*, pp. xi-xii.

3_ Geiger, *To Advance Knowledge*, pp. 1-11.

4_ Veysey, *Emergence of the American University*, pp. 315-16; see also Hofstadter and Metzger, *Development of Academic Freedom*, pp. 453-54.

향한 대학 간 경쟁들이 미국 사회에서 누가 그 재원들을 통제하는가 하는 문제에 의해 형성되었다는 점을 다루는 데는 실패한다. 결국에는 이러한 재산의 연결 관계가 대학의 명성으로 여겨지게 되는데 사실상 아주 중대한 결정요소였다. 게다가 이 관계는 그렇기 때문에 대학 통치를 위해 채택되었던 교내 조직의 종류에 결정적으로 영향을 미쳤고 또 직업적 성향이 미국의 대학과 대학교에 통합되었던 특정한 형태에도 영향을 미쳤다.

현대 대학교들이 산업민주주의의 요구에 반응함으로써 어떻게 그들의 변화하는 역사적 임무를 수행할 것인가에 대해서는 격심한 정치적 논쟁들이 있었다. 미국 사회의 여러 집단들에게 그 변화들의 함의와 밀접하게 연결되었던 이러한 변화들의 구조와 내용에 대한 논쟁들이 있었다. 이 논쟁의 참여자들이 이러한 논쟁의 가능한 결과를 정신적 생산의 물질적 수단 그리고 그것과 함께 지식인 노동과정을 통제하려는 투쟁의 결과물로 이해하였다는 것이 나의 논점이다. 미국에서 현대 대학과 대학교의 출현은 이데올로기 권력을 위한 계급투쟁이었다. 따라서 논쟁의 중심적이며 의식적으로 분명히 표명된 요점은 항상 누가 대학교를 소유했는가?라는 질문이었다.

베블렌은 심지어 1918년 같이 늦은 시기에도 "아직 살아있는 사람들의 기억 속에서, 이러한 미국 고등교육기관의 이사회가 대체로 성직자들로 구성되었으며 또 그 이사회들이 학문에 관하여 올바르고 필요한 것에 대한 성직의 통념, 또는 적어도 독실한 통념에 의해 주로 선도되었다는 점이 거의 깨지지 않는 법칙이었다."[5]는 점을 발견했다. 그는 이미 "한 세대 전에" 미국의 대학과 대학교들이 기업가와 정치가의 지배 하에 들어가고 있었던 점이 당대의 변화를 설명하는 데 중요하다는 것을 발견했는데, 그는 그것이 "기업가들로의 대체라고 말하는 것과 같다."[6]고 비꼬면서 결론을 내렸다. 1860년부터 1930년까지 대학과 대학교 이사회

5_ Veblen, *Higher Learning*, p. 45.
6_ Ibid., p. 46. 마찬가지로 Thomas C. Cochran, *Business in American Life* (New York: McGraw-Hill,

표 2.1. 1860년과 1930년 사이에서 선별한 년도에 15개 사립 고등교육기관의 이사 직업(%)

	1860 – 1861	1870 – 1871	1880 – 1881	1890 – 1891	1900 – 1901	1910 – 1911	1920 – 1921	1930 – 1931
사례 숫자	281	323	354	355	374	388	394	429
목사	39.1	34.4	33.3	28.4	23.0	16.5	10.4	7.2
기업가	22.8	25.4	25.4	24.8	25.7	25.0	27.2	31.9
은행가	4.6	8.4	8.8	11.5	12.8	17.8	16.0	20.3
변호사	20.6	19.8	21.8	23.7	25.7	25.5	26.9	21.4
교육자	5.0	6.8	6.2	7.6	8.0	9.3	11.4	10.0
의사	4.6	3.1	2.3	3.1	3.2	3.1	4.3	4.4
기사	0.7	0.6	0.6	0	1.1	1.8	2.3	3.5
농부	2.1	1.2	0.8	0.6	0.5	1.0	0.5	0.2
주부	0	0	0.8	0.3	0	0	1.0	0.9
미상	0.4	0.3	0	0	0	0	0	0
총계[a]	99.9	100.0	100.0	100.0	100.0	100.0	100.0	100.0
기업가와 은행가 전체	27.4	33.8	34.2	36.3	38.5	42.8	43.2	52.2
기업가, 은행가, 그리고 변호사 전체	48.0	53.6	56.0	60.0	64.2	68.3	70.1	73.6

출처: Table from Earl J. McGrath, "The Control of Higher Education in America," *Educational Record* 17 (April 1936): 246.

주: 여기에 포함된 교육기관들은 Williams, Amherst, Lafayette, Wesleyan, Hamilton, Lawrence, Carleton, Beloit, Wabash, Knox, Yale, Pennsylvania, Cornell, Princeton, and Dartmouth이다. 총계 a는 사사오입으로 인하여 100%가 안 될 수도 있다.

의 사회적 구성에 대한 맥그래스Earl J. McGrath의 경험적 조사는 베블렌의 소견을 확증했다.[7]

　맥그래스는 대학교 이사회의 은행가들과 기업가들이 1860년 전체 이사 숫자의 약 1/4에서 1930년 약 1/2로 증가했다고 보고했다. 법률가들이 그 다음으로

1972), p. 180을 보라.

7_ Earl J. McGrath, "The Control of Higher Education in America," *Educational Record* 17 (April 1936): 259-72.

표 2.2. 1860년과 1930년 사이에서 선별한 년도에 5개 주립 고등교육기관의 이사·직업(%)

	1860-1861	1870-1871	1880-1881	1890-1891	1900-1901	1910-1911	1920-1921	1930-1931
사례 숫자	46	62	46	48	48	45	44	46
기업가	23.9	22.6	28.3	20.8	27.1	35.6	34.1	23.9
변호사	39.1	33.9	28.3	39.6	37.5	24.4	27.3	30.4
은행가	4.4	3.2	13.0	12.5	12.5	22.2	18.2	13.0
농부	15.2	6.5	4.3	6.3	0	2.2	4.6	8.7
교육자	8.7	16.1	13.0	14.6	12.5	6.7	6.8	4.4
의사	2.1	6.5	8.7	6.3	2.1	8.9	9.1	10.9
목사	4.4	11.3	4.3	0	6.3	0	0	2.2
주부	0	0	0	0	0	0	0	6.5
기사	2.2	0	0	0	2.1	0	0	0
합계[a]	100.0	100.1	99.9	100.1	100.1	100.1	100.1	100.0
기업가와 은행가 전체	28.3	25.8	41.3	33.3	39.6	57.8	52.3	36.9
기업가, 은행가 그리고 변호사 전체	67.4	59.7	69.6	72.9	77.1	82.2	79.6	67.3

출처: McGrath, "The Control of Higher Education." p. 265.
주: 포함된 교육기관들은 the Universities of Nebraska, Missouri, Minnesota, Iowa, and Michigan 이다.
합계 a는 사사오입으로 인하여 100%가 안 될 수도 있다.

큰 직업집단이었지만 개별 전기적 자료들은 대학교 이사회의 변호사들이 영리법인 법에 점점 더 종사하였으며 또 다양한 기업체들의 임원이나 또는 이사였다는 점을 보여주었다. 따라서 맥그래스는 "우리는 두 직업을 1930년까지 대학교 이사회의 모든 지위의 2/3에서 3/4까지를 통제했던 단일 이익 집단으로 정당화될 수 있게 분류할 수 있다"고 주장했다(표 2.1.과 표 2.2. 참고).

맥그래스의 조사는 공립대학교와 사립대학을 구분하였으나, "고등교육기관의 이사회는 선출방식과 상관없이 동일한 계급들로부터 선발되었다"는 점을 발견했다. 그 결과로, 공립대학교의 경우에는 생산관계에서 법률상으로 공적 "소유권"과 계급 "통제"의 사실상 특성간의 한층 더 정교한 구분을 도입하는 것이 필요해 보인다. 게다가 그 이후의 연구들은 역사적 관점에서는 계급 통제의 "금전정치적" 유형들이 자본주의사회 내의 대학의 구조적 특징임을 지적하기 위해서 지난 50년에 걸쳐서 충분히 규칙적으로 이러한 발견물들을 반복해 왔다.[8]

이러한 발견들이 베블렌의 인상주의적 가정을 확증하는 데 중요하였던 만큼이나 그것들이 대학 근대화와 기업문명의 학문적 문화 간의 관계를 정의내리는 데에는 여전히 애매하다는 데는 의미가 있다. 그 결과로 나는 1장에서 상술했던 역사적 준거틀을 특히 언급하면서, 미국사회 구조의 발달과 대학 지배 간의 좀 더 정확한 관계를 도출하려는 목적을 가진 더욱 심층적인 역사적 조사를 하였다. 이 장에서 분석한 이 조사는 1861년부터 1929년까지 21개 주들의 33개 대학과 대학교를 포함했다. 표본은 지리적 지역, 법적 통제의 유형(공립과 사립), 규모 그리고 대학의 유형에서 편차를 반영하는 대학들의 대표적 예들을 수집하기 위해서 선택되었다. 이 조사의 일반적 결과는 표 2.3과 표 2.4에 기록되어 있다.

나의 조사는 직업 범주를 사용하는 데 있어서 약간의 차이에도 불구하고 맥그래스의 이전 조사결과들과 매우 유사했다. 한 가지 중요한 차이는 맥그래스 결과물이 공립대학교의 초기 이사회에서 농부들과 또 다른 농업경영자들(예를 들어, 목장주, 원예가, 제분업자)의 중요성을 평가절하했다는 것이 나의 결

8_ Lightner Witmer, *The Nearing Case* (New York: B. W. Huebsch, 1915), p. 103-6; Scott Nearing, "who's who among College Trustees?" *School and Society* 6 (Septermber 8, 1917): 297-99; Faculty of Colorado College, *Report on College and University Administration,* General Series no. 94 (Colorado Springs: Colorado College Publications, 1917); J. A. Leighton, "Report of Committee T on Place and Function of Faculties in University Government and Administration," *Bulletin of the AAUP* 6 (March 1920): 17-47; Hubert Park Beck, *Men Who Control Our Universities* (New York: King's Crown Press, 1947); Bettina Aptheker, *Big Business and the Universities* (New York: Institute for Marxist Studies, 1966); *Who Rules Columbia?* (New York: North American Congress on Latin America, 1968); Morton A. Raugh, *The Trusteeship of Colleges and Universities* (New York: McGraw-Hill, 1969); James Benet, "California's Regents: Window on the Ruling Class," *Change,* February 1972; Troy Duster, *The Aims of Higher Learning and the Control of the Universities* (Berkeley, n.d.).

표 2.3 1861년과 1929년 사이 사립대학, 대학교, 공대의 이사 직업(%)

	1861–1880	1881–1900	1901–1920	1921–1929
사례 숫자	147	150	179	144
직업이 확인 안 된 숫자	21	21	10	11
전문직업인				
목사	40.8	18.0	15.1	9.0
의사	7.5	10.0	5.6	6.3
교육자[a]	4.8	4.0	5.0	6.9
변호사	11.6	24.7	21.2	14.6
판사[b]	6.8	5.3	3.4	1.4
소계	71.5	62.0	50.3	38.2
사업가				
언론인[c]	0.7	1.3	1.1	2.1
상인	12.2	6.0	4.5	9.7
제조업/광업	3.4	4.7	9.5	13.9
철도사업가	0.7	7.3	6.2	4.2
기사	0.7	2.0	1.1	2.1
은행/금융	1.4	8.7	15.6	19.4
소계	19.1	30.0	38.0	51.4
농업경영자	0	0	0	0
정부 관리				
연방정부	1.4	3.3	3.9	2.8
주/지역	4.1	1.3	2.2	0.7
군대	2.0	2.0	0.6	1.4
소계	7.5	6.6	6.7	4.9
기타	2.0	1.3	5.0	5.6
합계[d]	100.1	99.9	100.0	100.1
기업인과 변호사 전체	31.6	54.7	59.2	66.0

출처: 표 2.5와 표 2.8. 참고

주: 포함된 교육기관들은 Dickinson, Oberlin, Vassar, Lafayette, Williams, Harvard, Rutgers (until 1915), Columbia, the University of Pennsylvania, Johns Hopkins, Chicago, and Drexel Institute of Technology이다.

[a] 이 표와 이 이후의 모든 표에 교육자들로 보고된 사람들은 대학교 총장, 재단 간부 그리고 공립 교육기관의 주 감독관들이다. 극소수만이 교수, 교사 또는 과학자들이다.

[b] 주와 지방 판사들 또는 치안 판사들을 포함한다. 연방 판사는 연방정부 관리들로 보고 되었다.

[c] 언론인으로 기재된 대부분의 사람들은 출판인이나 편집인들이며, 그래서 사업가로 분류되었다.

[d] 합계는 사사오입으로 인하여 100%가 안 될 수도 있다.

표 2.4. 1861년과 1929년 사이 공립 대학과 대학교 이사들의 직업(%)

	1861–1880	1881–1900	1901–1920	1921–1929
사례 숫자	231	146	139	109
직업이 확인 안 된 숫자	9	18	21	3
전문직업인				
목사	9.1	2.1	1.4	0.9
의사	4.3	1.4	2.9	0.9
교육자	7.4	6.9	9.4	4.6
변호사	23.4	24.7	25.2	20.2
판사	4.3	4.1	2.2	0.9
소계	48.5	39.2	41.1	27.5
사업가				
언론인	2.6	4.1	3.6	9.0
상인	4.8	4.8	5.0	2.8
제조업/광업	3.9	5.5	5.8	11.0
철도사업가	2.2	2.7	4.3	0.9
기사	0.9	1.4	2.9	2.8
은행/금융	5.6	11.6	18.0	20.2
소계	20.0	30.1	39.6	46.7
농업경영자	20.8	19.2	13.0	16.5
정부 관리				
연방정부	2.2	1.4	1.4	0
주/지역	6.5	6.2	2.9	2.8
군대	1.7	1.4	0	0
소계	10.4	9.4	4.3	2.8
기타	0.4	2.6	2.1	6.4
합계[a]	100.1	100.1	100.1	99.9
기업인과 변호사 전체	43.4	54.8	64.8	66.9

출처: 표 2.11, 표 2.13, 표 2.15. 참고

주: 포함된 교육기관들은 the Universities of South Carolina, Mississippi, Arkansas, Kansas, Nebraska, Wyoming, Nevada, California, Washington, Indiana, Illinois, and Massachusetts: and the College of Charleston, Louisiana State University, Texas A&M University, Pennsylvania State College, Ohio State University, Iowa State College of Agriculture and Mechanic Arts, Kansas State College of Agriculture and Applied Science, South Dakota State College, the State College of Washington이다.

합계 a는 사사오입으로 인하여 100%가 안 될 수도 있다.

론이다.9 게다가 고등교육기관의 사회적 통제에 있어서 균일성을 향한 일반적인 역사적 경향에도 불구하고, 나는 상이한 대학의 유형이 이 기간 동안 대학에서 발생했던 갈등들을 설명하는 데 이론적으로 중요해 보일 정도로 이 유형으로부터 갈라져 나왔다는 점을 발견했다.

대학과 대학교의 이사회는 경제적, 정치적 권력의 지방과 지역 분배에 매우 민감하였다. 나는 이러한 점을 입증하기 위해 대규모 표본에 대한 나의 논의를 5개 대학 유형으로 다음과 같이 세분했다. (1) 북동부에 있는 주요 사립대학교와 공대 teachnical institutes, (2) 사립 인문대학 liberal arts과 종단 denominational 대학, (3) 남부의 공립대학교, (4) 중서부와 서부의 공립대학교, (5) 무상불하토지 land-grant 대학.

북동부의 주요 사립대학교와 공대

표 2.5는 1861년과 1929년 사이 북동부에 있는 주요 사립대학교와 공대 이사회의 사회적 구성을 보여준다. 개신교 성직자들이 남북전쟁 이후 10년 후까지도 여전히 이 이사회를 대표하는 가장 큰(22.5%) 단일 이해집단이었다는 사실은 이러한 학교들의 역사적 기원을 보여준다. 사립의 이사회들은 일반적으로 자신들의 후계자를 선출했던 영속 가능한 법인들이어서 성직자들은 대학문화의 세속화를 향한 내·외부의 압력에 반대해 그것의 통제를 일시적으로 유지할 수 있었다.

그래서 1890년대에 접어들어서도 여전히 이러한 학교들의 교육적 사명은 일관된 프로테스탄트 윤리의 소통에 대한 고전적 강조에 의해 선도되었다. 교육은 정신적 훈련의 개발을 통한 도덕적 성격을 형성하는 것을 목적으로 하였다. 학생

9_ 그 차이는 맥그래스의 교육기관 표본에서 분명하게 비롯된다. 그것은 무상불하토지 대학들을 별로 선택하지 않았다. 무상불하토지 대학은 그 당시에 미국의 모든 공립교육기관들(즉 교원양성학교와 단기 대학을 제외하고)의 약 절반 가량을 차지했었다.

들은 이러한 교육적 사명을 성취한다고 생각되었던 고정된 교육과정을 통해서 지도를 받았다. 그 교육과정은 성경언어(히브리어, 그리스어, 라틴어), 3학과(문법, 논리, 수사학) 그리고 4학(산수, 기하, 천문학, 음악)으로 주로 구성되었다.

교육과정은 실질적인 지식체라기보다는 정합적인 법인 정체성을 전달하는 역할로서 중요하였는데, 그 정체성 안에서 졸업생들은 자신들을 "신사" "대학졸업생" "학식있는 전문직업인의 구성원" 또는 "교육받은 계급"의 구성원으로 정의하는 문화전통의 계승자로 생각했다. 헨리 아담스는 그 시절을 상기하면서 그들의 공통교육의 결과로서, "변호사, 의사, 교수, 상인들은 계급이었으며 또 그들은 개인으로서가 아니라 그들이 성직자들이며 각각의 전문직이 교회인 것처럼 행동했다."[10]고 결론을 내렸다. 이사회가 그 가치관을 학문공동체와 일반적으로 공유했던 교육받은 계급을 구성하는 공동 보증 기준으로 대학교와 정체성을 공유하는 한에서, 이 견해는 대학이 학문의 자율적인 법인이라는 이상에 대한 역사적으로 그럴싸한 설명을 더해주었다.

우리가 대학의 역사적 사명을 이해하는 데 있어서 교육받은 계급을 성직자들에 의해 인도되었고 영향을 받았던 전문직과 상업 엘리트와 동일시할 수 있는 것도 바로 이러한 배경 때문이다. 지난 200년 동안에 그랬던 것처럼, 이러한 북동부의 고정된 질서와 연관되어 있는 정치블록은 이 시기에도 주요 사립대학교 이사회 지위의 3/4 이상을 통제했다. 이 블록은 20세기가 될 때까지 주요 대학교들의 주요한 사회 세력인 채로 남아 있었다. 현대의 은행가들이나 또는 산업제조업자들과 같은 실업인들은 이러한 이사회에 사실상 없었으며, 20세기 초까지 그렇게 숫자가 많지도 않았다.

이 시기 이후, 변호사들이 이사회에서 주도적인 전문직업인 집단으로 성직자

10_ Henry Adams, *The Education Of Henry Adams* (New York: Modern Library, 1931), p. 32. Ronald Story, *The Forging of an Aristocracy: Harvard and the Boston Upper Class, 1800-1870* (Middletown: Wesleyan University Press, 1980)도 보라.

표 2.5. 1861년과 1929년 사이 북동부의 주요 사립대학교와 공대의 이사 직업(%)

	1861–1880	1881–1900	1901–1920	1921–1929
사례 숫자	40	100	108	73
직업이 확인 안 된 숫자	8	6	0	0
전문직업인				
목사	22.5	10.0	4.6	2.7
의사	12.5	10.0	5.6	8.2
교육자	5.0	6.0	5.6	6.8
변호사	10.0	25.0	16.7	11.0
판사	10.0	3.0	3.7	0
소계	60.0	54.0	36.2	28.7
사업가				
언론인	0	2.0	1.9	1.4
상인	17.5	9.0	6.5	9.6
제조업/광업	0	4.0	10.2	13.7
철도사업가	2.5	8.0	6.5	4.1
기사	0	3.0	0	2.7
은행/금융	5.0	9.0	19.4	21.9
소계	25.0	35.0	44.5	53.4
농업경영자	0	0	0	0
정부 관리				
연방정부	2.5	5.0	6.5	4.1
주/지역	12.5	2.0	3.7	1.4
군대	0	2.0	0.9	1.4
소계	15.0	9.0	11.1	6.9
기타	0	2.0	8.3	11.0
합계[a]	100.0	100.0	100.1	100.0
기업인과 변호사 전체	35.0	60.0	61.2	64.5

출처: The occupational information is drawn from *Who Was Who in America*, 5 vols. (Chicago: Marquis Publications, 1963); *Historical Register of Harvard University* (Cambridge: Harvard University Press, 1937), pp. 35-42: William H. S. Demarest, *A History of Rutgers College, 1776-1924* (New Brunswick; Rutgers College Press, 1924); Columbia University Press, *Handbook of Information, 1890-1891* (New York: Columbia University Press, 1891), p. ix; Lightner Witmer, *The Nearing Case* (New York: B. W. Huebsch, 1915), pp. 103-6: *Johns Hopkins Half Century Directory, 1876-1926* (Baltimore: Johns Hopkins Press, 1926); Thomas Wakefield Goodspeed, *The Story of the University of Chicago* (Chicago: University of Chicago

Press, 1925), pp. vii-viii; Floyd W. Reeve, *Organization and Administration* (Chicago: University of Chicago Press, 1933, pp. 132-33; Moses Kirkland, *History of Chicago*, 2 vols. (Chicago; Mensell and Co., 1895), 1:349, 476; 2:28, 117, 305; Thomas Wakefield Goodspeed, *The University of Chicago Biographical Sketches* (Chicago: University of Chicago Press, 1922), 1:101-22; Edward D. McDonald and Edward M. Hinton, *Drexel Institute of Technology, 1891-1941* (Philadelphia: Drexel Institute of Technology, 1942).

주: The sample includes Harvard, Rutgers (until 1915), Columbia, the University of Pennsylvania, Johns Hopkins, University of Chicago, and the Drexel Institute of Technology.

를 점차적으로 대체했던 반면, 중공업 주식회사 이해 당사자들(즉, 철도 부설업자, 엔지니어, 제조업자들)은 지방 상업 자본가들을 대체하였다. 철도 부설업자들이 1900년까지 중공업자들의 약 53%를 차지했는데, 이것은 북동부에서 일어나는 경제적 재원이 이전하는 지역에 이사회 이사들이 밀접하게 적시에 적응한 것을 암시하는 현상이다. 20세기 초의 이러한 결합 경향들은 북동부의 고정된 질서(여기서는 개신교 성직자들이 상업엘리트의 유기적 인텔리겐치아로 봉사했다)가 중공업자들의 새로운 동맹(엔지니어들과 변호사가 이들을 위해서 유기적 인텔리겐치아로서 주도적 역할을 맡았다)에 의해 전복되고 있음을 보여준다.[11] 그러나 1920년까지, 상당한 숫자의 은행가와 금융업자들이 북동부 주요 사립대학에서 패권을 잡은 정치블록으로 기업금융자본의 합병을 완성하면서 이러한 이사회에 나타난다.

이러한 이동하는 내부 동맹에 대하여 더욱 상술하게 되면 좀 더 큰 이론적 정확성을 가지고 대학과 사회구조의 결합을 정의하는 몇 가지 흥미있는 결과가 나온다. 주요 대학교들의 이사회에 있는 기업인들은 북동부 산업과 금융업회사

11_ 경제적 생산의 세계에서 본질적인 기능을 가진 원래의 영역에서 생겨나는 모든 사회집단은 하나 또는 그 이상의 지식인 계층을 자기 자신과 함께 유기적으로 만들어내는데, 그것은 경제적일뿐만 아니라 사회적이며 정치적인 분야들에서 자신의 기능의 동질성과 그것에 대한 인식을 준다. Antonio Gramsci, "The Intellectuals," in Quintin Hoare and Geoffrey Nowell Smith, eds., *Selections form the Prison Notebooks of Antonio Gramsci* (New York: International Publishers, 1971), p. 5.

표 2.6. 금융그룹에 속한 이사들의 기업 내 지위: 1915년과 1929년 북동부 주요 사립대학교(%)

금융그룹	이사의 기업 내 위치			모든 직위
	금융업	제조업/공익기업	철도	
		1915		
Morgan	57	42	38	48
Chicago	29	29	0	21
Kuhn-Loeb	0	0	62	17
Boston	14	29	0	14
Total	100	100	100	100
		1929		
Morgan	39	43	0	37
Cleveland	15	29	0	21
Chicago	23	19	0	18
Boston	23	9	0	13
Kuhn-Loeb	0	0	100	11
Total	100	100	100	100

주: 이 표는 금융그룹에 합병된 회사들의 간부들이나 중역인 이사들을 포함한다. 각각의 집행
간부직과 중역직은 별개의 기업지위로 계산한다. 이 표는 우선 기업 지위가 차지하고 있는
산업(즉, 금융업)을 강조하고, 두 번째로는 금융그룹들(예를 들어서 Morgan) 내에서 그 지위
의 분포를 강조한다. 예를 들어서, 1915년에 금융그룹들에 부속된 이사들이 차지했던 금융
업 지위들 57%를 모건 그룹에 합병된 은행들에서 차지하였다. 같은 해에, 금융그룹들에 부속
된 이사들이 차지했던 모든 기업 지위의 48%를 모건 그룹에 합병된 회사들에서 차지했다.

내의 지배적 지위 출신이 점점 많아졌다. 1901년부터 1920년까지 20년 사이에,
변호사나 기업인으로 분류된 모든 이사회 구성원의 거의 45%가 적어도 북동부
금융그룹에 합병된 하나의 회사에 간부나 이사로 소속되어 있었다. 이 회사들의
60%가 각각의 그룹 내에서 핵심적인 투자 또는 상업은행들 가운데 하나를 통하
여 그룹합병을 하였다. 모건-퍼스트뱅크 그룹은 이 이사 집단 가운데에서 전체
이사진의 숫자(즉 집행간부와 이사직) 면에서 압도적이었다. 표 2.6은 1915년과
1929년에 이사회를 대표했던 금융그룹들 가운데에서 이러한 지위들의 비례 분포
를 보여준다.

표 2.7. 변호사 또는 기업인으로 분류된 이사 가운데 복수의 지위를 가진 사람들:
1861년부터 1929년 사이 북동부 주요 사립대학교

연도	금융과 제조업에 동시 지위를 가진 이사 %	기업의 변호사/ 법학학위를 가진 기업인 %
1861-1880	14.3	7.1
1881-1900	14.0	10.5
1901-1920	48.5	16.7
1921-1929	53.3	24.4

이와 같은 유형이 1920년대에는 더욱 더 분명하였다. 변호사나 기업가로 분류
된 이사들의 62%가 주요 금융그룹과 결합된 적어도 하나의 금융 또는 산업 기업
에서 지위를 가졌다. 이러한 이사 집단 가운데에서, 같은 그룹 내의 다른 회사들
에서 2개 이상의 지위를 갖는 것이 1920년까지는 매우 흔하였다는 점을 증거들
도 보여준다. 1920년대에 변호사나 실업가로 목록에 기입된 모든 이사들이 미국
250대 산업과 금융회사에서 평균 2개의 법인 지위를 보유했다. 금융그룹의 대표
로 재직했던 사람들 각각이 그 그룹 내의 다른 회사들에서 평균 2개의 지위를
가지고 있었다. 모건 그룹은 가장 가시적인 단일 존재로 남아있었다. 그러나 클리
블랜드 그룹의 출현 그리고 쿤-로에브 회사의 상대적 쇠퇴는 획기적 혁신이 철
도에서 자동차로 이전한 것과 거의 유사하다(표 2.6. 참고).

게다가 은행가, 변호사, 철도부설 사업가, 엔지니어 그리고 다른 중공업 사업
가들 사이에서 복수로 지위를 보유하는 경험적 패턴들이 기업금융자본으로 불리
게 될 단일 이익집단으로 그들을 분류하는 것을 합리화해 준다. 사실, 이러한
직업적 범주들은 1920년대에 너무나 서로 맞물리게 되어서 그것을 분리하려는
시도는 종종 헛된 일이 되었다. 표 2.7.은 1861년과 1929년 사이에 은행업과 제
조업 모두에서 동시에 지위를 가졌던 변호사나 기업가로 분류되었던 이사들의
백분율을 보여준다. 1920년대까지, 이 두 집단의 목록에 올랐던 사람의 53% 이
상이 은행업과 제조업에서 동시에 지위를 보유하고 있었다.

마찬가지로, 변호사들은 이러한 이익집단에 너무나 잘 통합이 되어서, 그들은

기업 변호사로 개업을 할 뿐만 아니라 기업 집행위원이나 이사직을 맡고 있었다. 법률학위와 적어도 하나의 기업지위를 가졌던 변호사와 기업인의 백분율은 표 2.7에 있다. 내가 결정할 수 있는 한, 이 두 직업 집단의 약 1/4 가량이 1921년부터 29년까지 교차해서 명단에 실릴 수 있었다.(그런데 나는 이러한 측정이 실질적인과소평가가 아닌가 하고 생각한다.) 이 수치는 기업 변호사로 독자적으로 개업을 했던 대리인들은 빼고 기업 임원이나 이사로서 공식적인 지위를 실제로 맡았던 사람들만을 포함한다. 그럼에도 불구하고 기업 구조 안으로 변호사가 통합되는 역사적 경향은 분명하다. 이러한 점은 1934~35년의 동일한 현상에 관한 벡크Habert Park Beck의 조사에서도 확인된다. 벡크는 이 시기에 대학교 이사회에 속한 전문직업인의 약 50%가 기업체의 임원이거나 이사임을 찾아냈다.[12]

20세기의 처음 30년 동안에, 북동부의 주요 사립대학교의 이사회들이 지배적인 금융그룹들에 소속된 기업 임원들의 관리 하에 들어갔다는 주장에는 강한 경험적인 확신이 깔려있다. 개별 대학교들에 대한 더욱 상세한 정보들(여기에는 실리지 않았다)은 후견 금융그룹들 사이에서 교육 이사들이 불완전하게 지역적으로 분배되었음을 더욱 확실히 보여준다.[13] 예를 들어서, 클리블랜드와 시카고 그룹의 대표들은 시카고 대학에 매우 심하게 집중되었다. 보스턴 그룹은 하버드 대학교와 같은 뉴잉글랜드의 대학들과 가장 밀접하게 결합이 되었다. 모건과 록펠러 그룹들은 럿거스, 컬럼비아 그리고 펜실베니아 대학교와 같은 뉴욕과 대서양 중부 지역에 있는 대학의 이사회에 가장 자주 나타난다. 철도가 그들 법인 조직들이 지리적으로 미치는 범위에서 훨씬 더 광범위하였기 때문에, 쿤-로에브 그룹 대표들은 전국에 걸쳐 널리 분산되었다.[14]

12_ 벡크는 더 나아가서 기업에 자리를 가지고 있는 이사들의 40%가 그러한 지위를 3개 또는 그 이상 가지고 있으며, 또 3개 이상을 가진 사람들은 많은 다른 기업들에서 그러한 지위를 평균 8개 넘게 가지고 있음을 발견했다. Beck, *Men Who Control Our Universities*, ch. 9를 참고할 것.

13_ 이 결론은 표 2.3과 2.4에 요약된 개별 교육기관들에 관한 원자료들로부터 끌어낸 것이다.

14_ Upton Sinclair, *The Goose-Step: A Study of American Education*, rev. ed. (Pasadena: privately printed,

이 시기 동안에 주요 사립대학 이사들의 금융재산과 기업연합들에 대한 항목별 목록은, 수혜 대학들의 자연스러운 지역적 분할에도 불구하고, 그들의 사업 이해관계가 문자 그대로 동부해안에서 서부해안까지 확장되었으며 또 전국의 모든 지역에서 찾아볼 수 있었다는 점을 보여준다. 나중에 논증하겠지만, 이 대학들이 정신적 생산의 물질적 수단을 축적하는 데, 고등교육체제의 합리화에서 이 대학들이 주도권을 잡는 데, 그리고 그 정도 내에서 대학교 수월성의 의미를 정의하는 데 있어 전국의 등대 역할을 하는 데 가장 중심적이었던 것은 바로 금융자본과 전국적 이해관계와의 이러한 연합이었다.

그럼에도 불구하고, 계급구조의 발전과 대학이사회의 바뀌고 있는 구성 간의 이러한 평행 상태를 확인하는 것과 그것을 설명하는 것은 별개의 일이다. 베블렌은 대학 이사회의 역할이 고등교육 본래의 종교적 사명과 역사적으로 결합되었다는 점에 주목한다. 한편으로 이사회들은,

> 성직자들이 지배하던 시절로부터 내려온 목적 없는 유물이었는데, 그 시절에 이사회는 교수진에게 정통적인 견해와 종교의식에 순응할 것을 강요하는데 아마도 어느 정도 효과가 있었다. 동시에, 종단에 속한 대학들의 유지수단을 일반적으로 무일푼인 신도들로부터 얻어내야 했을 때, 현재 경비로 써야 할 자금을 기운차게 구걸해야 할 봉사직이 이러한 교회조직들에게 맡겨졌다.[15]

현대의 이사회는 이 두 가지 임무를 물려받았다. 그 하나는 교수진과 교육과정의 정통성을 통제하는 것이고, 다른 하나는 정신적 생산의 물질적 수단으로 전환될 수 있는 사회적으로 희귀한 물적 자원에 대하여 대학교가 소유권을 주장하도록 하는 일차적인 대학 기관의 메커니즘으로서의 역할을 하는 것이다. 베블렌은 대

1923)도 미국 전역에 있는 주요 공립과 사립 교육기관들에서 비슷한 패턴들을 발견했다.
15_ Veblen, *Higher Learning*, p. 48.

학교 이사회에서 기업인들이 증대한 후자 역할(이것이 후원이다)을 집행하는 데 있어서 일차적으로 그들이 중요해진 결과라고 올바르게 설명하는 것으로 보인다.

19세기와 20세기 초에, 부유한 후원자들은 미국의 대학과 대학교들에 대한 재정적 후원을 분배하는 데 결정적인 위치를 차지하고 있었다. 1872년에 고등교육(공립과 사립)을 위한 모든 기금의 47%가 개인의 사적인 후원금으로부터 나왔다.[16] 사적 후원금은 1905년과 같은 늦은 시기까지도 여전히 대학과 대학교에 대한 자금의 가장 큰 단일 원천이었는데, 그 해에 기부금이 모든 미국 고등교육기관 전체 수입의 33%를 차지했다.[17] 그 수치는 사립대학에서 분명히 상당히 높은 것이었다. 결과적으로, "비상시를 대비해 부유한 이사들을 여러 명 확보하는 것이 편의적이라고 주장되었으며, 그러한 부유한 사람들은 역시 대체로 기업인들이었다. 비상시에는 부유한 이사들이 대학을 위해 자신들의 재산을 쓰도록 기대할 수도 있다고 사람들은 분명하게 믿었다."[18]는 점을 베블렌은 발견했다.

산업화되고 부가 집중됨에 따라, 북동부의 대학들은 그들 사회의 희귀한 물질적 자원을 통제할 가능성이 가장 컸던 그러한 후원의 원천에 필연적으로 의존하였다. 1890년까지, 이러한 원천들은 주로 제조업자, 철도부설업자 그리고 금융업자들이었다. 새로운 백만장자들의 첫 번째 세대는 종종 대학교 이사회의 이사직 대신 고등교육기관들에 커다란 기여를 하도록 설득되었다. 이러한 후원관계는 대학교의 초월적인 사명과 공존할 수 있다고 여전히 생각되었다. 왜냐하면 이러한 기업인들 가운데 있다고 하더라도 극소수만이 실제로 이사회 회의에 참석할 것이라고 예상되었기 때문이다.[19] 신용 있는 이사의 모든 지위는 그 이사에게

16_ U.S. Bureau of Education, *Report of the Commissioner of Education, 1872* (Washington, D.C.: GPO, 1874)에 실린 수치들로 표를 만들었다.

17_ U.S. Bureau of Education, *Report of the Commissioner of Education, 1905* (Washington, D.C.: GPO, 1907).

18_ Veblen, *Higher Learning*, p. 47.

19_ Cochran, *Business in American Life*, p. 181; Charles Coleman Sellers, *Dickinson College: A History* (Middletown, Conn.: Wesleyan University Press, 1973), p. 480.

명성과 사회적 지위를 수여하는 명예상의 인정이었지, 이사회의 권력 균형 또는 교육정책에 대한 이사회의 방향 결정을 크게 개조하는 것은 아니라는 것에 대한 암묵적인 이해가 있었다.

얼마동안 이러한 가정이 실제의 관행과 일치하였다. 기업인들은 처음에 대학과의 제휴를 개인적인 또는 공동체의 신망의 근원으로 보았다. 1880년대 후반 이전에, 그들은 "무엇을 가르치는가에 별로 관심이 없었으며 또 대체로 공학이 아닌 과목은 시간낭비라고 여겼다."[20] 사실, 주요 사립공대들(예를 들어서 드렉셀공대) 이사회의 사회적 구성을 다른 유형의 대학교들과 비교를 하게 되면, 일찍부터 은행가들과 제조업자들이 훨씬 많은 이사 비율을 꾸준히 차지하고 있었음을 지극히 당연하게 보여준다. 그러나 1890년대에 들어서자, 이러한 태도는 바뀌고 있었으며, 빈틈없는 투자가로서 자본가들은 이사회의 자리를 맡았고 자신들의 정식 권력을 발휘하기 시작했다.

이러한 변화에는 새로이 생겨나고 있는 법인회사가 직면한 새로운 경제적, 정치적 그리고 이데올로기적 문제들의 기반과 이론적으로 연결될 수 있는 몇 가지 이유들이 있었다. 즉각적이고 직접적인 경제적 이익은 산업발전을 지원하기 위한 인력훈련과 기초연구에 대한 산업적 필요와 연결이 되었다. 정치적 관심사는 주로 진보적 민주주의의 출현이 만들어냈던 문제들의 결과였다. 마지막으로 기업법인체에 대한 (트러스트 반대, 공적 소유 그리고 규제를 지지하는) 일반화된 이데올로기적 적대감뿐만 아니라 (노상강도 귀족 robber barons[미국의 19세기말 산업주의 시대에 대기업 소유주들의 권력남용과 부패가 심하여 중세의 "노상강도"에 빗대어서 사용한 표현-역자]과 같은 악덕 자본가로서의) 사업가의 문화적 이미지가 현대 주식회사의 성장을 지원했던 자유기업에 대한 국가적 합의를 잠식했다.

20_ Cochran, *Business in American Life*, p. 181. Veysey, *Emergence of the American University*, p. 303도 보라.

경제 분야에서, 기술인력과 전문인력에 대한 수요는 20세기로 접어들기 훨씬 전부터 노동의 공급을 이미 앞지르고 있었다. 기술인력에 대한 한 경험적 조사는 이 시기에 기술자와 과학자에 대한 수요의 성장이 기하급수적이었음을 보여준다.[21] 과학기술적이며 공학적인 문제들이 산업조직의 근본적인 문제들과 일상적으로 연관이 되게 되자, 모든 실업가들의 약 절반 가량이 주로 실질적인 경험을 통해서 훈련된 사람보다는 오히려 공대를 졸업한 전문적인 기술자들을 의식적으로 고용하기 시작했다. 이 비율이 중공업 경영간부들 사이에서는 훨씬 높았다.[22] 1차 세계대전 이후에 훈련된 과학자에 대한 수요의 폭발이 또 있었으며, 이와 함께 지식이 응용과 개발을 위해 산업실험실들로 꾸준히 관리되어서 예측가능하게 흘러가도록 할 수 있는 종류의 기초연구를 떠맡을 수 있는 대학교에 대한 수요도 늘어났다.[23]

공대와 과학교육기관들은 박애주의자들이 그 기관들에 기부할 수 있을 만큼 빠르게 설립되고는 있었지만, 그 학교들은 산업혁명이 필요로 했던 많은 수의 기사, 기술자 그리고 과학자를 전혀 배출할 수 없었다. 게다가, 연방정부의 기금을 받은 농대와 기계공대의 대부분은 기술 분야에서 너무 약했거나 또는 산업활동의 지리적 중심지로부터 너무 떨어져 있어서 1920년대 말까지도 쓸모가 없었다. 그 결과로, 사업가들(특히 주요 금융그룹에 있는 사람들)은 이 문제의 해결책으로 전통적인 고등교육기관의 신속한 변형에 의존하였다. 예를 들어서, 1862년에는 주요 사립대학교들에 부속된 겨우 6개의 일반과학 또는 공학 학교들이 있었으나, 1917년까지 그러한 학교들 가운데 74개(51%)가 대학이나 대학교에

21_ Jay M. Gould, *The Technical Elite* (New York: Augustus M. Kelley, 1966), pp. 33-58, 124-25.

22_ Charles R. Mann, *A Study of Engineering Education,* Carnegie Foundation for the Advancement of Teaching, Bulletin no. 11 (New York, 1918). 120개 제조회사들의 이사들이 대한 조사이다. Noble, *America by Design*, pp. xxiii-xxv도 참조할 것.

23_ W.H.G. Armytage, *The Rise of the Technocrats: A Social History* (London: Routledge and Kegan Paul, 1965), pp. 245-46; A. Hunter Dupree, *Science in the Federal Government: A History of Policies and Activities to 1940* (Cambridge: Harvard University Press, 1957), pp. 288-97.

부속으로 설립되었다. 체계적으로 교육받은 기술자들의 비율이 1870년 12%에서 1917년 50%로 늘어났다.[24]

그러나 고등교육에 대한 기업의 이익도 정치와 문화의 좀 더 폭넓은 관심사들과 상대적으로 위치를 잡아야만 한다. 인민주의적이며 혁신주의적 민주주의의 발생은 기업을 더 넓은 정치적 검토, 입법적 제한, 행정적 규제, 소송 그리고 조직된 노동의 도전에 종속시켰다. 특히 1914년 이후, 국제무역은 지성적이며 정치적인 새로운 요구들을 사업체에 부과하였다. 그 결과로 기업 간부들도 정치학, 정부, 국제관계, 외국어, 법률, 산업심리학 그리고 경제학 지식에 대해 동일한 필요를 갖게 되었다. 그러나 그들은 이러한 지식을 자신들의 필요에 적응시키면서 대학교에 사회적 효율과 합리화라는 기업의 이상을 도입했는데, 대학교는 현대 기업에 조직적 규범을 제공했던 것과 마찬가지로 도구적 논리의 차원에서 이 분야들을 재정의하였다.

새로운 기업의 사업체는 전통적인 대학이 제공했던 것과는 다른 모델에 근거해서 광범위하게 교육받은 전문 경영간부와 또 그와 관련된 업무요원을 배출할 수 있는 고등교육기관에 기득권을 가지고 있었다. 실제로 이 시기를 통해서, 더 높은 비율의 기업 경영간부들이 교양학과 전문직 대학 학위를 받고 있었다.[25] 사실상, 고등교육에 대한 기업 태도를 조사한 1909년의 한 조사는 보통의 미국 기업가들이 "반지성적"이었던 반면, 철강, 철도, 광산업, 공공시설 그리고 금융업과 같은 주요 동부 해안 기업들과 연결된 경영간부들은 소위 "경험이 많은 사람" 보다는 "교양 있게 교육받은" 간부를 선호했다는 점을 보여준다.[26]

이러한 사실은 베블렌과 호프스태터와 같은 학자들이 하였던 "기업을 미국문화에서 반지성주의의 선봉 자리에 놓는"[27] 주장의 특정한 이데올로기적 의미를

24_ Mann, *Study of Engineering Education*, pp. 6, 19.

25_ Gould, *Technical Elite*, pp. 162-63.

26_ R.T. Crane, *The Utility of All Kinds of Higher Learning* (Chicago, 1909), chs. 4-6.

재평가하도록 한다. 사업가의 실질적 입장과 지식인의 초월적 입장이 양립 불가능하다는 점에 대한 일반화된 주장은 현대 미국 대학교가 형성기 동안 가졌던 기업의 반지성주의의 특수하게 정치적인 특성을 충분히 설명할 수 없다.[28]

기업인과 지식인 간의 정치적 다툼은 20세기 미국의 삶에서 널리 퍼진 자본주의에 대한 이데올로기적 적대감을 기업이 어떻게 인식하였는가와 특별하게 관계가 있었다. 이 인식이 옳건 그르건 간에, 허만Stanley Herman이 논평하듯이 미국 사업가들 가운데 극우파는 지식인에 대하여 항상 비판적이었다. 왜냐하면, 그들은 노동소요, 대중폭동, 빨갱이들, 좌경파 그리고 동반자들의 위험한 영향의 기원을 "흐릿한 생각을 가지고 있지만 여전히 해로운 소수의 대학교수들"에서 밝혀내기 때문이다. 주식회사 사업체의 자유주의파들은, 이 문제에 접근하는 데 있어서 덜 노골적으로 억압적이기는 하지만, 마찬가지로 그들이 기업에 대한 널리 퍼진 잘못된 인식이라고 여기는 것을 교정하는 하나의 방식으로 사회과학을 통제하는 데 관여해 오고 있다.[29] 이는 기업인들이 반지성적이었다기보다는 특정 종류의 지식인을 반대해왔다는 것을 의미한다.

사립 인문대학과 종단대학

소규모 사립 인문대학과 종단에서 설립한 대학들은 이사회를 통하여 앞에서 거론했던 것과 동일한 계급권력의 구조에 직접 연결되었다. 비록 자본가계급 안에서 떠오르고 있는 위계질서의 낮은 수준에서이기는 하지만(표 2.8. 참고) 심지어 1920년까지 늦도록 이러한 대학의 이사회는 성직자들이 가장 큰 단일 이사

27_ Veblen, *Higher Learning*, p. 53; Hofstadter, *Anti-Intellectualism*, p. 237 (quote).

28_ Hofstadter and Metzger, *Development of Academic Freedom*, pp. 451-67; Merton, *Social Theory and Social Structure*, pp. 268-72.

29_ Stanley M. Herman, *The People Specialist* (New York: Alfred A. Knopf, 1968), pp. 14-18.

표 2.8. 1861년부터 1929년까지 사립종단대학과 사립인문대학 이사들의 직업(%)

	1861-1880	1881-1900	1901-1920	1921-1929
사례 숫자	107	50	71	71
직업이 확인 안 된 숫자	13	15	10	11
전문직업인				
목사	47.7	34.0	31.0	15.5
의사	5.6	10.0	5.6	4.2
교육자	4.7	0	4.2	7.0
변호사	12.2	24.0	28.2	18.3
판사	5.6	10.0	2.8	2.8
소계	75.8	78.0	71.8	47.8
사업가				
언론인	0.9	0	0	2.8
상인	10.3	0	1.4	9.9
제조업/광업	4.7	6.0	8.5	14.1
철도사업가	0	6.0	5.6	4.2
기사	0.9	0	2.8	1.4
은행/금융	0	8.0	9.9	16.9
소계	16.8	20.0	28.2	49.3
농업경영자	0	0	0	0
정부 관리				
연방정부	0.9	0	0	1.4
주/지역	0.9	0	0	0
군대	2.8	2.0	0	1.4
소계	4.6	2.0	0	2.8
기타	2.8	0	0	0
합계[a]	100.0	100.0	100.0	99.9
기업인과 변호사 전체	29.0	44.0	56.4	67.6

출처: *Who Was Who in America*; James Monroe Taylor and Elizabeth Hazelton Haight, *Vassar* (New york: Oxford University Press, 1915); Charles Coleman Sellers, *Dickinson College: A History* (Middletown: Wesleyan University Press, 1973), pp. 492-501; David Bishop Skillman, *The Biography of a College: Being the History of the First Century of the Life of Lafayette College*, 2 vols. (Easton, Pa.: Lafayette College, 1932), 1:194, 340, 377-78, 2:118, 227, 253, 316-24; John W. Leonard, ed., *Who's Who in Pennsylvania* (New York: L.R. Hammersley and Co., 1908); John Barnard, *From Evangelicalism to Progressivism at Oberlin College, 1866-1917* (Columbus: Ohio State University Press, 1969), pp. 10-11; Calvin Durfee, *Williams Biographical Annals* (Boston: Lee and Shephard Publishers, 1871), ch. 3.
주: 표본은 Vassar, Dickinson, Lafayette, Oberlin, Williams College를 포함한다.

집단으로 남아있으면서, 또 훨씬 높은 비율을 꾸준하게 유지하였다. 세속적인 인문대학들은 초기 이사회에서 엄격한 종단대학들보다 상인과 변호사들이 더 높은 비율을 보여주었지만, 널리 퍼진 세속화가 종단대학을 1929년까지 인문대학으로 변형시켰던 경향이 있었기 때문에, 이 대학들은 단일 집단으로 분류된다. 이러한 대학들에서 윤리교육의 전통적 사명은 교양과 인문교육의 현대적 개념으로 진척이 되었다.

은행가, 기업 변호사 그리고 중공업자들이 통제하는 이사회로 바뀌는 것은 주요 사립대학교들보다 훨씬 느린 속도로 진행되었다. 게다가 금융자본(즉, 은행과 제조업체 임원으로 동시에 일하는 변호사와 기업인들)의 대표는 훨씬 적었다. 표 2.9.의 수치가 보여주듯이, 심지어 1929년까지도 이 대학 이사회의 변호사와 기업인들의 9% 이하만이 금융자본을 대표했다.

따라서, 이러한 직업범주들의 훨씬 적은 비율이 주요 금융그룹들의 임원들에게 돌아갈 수 있었다. 이 조사를 위해 수집한 정보를 보면, 1900년과 1929년 사이에 변호사와 기업인의 10~20% 정도가 언제라도 금융그룹과 연결될 수 있었다. 금융그룹에 소속된 사람들은 보통은 부속 철도 또는 중공업체의 이사 또는 임원들이었다. 나는 이 그룹들의 중심에 있는 핵심 금융기관에 직위를 가지고 있었던 사람을 한 명도 확인할 수 없었다. 금융그룹들의 부속 산업체에 연결될 수 있었던 적은 비율 가운데에서, 1901년부터 1920년까지 임원직을 맡았던 사람의 62%가 모건 그룹에 있었다. 이 비율은 나중에 50%로 떨어졌다. 이 두 경우에서 나머지 임원들은 큰 그룹에 있었다. 또 다른 중요한 차이는 이 이사회의 변호사들이 기업으로부터 더 많은 구조적 거리감이나 또는 자율성을 보여준 것처럼 보였다는 점이다. 표 2.9.는 1880년 이후 사립 인문대학과 종단대학의 이사회에서 변호사-기업인(즉, 법학 학위를 가지고 기업체에서 이사직이나 임원직을 맡고 있는 사람들)의 비율이 같은 시기 주요 사립대학교들의 비율의 약 절반 정도밖에 되지 않았다.

표 2.9. 변호사나 기업인으로 분류된 이사들 가운데 여러 개의 지위를 가지고 있는 사람 비율:
1861년부터 1929년까지 사립종단대학과 사립인문대학

연도	금융과 제조업에 동시에 지위를 가진 이사 %	기업의 변호사/법학학위를 가진 기업인 %
1861–1880	0	10.0
1881–1900	4.6	4.6
1901–1920	5.3	10.5
1921–1929	8.5	12.8

마찬가지로 소규모 인문대학과 종단대학 이사회의 은행임원들은 압도적으로 지역에 기반이 있는 금융업체들 출신이었다. 이 이사회의 제조업자들은 경공업에 종사하거나 중소제조업체를 소유하였다. 기업의 법률고문으로 일하는 대신에, 이사회의 변호사들은 출세와 명성을 위한 통로로써 지역과 주 정치 쪽으로 관심을 돌리기 십상이었다.

그들이 운영하는 대학들과 마찬가지로, 대부분의 이사들은 과학기술적으로는 도시적이지만 여전히 작은 마을의 거주자들이었다. 이러한 지역들의 대다수가 산업화의 결과에 의해 심각하게 영향을 받은 만큼 산업화의 중심에 충분히 가까이 있으면서도 그 중심의 사회적이고 경제적인 변두리로 남아 있었다. 예를 들어, 뉴잉글랜드에서 이러한 대학들의 학생 2/3 정도가 농촌 또는 작은 마을 중산층이라고 부를 수 있는 가족 출신이었다.[30] 대학 이사들이 기업자본주의 이미지나 또는 새로운 도시의 전문직업인을 지지하는 정도 안에서조차, 그들은 자신들을 뜨고 있는 기업체의 이해관계와 필연적으로 동일시하지는 않았다.

사회 지위혁명the status revolution에 의해 가장 위협을 받았던 사람들이 바로 정확하게 이 집단이었다. 이 집단은 기업자본의 권력과 증대하는 노동자계급의 요구 사이에 갇혔다. 따라서 이러한 계급의 구성분자들이 자주 혁신주의 운동

30_ George E. Peterson, *The New England College in the Age of the University* (Amherst: Amherst University Press, 1964), pp. 78-79.

Progressive movement의 지방 지도자들이 되었다.[31] 혁신주의는 한편으로는 노동의 물질적 조건을 향상시켰고 기업 관행을 규제했지만 또 다른 한편으로는 사유재산, 자유시장, 그리고 개인의 성취에 대한 강조를 보존했던 독특하게 "보수적인" 개혁 프로그램을 제공하였다. 그러는 사이에 혁신주의는 민주주의의 개념화를 도입했는데, 거기서는 전문직 중산층 사람들이 사회공학자, 개혁가, 입법가 그리고 기업, 정부 그리고 노동의 기술적인 고문으로 지도적인 역할을 맡았다.[32]

교양 교육 사상은 자본주의사회의 기본 구조를 고발하지 않은 채, 진보이데올로기에다가 자본주의 안의 조건에 대한 윤리적이고 인본주의적 비판을 끌어넣었다. 피터슨George E. Peterson은 뉴잉글랜드 대학에 대한 연구에서, 인문대학과 종단대학들이 계급 갈등의 불화와 통제받지 않는 시장에 반대해서 조화로운 윤리적 또는 기독교적 공동체의 이상에서 이러한 사명을 강조했음을 발견했다. 궁극적으로, 이러한 윤리적 비전은 일정한 개혁을 가정한다면, 기능적 통합과 과학적 합리화라는 기업의 개념들과 양립할 수 없었는데, 이 개념들도 마찬가지로 사회적 효율성으로서 사회적 조화를 달성하기 위하여 만들어졌다.[33]

이 점에 있어서, 이사회들은 주요 대학교들과 소규모 인문대학 또는 종단대학 모두를 위하여 정치적 권력의 중요한 구조들과 결합을 분명히 하였다. 표 2.10.은 이사회에서 일하던 중에 또는 그 이전에 공직에서 근무했으나 적임공무원으로 명단에 오르지 않은 이사의 비율을 보여준다. 여기서는 특정 개인(지방에서 연방에 이르기까지)이 근무했던 최고위직을 분류의 기초로 사용한다. 많은 이사들에 대한 더욱 상세한 정보를 확보하기가 어려웠기 때문에, 이 표의 수치들은 실제

31_ Hofstadter, *Age of Reform*, ch. 4; John Barnard, *From Evangelicalism to Progressivism at Oberlin College, 1866-1917* (Columbus: Ohio State University Press, 1969).

32_ Weinstein, *Corporate Ideal*, ch. 4; Haber, *Efficiency and Uplift*, p. xi; Tobey, *American Ideology of National Science*, pp. 3-19.

33_ Peterson, *New England College*, pp. 196-206.

표 2.10. 공직에서 근무했던 이사 비율:
1861년부터 1929년까지 주요 사립대학교들과 사립종단대학과 사립인문대학

	연방정부 공직	주 또는 지방공직
대학교		
1861–1880	2.5	35.0
1881–1900	11.0	6.0
1901–1920	8.3	11.1
1921–1929	12.3	6.9
대학		
1861–1880	8.4	12.2
1881–1900	12.0	4.6
1901–1920	1.5	5.6
1921–1929	7.0	4.2

비율의 확정적인 측정에 근접하는 것이라기보다는 일반적인 경향의 증거로 해석할 것을 나는 독자들에게 주의를 드려야만 하겠다.

이 수치들은 1880년 이전에 이 두 유형의 고등교육기관에서 공직을 맡았던 이사들이 대체로 주의회 의원, 주지사 그리고 다른 주 공무원이나 지방공무원이었음을 보여준다. 이들의 기본적인 정치 입장과 당 소속은 지방 선거구와 관련이 있었다. 1880년 이후에, 공직자들의 상대적 우세는 대학교와 대학 모두에서 연방정부쪽으로 이동한다. 그럼에도 불구하고, 국가정치 권력과 그들의 연결점에는 뚜렷한 차이가 있다. 1881년부터 1929년까지, 소규모 인문대학과 종단대학 이사회에서 연방정부 공무원인 이사들의 78%가 그들의 지역구에서 하원의원으로 선출되었다. 지방의 정치적 소속은 전국 정치 발전 과정과 관련해서 간단하게 재정의되었다. 이와 대조적으로, 연방정부직을 가지고 있던 주요 사립대학교의 이사들 100%가 연방정부의 행정부서나 사법부서의 선출직을 가졌다. 흔히 그들은 미국 대법원 판사들이거나 국무, 국방부 그리고 재무부의 행정직에 임명된 사람들이었다. 이러한 차이점은 정확히 연방정부 행정부서와 법원들이 정책 방향에서 주도적이 되고 하원과 지방정부의 권위가 쇠퇴하던 바로 그 시기에 나타난다.

남부의 공립대학교

대학교를 주정부가 소유하는 것은 처음에는 산업화된 북동부 지역 밖에서 지배적인 교육기관 유형으로 나타났다가 비로소 20세기에 국가적 중요성을 점차 갖게 되었다. 주립대학이 남북전쟁 이전에 처음 설립되었던 남부에서, 이사회는 전통적인 지주 엘리트들과 주정부와 지방정부에 있는 그들의 보수적인 정치적 지원자들과 밀접한 관계를 지속적으로 유지했다. 그 결과로, 남부의 교육기관들은 명목상으로는 그들의 공적 소유였음에도 불구하고, 교육방침과 운영에서 전형적으로 귀족적(그리고 심지어 호전적)이었다. 표 2.11.이 보여주듯이, 이 이사회는 미국의 다른 곳에서 발견할 수 있었던 것과는 상대적으로 사회적 구성 면에서 현저한 안정감이 있었다.

몇 안 되는 도시 대학교들에서조차 이사회에 기업인들이 드문드문 분포되어 있는 데서 남부의 전통적으로 시골다운 성질이 곧바로 드러난다. 1861년부터 1920년까지, 이러한 이사회들은 거대한 농장 소유주들, 지주들, 그리고 남북전쟁 이전의 구 남부the Old South의 이데올로기를 진척시켰던 변호사나 정치 보스들에 의해 손쉽게 통제되었다. 이 표본에 실렸던 농업 경영자들은 모두가 대농장 소유주들이거나 또는 나중에는 임차대와 지주들이었는데, 이 지주들의 주 수입원은 소작인과 물납소작인이 지불하는 농업 소작료나 또는 농업 사용료(예를 들어서, 목재)였다. 거의 모든 변호사들은 보통 주의회에 지위를 가지고 있었던 주와 지방의 정치 지도자들이었다.

표 2.12.는 남부의 대학교 이사회에서 임기 전에 또는 임기 중에 공직을 가졌던 이사들의 비율을 보여준다. 그들 대부분은 그들의 정규직에 더하여 (또는 별도로) 전문적인 정치를 추구했다. 미국의 어느 지역에서도 대학교들이 정치 엘리트나 주정부 엘리트들과 밀접하고 직접적인 연관을 유지했던 남부 같은 곳을 찾을 수는 없을 것이다. 또 다른 놀랄 만한 대조로서, 이러한 교육기관들이 전국의

표 2.11. 1861년부터 1920년까지 남부의 공립대학교들 이사들의 직업

	1861–1880	1881–1900	1901–1920
사례 숫자	61	26	21
직업이 확인 안 된 숫자	5	4	5
전문직업인			
목사	1.6	3.8	0
의사	4.9	0	4.8
교육자	9.8	7.7	9.5
변호사	32.8	42.3	42.9
판사	9.8	11.5	9.5
소계	58.9	65.3	66.7
사업가			
언론인	1.6	3.8	0
상인	4.9	0	4.8
제조업/광업	0	0	4.8
철도사업가	0	0	0
기사	1.6	0	0
은행/금융	1.6	7.7	9.5
소계	9.7	11.5	19.1
농업경영자	16.4	7.7	9.5
정부 관리			
연방정부	3.3	3.8	4.8
주/지역	6.6	7.7	0
군대	3.3	3.8	0
소계	13.2	15.3	4.8
기타	1.6	0	0
합계[a]	99.8	99.8	100.1
농업경영자와 변호사 전체	49.2	50.0	52.4

출처: *Who Was Who in America*; Allen Cabaniss, *The University of Mississippi: Its First Hundred Years* (Hattiesburg: University and College Press of Mississippi, 1971); Dunbar Rowland, *History of Mississippi*, 2 vols. (Jackson: S. J. Clarke Publishing Co., 1925); *Historical Catalogue of the University of Mississippi, 1849-1909* (Nashville: Marshall and Bruce, 1910), pp. 81-83; John Hugh Reynolds and David Yancey Thomas, *History of the University of Arkansas* (Fayetteville: University of Arkansas Press, 1910); Walter L. Fleming, *Louisiana State University* (Baton Rouge: Louisiana State University Press, 1936); *Soard's New Orleans Directory for 1878* (New Orleans: L. Soard's Co., 1878); J. H. Easterby, *A History of the College of Charleston, Founded 1770* (Charleston: Scribner Press, 1935), pp. 262-65; *Charleston Directory, 1866; Cyclopedia of Eminent and Representative Men of the Carolinas of the Nineteenth*

Century, 2 vols. (Madison, Wins.: Brant and Fuller, 1892), 1:69, 245, 286, 610-11, 661-63, 673; Daniel Walker Hollis, *University of South Carolina*, 2 vols. (Columbia: University of South Carolina Press, 1956); George Sessions Perry, *The Story of Texas A & M* (New York: McGraw-Hill Book Co., 1951).

주: 표본은 the University of Mississippi and Arkansas, Louisiana State University, the College of Charleston, the University of South Carolina, and Texas A&M University를 포함한다.

표 2.12. 공직에서 근무했던 이사 비율: 1861년과 1920년 사이 남부의 공립대학교들

연도	연방정부 공직	주 또는 지역의 공직
1861–1880	4.3	38.0
1881–1900	0	54.0
1901–1920	0	67.0

정치 발전에 거의 소속되지 않던 분위기들은 사립대학교들과 대학들이 연방정부와 더욱 밀접한 관계를 가지게 된 바로 그 시기에 사라진다. 여기서 흥미있는 것은 전 남부 연합군 육군소령 또는 그 이상의 장교들이 이 이사회들에서 1861년과 1880년 사이의 15%에서 1881년과 1900년 사이에 적어도 31%로 증가하였다는 점이다. 이 후자들 가운데 절반 이상이 남부 연합군에서 장군들이었다.

사실상 남부에서 고등교육의 계급과 인종 구조를 재정의하려는 모든 노력은 이 지역 밖에서부터 시작되었다.34 남부재건이 구 남부를 실질적으로 재건하는 데만 성공하자, 북부의 교회들은 이 지역에 여러 개의 흑인 종단대학들을 설립하면서 대응을 하였다. 남부에는 1928년까지 31개의 그러한 교육기관들이 있었다. 일반적으로, 이러한 대학들은 북부에 있는 백인 성직자들과 부재자-교회 이사회들에 의해 허술하게 운영되고 빈약하게 재정지원을 받았는데, 이 이사회들은 그

34_ 남부의 재건기(1867-1877) 동안에 이러한 형태의 통제에는 오직 단편적이고 고립된 중단만 있었다. 사우스캐롤라이나 대학교와 같은 일부 교육기관들은 급진적 공화당 북부특기꾼들 carpetbaggers과 남부백인들 scalawags의 제휴에 의해 일시적으로 지배를 받았다. 소수의 남부 흑인들은 심지어 이러한 지배 제휴세력에 임명되었다. 이러한 도전은 1870년대가 끝나기 전에 사라질 정도로 단명했다.

들이 통제하는 흑인 교육기관들과 거의 직접적인 접촉이 없었다. 마침내 흑인 교회들이 통제하는 17개의 흑인 종단대학들이 설립되었지만, 남부 흑인 인구의 계속되는 빈곤은 이 학교들을 연약하고 빈약하게 재정지원을 받는 상태로 방치 했다.

연방정부는 1890년의 제2차 모릴법 Morrill Act(모릴 법은 버몬트 주의원 모릴 이 제안한 법으로 1862년의 1차 모릴법과 1890년의 2차 모릴법이 있다. 1차 법 은 각 주에 무상불하토지를 주어서 그 땅을 판 자금으로 농업과 기계학을 가르치 는 학교를 설립하는 데 사용하도록 하여서 무상불하토지 대학들이 생겨나게 하 였다. 2차 법은 주정부가 유색인종 학생에게 입학을 허가하지 않으면 해당 주에 재정지원을 하지 않았기 때문에, 흑인 학생들을 위한 대학 설립을 촉진시키는 결과를 낳았다. 최근 미국에서 학위를 받고자 하는 학생의 약 1/5이 무상불하토 지 대학에 등록할 정도로 이 대학들[예를 들어, 코넬, 퍼듀, 메사추세츠 공과대학, 오하이오 주립대, 어바나에 있는 일리노이, 매디슨에 있는 위스콘신 등 유명 대학 이 많다]이 미국 고등교육에 미친 영향은 막대하다-역자]을 가지고 흑인대학들 을 법적으로 설립하려고 시도하였다. 이 법률은 기금을 백인대학과 흑인대학에 똑같이 나눌 수 있도록 하기 위하여 흑인과 백인에게 별개의 공립대학을 운영하 고 모릴 기금을 받아들일 주를 요청하였다. 이 법률은 남부에 흑인을 위한 공립 예술·산업 대학(A&Is)의 부속학교 설립을 초래했다. 그러나 이 학교들은 남부 에서 나머지 공립교육을 지배했던 동일한 전통적 계급들에 의해 매우 비동정적 으로 항상 통제되었다.

흑인 고등교육에서 최고의 성공은 하워드Howard 대학교, 터스키기Tuskegee 공대 그리고 햄프튼Hampton 공대와 같은 9개의 자립 사립 흑인대학들인데, 이 교육기관들은 북동부 산업가들과 이 그룹이 설립한 많은 자선재단들에 의해 본 질적으로 지원을 (그리고 강하게 영향을) 받았다. 교육재단들(the General Educa-tion Board, the Slater Fund, the Anna T. Jeannes Fund, the Peabody Fund 그리고

the Phelps-Stokes Fund와 같은)은 교사, 성직자, 숙련노동자, 그리고 농부와 같은 흑인 중산층의 발전을 위하여 주로 공대와 같은 이러한 대학들에 수백만 달러를 사용하였다.35 그렇지 않았다면 적대적이었을 환경에서, 이 교육기관들은 자신들을 지원하는 데 재정적으로 충분히 튼튼한 외부의 사회 후원을 확보하는 데 있어서 가장 성공적인 흑인 기관들이었다.36

중서부와 서부의 주립대학교와 무상불하토지 대학

주로 중서부와 서부에 있는 미국의 나머지 지역들에서는 본질적으로 2가지 유형의 공립대학교들이 패권다툼을 벌였다. 이것들은 무상불하토지 대학과 주립대학교들이었다. 1862년의 제1차 모릴법은 이 지역들에서 고등교육을 의한 공립교육기관 설립을 위한 최초의 자극을 마련해 주었다. 이 법률은 "농업과 산업계급의 교양교육"을 위하여 무상불하토지 대학의 설립을 증진시키려고 의도되었다. 연방 무상불하토지 판매에서 나온 총수입이 이러한 대학들의 건설과 지원을 위한 영구기금을 마련해 주었다.

위스콘신, 캘리포니아 그리고 매사추세츠와 같은 일부 주들은 그들의 연방정부 무상불하토지 대학들을 공식적인 주립대학교로 지명하였다. 그러나 이 지역들에서 더욱 주립 고등교육을 조직하는 공통적인 방법은 명성과 매우 제한된 공적 자금을 위해 서로 경쟁하는 주립대학교와 무상불하토지 대학을 설립하는 것이었다. 무상불하토지 대학들은 농업지역의 중심부에 있었기 때문에, 주의회의 지방개발 보조금 pork-barrel 정책은 주요 도시지역, 그리고 가끔은 주 수도에 주립대학교의 설립 인가를 동시에 하도록 요청하였다. 주립대학

35_ Abraham Fexner, *I Remember* (New York: Simon and Schuster, 1940), pp. 203-18.

36_ U.S. Bureau of Education, *Survey of Negro Colleges and Universities*, Bulletin 1928, no. 7 (Washington, D.C.: GPO, 1928), p. 5.

교들은 성장하는 도시 지역 그리고 주정부 활동을 위한 전문적인 정보 자원을 개발하였다.

대체로, 이러한 주립대학교들은 북동부에 있는 주요 사립대학교들과 동일한 교육 방침을 공유하였으며, 실제로 그 교육기관들을 종종 의식적으로 모델로 삼았다. 게다가, 이들 대학교 이사회의 사회 구성에서 찾을 수 있는 발전 유형들도 거의 모든 면에서 북동부 대학교 이사회와 유사하다(표 2.13. 참고). 20세기로 접어들면서, 주립대학교들은 대체로 은행가, 중공업자 그리고 기업 대리인들의 정치 블록에 의해 지배되었다. 마찬가지로 주요 사립대학교들보다는 낮은 정도이지만, 이 정치 블록이 금융자본가의 별개 집단을 중심으로 해서 점점 더 구체화되었다. 이러한 점은 은행가, 제조업자 그리고 변호사들 간의 꾸준히 분명해지고 있는 직업상의 중복에서 또 다시 분명하게 드러난다(표 2.14. 참고).

그러나 이 지역들의 주립대학교 이사회 이사인 금융자본가들 사이에서조차 북동부 금융그룹 임원은 상대적으로 적었다. 1915년에, 이 이사회들에서 변호사와 사업가 이사의 5%를 조금 넘는 이사만이 주요 금융그룹들의 자회사들과 직접 관련이 있었다. 1929년에도 그 수치는 여전히 6% 미만이었다. 기록이 되어있는 경우에, 이 소수의 이사들은 서던 퍼시픽, 유니온 퍼시픽, 노던 퍼시픽, 센트럴 퍼시픽 또는 애치슨, 토피카 그리고 산타페 같은 전국 지선들과 관련된 철도사업가들이었다.

이 이사회들의 또 다른 중요한 특징은 농업경영자agriculturalists로 등재된 사람의 절반 가량이 꾸준히 농산업가agribusinessmen로 확인될 수 있다는 점이다. 이 농산업가라는 용어는 거대한 농부나 농장 경영자를 지칭하기 위해서뿐만 아니라 별도의 사업 또는 은행에 직책을 맡고 있는 (또는 소유하고 있는) 농업경영자들을 확인하기 위해서 사용된다(표 2.14. 참고). 농업 대표 이사진의 이렇게 기묘한 패턴은 더욱 막강한 농업 엘리트들이 지역 자본주의경제의 일반적인 구조에 이미 통합되었음을 암시한다.

표 2.13. 1861년부터 1929년까지 중서부와 서부 주립대학교 이사 직업(%)

	1861-1880	1881-1900	1901-1920	1921-1929
사례 숫자	91	53	60	53
직업이 확인 안 된 숫자	0	1	2	1
전문직업인				
목사	19.8	3.8	3.3	1.9
의사	6.6	3.8	3.3	1.9
교육자	4.4	7.5	10.0	5.7
변호사	22.0	18.9	26.7	24.5
판사	4.4	3.8	1.7	1.9
소계	57.2	37.8	45.0	35.9
사업가				
언론인	2.2	3.8	1.7	9.4
상인	7.7	5.7	3.3	1.9
제조업/광업	6.6	11.3	3.3	5.7
철도사업가	3.3	7.5	6.7	1.9
기사	0	0	0	0
은행/금융	7.7	13.2	21.7	20.8
소계	27.5	41.5	36.7	39.7
농업경영자	6.6	9.4	11.7	11.3
정부 관리				
연방정부	1.1	1.9	1.7	0
주/지역	5.5	7.5	1.7	1.9
군대	2.2	0	0	0
소계	8.8	9.4	3.4	1.9
기타	0	1.9	3.3	11.3
합계[a]	100.1	100.0	100.1	100.1
기업인과 변호사 전체	49.5	60.4	63.4	64.2

출처: *Who Was Who in America*; Clifford S. Griffin, *The University of Kansas: A History* (Lawrence: University Press of Kansas, 1974); Burton Dorr Myers, *Trustees and Officers of Indiana University, 1820-1950* (Bloomington: Indiana University Press, 1951); Samuel Bradford Doten, *An Illustrated History of the University of Nevada* (Reno: University of Nevada Press, 1924); Verne A. Stadtman, ed., *The Centennial Record of the University of California, 1868-1968* (Berkeley and Los Angeles: University of California Press, 1968), pp. 407-29; Robert N. Manley, *Centennial History of the University of Nebraska*, 2 vols. (Lincoln: University of Nebraska Press, 1969), 1:16-18, 107, 142, 176, 314; J. Sterling Morton, *Illustrated History of Nebraska*, 2 vols. (Lincoln: Jacop North and Co., 1905), 1:523, 2:467; Arthur C. Wakely, Omaha, 2 vols. (Chicago: S. J. Clarke Publishing Co., 1917), 2:50, 120; Wilson O. Clough, *A History of the University of Wyoming, 1887-1964* (Laramie, 1965), pp. 14, 103, 322-26; Charles M. Gates, *The First Century at the University of Washington* (Seattle: University of Washington Press, 1961); Cornelius H. Hanford, *Seattle and Environs* (Seattle: Pioneer Historical Publishing Co., 1924), pp. 342-45; Clinton A. Snowden, *History of Washington*, 4 vols. (New York: Century History Co., 1909).

주: 이 표본은 the University of Kansas, Indiana University, and the Universities of Nevada, California, Nebraska, Wyoming, and Washington을 포함한다.

표 2.14. 변호사, 기업인 또는 농업경영자로 분류된 이사 가운데 두 개 이상 지위를 가진 사람 비율: 1861년과 1929년 사이 중서부와 서부 주립대학교

연도	변호사와 기업인		농업경영자
	금융과 제조업에 지위를 가진 이사 %	기업에 있는 변호사들과 법학사를 가진 기업인 %	기업에도 지위를 가진 이사 %
1861-1880	2.2	4.4	50.0
1881-1900	15.6	6.3	40.0
1901-1920	13.2	18.4	43.0
1921-1929	17.7	20.6	50.2

반면에, 무상불하토지 대학들의 이사회는 보다 전통적인 농민-농업의 이권과 더욱 강한 결속을 처음부터 유지했다(표 2.15. 참고). 약 1880년까지, 많은 이사들이 상대적으로 소박한 사회적 지위를 가진 농부들이었는데, 이는 농업의 이해관계가 효과적으로 조직된 주들에서 특히 그러하였다.[37] 그러나 그 이후에 곧, 이교육기관들이 그들의 통제로부터 벗어나기 시작했다. 미국의 다른 지역과 마찬가지로, 변호사, 은행가 그리고 제조업자들이 이 이사회들에서 더욱 두각을 나타내기 시작했다.

농업의 정치권력이 쇠퇴하였던 1920년대까지, 이러한 교육기관들조차 기업인들에 의해 지배되고 있었다. 게다가 농산업가의 비율은 1860년에서 1880년 사이 19%에서 1900년에는 적어도 33%로 증가하였다. 이 모든 기업인들의 흥미로운

37_ "The Point of View," *Scribner's Magazine* 42 (1907): 122-24에서, 한 익명의 교수는 농촌에 있는 주립대학교와 대학에서는 "이사가 시골변호사나 편집인 또는 심지어 농부일 수도 있다"고 인상주의자처럼 소견을 말한다.

표 2.15. 1861년부터 1929년까지 무상불하토지 대학 이사 직업(%)

	1861–1880	1881–1900	1901–1920	1921–1929
사례 숫자	79	67	58	56
직업이 확인 안 된 숫자	4	13	14	2
전문직업인				
목사	2.5	0	0	0
의사	1.3	0	1.7	0
교육자	8.9	6.0	8.6	3.6
변호사	17.7	22.4	17.2	16.1
판사	0	1.5	0	0
소계	30.4	29.9	27.5	19.7
사업가				
언론인	3.8	4.5	6.9	8.9
상인	1.3	6.0	6.9	3.6
제조업/광업	3.8	3.0	8.6	16.1
철도사업가	2.5	0	3.5	0
기사	1.3	3.0	6.9	5.4
은행/금융	6.3	11.9	17.2	19.6
소계	19.0	28.4	50.0	53.6
농업경영자	40.5	31.3	15.5	21.4
정부 관리				
연방정부	2.5	0	0	0
주/지역	7.6	4.5	5.2	3.6
군대	0	1.5	0	0
소계	10.1	6.0	5.2	3.6
기타	0	4.5	1.7	1.8
합계[a]	100.0	100.1	99.9	100.1
기업인과 변호사 전체	36.7	50.8	67.2	69.7

출처: Who Was Who in America; Julius Terras Willard, History of the Kansas State College of Agriculture and Applied Science (Manhattan, Kans.: Kansas State College Press, 1940); William H. Powers, A History of South Dakota State College (Brookings: South Dakota State College Press, 1931); Earl D. Ross A History of the Iowa State College of Agriculture and Mechanic Arts (Ames: Iowa State College Press, 1942); William J. Petersen, The Story of Iowa, 4 vols. (New York: Lewis Historical Publishing Co., 1952); Enoch Albert Bryan, Historical Sketches of the State College of Washington, 1890–1925 (Spokane: Inland American Printing Co., 1928); Herbert Hunt, Tacoma: Its History and Its Builders, 3 vols. (Chicago: S. J. Clarke Publishing Co., 1916); N. W. Durham, History of the City of Spokane and Spokane County, 3 vols. (Chicago: S. J. Clarke Publishing Co., 1912); James E. Pollard,

History of the Ohio State University (Columbus: Ohio State University Press, 1952), pp. 419-22; J. Fletcher Brennan, ed., *A Biographical Cyclopedia and Portrait Gallery of Distinguished Men, With an Historical Sketch of the State of Ohio* (Cincinnati: John C. Yorston and Co., 1879), p. 302; Wayland Fuller Dunaway, *History of the Pennsylvania State College* (Lancaster: Pennsylvania State College, 1946): Leonard, *Who's Who in Pennsylvania* 1904 and 1908 editions; *Encyclopedia of Pennsylvania Biography: Portrait and Biographical Record of Lancaster County, Pennsylvania* (Chicago: Chapman Publishing Co., 1894), p. 291; Winton U. Solberg, *The University of Illinois, 1867-1894* (Chicago: University of Illinois Press, 1968), pp. 81-82; *Twenty-Eighth Report of the Board of Trustees of the University of Illinois* (Springfield: Illinois State Journal Co., 1916), p. 5; *Thirty-Fifth Report of the Board of Trustees of the University of Illinois* (Urbana: University of Illinois Press, 1930), p. v; Harold Whiting Cary, *The University of Massachusetts* (Amherst: University of Massachusetts Press, 1962).
주: 포함된 교육기관들은 Kansas State College of Agriculture and Applied Science, South Dakota State College, Iowa State College of Agriculture and Mechanic Arts, the State College of Washington, Ohio State University, Pennsylvania State College, the University of Illinois, and the University of Massachusetts이다.

특징은 산업 주변부에서 그들의 위치였는데, 그곳에서 그들은 공동체 이권에 대해 본질적으로 지방적이고 인민주의적 개념을 유지했다. 이러한 점은 그들이 심지어 금융자본의 최하위 층과도 최소한의 결속만을 하였다는 사실에서 분명하다. 이러한 결속관계를 드러냈던 사람들은 코넬과 MIT 같은 극소수의 동부 무상불하토지 대학의 이사회에 거의 배타적으로 한정되었는데, 이 이사회들은 실질적인 목적에도 불구하고 사실은 주요 사립대학교와 공대로 이루어진 북동부 체제의 일부분이었다.

이러한 추세에서 한 가지 의미심장한 파열은 인민당의 반란 중에 일어났다. 주의회와 주지사 직권과 마찬가지로, 공립대학교 이사회도 인민당의 통제 하에 들어갔다. 인민당의 영향력이 어떠하였는가를 정확히 평가하기는 어렵다. 그러나 1860년부터 1880년까지 무상불하토지 대학 이사회의 농업경영자들 가운데 6%만이 농민공제조합Grange이나 또는 다른 농업조합의 임원들이었다. 농민연맹Farmers' Alliance(1880년대 농민운동의 구심점이 된 단체다. 1876년 텍사스에서 결성되어 농민의 집단행동을 통하여 농산품의 가격 상승을 도모하였다. 이후

이 단체는 인민당이 발전하는 데 기폭제 역할을 하게 된다-역자)과 인민당이 발생하였던 동안(1881-1900)에, 그 비율은 약 29%로 거의 5배나 증가하였다. 조직화된 토지 균등 분할론이 무너지고 난 후, 그 비율은 정확히 11%로 다시 떨어졌다. 개별 대학 역사자료로부터 정보가 이용가능한 곳에서는, 인민당원들이 워싱턴주의 대학교들과 미주리 주립대학과 캔자스 주립대학의 이사회에서 일시적으로 실질적 다수를 차지하였음을 보여준다. 네브래스카 대학교에는 연합주의자들이 다수를 차지했고, 네바다 대학교에는 자유 은주조당Silver party(1892년에서 1911년까지 네바다 주를 중심으로 나타난 정당으로, 이 당의 정강 목표는 금은복본위제를 요구하며 은광지대 경제상의 곤란을 해결하려는 것이었다. 이 정당은 인민당과 협조하여 이 운동을 지속하였다-역자)의 승리가 있었다. 훨씬 나중에는(1916-21) 몬태나대학, 노스다코다대학, 그리고 오클라호마 주에서 초당파 연합Non-Partisan League의 승리들이 있었다. 그러나 이것들 모두는 기업의 통제를 향한 더 큰 일반적인 추세에 반대하는 짧은 저항의 폭풍이었다.

그림 2.1.은 1880-90년경 시기를 위해 윤곽을 그려본 이론적 구조를 예증한다. 이 그림은 결론적인 논평을 필요로 하는 예외적인 별난 면을 드러낸다. 누가 이사회를 차지했는가만큼 중요한 현상은 누가 권위를 발휘하지 못했는가에 대한 문제이다. 산업노동자들이 미국에서 가장 큰 사회 계급으로 부상하고 있었던 기간 동안에, 내가 확인할 수 있었던 산업노동계의 대표는 한 명도 어떤 이사회에도 속하지 못했다. 이러한 사실은 1917년과 1920년에 실시했던 적어도 2개의 선행연구에서도 되풀이되었다.[38] 마찬가지로 대중적이고 호전적인 노동자 동원 시기였던 1934-35년에 30개의 미국의 선도적인 대학과 대학교들에 대한 연구도 겨우 이사의 0.5% 미만이 조직된 노동계를 대표했다는 점을 발견했다.[39]

이러한 자료들은 어느 정도까지 현대 대학교들을 "이데올로기 장치"로 묘사할

38_ "Who's Who among College Trustees?"; Leighton, "Report of Committee T," p. 20.

39_ Beck, *Men Who Control Our Universities*, p. 59.

그림 2.1. 1890년경 계급구조 내 대학과 대학교의 상대적 사회 위치

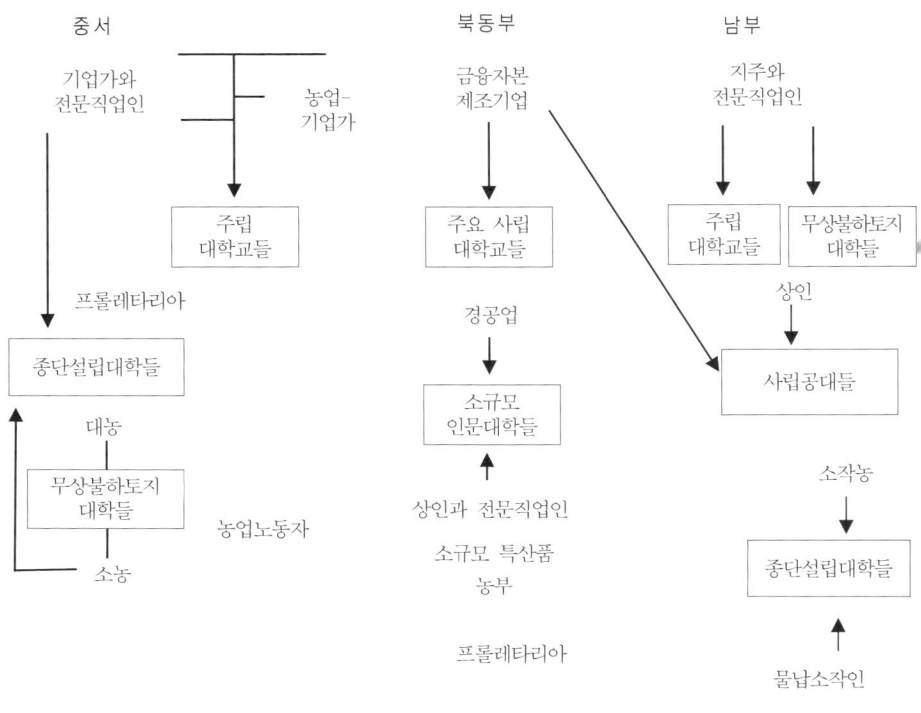

수 있는가에 관한 질문에 대해 자명한 합리화를 제공한다. 왜냐하면 이사회는
"대학교의 큰 체제, 장기적 목적 그리고 일반적인 분위기"[40]에 적어도 영향력을
미칠 수 있기 때문이다. 확실히, 밀리반드Miliband가 논평하듯이, 이러한 지배가
수반하는 이사회의 실제적 통제는 "엄청나게 가지각색이며 또 정상적인 환경에
서는 형식적인 종류가 될 수도 있다."[41] 바로 이러한 이유 때문에, 우리는 이사회

40_ G. William Domhoff, *Who Rules America?* (Englewood Cliffs, N.J.: Prentice-Hall, 1967), p. 77.

41_ Miliband, *State in Capitalist Society*, p. 252.

지위에 대한 분석만 가지고는 이데올로기 장치의 역할을 자본주의사회의 대학들에게 이론적으로 전가할 수 없는 것이다. 그러나 역사적 환경들이, 특히 광범위한 사회적 격변과 정치적 변화의 시기에는, 대학교에서 종종 정상적이지 못한 경향이 있다. 게다가 바로 이러한 시기 동안에 정상적인 행위를 규제하고 정의하는 구조들이 정치적이고 제도적인 발전과 연관된 갈등들의 결과로서 이후 세대들을 위해 확립된다.

이러한 면에서, 이사회에 기업가들이 출현한 것은 바인스타인Weinstein이 기업의 이상으로 표현하는 사회제도의 (특히 대학기관의) 합리화를 통한 정치운동을 위해 미국 대학교의 문을 완전히 개방했다는 것을 뜻한다. 미국 대학교의 합리화는 기업과 대학 지식인들 간의 계급갈등도 불러일으켰다. 이 갈등의 결과로서 기업과 지식인 간에 확립되어 왔던 교육기관 권력의 구체적 균형이 내가 주장하는 이데올로기 장치 건설 과정으로 이해될 수 있는 것이다.

3장

기업 권력과 사회적 효율성:
미국 대학의 산업화

나는 3가지 역사적 발전들 간의 평행선 관계를 지적해 왔다. 대학교 이사회에서 기업 자본가의 증대하는 돌출성, 미국 대학교의 제도적 현대화, 그리고 전문 지식인 유형의 학문적 발전이 그 3가지이다. 국가 엘리트들에 대한 도구적이며 지위에 따른 비판의 한계들은 오래된 영역이기 때문에, 이사회의 사회적 구성 그 자체가 다른 발전들을 설명하는 데 충분하다고 주장하는 것이 내 의도는 아니다. 그렇지만, 나는 밀리반드와 함께 "선진 자본주의 국가들에서 국가 엘리트들의 사회적 구성에 상당한 중요성을 부여하는 데에는 여전히 이유가" 있다고 제시하고자 한다. 그 이유는 국가 안에서 합법적인 정치적 권위를 행사하는 집단들의 "일반적인 견해, 이데올로기적 성향 그리고 정치적 편견에 관하여" 만들어낸 강력한 가정 사항들이다.[1]

이사회들의 변하는 사회적 구성은 지적 생산의 계급관계에서 전환을 신호로 알려준다. 이 전환은 그것을 통해 기업인들이 지적 노동과정을 현대화 정책들과 함께 극적으로 다시 편성하는 사회제도적 능력을 획득했던 발단을 구성했다. 그러나 이 과정이 만들어냈던 바로 그 계급투쟁 안에서 미국의 지식인들은 하나의

1_ Miliband, *State in Capitalist Society*, p. 68.

사회적 집단으로 실제로 재편되었다.

게다가 정치조직과 계급구성체 문제들은 새로운 종류의 교육기관의 발달에서만 극복되었다. 이 교육기관은 사립 교육재단(여기서 교육재단은 학교 설립재단이 아니고 학교 지원재단이다 - 역자)이었다.[2] 바로 이 교육재단이 계급구조와 계급이익의 일반적 개념들을 그렇지 않았더라면 서로 독립적으로 행동하고 있었을 대학교 행정의 전혀 별개의 행위들과 처음으로 연결하였다.[3] 교육향상을 위한 카네기재단(CFAT, 앤드류 카네기가 1905년 설립하고 1906년 미국 의회에서 설립인가를 받은 이 재단은 독자적인 교육 정책 · 연구 센터로서 고등교육에 대한 연방정부의 지원을 마련하기 위한 노력을 하면서 주도적인 역할을 하였다 - 역자)과 록펠러가 세운 자선사업단체인 일반교육위원회(GEB, 록펠러가 1억 8천만 불을 기부해서 F.T. Gates와 함께 1902년에 설립한 자선사업단체로서 남부의 농업 발전뿐만 아니라 미국의 고등교육과 의대 그리고 남부의 흑인학교들을 지원하였다. 1950년 기금이 고갈되자 1960년에 록펠러재단에 포함되고 1964년 문을 닫았다 - 역자)는 고등교육의 역할 면에서 주식회사 계급 이해관계의 정합적인 이데올로기적 개념화를 구성한 이러한 재단들 가운데서 각별히 중요했다. 이들은 조직된 계급 행동을 증진하는 데 결정적인 역할을 하였고, 그래서 그것들을 통해서 독점자본의 요구를 20세기 초기 동안에 고등교육의 구조 안에 체계적으로 짜 넣었던 "핵심적인 중재 기관들이었다."[4]

2_ 일반적인 역사적 배경을 위해서는 다음의 책들을 참고할 것. Jesse B. Sears, *Philanthropy in American Education*, USBE Bulletin 1922, no. 26 (Washington D.C.: GPO, 1922); E.C. Lindeman, *Wealth and Culture* (New York: Harcourt, Brace, and World, 1936); Ernest Victor Hollis, *Philanthropic Foundations and Higher Education* (New York: Columbia University Press, 1938); Raymond B. Fosdick, *Adventure in Giving* (New York: Harper and Row, 1962); Merle Curti and Roderick Nash, *Philanthropy in the Shaping of American Higher Education* (New Brunswick: Rutgers University Press, 1965); Smith, *Who Rules the Universities?* chs. 3-5.

3_ Lukes, *Power*, pp. 41-42.

4_ Smith, *Who Rules the Universities?* p. 95.

교육재단과 금융자본주의

카네기재단의 기부를 이끌었던 아이디어는 1904년 여름 시어도어 루즈벨트 대통령이 개최했던 백악관 오찬에서 싹이 텄다. MIT 총장인 프릿체트 Henry S. Pritchett는 "미국 고등교육의 조직화에 관한 계획들로 가득 차있었다."[5]고 보도되어 있다. 이 계획들이 카네기 Andrew Carneigie를 너무나 감동시켜, 2년 후 카네기는 1,000만 불의 연구 보조금을 재단에 기부했고, 프릿체트를 그 재단의 초대 이사장으로 임명하였다.

카네기재단은 항상 미국 전역의 뛰어난 대학교 총장 대다수를 포함했던 이사회에 의해서 명목상으로 운영되었다. 그러나 이사들 전원은 1년에 한두 번 이상은 만나지 않았으며, 그것도 주로 재단의 집행위원회와 전임 전문 직원들이 제출한 제안서들을 검토하기 위해서였다. 그 결과 집행위원회는 재단이사장을 직무상으로만 사회자로 삼으면서, 정책 구성의 실질적 중심으로 신속하게 부상했다.

최초의 집행위원회는 유기적 "기업지식인"이라고도 부를 수 있는 다소 독특한 핵심인물들을 중심으로 구축되었다. 예를 들어서, 프릿체트는 MIT의 전 총장이었을 뿐만 아니라 엣치슨, 토피카 그리고 산타페 철도의 이사회에서도 일했던 전문 엔지니어이기도 했다. 집행위원회의 다른 여섯 명의 위원들 가운데에는 컬럼비아 대학교 총장이며 뉴욕 생명보험사 이사인 버틀러 Nicholas Murray Butler가 있었다. 펜실베니아 대학교의 교무처장인 해리슨 Charles C. Harrison은 교육행정가 역할을 맡기 위해 은퇴하기 전인 1863년부터 1892년까지는 제조업자였었다. 스티븐스 Stevens 공대 학장인 험프리스 Alexander C. Humphreys는 바욘-그린빌 가스등회사(1872~81), 핀트쉬조명회사(1881~85) 그리고 연합 가스 개량회사(1885~94)와 공익 산업체에서 오랫동안 임원과 엔지니어로 일한 경력이

5_ Ibid., p. 98.

있었다. 그는 런던의 험프리스-글래스고 회사의 고참 동업자로 남아있었다. 게다가 최초의 집행위원회에는 내셔날 시티뱅크의 부사장인 반더립 Frank A. Vanderlip과 홈 트러스트회사 사장인 프랭크스 Robert A. Franks도 있었다.

프릿체트, 버틀러, 반더립 그리고 프랭크스는 안정화 핵심 인물들로 20년 이상 집행위원회에 남아 있었다. 그들이 대표했던 지식인 유형은 집행위원회에서는 다소 평범하였다. 1906년부터 1929년까지 CFAT 집행위원회 위원의 80%가 이사 또는 경영간부의 자격으로 주요 기업이나 금융기업과 직접적인 관계를 유지하였다. 집행위원회 위원의 30%는 모두 뉴욕시에 본부를 두고 있는 모건-퍼스트 내셔날 그룹(이 그룹이 카네기 철강을 흡수했다)이나 록펠러 그룹의 회원으로 소속되었다.

일반교육위원회(GEB)도 1903년 록펠러 John D. Rockfeller에 의해 비슷하게 설립인가를 받았다. 젊은 침례교 목사인 게이츠 Frederick T. Gates는 1907년에 이 재단의 이사장으로 임명되었다. 게이츠는 록펠러의 개인적인 기업 대표이며 다른 문제에서도 그의 "가장 중요한 상담역"이었다. 피바디 교육재단의 전 이사장이며 게이츠의 대학 친구인 버트릭 Wallace Buttrick 박사는 4년 전에 이미 간사와 집행위원으로 임명되었다.[6] 이 두 사람이 거의 20여 년 동안 GEB 집행부 지도력의 초석을 제공하였다. 이사회의 더 광범위한 사회적 구성은 표 3.1에 나와 있다. 1903년과 1929년 사이에 이 이사회의 기업인 가운데에는 카네기와 록펠러 2세를 포함해서 미국에서 가장 뛰어난 은행가와 산업가 일부가 있었다. 한 이사회 임원에 따르면, 록펠러 2세는 "어떤 의미에서 아버지 록펠러를 대표했다."[7]

이사로 근무했던 변호사의 3/4이 기업의 간부이거나 이사였다. 그래서 기업 이해관계의 단일 블록이 이 이사회의 거의 60%의 자리를 직접 통제했다. 적어도 이 블록 회원의 45%가 뉴욕시 주요 금융그룹 회원이기도 했던 은행이나 산업체

6_ Flexner, *I Remember*, p. 205.

7_ Ibid., p. 208.

표 3.1. 1902년부터 1929년까지 GEB 구성원 직업

직업	숫자	%
사업가	16	48.6
변호사	4	12.1
교육자	11	33.3
목사	2	6.0
총계	33	100.0

출처: 자료는 다음의 책들에 실린 간부들과 구성원들의 목록에서 편집함. *The General Education Board: An Account of its Activities* (New York: GEB, Annual Report for years 1914-1915 through 1928-1929; *Who Was Who in America*)

에서 임원이나 이사직을 맡았다. 그러한 회원들 가운데 44%가 모건 그룹에 속했고, 44%는 록펠러 그룹에, 그리고 12%는 쿤-로에브 그룹에 속했다. 이 두 재단이 토론회를 개최했는데, 그곳에서 미국에서 가장 큰 금융그룹 대표들은 탁월한 교육자들 그리고 대학교 총장들과 함께 앉아 협동해서 대학교에 상대적인 계급의식을 조직할 수 있었다.[8]

이 교육네트워크의 단결은 이사들을 다른 교육재단들과 연동시키는 복잡한 체제에 의해 활성화되었는데, 이 체계는 금융그룹에서 발견되었던 것과 유사했다. "교육자"로 실린 GEB 이사들 가운데에서, 약 1/3이 다른 재단의 전임 전문 관리자들이었고, 그 나머지가 대학교 총장들이었다. 표 3.2는 일부 다른 주요 재단들을 실어서 이 재단들에서 이사직을 맡고 있는 GEB 이사들 숫자를 적어놓았다. 만일 GEB 이사가 이 다른 재단들의 주요 집행위원을 맡았으면 그 직책도 표에 표시했다.

8_ Ibid., p. 209. 자신의 자서전에서, 나중에 GEB의 뛰어난 이사였던 플렉스너는 재단 안에서 영향력을 구조화했던 소규모 집단의 역학에 관한 흥미있는 통찰력을 제공한다. 그것은 루크스 Lukes가 *Power*, PP. 42-43에서 "기대되는 반작용에 작용하고 있는 막강한 명성"을 통해서 구조화된 쟁점 아젠다라고 언급한 것을 설명한다. 집행간부로서, 바트리크 Battrick 박사는 "일시적인 소송사건 일람표"를 공식화한 책임이 있었다. 이 임무를 수행하면서, 그는 "만일 우리가 게이트씨나 록펠러씨로부터의 어떠한 가능한 도전에도 응할 수 있다면 우리는 안전한 근거를 가지고 있다고 항상 느꼈다, 물론 어떤 회원으로부터의 비판과 제안도 기꺼이 받아들였지만."

표 3.2. 겸임하는 재단 이사들: 1902년부터 1920년까지 다른 주요 재단들에서
근무했던 GEB 이사들

재단	GEB 이사 수	다른 재단에서 맡은 직책
Rockefeller Foundation	10	이사장
Southern Education Board	5	
Slater Education Fund	4	이사장, 회계담당자
Peabody Education Fund	2	이사장(2)
Carriegie Foundation	2	설립자 비서
Jeannes Fund	1	이사장
Southern Educational Foundation	1	
Sage Foundation	1	

출처: 표 3.1. 참고

GEB에 다른 재단들에서 온 이사들과 임원들이 많기 때문에, GEB는 거의 모든 다른 주요 사립 교육재단들의 활동을 조정하고 집중할 수 있었는데, 이 재단들 각각은 단지 GEB의 소규모 변형판이었다. 남부 교육위원회, 피바디 기금 그리고 슬레이터 기금 간에 겸직하는 이사들이 있다는 점은 "목적과 통일성의 조화"[9]를 확보하기 위해서 설계된 GEB와 이러한 다른 조직들 간에 명백한 동의의 사실상의 결과였다. 뛰어난 GEB 참모진의 한 사람인 플렉스너Abraham Flexner는 여러 이사회들 간에 서로 프로젝트, 현장방문, 사적 대화 그리고 회의들을 알리는 편지들이 "빈번"했고 "열광적"이었다고 보고한다. 여러 위원회의 회원들은 또한 그들의 문제를 서로의 회의에서 정규적으로 의논했다.[10]

사실상 GEB는 의식적인 계급 행동의 복잡하고 세련된 네트워크에서 조종기

9_ USBE, *Report of the Commissioner of Education, 1902-1903* (Washington, D.C.: GPO, 1905), p. 379.
10_ Flexner, *I Remember*, pp. 213-215. Flexner는 Wallace Buttrick이 Wickliffe Rose(오랜 GEB회원)를 "Peabody Fund의 이사장으로 자신의 후임자로"(P. 228) 개인적으로 선발했다고도 주장한다. Buttrick는 Anna T. Jeannes Fund의 이사장으로 James H. Dillard를 선발할 것을 격려하였다.

제였다(그림 3.1. 참고). 이 네트워크는 1908년에 GEB가 정보를 공유하고 교환하자고 CFAT와 공식적인 동의에 도달하자 더욱 강화되었다. 이 동의는 하버드 대학교 총장인 엘리엇Charleo Eliot이 GEB의 회원이 되기 위해 CFAT이사회의 이사장에서 물러난 이후에 일어났다. 카네기는 이미 GEB회원이었다. 게다가 두 재단은, GEB는 남부(피바디, 슬레이터 그리고 제네스Jeannes의 주요 관심대상이기도 했다)에 점차적으로 노력을 집중하고, CFAT는 자원을 북동부에 집중하고 다른 지역에는 적게 하도록 하는 비공식적인 분업을 협상하였다.

교육재단의 정책과 행정 통제의 문제

카네기재단은 표면상으로는 사립 비종단대학과 대학교에서 가르치는 교수들에게 국가연금 기금을 기부하기 위해서 설립되었다. 그럼에도 불구하고, 이 설립 조항은 그 이사들이 연금 기금을 관리하는 데 부수적이지만 필요하다고 인식한 활동들도 인정하였다.[11] 프릿체트는 이러한 "부수적" 활동이 미국 대학교 역사에서 결정적인 시기에 미국 대학교 발전에 영향을 미치는 방식이 될 수 있을 것이라는 점을 처음부터 이해하였다. 그는 이러한 점을 몇 년 후 숙고하면서 다음과 같이 지적했다.

나는 그 모임의 다른 회원들보다 (부수적 활동의 잠재력에 관한) 일에 자연스럽게 더 많은 주의를 기울여 왔다. 왜냐하면 나는 몇 달 동안 그 프로젝트에 관여해 왔기 때문이었다. 이 작은 모임의 토론에서, 나는 카네기씨의 선물의 주목적은 연금체제의 확립이지만, 그 선물을 관리하는 데에는 교육에 대한 검토도 포함될 것이라는 제안을 하였다. 그런데 그 검토라는 것은 연금을 교부하는 데 바람직해야 할뿐만 아니라 그 당시 미국 고등교육에 존재했던 혼란도 해결하는 데까지 나아가야 할 것이었다.[12]

11_ CFAT, *Annual Report, 1906* (New York, 1906).

그림 3.1. 금융그룹과 교육재단의 겸임 네트워크

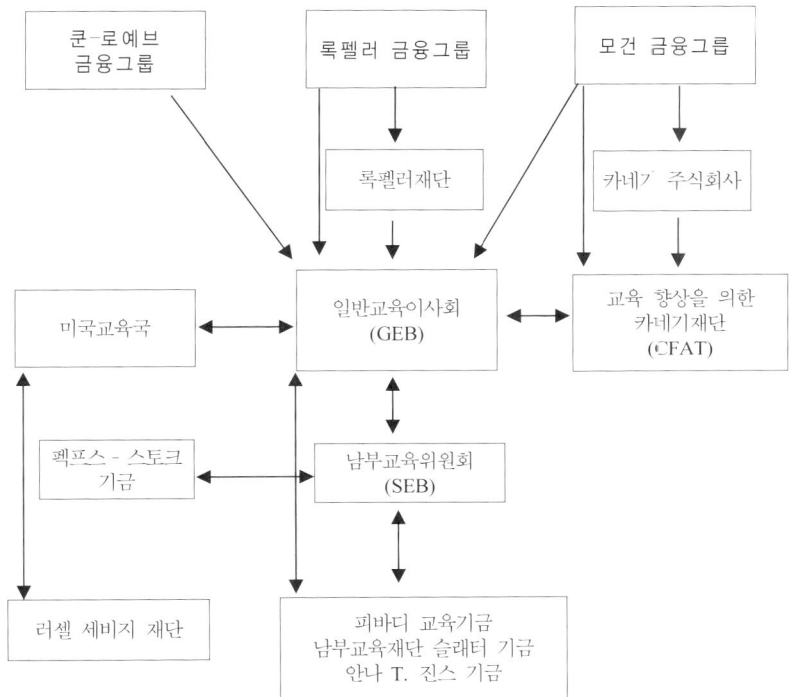

주: 이 그림은 실제 네트워크를 단순화한 것이다. 그래서 그림은 GEB와 CFAT를 권력중심들과 동일시하는 관점에서 그렸으며, 이 권력중심을 중심으로 해서 결합된 지배와 금융그룹들 간의 많은 직접적인 연관관계를 표시하지 못한다.

프릿체트가 언급했던 "교육에 대한 검토"는 재단의 돈을 나누어주는 데서 생겨난 절차의 자연스런 결과였다. 어떤 교육기관이 CFAT 지원을 받을 자격이 있는가를 결정하면서, 이 재단은 "교수" "대학" "대학교" "사립"과 "공립"기관 그리고 종단에 속한 기관과 자립적인 기관을 구성하는 것이 무엇인가를 먼저 정의 내려야만 했다. CFAT와 GEB는 이러한 용어들 각각에 담겨있는 의미들을 "과학적으로 표시할 수 있는 명확한 경험적 정의들을 공식화하기 위해 광범위한 교육

12_ CFAT, *Thirtieth Annual Report* (New York, 1935), p. 31

기관에 대한 조사를 떠맡았다. 홀리스가 주목하듯이, "이러한 과학적인 연구들은 자선사업 단체를 변덕과 감정의 영역으로부터 끄집어내어서 사적 기업체들의 비정한 사실적 기초 위로 옮겨놓을 것이라는 사실에 대하여 많은 이야기들이 있었다."[13]

실제로, 집행위원회의 첫 회의가 있기 몇 달 전에, 프릿체트는 「대학교가 기업체 Business Corporation가 되어야 하는가」[14]라고 묻는 글에서 대학교의 개념을 재공식화하는 작업을 이미 하고 있었다. 이 초기의 연구에서, 프릿체트는 미국의 6대 사립과 공립대학교들을 유럽의 6대 대학교들과 교육지출과 대학 행정 형식들 간의 효율성 비율 면에서 비교하였다. 프릿체트는 미국 대학교들이 이미 "행정면에서 기업체의 방식에 점점 더 순응해가는"[15] 경향이 있음을 관찰하였다. 그는 대학교 이사회와 기업 이사회 간의 유사성을 지적하였는데, 이사들 밑에는 총장과 여러 학과들 그리고 그 학과들에는 이 주장의 실례로서 자체의 학과장이 있었다. 그는 반면에 유럽대학교는 "학생과 교사의 자유로운 연합체"라는 점에 주목했다. 그 결과로 유럽의 교수들은 정치와 학문에서 미국에서는 찾아볼 수 없는 자기결정권을 누리고 있다는 점을 인정하였다.[16]

그러나 유럽의 대학교들이 미국의 대학교들보다 경제적으로도 더욱 효율적이며 비용 효율도 높다는 그의 발견 포인트는 "교육 효율성"의 관점에서 놀라운

13_ Hollis, *Philanthropic Foundations*, p. 28.

14_ Henry S. Pritchett, "Shall the University Become a Business Corporation?" *Atlantic Monthly* 96 (September 1905): 289-99. CFAT정책들이 어떻게 이러한 기업 모델을 촉진하였는가에 대하여는 다음의 자료들을 참고할 것. Henry S. Pritchett, "Policy of the Carnegie Foundation for the Advancement of Teaching," *Journal of Education*, December 17, 1908, pp. 656-57.

15_ Pritchett, "Shall the University Become a Corporation?" p. 294. 철도회사 중역이기도 하였던 교육행정가가 이러한 연관을 맺었다는 것은 놀라운 일이 아니다: Stephen Hymer, "The Evolution of the Corporation," in Edwards, *Capitalist System*, p. 123; Alfred D. Chandler and Fritz Redlich, "Recent Developments in American Business Administration and Their Conceptualization," *Business History Review* (Spring 1961): 103-28; Chandler, *Strategy and Structure*, pp. 21-41.

16_ Pritchett, "Shall the University Become a Corporation?" pp. 293-94.

것이었다. 프릿체트는 이러한 차이의 "상당 부분이 행정상의 이상 차이에서" 비롯되었다고 결론지었다. 그래서 기업의 관점에서조차, 그 연구는 그로 하여금 "만일 미국 대학교의 행정을 지금처럼 이사회에 부여하는 대신에 고수진에게 넘겨준다면…미국의 대학교가 더 나아지지 않을까?"라고 질문하게 만들었다. 분명한 대답처럼 보이는 것 대신에, 프릿체트는 "확실히…이러한 종류의 근본적인 변화가 해롭게 작용할 것이다"라고 대답했다. 그 시대의 대부분의 사업가들처럼, 프릿체트는 (심지어 자신의 증거에 반대해서) 사업가들이 무조건 우수한 행정가들이며 또 "어떤 유형의 사람도 지적인 문제에 대하여 지대한 동감과 진정한 관심을 가진 사업가들보다 더 현명한 사람은 없다"[17]고 주장했다. 미국 기업인들의 능력에 대한 단호한 믿음에 의해서만 그럴싸하게 만들어진 논리의 왜곡이 미국 대학교의 뜨고 있는 기업형 구조가 그 최대한의 장점을 발휘할 정도로 여전히 발달하지 못했기 때문에 미국 대학이 유럽의 대학들보다 덜 효율적이었다는 결론으로 프릿체트를 이끌어 갔다. 그래서 교육적 효율성의 해결책은 대학교를 기업인들의 더욱 강한 통제 밑에 두고 또 기업조직의 영리법인 모델들에 더욱 순응하도록 하는 데 있었다. 이것이 그의 집행위원회의 다른 중요 위원들이 공공연히 공유했던 견해였다.[18]

프릿체트는 대학교에 관한 자신의 기업형 이상을 개발하면서 다른 사람이 아닌 바로 과학적 경영의 원조인 테일러Frederick Taylor에게 도움을 요청하였다.

17_ Ibid., pp. 293-97.

18_ 예를 들어, Frank A. Vanderlip, *Business and Education* (New York: Duffield and Co., 1907), pp. 3-5는 교육전문가들이 기업인들이 보여주는 "지혜"와는 대조적으로 교육문제에 대하여 "편협해지는 경향"을 겪고 있었다고 확신하였다. 그는 "예리한 선견지명, 인간성에 대한 빈틈없는 지식, 그리고 사물들의 실질적인 가치에 대한 현명하고 매우 익숙한 판단은 백단불을 본 사람의 정신적 장비를 일상적으로 구성한다."고 주장했다. 그래서 기업인들의 지휘 하에서 교육정책은 "모든 면에서 최고의 노선을 따를" 가능성이 훨씬 컸었다. 컬럼비아 대학교의 역사를 연구하고 난 후에, Murray Butler는 위원회에게 "이 대학교가 150년 동안 취했던 모든 위대한 진보적인 조치들이 교수진의 저항과 반대에 거슬러서 일어났었다"고 보고하였다. 그의 견해로 보면, 고등교육의 향상은 이사들이 "스스로 책임을 지었을" 때에만 가능했다.

1909년 3월에 프릿체트는 카네기재단의 후원을 받게 될 "교육에 대한 경제적 연구"에 대한 자신의 야망을 설명하는 편지를 테일러에게 썼다. 테일러는 이 연구를 위해 쿠크Morris L. Cooke를 추천하였다. 젊은 기계학 기사인 쿠크는 테일러의 잘 알려진 추종자이며 가까운 친구였다.[19] 그는 종종 진보적인 엔지니어들로 지칭되는 기업 개혁가들 세대에서 주도적 인물이었다. 그는 정치적인 의사결정과 정부 의사결정에서 과학적 자료와 기술적 공정 사용에 기초한 사회공학의 옹호자로서 이미 오랜 정치 활동 경력을 가지고 있었다. 미국에 대한 그의 이상은 미국이 언젠가 하나의 거대한 '사회적으로 효율적인' 생산 단위로 조직될 것이라는 것인데, 그 단위 안에서 사회생활의 모든 국면들(산업, 정부, 가족 그리고 문화)이 국가 번영이라는 단일 목적을 향해 조정될 것이었다.[20]

쿠크의 연구서인 『학문 효율성과 산업 효율성』은 프릿체트가 머리말을 써서 그 다음 해에 CFAT에 의해 출판되었다. 프릿체트는 이 연구를 "지난 몇 년간 기업인들이 했던 미국 대학과 대학교들에 대한 비판"[21]에 대한 응답이라고 묘사했다. 이 보고서의 중심 목적은 "교육과 연구 모두에서 비용과 산출물의 견적서"[22]를 만드는 데 필요한 개념적 도구들을 개발하는 것이었다. 이 선구적인 이론적 작업에서, 쿠크는 산업 공장들에서 사용되고 있는 것과 비슷한 방식으로 교육 기관들의 효율성과 생산성을 측정하는 계산법을 성공적으로 개발하였다. 그는 또한 이 계산법에 대한 요구가 "자신들의 돈을 교육적인 목적에 기꺼이 바치려는 자산가들"로부터 비롯되었다는 점에도 주목하였다. 그는 독자들에게 그러한 점

19_ Kenneth E. Trombley, *The Life and Times of a Happy Liberal: A Biography of Morris Llewellyn Cooke* (New York: Harper, 1954), pp. 6-11.

20_ Noble, *America by Design,* pp. xiv-xxv, 62, 207; Daniel Nelson, *Frederick Taylor and the Rise of Scientific Management* (Madison: University of Wisconsin Press, 1980); Haber, *Efficiency and Uplift*; Weinstein, *Corporate Ideal in the Liberal State.*

21_ Henry S. Pritchett, Introduction to Morris, L. Cooke, *Academic and Industrial Efficiency,* CFAT Bulletin no. 5 (Boston: Merrymount Press, 1910), p. iii.

22_ Cooke, *Academic and Industrial Efficiency,* p. 3.

을 다음과 같이 지적하였다. "모든 사람은 자신이 교육적이고 자선적이며 박애적인 목적에 바친 돈이 잘 사용되었다고 느끼기를 좋아한다. 그리고 그 대학교나 학과에 다른 조건들이 동일하다면, 최고의 효율성을 만들어낼 수 있는 조직을 가진 대학교가 결국에는 그러한 공적 후원자들로부터 최고의 배려를 받게 될 것이다."[23]

이 보고서는 대학 행정의 두 가지 다른 체제가 미국에서 널리 지배하고 있음을 발견했다. 두 경우 모두에서, 이사회는 주로 기부금 투자의 신탁이나 또는 다른 기금 모금 활동들에 몰두하였기 때문에, 대학 행정에는 지엽적이었다. 그래서 쿠크가 발견한 점들은 (당대의 역사가들뿐만 아니라) 프릿체트가 학문 세계에 기업과의 유사성을 즉시 응용 가능하다는 점을 지나치게 강조했음을 예시했다. 학문 기관에 이사회, 총장 그리고 학과장이 있기는 했지만, 이 유추는 실제로 대학 생활을 지배했던 전통적인 관행과 풍습들과 비교했을 때 다소 기만적이었다.

지방의 풍습이나 또는 이사회의 노골적인 무관심으로 인해 한 대학교의 실질적 통치와 행정은 보통 교수진 위원회나 또는 자비롭지만 전제적인 총장에게 맡겨졌었다. 쿠크의 보고서는 카리스마적인 총장 지휘 하의 "위원회 운영"이 대부분 대학교를 특징짓는 전형적인 체계임을 발견하였다. 미국 대학 역사에서 이렇게 다소 시간이 지난 시기에도 교육기관 내에서 위계적인 분화는 확실하게 거의 없었다. 실제로 이 시기의 총장과 학장들은 학부강의, 연구 그리고 학술적인 전문 회의에서 여전히 적극적으로 활동하는 일반적으로 뛰어난 교수진의 구성원들이었다. 그들은 자신들이 수행하는 과외의 행정적인 임무에 대하여 봉급 외에 명목상의 수당만을 조금 더 받을 뿐이었다.

이사회가 모든 신탁문제, 교육문제 그리고 인사문제에서 최종 권위를 행사했

23_ Ibid., p. 8.

다고는 하지만, 이사들의 모임은 대학교의 총장이나 대학의 학장이 일반적으로 지배하였다. 게다가 가장 전제적인 총장들조차 최소한 교수진 위원회들과 상의하여 정책들을 공식화하였다. 대학 총장은 일반적으로 지방의 통치자들과 영향력 있는 교수들로 구성된 소규모 집행위원회의 도움을 받아서 매일 매일의 대학 행정을 맡았다. 이사회는 지출예산, 교육정책, 교육과정 그리고 교수 임명과 승진에 관하여 이 위원회의 추천을 받아들이는 경향이 있었다. 교수진과의 밀접한 유대와 강력한 이사회가 없음으로 하여 총장은 정책들을 합법화하기 위하여 실제로 교내 공동체에 기대기 십상이었다. 이러한 요소들이 개별 학문공동체들의 공유된 의사결정 안에서 관리되는 교육기관을 활성화시켰다.

대학교의 정책, 연구 그리고 교과과정에 대한 내재적 통제는 현행 예산 체제에 의해 강화되었다. 이사회와 지방의회의 지출 예산은 대학교나 학과를 위해서 통상 총액으로 지불되었다. 이 돈의 내부 분배는 전적으로 대학교나 학과의 관심사였다. 개별 교수와 학과의 경비 지출에 대한 "사후 감사"의 관행은 사실상 존재하지 않았다. 교수 연구의 가치나 학문적 이익에 대한 다른 사람의 사전 결정은 거의 없었다. 과학적 탐구의 수행에 대한 외부 지시는 있다고 하더라도, 거의 없는 것과 마찬가지였다. 연구에 대한 자유방임적 접근은 지방 캠퍼스 공동체 내에서의 근속 연수나 또는 교수의 일반적인 명성에 흔히 기초를 두었던 승진제도에 의해 유지되었다. 마찬가지 이유로 인하여, 연구의 적절한 대상, 방법론 또는 흥미있는 작업으로 평가할 수 있는 것에 대한 학문 공동체 내에서의 토론들은 개인의 전문성 향상에 장애물로 나타날 가능성은 거의 없었다. (그리고 추측컨대, 지금의 교육 관료제도들에서 발견되는 엄청난 양의 읽지도 않고 일반적으로 재미도 없는 서류 작업물의 생산을 불필요하게 만들었다.)[24]

24_ Samuel P. Capen, "The Supervision of College Teaching," *Pedagogical Seminary* 18 (December 1911): 544-46; William Cranston Lawton, "The Decay of Academic Courage," *Educational Review* 32 (1906): 395; Charles W. Eliot, "Academic Freedom"(1907), in Walter P. Metzger, ed., *The American Concept of Academic Freedom in Formation* (New York: Arno Press, 1977), p. 2; John J.

마찬가지로, "학과"나 "전공분야" 개념도 기업체에서 찾아볼 수 있는 것과 같은 관료적 정확성을 가지고 정의되지 않았거나 여전히 매우 빈약하였다. 사람들은 보통 윤리 철학의 교수직이나 역사·정치학의 강사로 또는 정치 경제, 사회 경제 또는 윤리 경제의 조교수로 임명되었다. 그것이 뜻하는 바를 정의내리는 일은 개별 교수에게 대체로 맡겨졌는데, 교수는 어떤 과목들을 개설할 것이며, 언제 개설할 것이며 또 이 일반적인 강좌명 내에 어떤 주제들을 포함시킬 것인가를 독자적으로 결정할 수 있었다. 자연과학자도 화학처럼 형이상학을 손쉽게 추구할 수도 있었다.

쿠크와 프릿체트 둘 다 "대학의 일 밖에 있는 사람의 관점"에서 대학교 조직 안의 이런 애매함을 문제로 발견했다. 쿠크는 테일러의 새롭게 출판된 『과학적 경영의 원리들』을 "대학 분야에 다소 응용가능하다고"보았기 때문에 정신적 생산의 물질적 수단들을 조직하는 "단일한 최고의 방식"을 발견할 수 있다는 함축적인 가정을 채택하였다.25 이 최고의 방식을 과학적으로 결정하는 일은 시간을 가로질러서 그리고 분석 단위들 간에 비교할 수 있는(즉 표준화된) 상세한 회계와 시간 사용 정보에 대한 접근을 필요로 했다. 그러나 또 다시, 기업의 이상과는 상반되게, 쿠크는 그가 조사했던 8개 주요 북동부 대학교들 가운데 고작 두세 개 대학교가 "일상의 기업세계에서 일어나고 있는 것과 어쨌건 비교할 수 있는"26 행정 조직들과 회계 일과를 가졌다는 점을 발견했다.

대학교를 위한 회계와 행정체제를 확립하는 데 있어서 주된 어려움은 정확하게 대학교가 기업과 얼마나 달라졌는가에 있었다. 기업에서는, 이윤과 자본투자

Stevenson, "The Status of American College Professors," *Popular Science Monthly* 66 (December 1904): 122-23; James E. Kirkpatrick, *The American College and Its Rule-s* (New York: New Republic Press, 1926).

25_ Cooke, *Academic and Industrial Efficiency*, p. 7; Frederick Taylor, *The Principles of Scientific Management* (New York: Harper and Bros., 1911); Frank Gilbreth, *A Primer of Scientific Management* (New York: D. Van Nostrand, 1912).

26_ Cooke, *Academic and Industrial Efficiency*, p. 8.

에 대한 환원율이 산업 효율성의 측정에서 최저 라인을 항상 제공한다. 그래서 이윤의 최대화가 자본주의적 생산의 현존하는 사회관계 안에서 어떤 조직 작업 방식이 최고인가를 결정하는 절대적인 기준으로 사용될 수 있다. 그러나 교육에 서는 효율성의 절대적 척도가 없다. 왜냐하면 대학교는 그들의 소유자를 위해 이윤을 내려고 조직되지 않았기 때문이다.

쿠크는 차선의 척도가 학과들과 대학을 경험적으로 도출해낸 평균치에 상대적 인 효율성을 위해 비교할 수 있는 표준화된 통계적 개념일 것이라고 주장했다. 일단 충분한 자료를 전국을 통해서 수집하자, 효율성의 사회적 평균이 조직과 행정의 평가 기준으로 확립될 수 있었다. 이 새로운 계산법에서 핵심 측정 단위는 "학생 시간Student-hour"이라고 불렀다. 한 시간 학생 시간은 "한 명의 학생을 위한 한 시간의 강의, 실험실 작업 또는 암송실 수업"27이었다. 이제 이 개념적 도구를 가지고 상대적인 교수진 업무 부담량, 학생 시간 당 강의 비용, 그리고 궁극적으로 개별 교수, 과목, 전공 분야, 학과 그리고 대학교들의 교육적 효율성 의 비율을 계산하는 것이 가능해졌다.

이 새로운 측정법의 이론적 효과는 교수 역사상 최초로 정신적 노동자로서의 교수에게 주의를 집중하는 것이었다. 만일 대학교가 경제적 생산단위로 개념화 될 수 있다면, 그것의 주요 생산자로서 교수의 역할도 역시 변하였다. 대학교 생활을 유일하고 특수한 "천직"으로 장려했던 종교적인 성향은 지적 "노동"의 산업적 개념화를 위해 쿠크에 의해 버려졌다.

쿠크는 "산업계가 모든 일이 특정한 광범위한 원칙들 하에서 행해지고 있으며 또 이러한 원칙들을 한 산업에 적용하는 것은 그것들을 다른 산업에 적용하는 것과 별로 다르지 않다는 점을 점점 더 느껴가고 있다"28는 점을 지적하였다. 학문적 효율성 문제는 원칙상 산업 효율성의 그것과 다르지 않았다. 왜냐하면

27_ Ibid., p. 19.

28_ Ibid., p. 26.

"모든 거대하고 지속적인 목적들은 공식적 조직과 또 행정의 일부 확인된 기구에 달려 있었기"[29] 때문이었다. 조직은 일차적으로 공학적 engineering 문제였다. 이 조직을 관리하는 것은 경영의 기능이었다.

그렇기 때문에, 조직의 효율성은 노동자가 "더 이상 자신의 주도권에 의해 생산"하지 말고 또 경영진이 지시한 주문사항들을 "그것들의 상세한 세부사항까지 꼼꼼하게 수행할 것"[30]을 요구했다. 이러한 견지에서, 쿠크는 가르치는 것과 학문 연구는 다른 종류의 노동과는 "너무나 근본적으로 달라서" 우리는 "삶의 다른 분야들 전반에서 일반적으로 볼 수 있는 동일한 비판의 표준들을 자신의 작업에는 적용할 수"없다는 교수의 전통적인 신념을 공격하였다. 쿠크는 그와 반대로, 교수들도 "다른 직업들에서 일반적으로 볼 수 있는 동일한 일반적 표준들에 의해 지배받고 측정되어야만 한다"[31]고 주장했다.

지식인을 프롤레타리아화하는 정확한 방법들뿐만 아니라 그것을 이론적으로 합리화하는 일이 쿠크에 의해 상당히 자세하게 다듬어졌다. 그 최초의 개조는 증가된 학문적 생산성이 교수들을 대학교의 모든 행정적이고 관리적인 역할들로부터 "구제"할 것을 요구한다는 것이었다. 과학적 경영의 제1 원리는 분업 안에서 직무들의 전문화와 기능적 분화였다. 대학 지배에 관한 나중의 정책 보고서에서, CFAT는 "이사회의…기능과 가르치는 교수진의 그것 사이에 있는 명확한 구별선"을[32] 계속해서 반복하였다.

일단 거버넌스, 행정 그리고 생산적 노동의 역할들이 정의되자, 실질적인 업무는 대학에서 여전히 우세했던 전통적인 동업조합 guild을 파괴하는 것이었다. 왜냐하면 이 길드가 지적 노동에 자유경쟁시장의 도입을 제한하였기 때문이었다. 학문조합의 두 기둥은 교수진 근친교배와 종신재직권 tenure이었다. 상급 학생들

29_ Pritchett, *Introduction to Cooke, Academic and Industrial Efficiency*, p. iv.
30_ Frederick Taylor, quoted in Herman, *People Specialist*, p. 41.
31_ Cooke, *Academic and Industrial Efficiency*, p. 21.
32_ CFAT, *Annual Report, 1919*, p. 31.

과 교수들 간의 스승과 도제 관계는 그 안에서 한 대학교의 졸업생 들이 새로운 빈자리들을 채우거나 또는 그들의 나이든 지도자를 대신하기 위해서 종종 즉각 채용되는 동종교배의 패턴들 안에서 유지되었다.[33] 정년보장제는 비생산적 노동을 보호했고 그래서 학문적 효율성의 사회적 평균을 그것의 실제 생산능력 이하로 감소시켰다. 행정가들에 대한 쿠크의 권고는 다음과 같이 이 점에 대해서는 분명하였다. "만일 동일한 효율성 기준이 다른 곳에 적용되었던 것과 같이 대학 선생들에게도 적용된다면, 그것은 한 선생이 효율적이지 못하게 되면 퇴직해야만 하는 것을 의미할 것이다."[34]

지적 노동에서 자유시장은 고등교육기관들로 하여금 개인 생산성을 계량화할 수 있는 척도를 중심으로 구조화된 조정 가능한 임금 목록표를 지지하도록 해서, 근무기간, 정년보장제 그리고 교수직위에 기초를 둔 봉급목록표를 폐지하도록 할 것이었다. 이것은 또한 재단, 이사, 행정가 그리고 전문직업 연합체들이 지적 노동을 위한 전국 시장을 만들어서 그 발전을 촉진할 것을 요구할 것이었다. 그래서 쿠크는 행정가들에게 직업소개 광고와 또 전문 조직들에 의한 채용공고를 통해서 전국적인 교수 모집을 장려하였다. 이것은 교수진 가운데에서 근무처를 향한 경쟁을 장려할 것이고 또 지역적 차이들과 동종교배된 학파를 깨부수는 전국적인 수평적 유동성을 증진시킬 것이었다. 쿠크는 일단 자유시장이 세워지면, 그것의 구조적 특징들이 교수들로 하여금 개인의 생산성에 경쟁적인 전망을 채택하도록 압력을 넣을 것이라는 점을 지적했다.

생산성을 더욱 높이기 위해 채택할 수 있는 두 개의 다른 척도들도 있었다.

33_ Geiger(*To Advance Knowledge*, p. 224)는 심지어 1930년과 같이 늦게까지, 주요 연구 대학교 교수들의 33%에서 75%가 그들이 최근에 강의를 하고 있었던 교육기관에서 대학원 교육의 모두 또는 일부를 받았다는 점을 발견하였다. 그가 검토한 교육기관들의 대부분에서 50% 이상의 교수가 동종교배 되었다.

34_ Cooke, *Academic and Industrial Efficiency*, p. 23: Capan, "The Supervision of College Teaching," 547-48.

하나는 노동시간의 양을 늘리는 것이었다. 다른 하나는 그 노동시간의 효율성을 높이는 것이었다. 산업계에서 효율성에 중요한 것은 "훌륭한 노동자는 자신의 직업을 수행하는 데 필요할지도 모르는 설비나 도구와 무관하게 존중된다는 점이었다." 그렇기 때문에 효율성에서 이득을 보기 위해서 노동과정과 생산수단은 소유주들과 경영진들 뜻대로 재조직될 수 있다. 쿠크는 학문적 효율성에 일차적인 방해물은 "교수가 하는 강의와 그의 교육학적 기제가 자기 자신의 재산이라는"[35] 교수의 태도일 것이라는 점을 예견했다.

산업공장의 생산성에서 또 다른 중요한 요소는 개인의 전문화와 부품들의 표준화된 교환 가능성이었다. 반복하는 능력은 개별 노동자의 생산성을 높였다. 표준화는 대량생산, 기술혁신의 손쉬운 도입, 그리고 구매력이 저하된 자본의 교체를 촉진하였다. 그래서 쿠크는 더욱 집중적인 대량생산을 증진하는 조건으로 교수진이 더 많은 연구와 교육전문화를 추구할 것을 권고하였다.

신입생 "선발체제"와 함께 채택하게 되면, 교수진 전문화는 과목들도 표준화될 수 있으며, 또 그것들을 가지고 학생들도 조립할 수 있는 정확하고 미리 결정된 세목들을 가진 서로 교환 가능한 부품들이 된다는 것을 의미했다. 과목들의 상호교환 가능성은 특정 생산품들(즉, 전공과목들 또는 탐문 분야들)에 대한 수요의 변화들에 신속한 적응을 활성화할 것이었다. 쿠크는 중앙 서랍 파일 만드는 일을 권장할 정도까지 나아갔는데, 그 안에는 다소 획일적인 스타일로 모두 표준화된 카드들 위에 써놓은 모든 과목들의 강의 노트들이 놓여있었다. 이것은 시동비용의 불필요한 중복을 줄일 것이었다. 왜냐하면 각각의 교수는 더 이상 자신만의 강의 노트를 작성할 필요가 없었기 때문이었다. 대신에 새로운 노트가 첨가되거나 갱신되면, "학과 장비에서 이 부품의 가치는 계속해서 올라갈 것이었다."[36] 그는 심지어 교수진의 시간 사용과 또 특정 과제를 수행하는 데 지출된

35_ Cooke, *Academic and Industrial Efficiency*, p. 24.

36_ Ibid., pp. 24-25.

비용이 교수진 봉급에서 차지하는 비율을 측정하는 전문화된 회계 기법까지도 개발했다.[37]

가변자본(즉 노동비용)의 생산성에서 이러한 증가가 생기게 되자, 불변 또는 고정자본(즉 건물과 장비) 이용에서 더 많은 효율성 요청도 있었다. 문제를 예증하기 위하여, 쿠크는 윌리엄즈 대학과 컬럼비아 대학교에서 건물이용율 조사를 실시하였다. 강의실은 윌리엄즈에서 1일 평균 2.83시간이었고, 컬럼비아에서는 1일 3.45시간이었다. 쿠크는 "강의실이 더욱 경제적으로 사용될 수 있는 극복할 수 없는 이유를 찾아내지"[38] 못했다. 낮은 건물 이용율은 낭비일 뿐만 아니라, 이러한 점들이 전국에 걸쳐서 학교건물 용적의 일반적인 과잉을 보여주었다. 그는 대량생산에 의한 원가절감을 실현하기 위하여 재단들에게 가장 효율적인 교육기관들에 교육자원을 집중하라고 장려하였다.

쿠크는 건물 이용에서 비능률을 학과들이 대학교 안에 있는 건물과 강의실을 "소유하는" 경향이 있었다는 사실 탓으로 돌렸다. 그가 추천한 처방은 "모든 건물들의 관리를 일부 중앙기관 수중에 두어 확립할 수 있는 가장 완벽한 규칙 하에서 운영되어야 한다"는 것이었다. 그리고 또 당연히 동일한 규칙들이 어떤 목적을 위해 건물을 사용하는가와 상관없이 모든 건물들에 적용되어야 했다. "건축비용과 건물 유지에 대한 신중한 회계는 중앙 경리과로 하여금 각 학과에 그 학과들이 사용한 시간에 상대적인 건물 비용을 비율에 따라 부과하는 것을 가능하게 하였다. 고정자본의 내용도 마찬가지로 개별 과목들과 교수들의 효율성 측정으로 통합될 수 있었다. 쿠크의 보고서는 그의 충고를 받아들이고자 했던 행정가들에게 자세한 형식과 절차들을 제공하였다.[39]

과목등록과 건물이용에 관한 수치와 결합된 교수의 시간 사용에 대한 주의

37_ Ibid., pp. 86-88, 95.

38_ Ibid., pp. 35-36.

39_ Ibid., pp. 36 and 103 (Table 8)

깊은 회계는 결과적으로 행정가들로 하여금 여러 가지 전공 분야, 과목 그리고 교수들에 대한 학생-시간 당 비용을 계산하도록 해주었다. 쿠크는 이러한 행정 표준들을 채택하게 되면, "틀림없이 몇몇 작업 라인들을 중단할 것이라"[40]는 점을 인정하였다. 실제로, 자세한 통계자료를 가지고 중단해야 할 작업의 공정을 확인하는 것뿐만 아니라 폐강해야 할 특정 과목들 또는 심지어 해고해야 할 교수진을 확인하는 것도 가능해질 것이었다.

쿠크는 교수들의 연구가 "점검과 통제가 거의 없이 행해지고 있다"는 점에도 역시 실망했다. 그는 관리되지 않는 연구의 관행에 반대론을 폈으며, "학과의 일반 지출을 통하지 않고 여러 학과들에서 행해지고 있는 연구 작업의 양을 통제하는" 수단이 없음을 한탄했다. 그러나 학과에 자체의 재원을 맡겨놓는 한, 이러한 자율은 불가피한 결과였다. 그는 이 문제에 대한 해결책으로 학과에 총액제로 할당하는 것을 폐지할 것을 제안하였다. 그 대신에 쿠크는 이사들이 연구비 지출을 미리 명확하게 책정해야 하고 또 "연구에 관한 대학의 일반 정책을 조직하는 것을 임무로 하는 일반 연구위원회"를 세울 것도 제안했다. 이 위원회는 또한 대학교에 적절한 것으로 지정되고 이사들이 승인한 일반연구 아젠다와 교수들의 상관성에 기초해서 개별 연구 주제들을 교수진에 할당도 하였다. 비용은 결과적으로 원래 책정된 지출에 견주어 사후 감사를 받았다. 그는 "학과의 자율성을 최소화하는 데 있어서 학과 경비에 대한 면밀한 감시를 유지하는 것이 가장 크거나 즉각적인 결과를 가져올 것이라는 점"[41]을 강조하였다.

이러한 재정적이고 행정적인 절차들을 채택하는 것의 중요성은 같은 해에 배포된 다른 CFAT(교육향상을 위한 카네기재단)의 출판물에서도 프랫 체트에 의해 강조되었다. 그는 "대학의 재정운영을 국민에게 매년 보고하는 것이 모든 대학의 의무이며…이 보고를 거부하는 대학은 돈을 위탁받을 자격이 없다"[42]고 주장했

40_ Ibid., p. 59.
41_ Ibid., pp. 32-34, 57.

다. 프릿체트는 CFAT 연금 기금에 접근하고자 하는 고등교육기관이라면, 쿠크가 추천했던 조직상의 변화를 단행할 재정상의 동기를 가지고 있다는 점을 잘 알고 있었다. 이 기금에 접근하는 것을 통제하는 일은 그래서 이 재단으로 하여금 고등교육 발전에서 이념적 지도자 역을 맡는 것을 가능하게 할 수 있었다.

나는 기업의 지식인들을 미국 고등교육 개혁을 촉진하는 이념적 지도자들이라고 부르면서 여러 가지를 암시하고 있다. 첫째는 기업의 지식인들이 현존 교육기관들에 대한 이론적 비판을 개발하면서 의식적으로 주도권을 잡았다는 것이다. 둘째로, 이 비판은 떠오르는 기업과 금융자본가들 계급이 역사적으로 개발했던 특정 규범적 가치들(즉, 사회적 효율성의 책무와 관련된 것들)의 견지에서 공식화되었다. 더 나아가서, 이 주도권을 떠맡은 이유는 학문적 노동시장의 재조직화와 기업 이익에 더 우호적인 교육자본 투자와 같은 분명하게 확인할 수 있는 목적을 달성하는 것이었다.[43]

게다가 번즈James MacGregor Burns가 주목했듯이, 어떤 활동이 지적 지도력을 획득하는 데 필수적인 요소는 자신들의 목적과 가치들을 사회적 효율성이라는 기업의 이상과 같은 일반적 목적과 또 행정의 합리화와 같은 특정한 수단을 사회개혁을 일관성 있게 이론적으로 개념화하면서 분석적으로 연결시키는 방식으로 파악하는 특정 유형의 지식인들의 능력이다.[44] 학문적이며 산업적인 효율성에 대한 쿠크의 연구는 기업자본주의의 규범적 가치들의 실질적인 문제(즉 고등교육에 대한 더 많은 접근의 요구[평등]를 팽창하는 접근에 따라 증대하는 비용[효율성]과 어떻게 균형을 잡는가 하는 것)에 영향을 미치도록 이 연결 관계를

42_ CFAT, *Standard Forms for Financial Reports of Colleges, Universities, and Technical Schools*, Bulletin no. 3 (New York, 1910), pp. 2-3.

43_ 이념적 지도력에 대한 나의 개념은 Burns의 지성적 지도력에 대한 통념을 기술적으로 수정한 것이다. James MacGregor Burns, *Leadership* (New York: Harper and Row, 1978), pp. 142-63을 참고할 것.

44_ Ibid.

꾸며서 만드는 데 막강한 무기였다. 교육개혁에 대해 기업의 이상이 가지는 특정한 함의는 다른(기업과 교육 그리고 정부의) 지도자들을 기업의 이상이 함축했던 그러한 정책들을 채택하는 방향으로 몰고갈 수 있었던 방식으로 분명히 밝혀졌다. 바꾸어 말하면, 쿠크는 기업자본주의의 이상들을 교육개혁을 위한 실질적인 전략으로 바꾸어냈다.

그러나 더 광범위한 사회 조건들이 다른 집단들 가운데에 이러한 정책들을 받아들일 기질 또는 "선택적 친화성effective affinity"을 만들어냄으로써 지도력을 발휘할 기회를 제공하였다. 이 분석 수준에서, 20세기 초의 대학 붐과 그 밑에 깔려 있는 열망의 문화culture of aspiration에 대해 언급해 보면, 설명에 도움이 되는 역할을 할 것이다. 대학 붐이 만들어냈던 강의 시간, 건물 사용 그리고 교육 재정에 대한 압력은 합리적으로 설명하려는 기업 개혁가들에게 그들의 사회적 효율성 프로그램을 교육 행정, 정부 그리고 대학의 전문직업계의 이해가 빠른 청중들에게 명확히 표명하는 기회(가장 가까운 원인이 아니라면)를 제공했다. 그러나 이와 마찬가지로 중요한 것은 교육자본의 분배와 통제였다. 고등교육을 위한 증가된 재정 자원의 이용가능성을 기업 개혁 프로그램의 채택과 연결시킴으로써, 이 재단들은 그들이 제안했던 정책들의 호소력을 강화하는 데 물질적 압력을 가할 수 있었다. 그들은, 맑스를 인용해서 말하면, 그들 계급의 이익을 "사회 모든 구성원의 공동이익"이라고 말할 수 있었으며, 그럼으로 해서 그들의 생각들이 "유일하게 합리적이며 보편적으로 타당한 것"[45]이라고 주장할 수 있었다. 그래서 그들은 자신들의 교육개혁 프로그램을 사회적으로 지배적인 프로젝트라고 단언할 수 있었다.[46]

45_ Marx, *German Ideology*, pp. 65-66.

46_ Jessop(*Capitalist State*, p. 243)은 헤게모니 기획을 "구체적이고 전국적으로 인기있는 행동 프로그램의 배후에 있는 지원의 동원"으로 정의 내리는데, 이 프로그램은 헤게모니를 가진 계급(분파)의 장기적인 이해관계를 명확하게 또는 암묵적으로 증진시키는 목적을 추구하면서 일반적인 이익을 주장하고 또 이 프로그램은 그것과 일치하지 않는 다른 특정 이해관계의 추구를

실제로 그 두 번째 연간 보고서(1907)에서, CFAT는 그 재단의 행정적 관심사와 교육의 관심사 간의 관계를 대학의 효율성이 교육과 연구를 재정상의 위기라는 외부의 속박으로부터 실제로 그 안에서 해방시키는 관계로 분명히 발표하였다. 대학의 효율성은 그 구성원들을 외부적인 것에 신경 쓰지 않고 교육과 연구에 집중하도록 함으로써 대학교의 자율을 강화하고자 했다. 반면에, 그 보고서는 모든 교육자들에게 익숙한 최근의 조건에서는 "대학 지원을 위해 현재 요구되는 돈의 총액이 너무나 엄청나서 단지 돈을 모금하는 문제가 많은 경우에 있어서는 많은 고등교육기관들의 더 크고 더 깊은 관심사들을 무색하게 하는 지경에 달했다"[47]고 묘사했다.

증대하는 계속적인 재정위기로 인해 이사회들도 그들 신탁 업무와 관련된 문제들에 초점을 맞추게 되었다는 데에는 의심의 여지가 없다. 대학 효율성이라는 교육 철학은 기업이 지배하는 이사회에 매우 편리한 해결책을 주었는데, 그것은 그들에게 이미 친숙한 개념들의 응용을 단순히 확장하는 것이었다. 그 철학은 재단들로부터 새로운 자본의 주입을 통해서(다만 교육기관들이 이 재단들의 기준을 채택할 때에만) 재정 위기에 대한 그 이상의 구제책을 약속하였다.

교육행정에서의 경영혁명

과학적 경영은 이사기구와 행정기구 사이의 기능적 구분도 하였다.[48] 그 결과, 재단 임원들이 지나친 "직접 행정"에 대하여 이사회에 종종 경고를 하였다. 이사회는 정책 입안자 또는 이사인 자신들과 정책을 수행하는 사람인 행정가들 사이에 공식적인 분업을 제정하라고 충고를 받았다. 소유자의 소유권은 경영자의 행

제한하는 반면에 그것과 공존할 수 있는 특정 경제적인 기업의 이해관계에 특권을 부여한다.

47_ CFAT, *Annual Report, 1907*, p. 101.

48_ CFAT, *Annual Report, 1919*, p. 31.

정 전문지식과 별개였다. 조직 원리와 산업관계의 일상적 세부사항에 대한 후자의 전문화된 지식은 경영자가 정책들을 수행하는 데 더 적합하게 만들었다.

이것은 이론상의 과학적 경영이었다. 그러나 실제의 문제는 경영상의 전문지식을 갖춘 전문화된 교육 행정가들이 부족하다는 것이었다. 대학 행정가들은 자신들만의 불완전한 노력을 통해서 이러한 요구를 처음에는 만족시켰다. 1900년에 웨스턴 리저브 Western Reserve 대학교 총장인 스윙 Charles Thwing이 대학 행정에 관한 최초의 교과서를 썼다. 몇 년 뒤에 하버드 대학교 총장인 엘리엇 Charles Eliot이 대학교 행정에 관한 또 다른 저서를 출판했는데, 거기서 그는 동료 총장들에게 행정가 모집의 새로운 기법을 채택할 것을 간곡하게 거듭 간청하였다. 그는 총장들에게 가르치는 재능이나 학문에 대한 재능에 기초를 두기보다는 입증된 뛰어난 사업 재능을 기초로 하여 행정 보직을 위해 젊은 교수진들을 선발하여 가르칠 것을 충고하였다.[49]

실제로 쿠크는 북동부의 주요 사립대학교에 대한 연구조사에서 대학 행정가들이 행정 방법들에서 "현저한 변화가" 곧 일어날 것을 이미 "예상"하고 있음을 발견했다. 그는 "대부분의 대학들에서 이러한 변화들이 환영받을 것"을 깨달았다. 쿠크는 그가 방문했던 모든 곳에서 "기능적 효율성의 문제가 대학과 학과의 책임 있는 우두머리들 사이에서 제기되고 있음"을 발견했다. 그럼에도 불구하고 워싱턴 대학교 총장인 그래이브스 Frank P. Graves가 쓴 글이 대부분의 대학교 행정가들이 지닌 새로운 불안을 가장 잘 묘사했다. 그는 "가엾은 젊은 총장 또는 학장들이 특별한 준비를 조금도 하지 않은 채 업무의 한 가운데로 밀려들어가서, 그 결과에 따라 생사를 같이 해야만 한다"고 불만을 털어놓았다. 그래이브스는 "우리 대학들에서 젊은이들이 행정 일을 하도록 교육시키는"[50] 대책이 아직도 세워

49_ Charles Thwing, *College Administration* (New York:1900); Charles W. Eliot, *University Administration* (Boston: Houghton-Miflin, 1908).

50_ Cooke, *Academic and Industrial Efficiency*, pp. 5, 56; Frank P. Graves, "The Need of Training for the College Presidency," *Forum* 32 (1902): 680-85.

지지 않았다는 점에 실망했다.

대규모 기업체들과 연관된 "경영혁명"은 1900년대부터 시작해서 전체 기업 경제를 통해서 이 문제를 사실상 일반적으로 만들었다. 기업의 해결책은 "경영개발"을 위한 프로그램을 후원하는 것이었다. 기업체는 행정가들이 경영방법, 기법, 문제 그리고 성공사례들을 공유할 수 있었던 협의회와 강좌에 점점 더 재정 지원을 하였다. 그것들의 목적은 "경영자가 아닌 사람들로부터 새로운 경영자를 만들어내는 것뿐만 아니라 소규모 경영자로부터 대규모 경영자를 그리고 보통 경영자들로부터 훌륭한 경영자들을 만들어내는 것"[51]이었다.

CFAT의 보고서 <학문적 효율성과 산업 효율성 *Academic and Industrial Efficiency*>은 교육행정 쪽으로 이전된 이 동일한 활동에 주요한 공헌물이었다. 쿠크는 광범위한 표, 그림, 회계양식, 본보기, 그리고 새로운 정책을 수행하는 행정가를 돕기 위해 계획된 절차들에 관한 설명들을 편집하였다. 이 노력은 같은 해에 배포된 CFAT의 부록 출판물인 『재정보고의 표준양식들』에 의해 더욱 촉진되었다. CFAT의 연금 체계에 가입을 했던 모든 대학과 대학교들은 그 표준양식을 사용하도록 요청을 받았고 또 넌지시 이 양식들을 의미있게 만드는 절차들을 채택하도록 요청도 받았다.

일반교육위원회(GEB)는 회계와 조직 개혁들을 담당하고 있는 행정가들에게 현장 지원을 제공함으로써 한 발자국 더 나아갔다. 20년이 넘게 GEB는 재조직과 경영개발에 도움을 요청했던 모든 캠퍼스들에 파견되었던 전문가 "현장대표"단을 보유하였다. 그러나 일찍이 1913년에 이 재단은 "자신들의 회계 체계를 재조직하고자 하는 교육기관들의 숫자가 너무나 많아서 그들과 일대 일로 협력하는 일이 실행 불가능한 지경이 되었다"고 보고했다. 그래서 1915년에 GEB는 시카고 그레이트 웨스턴 철도의 회계감사관장인 아네트 Trever Arnett에게 대학 재정

51_ Herman, *People Specialists*, p. 156.

직원들을 위한 표준화된 안내서를 집필하도록 계획을 세웠다. "대학과 대학교 재정"이란 제목이 붙은 이 작업은 새로운 회계와 행정 기법들을 더욱 널리 유포시키고자 하였다. 1924년까지 이 책이 미국에 5,626부 배포되었는데, 이는 전국의 대학과 대학교 당 약 8부에 해당했다. 1923년 8월에 GEB는 또한 전국대학교 행정협의회를 시카고 대학교에서 가졌다. GEB 임원들 말에 따르면, 이러한 모든 활동의 궁극적 결과는 대학의 재무행정과 회계에서 "두드러진 향상"이었다.[52]

교육행정에서 경영혁명은 교육기관 운영으로부터 행정을 단순히 분리하는 것보다 훨씬 더 많은 일을 하였다. 그것은 기업에서 비롯된 경영행위의 관료적 규범들을 제도화함으로써 성공적인 대학교 총장의 표준, 전략 그리고 정의들을 재정의하였다. 프레스투스Robert Presthus가 주목하듯이, 관료제도는 "상품과 서비스를 생산하는 단순한 도구보다 훨씬 더 중요하다. …관료제는 바람직한 반응들을 불러내고 일관성 있는 행동 패턴들을 심어주는 섬세한 상벌 규정들을 사용하여 인간행위 통제를 위한 예민하고 다재다능한 대리인들이 되었다."[53]

성공적인 "경영전략"은 "권력을 가지고 있는 사람들의 목표와 스타일에 외향적인 지성적이며 행위적인 순응"을 항상 요청하였다. 예를 들어서, 보두인Bowdoin 대학의 학장인 하이드William Dewitt Hyde는 "노련한 금융업자가 모든 이사회의 필수 불가결한 회원"이라고 주장했다. 엘리엇은 「대학교 행정」에서 최고의 이사는, 되도록 "고등교육을 받고 또 '공공심이 투철'해야겠지만, 자신의 직업에서 성공한 사업가나 전문직업인"이었다고 주장했다.[54] 물론 사실은 20세기 첫 30년 동안에 대기업 간부들의 30~40% 정도가 대학을 졸업했을 뿐이었으며, 1900년의 이사에 대한 비공식 조사에 의하면 그들 대부분이 정치적으로는

52_ GEB, *Report of the Secretary, 1924-1925*, p. 12; GEB, *Report of the Secretary, 1914-.915*, pp. 44-45; GEB, *Report of the Secretary, 1923-1924*, pp. 9-10.

53_ Robert Presthus, *The Organizational Society* (New York: Alfred A. Knopf, 1962), pp. .5-16.

54_ Herman, *People Specialists*, pp. 164-65; William D. Hyde, "Academic Freedom in America," in Metzger, *American Concept of Academic Freedom*, p. 7; Eliot, *University Administration*, p. 2.

보수적이었다.[55]

그럼에도 불구하고, 재단 출판물들은 기업의 이상을 표현하는 이미지들을 촉진하였다. 대학의 학장과 대학교의 총장을 주요 재단의 이사로 임명하는 관행은 미국 기업체의 기준에 그들이 익숙해지도록 도왔다. 이 재단들은 뛰어난 교육 행정가들이 미국의 주도적인 기업가들과 함께 공통의 문제들을 제출하여 토론할 수 있는 포럼을 제공하였다. 기업관리와 과학적 경영의 틀 안에서 교육의 쟁점들을 재공식화함으로써, 기업의 지식인들은 교육문제를 해결하는 데 있어서 실질적인 기업 지도력을 제안하였다. 재단들은 그래서 전통적인 대학교 지식인들 사이에서 핵심 분자의 정복을 조직하고 또 그들을 기업 이데올로기의 헤게모니 하에서 통합하는 데 있어서 수단으로 만들었다.

게다가 기업의 이상과 관련해서, 행정이 인정받는 권력에 순응하는 것은 직업상 승진을 위한 필요한 전략이 되었다. 그것은 "무지하고 비자발적인 복종"이 아니라 모든 경영인들과 마찬가지로 "경영인이 자신의 상급자의 분명한 지시들 뿐만 아니라 심지어는 추론된 암시들에 반응하면서 본능적으로 할 수 있을 정도로 잘 연습된"[56] 습관이었다. 1880년대에는 이 전략에 대한 유일한 대안은 이사회로부터 짧막한 해고 통지서를 받는 것이라는 점을 모든 사람들에게 분명하게 입증하였다. 1890년대에는 인민주의적 정치적 충성심을 가지고 있거나 또는 이사회에 반대해서 교수진들의 주장을 지나치게 강하게 옹호하는 총장들이 널려있었다.[57]

반면에 경영주의 이데올로기를 자신들의 행정 모델로 채택한 대학교 총장들은 신망, 높은 수입, 재단이나 법인의 이사직 그리고 더 좋은 대학교 지위에 대한

55_ Gould, *Technical Elite*, pp. 162-63; G.H. Shibley, "The University and Social Questions," *Arena* 23 (1900): 294-96.

56_ Herman, *People Specialists*, p. 165.

57_ 예를 들어서, George M. Steele of Lawrence University, H.E. Stockbridge of North Dakota Agricultural College, E. Benjamin Andrews of Brown University, George A. Gates of Iowa College, Henry Wade Rogers of Northwestern University, Thomas E. Will of Kansas State College.

130   대학과 자본주의 국가

제의 등으로 보답을 받았다. 경영자 역할의 채택은 진보적 민주주의의 규범적 틀 안에서 손쉽게 합리화될 수 있었다. 대부분의 총장들은 독자적인 교육 목적을 성취하기 위하여 아마도 기업의 방식들을 채택하기를 원했는지도 모른다.[58] 그 결과로 대부분의 대학교 총장들은 아무런 거리낌없이 경영전략을 채택했으며 그래서 "자신들의 임무는 그들의 교육기관이 기업과 마찬가지 방식으로 운영되도록 하는 것이라고 점차적으로 파악하였다." 실제로 이 역할이 1920년까지 너무나 확고하게 확립이 되어서 라파이에트 Lafayette 대학 학장인 먹크랙킨 Henry McCracken은 "요즘 대학 학장들은 경영 능률 전문가처럼 총 경비와 1인당 비용에 대하여 유창하게 이야기할 것을 기대받고 있다"[59]고 불평할 지경이었다.

경영전략은 학교에 대한 총장의 충성심을 무엇보다도 경제적인 외부 명성의 관점에서 규범적으로 재정의하였다.[60] 이 최우선 관심사는 행정가들이 모든 자본주의 기업들과 마찬가지로 자본축적을 장려하는 학교 업적을 표준적으로 측정하도록 방향을 수정하였다. 위스콘신 대학교의 한 관찰력이 뛰어난 심리학 교수는 대학 학장들이 점점 더 "자신들의 주도권에 의해 세워진 건물들[공장 팽창], 첨가된 학과들[새로운 생산라인], 그리고 증가된 등록자 수[판매]에 의해 기억되기를 좋아한다. 바로 이러한 요구들을 강요하고 이러한 성공들을 제시함으로써 기금들이 확보되었다[즉 투자 자본]."[61]고 썼다.

대학 효율성의 순전히 양적인 측정으로서 자본의 축적은 학교 명성에 대한 행정상의 열망과 밀접하게 연관되어 있었다. 사회적 효율성—또는 경영 전문가의 지도력 하에서 교육기관 역할의 기능적 통합—은 대학교 안에서 산업관계들의

58_ Veysey, *Emergence of the American University*, p. 354.

59_ Geiger, *To Advance Knowledge*, p. 16; John Henry McCracken, *College and Commonwealth* (New York: Century Co., 1920), p. 241.

60_ Veysey, *Emergence of the American University*, p. 309.

61_ Quoted in Joseph Jastrow, "The Academic Career as Affected by Administration," *Science* 23 (1906): 561-74; Lawton, "Decay of Academic Courage," p. 398을 참고할 것.

상대적 평화로움에 의해 측정되었다. 그렇기 때문에, 훌륭한 행정가는 "자신의 교육기관 안에서 평화를 지키려고 결연한 노력을 기울인다. 왜냐하면 만일 그 학교가 분열되었다고 보이게 되면, 그 학교는 명성과 영향력을 상실하게 될 것"이며 또 궁극적으로는 부가적인 자본을 유인하는 능력도 상실할 것이다. 그래서 대학교 행정에 관한 새 교과서들은 "학문적 이상들 간의 갈등에 근거한 것을 포함한 시끄러운 논쟁은 그것이 위협적으로 생각되면 언제나 극소화하거나 진압해야만 한다"[62]고 일반적으로 조언을 했다.

행정적인 교육기관 충성심이라는 방향 수정은 경영상의 통솔 스타일 채택도 포함하였다. 대학교 총장들은 "주요 행정가들이 이전에 맡았던 대학교 업무에 직접 관여"하기를 점차적으로 포기하였고, 그들의 관심을 교육자본의 축적(예를 들어서, 희사금, 충당금들) 그리고 위임받은 권위를 가진 하위직 사람이 강제할 수 있는 일반적인 규정과 지침들의 정밀한 작성 쪽으로 돌렸다.[63] 이 두 행위 모두가 총장과 교수진 사이에 사회적이며 위계질서적인 거리감을 넓혀 놓았다.

이제 총장들이 공식적이거나 비공식적인 환경에서 부유한 사업가와 제휴하기 위해 초청되는 빈도수가 많아지자, 총장들이 상류사회에 "어울리도록" 하기 위해 매너리즘과 특징들을 바꾸도록 요청받았다. 성공적인 행정 간부들은 높은 수입과 사회적 지위를 성취해서 거기에 맞게 살아야 했으며, 또 동시에 동일하거나 더 높은 지위의 "적절한 사람들"과만 교제를 해야 했다. 이러한 권위와 지위를 가진 새로운 총장직은 오랜 친구들을 뒤에 남겨두고 또 그들에게 매우 소원한 태도를 취하면서 하위직 사람들에게 전달되어야만 했다. 더 높은 권위를 가진 사람들과 하위직 사람들 모두와 일하는 데에서 경영상의 성공은 이러한 일이 신속하게 행해져야 할 것을 언제나 요청하였다.[64]

62_ Veysey, *Emergence of the American University*, p. 309.

63_ Geiger, *To Advance Knowledge*, p. 16.

64_ Herman, *People Specialists*, p. 158.

아델피Adelphi 대학의 한 교수는 교수진이 그 새로운 스타일을 감지하고 있음에 주목했다. 로우턴William Cranoton Lawton은 "자신의 동료들을 절대적으로 통제할 수 있는 자리인 총장으로 선출되게 되면 대체로 총장의 견해도 놀라울 만큼 신속하게 변한다. …총장은 어리석게도 자신이 새로운 뛰어난 전문직 즉 '행정직'으로 승진하였다고 믿는다. 총장의 새로운 동료들은 자신의 이전 동료들의 수입보다 몇 배나 쓴다. 또 총장은 단순한 학자와 교사의 그것과는 완전히 다른 사회생활과 또 그렇기 때문에 고정 수입을 가져야 한다는 자연스런 이론을 경쾌하게 받아들인다."[65] 고 논평하였다.

최근까지 이러한 새로운 스타일을 미국 대학교 총장직이 가진 역사적 전통과 급진적으로 결별하는 것으로 이해하는 것이 교수진들 가운데에서 널리 퍼진 경향이었다. 27개 교육기관의 89명 대학교 총장들에 대한 나의 조사는 이러한 전개에 대한 그들의 개념화에는 엄청난 경험적 타당성이 있었음을 제시한다(표 3.3참고). 행정가들은 대학교수진과 교육기관상의 결속을 상실하고 있었으며 반쯤 자율적인 경영 계층이 되어가고 있었다. 1861년에, 대학 학장들 다다수는 새로운 행정직을 수락하기 바로 전까지 개신교 목사들이었다.[66] 1890년까지 "탁월한 학자들이었던 대학 총장들의 한 세대가 대학교 총장의 50%가 그들이 행정직을 맡기 이전에는 교수들이었다는 사실로 주목을 받았다. 대부분의 경우에 있어서, 이러한 행정적인 학자들은 여러 해 동안 대체로 교수진의 구성원으로 대학 공동체와 긴밀한 유대관계를 가진 후에 그 자리로 승진한 것이다.

그러나 세기가 바뀌고 난 후, 우리는 전문적인 행정가이지만 교수진과 밀접한 관계는 부족한 대학 학장들이 출현하는 것을 보게 되는데, 그것은 행정기구를 통한 오랜 승진과 사회화의 결과였다. 게다가 그들이 행정가로서 국가적 명성을 쌓음으로써 내로라하는 교육기관들에서 새로운 자리를 계속해서 맡게 되자, 한

65_ Lawton, "Decay of Academic Courage," p. 398.
66_ Cattell, "Concerning the American University," p. 180.

표 3.3. 1861년부터 1929년까지 미국대학 총장들의 원 직업(백분율)

직업	1861	1890	1915	1929
목사	59	15	0	5
교수	12	50	32	5
대학학장	0	4	20	33
대학 부총장 또는 총장	12	36	36	38
공교육 간부	0	8	8	10
기타	18	4	4	10
합계	101	100	100	101
수	17	25	25	21

출처: 자료들은 대학들의 일반적인 역사들과 *Who Was Who in America*에서 편집하였음.

주: 각각의 기준시기 동안에 선출된 새 총장들은 그 다음 시기에 포함되었다. 그 교육기관들은 다음과 같다. Princeton, NYU, Columbia, Rutgers, Drexel Institute, Amherst, Miami (Ohio), Vassar, Oberlin, Wellesley, Texas A&M, Howard University, CCNY, the Universities of Pennsylvania, Alabama, Mississippi, Arkansas, Massachusetts, Washington, Kansas, and North Dakota, and Indiana University, Kansas State, State College of Washington, North Carolina State, South Dakota State, and Iowa State.

교육기관으로부터 다른 기관으로의 수직 이동이 증가하였다. 컬럼비아 대학교 심리학 교수인 캣텔James Mekeen Cattell은 이러한 새로운 유형이 그들의 "사업 능력"[67]만을 위해 이사들에 의해 배타적으로 선발될 가능성이 크다고 논평했다. 워싱턴 대학교의 그래이브스 총장은 대학교 총장직의 기업형 이상이 급속하게 고정된 유형이 되어가고 있다고 다음과 같이 주장하였다. "이러한 최근의 이상에 따르면, 대학 학장은 그 말 뜻 그대로 경영 간부이다. 교육에 대하여 전적으로 동감하였지만, 그는 외교술의 재능과 또 사업가의 민첩성과 자세를 갖춘 기업인이며 관대한 마음을 가진 실무가이다. 그는 학자가 될 수도 있으며(매우 자주 그렇다) 또는 심지어 목사가 될 수도 있다. 그러나 그의 이러한 자질들은 행정가로서 그의 성공에 부수적이며 거의 아무런 관계도 없다."[68]

교수진은 "옛 시절의 총장을 상실"한 것에 대해 한탄했으며, 종종 "오늘날의

67_ Ibid.

68_ Graves, "The Need of Training," p. 683.

대학 총장을 재난"[69]으로 비방하였다. 이 주제에 관해 글을 썼던 일부 교수는 그것과 "정반대되는 성격"을 가진 조건 하에서만 가장 잘 번성하는 교육기관들에 부적절하고 치명적이며 미화된 영업절차들의 정도를 벗어난 응용에 의해서 일차적으로 비롯되었다고 결론지었다. 그는 이러한 "행정의 극단적 형식주의externalism of government"를 현대 대학교 총장직의 발생에 대한 단일한 가장 중요한 이유로 꼽았다. 캣텔은 이 새로운 체계를 기계로 묘사했는데, 그 기계에서는 "특정 정책을 대변하는 소규모의 아담한 집단이 절대적인 독재자를 선출하고, 그러면 그 독재자는 다시 꼬마 독재자들을 임명하고 그래서 나오게 되는 결과는 경제적인 막강한 기계이다."[70]

미국 대학교 체제의 이상

대학교 행정의 내부적 합리화는 전국적인 대학교 체제의 창조를 위한 보다 종합적인 계획에서 하나의 구성요소에 불과했다. CFAT의 이사들은 "교육은 헌법에서 다루지 않았기 때문에, 교육이 개별 주들의 체계들을 통합하고 조정하려는 중앙정부로부터 지침을 받지 못한 점에 대해 염려"하였다. 그들은 "교육분야에서 사적인 주도권이 주정부 측의 지도도 받지 않고 규제도 받지 않는 점"[71]에 대해서도 마찬가지로 불평을 하였다. 그 결과로 20세기로 접어들면서 미국에는 수백 개의 서로 경쟁하는 종단대학, 일반 인문대학, 사립대학교, 여자대학, 주립대학교, 무상불하토지 대학, 공과대학, 전문대, 흑인대학 그리고 시립대학교들이 있었다. 정부의 모든 수준 그리고 경쟁하는 종교적, 사적 그리고 정치적 이해관계들이 고등교육에 연루되었다.

69_ Stevenson, "Status of American College Professors," p. 125.

70_ Jastrow, "The Academic Career," pp. 568-69; Cattell, "Concerning the American University," p. 180.

71_ CFAT, *Annual Report, 1911*, p. 14.

카네기재단의 반더립 Frank Vanderlip이 표현했듯이, 이러한 조건들은 당대 "경제생활의 기조"에 반하는 것이었는데, 그 기조란 결합을 지향하고 쓸데없는 경쟁으로부터 멀어지는 경향이었다. 사회적 효율성이라는 기업의 이상은 CFAT 간부들에게 "고등교육에서 혼란을 야기하는 경향이 있는 모든 다른 이유들에는 하나의 근본적인 이유가 있는데, 그 이유는 과거에 미국 대학들이 일반 교육체계의 한 요소로서가 아니라 별개의 단위처럼 운영되어 왔다는 점"[72]을 설득시켰다. 록펠러는 이러한 정서를 반더립과 분명히 공유하였다. 왜냐하면, 그는 GEB에게 "미국에서 고등교육의 종합적인 체계를 장려하라는 분명한 지시를 헌장에 넣으라"고 요구하였기 때문이다. 게이츠 Frederick T. Gates도 록펠러기금은 "미국에서 고등교육을 장려하는 것뿐만 아니라…우리의 고등교육을 가능한 한 질서있고 종합적인 체제와 같게 환원시켜가는 방향으로 주도적으로 기여하고자 하는 것이다."[73]라고 설명하였다.

GEB 구성원이며 존스 홉킨스 대학교 전 총장인 길맨 Daniel C. Gilman은 자신들의 임무를 "평행하는 철도"[74] 제거에 비유하였다. 그의 유추는 장점이 없지는 않았다. 대학교 합리화의 최전선에 있었던 철도 엔지니어들과 회계사들은 미국이라는 기업체의 회사 간 표준화를 개척하였다. 생산품의 동질성(예를 들면, 학생), 수행성과 생산성을 위한 표준화된 전문화(예를 들면, 교수진), 생산 공정의 규칙화(예를 들면, 시간과 학교시설 사용 요건), 그리고 생산품질의 인정된 기준(예를 들면, 학위증서) 등 모두가 10년 전에 미국의 기업체들의 발생에 필요했던 똑같은 공정들과 놀랍게도 닮았다.[75] 대학교들이 단일하게 조정된 체계로 통합되기 위해서, 이 전국적인 기계의 개별 부속품들은 그것들을 조립하기 위해서 표준화되어야만 했다.

72_ Vanderlip, *Business and Education*, p. 6; CFAT, *Annual Report, 1908*, p. 152.

73_ Quoted in Fosdick, *Adventure in Giving*, pp. 127, 129.

74_ Daniel Coit Gilman, *University Problems in the United States* (New York: Century Co., 1898), p. 292.

75_ Noble, *America by Design*, pp. 69-82.

마찬가지로, 서로 다른 교육기관들로부터 수집한 자료들이 일단 생산단위(예를 들면, 학과) 간에 그리고 경쟁하는 사업체 간에 비교 가능하게 되고 난 후에야, 교육자본의 효과적인 할당과 투자에 대한 과학적 판단이 내려질 수 있었다. CFAT에게는 교육기관들 간의 표준화가 애초에 없었던 점이 즉각적인 투자 딜레마를 가져왔다. 이 재단의 헌장은 재단에게 미국과 캐나다에 있는 모든 "사립이면서 종단에 속하지 않은 대학들과 대학교들"의 선발된 교수들에게 연금을 제공하라고 명하였다. 이사들은 이러한 개념들에 대한 운영상의 정의를 요구하였으나, 그들의 최초의 조사들에서 표준화된 정의가 그 용어들의 최근 교육기관 내의 사용에서 자명하지 않았음을 발견했다.

그들의 조사는 "대학" 또는 "대학교"와 같은 비슷한 명칭들을 공유하는 교육기관들과 연관된 다양한 사명 진술과 교육 목적에서 조정이 이루어지지 않았음을 밝혀냈다. 명목상으로는 대학 또는 심지어 대학교라 불리는 일부 교육기관들은 단지 2년간의 교육만을 제공하였다. 일부 학교들은 실제로 고등학교, 예비학교 또는 학원들에 적합한 수준의 교육을 제공하였다. 다른 학교들은 3년 또는 4년의 교육을 제공하였다. 일부 학교에서는 대학원 교육이 단지 학부 공부의 5년째에 불과했다. 다른 학교에서는, 대학원 과정에서 독창적인 연구를 요구하였다. 거기에는 다양한 교과과정, 등록, 직원 규모, 재정과 경비, 건물의 질과 종류, 도서관, 학점 인정 그리고 입학 요건들이 있었다. 교수직은 때로는 박사학위를 가진 교수진에게만, 때로는 명예박사학위를 가진 사람에게만 그리고 간혹 어떤 종류의 석·박사 학위도 갖지 않은 사람에게도 주어졌다.

이 문제에 대한 CFAT의 해결책은 미국과 캐나다에서 가장 효과적으로 재정 지원을 해줄 수 있고 이용할 수 있는 고등교육기관들의 최대치를 산출해냈던 한계 효용 계산법에 우선적으로 의존하는 것이었다. 동시에, 이 재단은 연금기금의 이용도에 의해 그것을 정의내리는 데 더욱 제한을 받았다. 이 재단의 정의들은 소위 카네기 체제에 가입 가능한 지원자들이 그것의 재정 능력을 초월할 수 없다는 점을 보증할 정도로 충분히 엄밀해야만 했다. 이 두 개의 기준을 이용하여 이 재단은 "대학"과 "대학교"의 경험적 정의를 확립했는데, 그 정의는 이러한 명칭들을 합법적으로 사용할 수 있는 교육기관의 수를 CFAT 간부들이 가장 사회적으로 효율적이라고 결론내린 대학과 대학교의 숫자로 제한하였다.

다음에 이 재단은 자신이 그러한 교육기관들에게 적당하다고 여기는 등록, 학생 입학 요건, 교수진 증명, 도서관 규모, 건물 그리고 실험장비들에 대한 제한 조건들 안에서 최소한의 기준들을 확인하였다. 대학교는 그러자 학사이후 학위로 연결되는 대학원 연구와 전문직 훈련에 근거해서 대학과 구분되었다. 대학교는 대학원과 전문직 교육을 목표로 하는 일차적인 연구기관으로 정의되었다. 대학은 두 가지 기능을 가진 학부생 교육기관이었다. 대학의 일차적인 역할은, 버틀러Nicholas Murray Butler가 묘사했듯이, 뜨고 있는 진보적 민주주의의 전문가들과 미래의 지도자들에게 "교양적" liberal이지만 "규율적인" disciplined 교육을 제공하는 것이었다. 그는 이 임무를 "교육 받은 신사가 되어야 할 미국 시민의 훈련"과 동일시하였다. 대학의 두 번째 역할은 "대학교로 가는 연결 복도"로서 기능하는 것이다. "교양과목과 과학"에 대한 대학 공부에 의해 폭넓게 훈련받은 학생들은 주요 대학교들이 제공하는 "학문과 연구의 전문 분야들"로 들어가게 되었다[76]

바로 이 두 번째 기능이 당시의 "기준과 학위의 무질서"[77]를 몰아내야 할 더 많은 요구를 만들어냈다. 다른 전국의 기업체들과 마찬가지로, 지적 노동 공정의 관례화는 부품과 질의 표준화를 필요로 하였는데, 그 표준화의 목적은 널리 퍼져 있는 공급자들로부터 생산 공정에 투입되고 있는 구성요소들이 최소한의 세목들을 충족시키도록 보증하는 것이었다. 카네기가 선발한 대학과 대학교 집단으로부터 배제된 교육기관들은 고등학교, 예비학교, 학원 그리고 전문대학 기능으로

76_ Nicholas Murray Butler, *Scholarship and Service* (New York: Charles Scribner's Sons, 1921), pp. 62, 107; Gilman, *University Problems*, pp. 290-98도 참고할 것.

77_ Butler, *Scholarship and Service*, p. 102.

바꾸라고 끈질기게 충고를 받았다.

미국에는 이미 여러 개의 다른 대학승인 기관들이 있었지만, CFAT는 대학교와 대학에 경제적 압력을 가하는 능력 면에서 또 다시 비길 데가 없었다. 연금기금에의 접근권(그 당시에는 드문 것이었다)은 교육기관들을 선발할 때 전국으로부터 뛰어난 교수들을 유치해서 유지할 수 있는 부가적인 물질적 유인책을 제공할 수 있도록 했다. 그래서 그것은 카네기 체계의 회원들에게 경쟁적인 강점을 제공하면서 전국 노동시장의 발전을 촉진하는 데 도움을 주었다.

이 대학들이 전국적으로 뛰어난 교수진을 구축하는 데 성공하게 되면서, 상대적으로 그들의 명성은 배제된 교육기관들에 비해 커졌으며, 그래서 이 교육기관들과 연관된 사람들에게 부가적인 무형의 전문가 지위를 부여하였다. 확장되는 교육기관 명성의 계층화는 학문 공동체 안팎에서 지적 활동을 합법화하거나 탈법화하는 개별 대학 또는 대학교에 내재하는 사회적 권위에서도 동일한 계층화를 초래했다. 이러한 교육기관들 가운데 하나와의 결합은 그것과 함께 더 큰 전문가의 역량에 대한 확신, 개인의 명성 그리고 전문가적 향상의 기회를 가져왔다.

GEB도 카네기재단의 활동을 강화했던 비슷한 활동들에 참여했다. 미국 대학과 대학교의 기원에 관한 자체 조사에서, GEB도 "정치적, 지역적, 종파적 그리고 순전히 개인적인 요소들이 너무 자주 결정력이 있었음이 입증되었다"고 결론지었다. 마찬가지로 그 이사회는 미국에는 "정말로 필요로 하는 사람들에 대한 영양공급을 심각하게 방해하는 불필요한 교육기관들이 많다"고 판단을 내렸다. 더나아가서 그것은 시골의 지리적 위치와 인구이동이 많은 교육기관들로 하여금 교육시장에서 경쟁하기 불리하도록 자리를 잡게 만들었다고 주장하였다. GEB는 이러한 교육기관들이 "지원을 받을 수 없고, 인력을 배치 받을 수 없고, 능력있는 학생들을 확보할 수 없으면서도" 그 체제로부터 귀한 교육자본을 계속해서 끌어내서 고갈시켰다고 강조하였다.[78]

시장에 과잉 용량이 있다면, 비효율적인 경쟁자들은 시장에서 퇴출되어야 한다. 이 재단 전략에서 핵심은 GEB를 어느 대학들을 살리고 어느 대학들을 그렇게 하지 않을까를 결정하는 위치에 가져다 놓는 것을 포함하였다. 즉 다시 말하면, 그것은 교육자본에의 접근을 선별적으로 독점하는 것이었다. 고등교육에 접근하려는 소비자 수요가 증가했기 때문에, 대학과 대학교 숫자는 이 시기에 실제로 계속해서 증가하였다. 그럼에도 불구하고, 이 재단은 그 근본적인 목적을 달성할 수 있었다. GEB는 주로 선별된 대학교 건물과 실험장치에 자본을 대량으로 주입해서 특정 교육기관들을 고등교육 시장에서 유례없는 거인들(즉, 독과점)로 상승시킬 수 있었는데, 이는 투자은행가들이 철도, 석유, 철강, 공공사업 그리고 다른 산업들에 했던 것과 같은 방식이었다. 이 시장에서의 그들의 전략적 위치에서, 이들 대학들은 전국의 경향들과 기준들을 세울 수 있었다.

플렉스너 Abraham Flexner는 GEB의 비서이며 간사인 버트리크 박사 Dr. Wallace Buttrick를 이사들이 "경쟁과 급발전 전략"이라고 불렀던 것의 창시자로 인정한다. 플렉스너는 자서전에서 버트리크가, "그것이 주나 종파 또는 어떤 교육기관이건 상관없이, 전략적인 요점에 대한 안목이 있었다"고 감동해서 이야기한다. 그 전략은 기업, 동문, 대학교 또는 정부의 간부들로 구성된 선별된 지지자층에게 GEB와 "재정협력"을 통해서 성취할 수 있는 것을 보여주는 것이었다. 그 위원회는 한 교육기관의 기금을 조성하고 강의실을 세우고 실험장비들을 구매하고 그 행정구조를 재조직하고 그리고 나서 다른 교육기관에 가서 그 결과를 알려주었다. 플렉스너는 버트리크가 비슷한 어려움 속에서 노력하고 있거나 또는 비슷한 목적을 달성하려 열망하는 사람들의 "자부심에 호소하려고 몰두하였다"고 언급한다.[79]

전략적 교육기관들의 급발전은 전국의 다른 교육기관들에게 방향을 알려줄

78_ GEB, *The General Education Board: An Account of Its Activities, 1902-1914* (New York, 1915), pp. 105, 109.

79_ Flexner, *I Remember*, pp. 210-11.

수 있는 "등대" 또는 "횃불" 캠퍼스로서의 그들의 가시성을 높여주었다. 플렉스너는 GEB 전체가 "전국의 대학과 대학교 기금의 엄청난 증가"가 그들로 하여금 주들 간, 종파 간, 여러 교육기관 간 경쟁의 정신을 가동하게 해서 시장구조에 기초를 둔 고등교육의 전국 체계를 만들어낼 수 있는 의식적인 전술을 추구하였다고 암시한다. 일단 가동을 하게 되면, 경쟁심은 지방 기업, 동문회, 그리고 입법부로부터의 자선사업에 자극을 가하게 되고, 그러면 이들은 강한 대학 또는 대학교의 경제적이고 정치적인 이익을 이해하게 되었다. GEB는 "수년 안에 그 기관의 가능성에 대해 전혀 몰랐던 사람들이 거기에 깊은 관심을 가지게 되었음"을 알게 되었다. 플렉스너는 하버드, 예일, 컬럼비아 그리고 시카고 대학교의 성장이 이러한 점에서는 "본질적으로 다르지" 않았다고 주장한다.[80]

순전한 재원의 견지에서 볼 때, 미국에서 GEB만큼 재정적인 동기유발과 자본성장의 형식으로 고등교육에 막대한 영향력을 행사할 수 있었던 사회기관은 없었다. 주정부 활동은 여전히 상대적으로 제한되어 있었고 또 연방정부 활동은 69개 토지 무상불하 교육기관들에 일차적으로 한정되어 있었기 때문에, 이 분야는 지도력을 발휘할 수 있는 사람에게 본질적으로 활짝 열려있었다. 그것이 GEB의 지도적 방침을 따르는 다른 기관들에게 제공했던 동기는 엄청났다.

교육시장에서 효과적으로 경쟁하는 데 필요한 전국적 기준들을 높이는 데 있어서, GEB 지출액의 영향력은 미국 전체 대학과 대학교 기금과 GEB의 기금을 비교하면 확인될 수 있을 것이다. 1910년에 미국의 대학과 대학교가 가지고 있던 기부금 총액은 2억 5천 9백만 불이 조금 넘었었다. 1909년에, GEB는 5천 3백만 불의 기부금을 가지고 있었다.[81] 바꾸어 말하면, GEB는 미국의 전체 역사에서 축적된 모든 대학 기부금의 20%에 해당하는 기금을 소유하고 있었다. 게다가

80_ Ibid., p. 236; Wickliffe Rose quoted in Fosdick, *Adventure in Giving*, p. 230; Vanderlip, *Business and Education*, p. 8도 참고할 것.

81_ USBE, *Biennial Survey of Education, 1918-1920* (Washington, D.C.: 1920), p. 285(1910 statistics in decennial table); GEB, *General Education Board*, p. 221.

이 위원회는 전략적인 국가적 목적을 위하여 소수의 교육기관들에 그 전체 액수를 동원할 수 있는 희귀한 사치스러운 권한도 가지고 있었다. 개별 대학과 대학교들이 소유했던 기금은 수 백 개의 교육기관들에 분산되어 있었다. 마찬가지로 CFAT의 천 5백만불에 달하는 연금기금은 현존하는 대학과 대학교 기금의 거의 6%에 달하였다.

급발전 전략의 수행은 재단 지출액의 분배에서 너무나 명백하다. 1902년과 1934년 사이에 9대 재단(대개가 카네기-GEB 그룹에 속한 재단들)은 고등교육에 기부금으로 338,936,030불의 지출을 승인하였다. 이 금액의 73%가 단지 20개의 교육기관으로 갔다. 5대 재단은 천개가 넘는 미국의 전체 교육기관들 가운데에서 1923년부터 1929년 사이에 오로지 36개 교육기관에만 그들 지출금의 약 86%를 주었다.[82] 그래서, 자선사업에 대한 홀리스Hollis의 1938년 연구는 "의심할 바도 없이 재단들이 그들의 집중정책들을 응용하는 데 매우 성공적이었음"을 발견했다. 미국 고등교육을 형성하는 데 있어서 집중된 기부금의 중요성은 그 후에 루돌프 Frederick Rudolph로 하여금 "자선사업 재단들이 미국의 모든 캠퍼스에서 명백하거나 또는 감추어진 존재가 되었다"[83]고 결론짓도록 하였다.

일단 경쟁적인 시장 세력이 급발전과 경쟁에 의해 작동하게 되자, 교육기관 명성의 계층화가 체계화와 기능적 분업을 향한 구조적 압력을 더욱 가하였다. 경쟁적인 연구, 학술지, 학회, 병원, 실험실 그리고 도서관들에 기금을 적립하는 비용이 너무 엄청나게 커져서, 교육기관들의 대다수가 장학제도나 대학원 교육에서 전국적으로 탁월한 연구 대학교들과 전혀 경쟁할 수가 없었다. 이 간격이 넓어져감에 따라, 재단 임원들은 교육기관이 생존하기 위해서는 대부분의 대학들이 이 경쟁을 포기하고 새로운 체제 안에서 그들만의 틈새시장을 찾아야 한다는 것을 너무 잘 알고 있었다.[84]

82_ Hollis, *Philanthropic Foundations*, pp. 274-75; Curti and Nash, *Philanthropy*, p. 221.

83_ Hollis, *Philanthropic Foundations*, pp. 275; Rudolph, *American College and University*, p. 431.

이 재단들이 대학교와 대학의 전국 서열을 구축하는 데 성공하는 정도에 따라서, 고등교육의 새 구조는 유망한 학생들 또는 교수진들이 최고 수준의 지성적 권위, 역량 그리고 전문가 지위를 열망할 수 있는 대학들의 숫자와 위치를 관료주의적으로 제한하였다. 또한 이 구조는 이러한 교육기관에 근무하는 지식인들에게 최고의 장비와 도서관, 최고로 명성이 있는 학위, 학술지, 대학교 부속 출판사, 그리고 대학원 학생들을 훈련시켜 그들의 전문직으로 진입할 수 있는 기회 등에 접근하는 것을 제한하거나 허용할 수 있는 특정한 역량을 위임함으로써 그들의 전문가 영향력을 동시에 키워주었다. 바꾸어 말하면, 학문적 직업의 변하고 있는 전문 기준들 안에서 경쟁하기 위해서 필요한 정신적 생산의 물질적 수단에 접근하는 데에도 계층화가 생겨나고 있었다는 것이다.

이 구조는 행정 직원과 이사들에게 물질적 동기와 지위에 대한 동기를 분배하도록 하여 지식인들을 통제할 수 있는 중앙집중화된 능력을 제공함으로써 전문직 발전의 구조에 외부 영향력을 도입하는 것을 지원하였다. 행정직원들과 이사들은 지위 분배(예를 들어서, 연구보조금, 학술지, 전문직 활동, 승진)를 통제함으로써 그리고 또 이 교육기관들에서 자신들의 전공분야에서 학문적 권위를 그들 스스로 발휘하고 있는 핵심 인사들을 감독하고 신중하게 선별하거나 또는 해임함으로써 학문 분야 안에서 징계하는 권위를 행사할 수 있는 더 많은 능력을 획득하였다.

현대의 전문직들에 대한 행정규제에서 가장 막강한 기법들 가운데 하나는 전문가 권위, 지위, 직급 그리고 수입의 관료주의적 위임에 근거를 둔 내부 지위 위계질서의 도입이었다.[85] 행정가들이 특정 시점에서 이러한 보상들을 일반적으로 통제하기 때문에, 이 보상들을 불균등하게 배분함으로써 그들은 "충성심과 능력에 대한 조직상의 정의definition가 강화되는 상황"을 만들어낸다. "높은 지

84_ GEB, *Annual Report of the General Education Board, 1928-1929* (New York, 1929), p. 7.
85_ Larson, *Rise of Professionalism*, pp. 136-77.

위에 대한 열망" 그리고 그렇게 되면 이와 관련된 조직적 보상의 증대된 몫에 대한 욕망이 "개인들이 권위를 받아들이려는 주체할 수 없는 이유들"[86]을 제공할는지도 모른다.

그래서 바너드Chester Barnard가 발견했듯이, 총장과 그의 행정지원자들이 이러한 지위 유인책들을 통제하고 전달할 수 있는 한, 그들은 "무관심 지대"를 만들어낼 수 있는데, 그 안에서는 대부분의 교수진은 오직 자신들의 일만을 수행하면서 권위에 도전하기를 기꺼이 거부할 것이다.[87] 야스트로Joseph Jastrow는 일찍이 "대학교 안의 추세가 행정 지배가 가장 높이 평가하는 성공의 표시들을 획득하려는 방향으로 나아가고 있다"고 기록하였다. 그는 "명백하게 '기업'적인 정신 상태에서 자신의 경력을 추구하는 새로운 유형의 교수들"이 생겨나고 있는 점에 주목했는데, 그들은 항상 "유리한 기회에 예민하였고 자신의 상품을 선전하여 거래를 촉진하고 새로운 시장을 향한 준비가 되어있는 통계적으로 측정된 성공을 열광적으로 추종하는 자들이었다."[88]

새로운 교육 트러스트에 대한 비판과 반대

교육재단의 전략에 대한 그 당시 비판자들은 그것을 "교육기관에 응용된 스탠더드 오일사의 합병과 집중 계획"으로 신속히 인지하였다. GEB와 CFAT는 많은 사람들에 의해 "교육통제를 매점"하려는 목적을 가진 "교육트러스트" 또는 "대학독점"[89]으로 그 특성이 즉각 밝혀졌다. 그러나 이 재단들에 대한 비판이 널리 퍼졌음에도 불구하고, 그들의 정책에 대한 반대는 파편화되었고 산발적이었다.

86_ James G. Anderson, *Bureaucracy in Education* (Baltimore: Johns Hopkins Press, 1968), p. 114.

87_ Chester Barnard, *The Functions of the Executive* (Cambridge: Harvard University Press, 1954).

88_ Jastrow, "The Academic Career," pp. 566-67.

89_ "Mr. Rockefeller's Educational Trust," *Current Literature* 42 (March 1907): 253; Thomas W. Churchill, "Carnegie Foundation," *Journal of Education*, September 3, 1914, pp. 174-75.

비판자들은 재단보조금이 기업 지도자들로 하여금 "어디에 새 교육기관이 설립되어야만 하는지, 어떤 효율성의 기준을 이 기관들이 준수해야만 하는지, 어떤 기관들이 필요가 없어 폐교되어야 하는지, 어느 기관들이 더 크게 확장되어야만 하는지 그리고 어느 대학은 소규모 상태로 있어야만 하는가"를 정할 수 있도록 하였음을 인지하였다. 그 결과로『뉴욕 트리뷴』의 한 필자는 별로 과장하지 않으면서 "월스트리트 증권가 지도에서 아마도 소수의 최우량주들이 많은 대학들의 운명을 결정할 것이다"[90]라고 경고했다. 이 전략에 반대하는 사람들은 일반적으로 절차상의 이유로 재단의 정책에 반대했던 사람들과 실재하는 이데올로기적 관심사를 가지고 반대했던 사람들로 분류되는 두 집단 가운데 하나에 속했다.

절차상의 반대는 대체로 "지나친 집중화"에 대한 두려움에 중심을 두었다. 한 저명한 하버드 대학교 교수는 이 재단들의 이사들을 "전문적인 표준화주의자들"로 호되게 꾸짖었던 「지방 교육의 자립을 위한 탄원서」[91]를 발표하였다. 이 재단들의 목적에 동감하는 사람들 가운데 일부조차도 전국의 교육개혁은 미국교육국(USBE)과 같은 공공기관에 의해 수행되어야 더욱 적절한 임무라고 주장하였다. 적어도 한 명의 교수는 프릿체트가 이미 "사실상 프러시아 왕국의 교육부장관보다 결코 열등하지 않다"[92]고 확신하였다. 그럼에도 불구하고, 이 전선에서 반대를 조직하려는 유일한 진지한 노력은 이 재단들이 "미국의 교육기준들을 통제하려는" 최근의 노력을 단지 "놀래서 바라보았던"[93] 미국교육협회(NEA, National Education Association)가 1914년에 결의문을 통과시킨 것뿐이었다.

다른 비판자들은 이 재단들이 연금체제에 가입을 허락하거나 철회함으로써

90_ "Mr. Rockefeller's Educational Trust," *Current Literature* 42 (March 1907), pp. 253-54에서 인용됨. 여기에서 8년 후에 바로 그러한 지도가 포함되었기 때문에, 나는 "별로 과장하지 않고"라고 말한다.

91_ CFAT, *Annual Report, 1909*, p. 161; CFAT, *Annual Report, 1914*, p. 54.

92_ Charles C. Heyl, "The Carnegie Foundation and Some American Educational Problems," *Journal of Education*, May 26, 1910, p. 565.

93_ "The Carnegie Pension," ibid., April 28, 1910, p. 459.

그리고 또 정신적 생산의 물질적 수단에 집중함으로써 미국 대학의 명성을 특정하게 배분하도록 결정하려고 엄청난 능력을 발휘했었다는 점을 분간해냄으로써 점차적 반대에 박차를 가하였다. 가장 맹렬한 재단 비판가들 가운데 한 사람인 캣텔J.M. Cattell은 이 재단들의 재정 권력이 "대학교 행정의 독재권을 증가시키고 또 교수의 행동의 자유뿐만 아니라 언론의 자유까지 제한하는 경향이"94있다는 점을 두려워하였다. 많은 사람들은 자신들의 교육기관의 명성을 강화하고자 열망하는 행정가들과 이사들이 거대 기업과 자본주의에 적대적인 학설들을 지지함으로써 교육 트러스트를 공격했던 교수진들을 우호적으로 보지 않을 것이라는 점을 두려워하였다.95

  사회주의자이며 인민주의자라는 이유로 해직되었던 캔자스 주립대학의 전 학장인 윌Thomas E. Will 박사는 자신의 경험으로는 "교육기관들이 그들을 키워주는 손을 물지 않도록 자제할 수 있는 충분히 감사하는 마음과 기업 감각을 소유할 것을 기대 받고 있을는지도 모른다"고 암시하였다. 비슷한 사건들이 또 다른 저자로 하여금 교육트러스트가 "여러 대학교에서…증가하고 있었던 사회주의에 대한 강의를 가능하다면 없애려고 한다"고 비난하도록 만들었다. 두 재단의 뛰어난 이사였던 엘리엇은, 당연히 사립 후원자들이 무엇을 가르치라고 명령할 권리는 없지만, 그들이 "후원자들이기 때문에 그들의 의견을 자신들이 후원한 교육기관에서 또는 그 기금이 후원하는 교수들에 의해 오만함이나 또는 조소가 아니라 배려와 존경심을 가지고 다루어져야 한다고 충분히 주장할 수 있다"96고 논했다.

  이 두 번째 전선에서 반대를 조직하려는 노력도 역시 성공하지 못했다. 캣텔은 연금 특별위원회를 만들어내는 데 있어서 1913년에 미국대학교수협의회(AAUP)

94_ James McKeen Cattell, "The Carnegie Foundation for the Advancement of Teaching," *Science* 29 (April 2, 1909): 533.

95_ "A Serious Situation," *Journal of Education*, February 25, 1915, p. 208.

96_ Thomas Elmer Will, "A Menace to Freedom: The College Trust," *Arena* 26 (September 1901): 248; "Mr. Rockefeller's Educational Trust," p. 254; Eliot "Academic Freedom," p. 4.

의 창립회원으로 주도적 역할을 하였다. 그 위원회에 부과된 최초의 임무는 카네기 연금체제에 대한 보고서를 준비하는 것이었다. 이 위원회는 "카네기재단 내에서 교육기관들이 가지고 있는 비판자와 조언자의 기능을 그러한 기관들에 재정 혜택을 분배하는 기능과 통합하면서 비롯된 교육의 자유에 대한 협박"[97]에 대해 경고하였다. 그럼에도 불구하고 캣텔은 경험을 통하여 자신이 "획일적이고 중앙 행정화된 연금기금의 매력에 대하여 회의를 가지고 있는 점에서 그의 동료들 대부분과"[98] 의견이 달랐음을 확신하게 되었다.

인민주의와 교육 트러스트

그러나 이 재단들의 전략 이행을 당황하게 했고 좌절시켰으며 방해했던 반대에는 하나의 근원이 있었다. 서부의 여러 주에서, 인민주의 집단들은 대학의 독점을 계속해서 반대하였다. 이 대결은 CFAT의 설립조항이 이 연금체제 안어 공립대학교까지 포함시키기 위해 개정되었던 1908년에 시작되었다. 프릿체트는 고등교육에서 진정으로 전국적인 체제를 구축하려면 공립대학교를 그 처 제에 포함시키는 것이 필요하다는 점을 힘들게 인식하였다. 그는 "주립대학교들이 중부, 서부 그리고 남부 주들을 포함한 미국 전역에서 대학교 교육의 중심자"[99]가 되어가고 있다는 점에는 의심의 여지가 없다고 납득하게 되었다.

공립대학교들을 전국체계로 통합시키려고 하면서 CFAT 이사들은 그 대학교들을 기능적으로는 사립대학교와 다를 바 없는 것으로 보았다. 그들은 세력을 키운다는 동일한 전략을 채택했는데, 그것은 대부분의 주에서, 도시에 있는 주립대학교를 뜻했다. 그러나 이사들은 "여전히 빈약한" 일부 대학교를 포함해서 주

97_ Quoted in James McKeen Cattell, ed., *Carnegie Pensions* (New York: Science Press, 1919), pp. 228-29.

98_ Cattell, "The Carnegie Foundation," p. 533.

99_ Pritchett, "Shall the University Become a Corporation?" p. 292.

립대학교들도 "넓은 영역의 교육 설비와 교육 표준들을 대표한다는 점을 발견하였다. 그럼에도 불구하고, 그러한 주립대학교들 모두가 최소한 주 교육체제를 완성하는 강한 교육기관의 이상을 스스로 세워야 했다.[100] 하나의 공통된 기능적 목적은 이러한 교육기관들을 동부에서 주요 사립대학교들이 차지하고 있던 역할을 향하여 나아가게 했다. 그 결과로, 그 연금체제에 응모했던 주들은 주립대학교들이 내부 행정 개혁에 착수한다는 조건 하에서만 받아들여졌다. 빈번하게 CFAT는 전체 주체제의 행정 개혁, 교육기관 합병 그리고 기능조정을 요구하였다.[101]

이러한 요구들의 일부로서 CFAT는 무상불하토지 대학들에 대한 공격에 착수하였다. 학생 입학에 대해 부과하는 높은 자격요건과 정교수들의 보증은 이미 주립대학교 역할을 하지 않고 있던 무상불하토지 대학의 대부분을 즉각 배제하였다. 실제로 CFAT의 설립조항 개정을 논하면서, 이사들은 "이러한 교육기관들 대부분이, 그리고 특히 농업기관의 작업을 가장 밀접하게 추종했던 교육기관들이 대학의 수준에 미치지 못한다"[102]고 결론을 내렸다. 그 결과로서 자립적인 무상불하토지 대학들이 귀한 교육자원을 낭비적으로 확산하고, 경쟁적인 시장에서 낮은 학문 기준들을 조장했으며 또 학교들 간에 교육과정들을 비효율적으로 복제하였다고 비판을 받았다. 게다가 "농업agriculture과 기계공학mechanic arts" 학교로 지명된 A&M 대학들(1862년 모릴 무상불하토지 대학 설립법[Morrill Land-Grant College Act]에 의해 탄생한 대학들이다 - 역자)이 교양과정과 인문학 분야의 교육을 제공해서 사회적으로 효율적인 분업에 상반되게 운영되고 있었다. CFAT는 이 학교들이 농업통상학교agricultural trade schools로만 기능하도록 보는 경향이 있었다.[103]

100_ CFAT, *Annual Report, 1909*, p. 84.

101_ Ibid., p. 83; Hollis, *Philanthropic Foundations*, pp. 56-57.

102_ CFAT, *Admission of State Institutions to the System of Retiring Allowances of the Carnegie Foundation* (New York, 1907), pp. 33-35.

103_ CFAT, *Annual Report, 1909*, pp. 85-88.

마지막으로 A&M 대학들은 고등교육에 "정치"를 계속해서 불러들였다고 비난을 받았다. 주 지출금에서 일정 몫을 받아내거나 또는 하나의 체제로 통합되는 것에 반대하여 자율을 유지하려는 이들 학교들의 노력은 기능적으로 조정되고 사회적으로 효율적인 고등교육의 공공체제를 구축하는 데 방해가 되었다. CFAT 이사들은 무상불하토지 대학들 사이에 "일관성 있는 이상이 결핍"되어 있고, 또 이들 대학들이 "그들 주의 일반적인 교육체제와 절합"하는 것을 거부했기 때문에 당황하였다. 결국 CFAT는 "우리 재단의 이사들은 이 대학들을 고등교육의 대행자로 다룰 수 있는 위치에 있지 않다"[104]라는 오만한 통지와 함께 대부분의 무상불하토지 대학을 연금체계로부터 배제하였다. GEB도 이와 비슷한 정책을 따랐다.

이 모든 일에는 확실히 눈에 보이는 것 이상의 사정이 있었다. 캔자스 주립대학교 전 총장에 의할 것 같으면, 교육 트러스트는 "인민의 대학들고· 대학교들이 이따금 인민의 친구들의 통제 하에 들어갈지도 모르며 또 이들 교육기관들이 대표하는 엄청난 부속기관들을 상업적 자산으로 만든 사람들의 수중에서 빼앗아 인민 자신들의 이익을 위해 사용할 수도 있다"[105]는 점을 인식하였다. 실제로 1890년대부터, 이들 교육기관들의 교수진과 행정가들은 꽤 일관성 있는 "무상불하토지 대학의 철학"을 개발해 오고 있었다. 이 철학은 "농업과 산업 계급"을 위한 일반교양 교육을 제공하라는 국가적으로 할당된 사명으로부터 비롯되었다. 이 대안적 철학에서 중심적인 구성요소는 진리의 민주화였다. 한편으로 이 것이 뜻하는 것은 무상불하토지 대학들이 "교육받은 신사"가 아니라 그들 주의 농부들과 노동자들을 그들의 지지자층으로 삼았다는 것이었다. 대학입학 준비가 계급들 간에 불평등하게 유효하다는 점을 인정한다면, 그것은 입학 요구조건을 낮추는 것을 필연적으로 만들었다.[106] 그래서 이 계급의 대부분의 구성원들에게 즉각

104_ Ibid., pp. 84, 97, 102.
105_ Will, "A Menace to Freedom," p. 248.

적으로 유효하지 않은 추상적 이상에 상대적인 입학 기준을 높이는 일은 불리한 정치적 함의를 가졌다.

게다가 무상불하토지 대학들이, 사립대학교들로부터 추방된 급진적 망명자 교수들을 받아들임으로써 기회가 생겼을 때, 그들의 교수진들을 격상시킬 수 있었음을 지적할 수 있는 증거가 확실하게 있다(7, 8장 참고). 마찬가지로 이 대학들에 대한 지속적인 공격들에도 불구하고, A&M 대학들은 연방정부의 요청과 감독에 응답해서 이미 오래 전부터 현대적인 행정과 회계체제를 개발해 왔다. 과학 연구 분야에서, 농업학과는 이미 전국적인 연구 의제를 중심으로 구축된 교육기관들 간에 분명한 분업을 조직하였다.

마지막으로 모릴 법령은, 이 재단들이 주를 위해서 어떤 분업이 최적이라고 생각했던 것과 상관없이, 이 교육기관들이 농업과 산업 계급들을 위하여 일반 교양교육을 제공할 것을 명령하였다. 일반 교양교육에 대한 무상불하토지식 개념화는 "실용"의 통념을 중심으로 하였다. 교양교육은 그 단어의 경제적이고 정치적인 의미에서 실용적인 교육이었다. 그것은 농부, 기계공, 엔지니어 그리고 교사가 되기 위해 필요한 역량과 솜씨의 습득을 부과하였다. 그러나 사회과학들도 "마찬가지로 시민이 되기 위한 실질적인 준비과목"107으로 여겨졌다. 1897년 캔자스 주립대학교 총장직을 맡으면서, 윌Thomas Will은 무상불하토지 철학을 농부들에게 "농사짓는 방법뿐만 아니라 그들이 재배한 것에 대한 공평한 배당몫을 받는 법"108도 가르치는 철학으로 특징지어서 설명하였다.

캔자스 스테이트, 미주리, 위스콘신, 네브래스카, 몬태나, 노스 다코나 그리고

106_ Edward Danforth Eddy, Jr., *Colleges for Our Land and Time: The Land-Grant Idea in American Education* (Westport, Conn.: Greenwood Press, 1956), pp. 83-85.

107_ Ibid., p. 118.

108_ James C. Carey, *Kansas State University: The Quest for Identity* (Lawrence: Regents Press of Kansas, 1977), pp. 73-74에서 인용. 총장직을 맡으면서, Will은 교수진에서 박사의 수를 1명에서 4명으로 늘렸다. 그는 또 사회주의자가 강의하는 정치경제 필수과목을 모든 학생에게 제도화하였으며 또 사회과학 필수과목을 15시간에서 42시간으로 늘렸다.

위싱턴(마지막 2개의 무상불하토지 대학교를 제외하고)과 같은 교육기관들은 박사학위를 가진 망명한 급진주의자들이 안전한 정박지를 종종 발견할 수 있는 서부의 섬들로 뜨고 있었다. 인민주의자들이 그들의 뒤를 쫓아 "사회주의 학교"(CFAT의 조단 David Starr Jordan과 버틀러 Nicholas Murray Butler가 했던 비난)를 건설했다고 말하면 과장일 수도 있을 것이다. 그러나 이들 학교들의 사회과학 교수진들 가운데에는 금은 양화본위제, 사회시설의 공공 소유, 생산자와 소비자의 생활협동조합, 통화 조절, 노동조합, 철도와 광산의 국유화, 그리고 자주 심지어 사회주의를 옹호하는 상당수의 탁월한 교수들이 있었다는 데에는 의심할 여지가 없다. 이러한 교육기관들의 농업 과학자들은 또 제련 연기가 농작물에 해를 끼치고 있었던 광산회사에 반대하는 쪽으로, 그리고 또 음식중독, 불량식품 그리고 불법 중량과 측정 등의 소비자 문제를 향하여 그들의 자능을 들리고 있었다.[109]

그래서 록펠러와 카네기에 반대하는 하나의 주요한 정치적 대결이 네브래스카에서 발생했다는 것은 결코 놀라운 일이 아니다. 최초의 대결은 1903년 4월에 시작되었는데, 그때 록펠러는 새로운 건물을 짓기 위해서 네브래스카 대학교 (무상불하토지/주립대학교이다)에 66,666불을 제공하였다. 인민주의 언론은 그 기부를 정치적 문제로 즉각 이용하였다. 『네브래스카 월드 헤럴드』는 "이 트러스트 거물이 네브래스카 주립대학교에 자신의 구린내 나는 손을 뻗치려는 노력을 성공하지 못할 것"이라는 그 신문의 희망을 표현하였다. 이 신문은 나중에 "록펠러 씨가 네브래스카 대학교의 교수진을 지배하려는 목적이 있다"고 경고하였다. 브라이언 William Jennings Bryan(1860~1925. 미국의 정치가로서 인민주의 운동 지도자의 대표적 인물이다. 그는 민중에 대한 결코 꺾이지 않는 신념으로 "위대

109_ Carey, *Kansas State University*, pp. 70-77 참조; Robert N. Manley, *Centennial History of the University of Nebraska* 2 vols. (Lincoln: University of Nebraska Press, 1967), 1: 150; Sinclair, *Goose-Step*, pp. 199-202.

한 보통사람"이라는 별명을 갖게 되었다 - 역자) 역시 네브래스카 주민들에게 "록펠러의 돈에서는 석유냄새가 너무 나서 우리 캠퍼스에 건물을 세우도록 허락하지 못할 지경이라고"[110] 충고하기 위하여 개입하였다.

이 대학교는 재정적 어려움에 처해 있었으며 그래서 평의원회는 그 기부금을 받아들였다. 평의원들은 "부정하게 벌었다"는 근거로 기부금을 거부하는 것은 "이 대학교에 올 그후의 모든 기부금을 비슷한 시험에 처하게 할 것"이라는 선례를 만들 것이라는 이유로 자신들의 행동을 합리화하였다. 네브래스카 주의회는 이런 당혹스러운 일에 대하여 평의원회가 이 기부금을 받은 것은 "전세계 사람들에게 네브래스카가 어떠한 부정직한 관행 그리고 또 록펠러의 거대한 독점이 책임지고 있는 극악한 강요에 조금이라도 동감을 가지고 있다는 점을 나타내는 것으로 이용되어서는 안 된다"는[111] 점을 선언하는 결의문으로 답변하였다.

3년 후에, 이 대학교 이사회가 카네기 연금체제에 가입 허가를 신청하자, 비슷한 문제가 야기되었다. 이 결의는 주지사와 주의회의 승인을 필요로 하였다. 브라이언이 주의회에서 연설하도록 요청을 받았는데, 그곳에서 그는 카네기 연금이 "우리 교사들을 굴복"시킬 것이기 때문에, "지금 우리 나라를 협박하고 있는 가장 음흉한 독소"[112]라고 불렀다. 민주당은 집결하여 겨우 4표 차로 이 의안을 부결시켰다.

그러나 그것은 기껏해야 상징적 행위에 불과했다. 왜냐하면 그 해 말에, 32개의 주의회가 카네기 체제에 그들 주의 교육기관 자격을 부여하기 위해 필요한 주정부 승인을 이미 하였기 때문이었다.[113] 홀리스는 "주 공무원들이 그들의 법령이 단순한 형식적인 법적 행위가 아니었음을 곧 알게 되었다."[114]고 지적한다.

110_ Manley, *Centennial History of the University of Nebraska*, pp. 152-53에서 인용.

111_ Ibid., p. 154.

112_ Ibid., p. 209에서 인용.

113_ CFAT, *Annual Report, 1909*, p. 83.

114_ Hollis, *Philanthropic Foundation*, p. 57.

그러나 플렉스너에 의하면, 네브래스카의 대결 그리고 캘리포니아, 오하이오, 일리노이의 비슷한 대결들이 이 재단의 임원들로 하여금 그들의 영향력을 영원히 손상하는 방식으로 "그들이 실책을 통해서 주 또는 지방 정치에 달려들기 될지도 모른다고 항상 두려워하도록 그리고 또 마땅히 그렇게 하도록"[115] 만들어 놓았다.

115_ Flexner, *I Remember*, p. 242.

4장

이데올로기 국가장치의 건설, 1915~1928

　민주적 요구의 이동장치로서 인민주의populism를 계승했던 혁신주의 운동 progressive movement(혁신주의progressivism라고도 불리는 이 운동은 19세기 말에서 20세기 초까지 일어났던 개혁운동을 지칭하며, 그 배경은 바로 전시대에 있었던 산업주의 시대의 대기업과 기업주의 전횡과 부정부패에 대한 반발이라고 할 수 있다. 이 운동은 그 후 정치부문에서 혁신당의 결성으로 이어졌으며 그 대표적 대통령은 시어도어 루즈벨트와 우드로 윌슨이다-역자)은 민주적 실력사회(영재교육제도) meritocracy의 이상을 명확히 표명하였는데, 그 안에서는 지도력, 신분 그리고 지위의 불평등이 개인의 업적과 재능의 결과물로 여겨졌다. 혁신적 민주주의는 그것의 표현적인 질서를 합법화하면서 대학과 대학교에 결정적인 역할을 할당하였다. 왜냐하면 이들 교육기관들은, 개인의 장점을 토대로 하고 이전의 귀속적인 차별과 관계없이 엄격하게 재능을 보증하는 책임을 떠맡았기 때문이었다. 그렇기 때문에 혁신주의가 촉진했던 "포부aspiration의 문화"는 사회적 유동성의 제도적 통로(주로 대학과 대학교)가 원칙적으로 모든 사람에게 접근 가능하다는 점을 제외하고는 그 민주적 주장들을 입증할 수 없었다.

　그래서 인민주의나 또는 사회주의의 민주적 대안으로서 혁신주의의 정당화는 그것이 진입을 약속했던 고등교육과 직업에의 접근을 확대하는 능력에 따라 부분적으로 결정되었다. 1900년부터 1930년까지 공립 고등교육기관의 숫자는 사립기관들(92% 증가했다)보다 435% 또는 4배나 빨리 증가하였다. 같은 기간 동안에, 공립대학 등록자 수는 1042% 성장했다.[1] 여러 형태의 고등교육기관에 재학 중인 18세부터 24세의 학생 비율은 1910년 2.89%에서 1930년 7.20%로 증가했다.[2]

그러나 개인적 성취의 방해물인 선행계급 구분의 장벽을 제거하기 위해서, 공립대학들은 최저 비용으로 최상의 교육을 제공하라는 입법 명령을 받고 있었다. 이것이 뜻하는 바는 주와 지방 정부들이 확장되는 교육기회의 증가된 비용을 떠맡을 것으로 기대되고 있었다는 것이었다. 이러한 재정적 요구들은 많은 공립 교육기관들(캘리포니아, 미시건, 위스콘신, 워싱턴, 일리노이, 아이오와 그리고 미네소타)이 미국의 최고 연구 대학교들로 인정받기 위해 경쟁을 시작하자 증가하였다. 공공지출액에서 실제 증가는 물가 인플레이션의 길어진 기간에 의해 더욱 비대해졌다. 인플레이션은 1914년부터 1919년까지 명목 생계비용을 2배 이상으로 증가시켰고 대공황 때까지 높은 비율로 계속되었다.[3] 그 결과로 고등교육에 대한 주와 시의 지출은 1900년대부터 1930년대 사이에 매 10년마다 두 배 이상으로 증가했다.[4]

그러나 실질적인 등록 붐에도 불구하고, 대부분의 사람들은 여전히 고등교육기관에 다니지 못했고 또 자녀들을 대학에 보내지도 못했다. 대부분의 주립대학

1_ USBE, *Report of the Commissioner of Education*, 1900 and 1910; USBE, *Biennial Survey of Education*, 1920과 1930에 있는 자료를 도표화했음. 공립교육기관은 1900년 46개에서 1930년 246개로 증가하였다. 사립교육기관들은 1900년 434개에서 1930년 832개로 증가하였다. 공립교육기관 등록생 수는 1900년 34,177명에서 1930년 390,397명으로 증가하였다.

2_ U.S. Department of Health, Education, and Welfare, National Center for Education Statistics. *Digest of Education Statistics* (Washington, D.C.: GPO, 1979), table 85.

3_ USBE, *The National Crisis in Education: An Appeal to the People*, Bulletin, 1920, no. 29 (Washington, D.C.: GPO, 1920), p. 13.

4_ USBE, *Biennial Survey of Education, 1918-1920*, p. 285; USBE, *Biennial Survey of Education, 1928-1930*, p. 335.

교들은 그들의 시장을 지방 또는 지역 중산계급으로 파악하였다.5 그 결과로, 공립고등교육에 대한 정치적 지지는 대체로 빈약하였고, 분명치도 않았다. 공립 대학 행정가들과 주 의원들은 공립고등교육 기회의 확장에 대한 상반되는 요구들 그리고 그 비용에 대한 대중의 적대적 반응을 겪게 되었다. 예를 들어서, 곰퍼스Samuel Gompers(1850-1924. 미국 노동운동 지도자로서 AFL을 창립하였고 1886~1894년, 1895~1924년까지 이 총연맹의 의장을 역임했다-역자)는 AFL (미국노동총연맹)을 위한 연설을 하면서 "보통 고등교육"을 요구했으며 또 동시에 "대다수가 전통적인 미국 대학들이 해왔던 것과는 다른 종류의 교육으로부터 훨씬 더 많은 도움을 얻을 것"6을 제안하였다.

주정부에게 더 많은 절약과 책무를 요구하는 혁신적 운동들은 공립고등교육을 예외로 하지 않았다. 기업가, 사립재단, 납세자 집단 그리고 무역협회들은 이러한 양면 가치를 고등교육에서 행정적이고 재정적인 개혁을 위한 대중의 지지를 동원하는 수단으로 재빨리 이용하였다. 교육에 대하여 USBE(미국교육국)(미국에는 연방교육부[Federal Department of Education]가 1867년에 일시적으로 만들어졌으나, 대부분의 주들이 이의를 제기하여 곧바로 내무부 산하의 교육청[Office of Education]으로 격하되었는데, 교육국은 1867년부터 1870년까지 사용되었던

5_ Levine, *American College*, pp. 113-35. 일리노이 대학교에 대한 조사에 의하면, 1915년에 등록한 학생의 12%만이 도시 노동계급 배경 출신이었으며, 32%는 농장이나 농업에 종사하는 가족 출신들이었다. 나머지는 부모들이 사업을 하거나 전문직에 있다고 보고했다. *New York Times*, February 21, 1915, part 4, p. 4도 참고할 것. 마찬가지로, 인디애나의 고등교육에 대한 1926년 조사에 따르면, Purdue 대학(무상불하토지 대학)에서 학생의 3.6%만이 노동계급 출신이었다. 인디애나 대학교에서 그 수치는 2.8%였다. 약 1/4이 농장이나 농업 가정출신이었다. 나머지는 사업을 하거나 전문직이었다. Indiana survey Commission, *Report of a Survey of the State Institutions of Higher Learning* (Indianapolis: William Burford, 1926), P. 43.

6_ Samuel Gompers, "For Higher Universal Education," *American Federationist*, November 1922, 843-44. 비슷한 견해가 AFL Executive Council, Committee on Education, *Report of the Proceedings of the Thirty Eighth Annual Convention of the American Federation of Labor, Held at St. Paul, Minnesota, June 10th to 20th. 1918*, p. 320.

명칭이다. 그 후 연방교육부는 1979년에 설립되었다–역자)가 2년마다 하는 조사들에서, USBE는 그러한 운동들이, 그것을 통해 카네기 계획이 주정부의 재정 위기에 대한 사회적으로 효율적인 해결책으로 소개될 수 있었던 결정적인 기회의 창이었음을 자주 발견했다.

공적인 논쟁을 "미국 대기업의 용어들"이 사로잡았던 정도를 보여주는 한 사례는 교육의 "화폐가치"에 관해 1917년에 출판된 저서들을 USBE가 편집한 종합 문헌 목록이다.[7] 이러한 저서들 대부분은 고등교육 비용을 대학 졸업생들의 평생 수입에 "부가된 가치"를 측정함으로써 합리화했다. 그래서 공립고등교육은 주 또는 지방 공동체의 경제성장에서 "사회적 투자"로서 점점 더 다시 정의되었다. 그러나 이와 동시에 이러한 재정의는 고등교육의 지속적 성장이 대중에게 그것의 환원율로 환산되어 합리화되어야만 했다는 것을 의미했다. 그것은 더 높은 개인 수입의 형태들로 보통 주 또는 국가 총생산량에 부가된 가치로 측정되었다. 이러한 재개념화가 발생했던 속도의 척도는 USBE 참고문헌에 실린 128권의 저서들인데, 이 가운데에서 단지 2권만이 1901년 이전에 출판되었다. 나머지 126권은 모두 1902년과 1915년 사이에 출판되었다.

공적 논쟁의 용어들이 일단 바뀌게 되자, 대학과 대학교들도 다른 경제기관처럼 그들의 "가치"에 대한 동일한 종류의 판단의 영향을 받기 쉽게 되었다. 한 USBE 출판물은 기업 이상corporation ideal의 발생이 "고등교육이 누려왔던 다소 신성한 위치"를 서서히 파괴하고 있다고 보고했다. 격년간 조사는 1922년에 이르러 "고등교육에 대해 전에는 별로 관심을 갖지 않았던 사람들"이 이제 "자유롭게 비판하고 제안을 할 정도로 되었다"는 점을 발견했다. 이 보고서는 기업가들이 특히 "자유롭게 발언했음"[8]에 주목한다.

7_ USBE, *Biennial Survey of Education, 1922-1924*, p. 2; A. Coswell Ellis, *The Money Value of Education*, Bulletin, 1917, no. 22 (Washington, D.C.: GPO, 1917); Geiger, *To Advance Knowledge*, pp. 41-42.

8_ USBE, *Biennial Survey of Education, 1922-1924*, p. 2.

대학교의 공적 이미지로서 기업 이상의 발생은 기업에게는 의미심장한 이데올로기적 승리였다. 그것은 전통적인 은유들과 신화들을 대신하였을 뿐만 아니라 기업 전문가 지식의 지휘 아래 논쟁을 구조화하였다. 전문가의 역할에 대한 점진적인 강조는 일단 교육 문제들이 기업조직화와 공적 자본 투자의 문제들로 재공식화되면, 교육자, 농부, 노동자, 학생 또는 일반 대중이 아니라 아마도 경험 있는 기업가들이 전문가임을 제대로 주장할 수 있음을 뜻했다. 베블렌이 날카롭게 관찰하였듯이, 이것이 하나의 시나리오 윤곽을 뚜렷하게 만들었는데, 그 안에서는 기업가를 이사회나 교육개혁위원회에 임명하는 것을 정당하게 보이도록 했을 뿐만 아니라 그와 반대되게 하는 일은 훌륭한 공적 행정 대신에 단순한 "정치술"처럼 보이도록 했다.[9]

"국민"에 대한 비용과 회계를 그들을 위한 지출액에 맞추어 통제하면서 고등교육 기회의 확장문제에 직면했던 주 의원들과 교육행정가들은 카네기재단(CFAT)과 일반교육위원회(GEB)의 방법을 매력적인 해결책으로 보기 시작했다. 게다가 대부분의 대학 이사회는 교육문제에 대한 기업 해결책을 이미 호의적으로 추구하는 경향이 있었다. 이 두 재단은 그들의 권고사항들을 강요하고자 갈망하였고 심지어는 소책자, 회의 그리고 현장 대리인을 통하여 행정지침을 제공하려고까지 하였다. 그러나 앞에서 주목했듯이, 항상 이 재단들은 주 또는 지방 정치에 지나치게 직접 연루되면 당파심에 대한 비난과 함께 자신들의 영향력이 약화될지도 모른다고 염려했다.

그 문제는 정치적으로 보이지 않으면서 어떻게 교육 정치에 영향력을 발휘하는가 하는 것이었다. 이 문제의 더 큰 양상은 국가적으로 통합되고 사회적으로 효율적인 고등교육체제의 목적을 향하여 어떻게 영향력을 행사하는가였다. 이 문제의 첫 번째 부분에 대한 해결책은 "교육조사educational survey"였다. 그 두

9_ Veblen, *Higher Learning*, pp. 46-47.

번째 양상에 대한 해결책은 USBE를 이데올로기적으로 식민화하는 것이었다.

버몬트 교육조사 The Vermont Survey

CFAT와 GEB는 그들의 경쟁 전략을 공공영역으로 확장했다. 반면에 이들은 카네기 계획을 실질적으로 모든 주로 넓혀갔던 고등교육에서 "조사운동 survey movement"에 촉매 반응을 일으킴으로써 지방정치에 직접 연루되는 것을 피하였다. 이 운동을 위한 첫 자극은 버몬트에서 나왔는데, 그곳에서는 대중적 비판이 교육 지출을 향하여 급증하여 일어나고 있었다. 이에 주의회는 1912년 11월 19일에 공동결의문을 가결하면서 반응을 보였는데, 이 결의문은 "우리 주의 공동학교 체제의 효율성에 대한 의구심과 또 우리 주가 특별 지출금 지원으로부터 돌려받는 이익의 적절성에 관하여 많은 고등교육 관계자들이 가지고 있는 비슷한 의구심"을 표현하였다. 그리고나서 주 입법부는 "그 주의 교육적 책무성에 관하여 보고하도록" 위원회를 만들었다. 이 위원회는 이 주의 전체 교육 체제와 조건에 관하여 조사할 수 있도록 폭넓게 위탁을 받았다. "이 위원회는 가능한 한 빠른 시일 내에 버몬트 대학교와 주립농업대학, 미들버리 Middlebury 대학, 그리고 노위크 Norwich 대학교의 여러 권리, 임무 그리고 의무사항들에 관하여 불필요한 중복과 그에 따른 재정적 낭비를 예방할 수 있는 권고사항들과 함께 보고할 것이었다."10

버몬트 주지사는 표 4.1.에 실려 있는 위원들로 구성된 위원회를 임명해서 자신의 직권을 행사하였다. 버몬트가 현저하게 시골의 농업 주라는 사실에도 불구하고, 그 위원회 10명의 위원 가운데 다섯 명이 기업인이었다. 이 위원회의 위원들로는 미국전신전화회사 AT&T 사장인 베일 Theodore Vail, 한 명의 철도회사

10_ CFAT, *A Study of Education in Vermont*, Bulletin no. 3 (Boston: Merrymount Press, 1914), p. 3에서 인용.

표 4.1. 1913년부터 1914년까지 버몬트 교육조사위원회 위원

위원	직업	정당
Nicholas Murray Butler	Pres., Columbia Univ.; trustee, CFAT; director, Equitable Life Assurance	공화당; 1912년 부통령 후보
Janmes B. Estee	Investments lawyer; 2nd V.P., Nat'l Life Ins. Co. of Vt., 1900-11	공화당; 몽트펠리어 시장
Theodore N. Vail	Pres., AT&T; owner/dir., of electrical companies in London and Argentina	공화당
Frank H. Brooks	Pres., E&T Fairbanks & Co., Merchants	공화당
Percival W. Clement	Pres., Bristol RR Co.	공화당; 주의원
John H. Watson	Judge, Vt. Supreme Court	공화당
Horace F. Graham	State auditor of accounts, Vt.	공화당
George L. Hunt	Lawyer	미상
Eli H. Porter	Former member, Vt. RR Commission	미상
Allison E. Tuttle	Pres., State Teachers' Association	미상

출처: CFAT, *A Study of Education in Vermont* (Boston: Merrymount Press, 1914), pp. 3-4; *Who Was Who in America.*

사장, 한 명의 보험회사 부사장, 그리고 버틀러Nicholas Murray Butler가 포함되어 있었다. 그 위원 가운데 2명은 모건-퍼스트 내셔날 금융그룹 안에서 지위를 가졌고, 또 이들 가운데 한 사람인 버틀러는 CFAT의 이사이기도 했다. 그 위원들 거의 전부가 주 또는 전국 공화당에서 저명한 이들이었다. 이 집단은 북동부 금융 자본의 강력한 대표였는데, 그 집단은 그것의 이데올로기적이며 정치적 시각에서 매우 동질적이었다. 분명하게 이 집단은 그 단어의 가장 단순한 의미에서 편견이 없는 것이 아니었고 심지어 초당파적이지도 않았다.

그럼에도 불구하고 이 위원회의 구성원들은 교육적 효율성에 대한 그들의 막

연한 요구를 공적인 정책으로 옮겨야 하는 실질적인 임무를 마침내 위탁받았을 때에는, 대부분의 미국 기업인들처럼 어떻게 시작할 것인가에 대해서는 불확실했다. 그런 까닭에, 1913년 1월과 2월에 단지 두 번의 회의를 하고 난 후에 위원들은 "자신들이 수행한 현지방문, 공청회 그리고 조회들에 덧붙여서 고등교육기관을 포함한 학교체제에 대한 그들의 부가적인 전문연구"를 위해 하도급 계약을 하기로 결의하였다. 1913년 2월 12일에 그 위원회는 카네기재단을 초청하여 이 연구를 맡도록 하였다.[11]

이 전문 연구의 목적은 "위원들로 하여금 결론을 내리고, 추천을 하고 또 입법을 제안할 수 있게 해줄 핵심적인 사실들을 그 교육위원회의 수중에 가져다주는 것이었다." CFAT는 이 초청을 기꺼이 받아들였다. 왜냐하면 "버몬트 조사는 초등학교에서부터 대학교까지 그 주의 학교 체제 전체를 연구하려는 주 차원에서의 최초의 종합적인 노력"[12]을 대표했기 때문이었다. 이 조사의 착수는 CFAT에게 전체 교육체제의 재조직화에 영향을 미칠 수 있는 기회뿐만 아니라 자신들의 방법들을 실증할 수 있는 전국적 진열장을 마침내 마련해 주었다.

CFAT는 "버몬트의 교육기관들이 서로 연관이 없는 기관들이 아니라 단일 교육체제의 부분들을 형성한다"[13]는 이론적 전제를 가지고 이 조사에 접근하였다. 이러한 체제 분석적 접근방법은 쿠크Morris Cooke가 개발한 개념들과 기법들이 개별 교육기관들에 그 이후에 응용되게 되어있는 일반적인 이론적 틀을 제공하였다. 버몬트체제가 적절하게 떠맡아야 했던 과업들이 더 넓은 뉴잉글랜드 지역(미국 동북부의 버몬트를 포함한 6개 주를 합친 지방 – 역자)의 고등교육체제의 이상에 비례해서 다시 정의되었다.

버몬트 교육위원회는 CFAT 보고서의 정보와 제안에 기초해서 주가 이 지역

11_ Ibid., p. 4.
12_ Ibid., pp. 5, 7.
13_ Ibid., p. 5.

효율성을 위하여 고등교육으로부터 거의 완전히 철수할 것을 추천했다. 이 위원회는 버몬트 주가 그 일을 무상불하토지 기관인 주립농업대학에 한정할 것과 또 이 대학조차도 농학과 그 지원 과학에 전문적으로 집중하기 위해서 공학과 교양학 강의개설을 포기할 것을 권고하였다. 위원회의 의견으로는, 이것이 "이 농업대학과 농업, 낙농업, 원예업, 축산업 그리고 과실재배 산업들 간에 결실 있는 연결을 만들 것"[14]으로 생각되었다.

CFAT 보고서에 따르면, 교양학과 공학은 뉴잉글랜드 지역에 있는 다른 주요 대학교들에 더욱 효과적으로 맡길 수 있었다. 그래서 버몬트 대학교, 미들버리 대학 그리고 노위크 대학교에 대한 모든 주 지원금을 종결시켜야 한다고도 권고하였다. 이 주는 그 주 안에서 경쟁하는 교육기관들에서 교육과정의 불필요한 중복을 재정지원할 의무도 없으며, 또 뉴잉글랜드 지역 전체에서 교육자원의 비효율적인 파편화에 기여하지 않을 수도 있었다. 그 주의 유일한 의무는 교육자본을 그 주의 중요 산업인 농업에 직접적인 기술지원과 인력훈련을 제공하게 될 지역들에 투자하는 것이다. 이 정책은 이 주 투자의 최고 이윤을 실현할 것이고 또 그 수준까지 고등교육에서 공적 이익을 조성할 것이었다.

이러한 개혁과 함께, 이 교육위원회는 초등학교부터 농업대학에 이르기까지의 교육에 대한 주 통제 체제에 전면적인 중앙집중화도 권장하였다. 이러한 행정적 재조직화는 다른 변화들을 감독하는 데 있어서 목적의 통일성을 제공하면서 다른 한편으로는 그 이상의 규모의 경제를 마련해 주었다. 마찬가지로 CFAT 행정과 회계 개혁들의 평상시 진용이 그 주 체제 안의 모든 개별 기관들을 위해 표준 절차로서 추천되었다.

이러한 추천사항들이 그 다음 주 의회에 제출되자, 의원들 사이에서 견고한 지방과 기관의 이해관계가 카네기계획의 완전한 이행을 방해하였다. 그럼에도

14_ Ibid., p. 200.

불구하고 버몬트 의회는 그 재단이 이전 정책들에 대한 향상이라고 판단했던 절충안을 채택하였다. 현행 기관들의 행정이 중앙집중화된 단일 임명조직의 지도 하에 놓이게 되자, 체계화는 하나의 원리로 채택되었다. 개별기관들도 새로운 회계, 행정, 그리고 경영방식들을 도입하기 위해서 역시 철저하게 재정비되었다. 이 조사는 또한 공립고등교육에서의 재정위기에 대한 정치적 논쟁을 해결하는 "과학적" 방법으로 교육자들과 정부관리들 사이에서 전국적으로 주의를 끌었다.[15]

사상 Ideas의 지도력

실제로 이 재단들은 단순하게 교육조사를 하는 데에는 전혀 관심이 없었다. 거기에는 버몬트와 같은 기회들을 이용하여 전국적인 조사운동을 작동시키려는 더 폭넓은 정치적 전략이 있었다. 그들은 처음부터 카네기 계획과 연관된 개혁들이 공공당국에 의해 장기적인 정부 정책으로 채택되어 계속 실행되기를 희망했다는 점이 너무나 분명하다. 일반교육국(GEB)은 주로 남부 주들에서 6개의 조사를 행하였고, 그리고나서 "지방이나 주 또는 연방정부 당국이 그것을 넘겨받아 결과물을 개발해야 한다"는 이론을 근거로 해서 그 운동으로부터 철수하였는데, "그것의 중요성은 GEB의 지원에 기초해서 논증이 되었다."[16] 마찬가지로, 버몬트조사 이전에, 카네기재단의 이사장인 프릿체트Henry Fritchett는 고등교육에 관한 전국적인 정책을 개발하고 이행하는 목적을 향해 나아가기 위하여 미국교육국(USBE)이 "여러 주의 교육방법과 교육문제들을 검토하여 보고하는 더 큰

15_ "A Survey of the Vermont Survey," *Journal of Education* 79 (March 26, 1914) 350-51; Ide G. Sargeant, "Vermont and the Carnegie Survey," *Journal of Education* 81 (May 13, 1915): 508-11.

16_ GEB, *Report of the Secretary, 1914-1915* (New York, 1915), p. 41; Flexner, *I Remember*, p. 249; Dewey W. Grantham, *Southern Progressivism* (Knoxville: University of Tennessee Press, 1983), pp. 246-74.

기능을 맡아달라"고 로비를 벌여오고 있었다.[17]

이 재단들은 교육을 "개별 주 체제들을 통일하여 조정하고자 하는 중앙정부로부터 지도를 요청했던 전국을 통일하여 조정하는 매개물"[18]로 파악하였다. 물론 여기서 문제는 헌법조항들이 연방정부가 교육에 대하여 직접 권위를 발휘하도록 권한을 주지 않았다는 점이었다. 단일한 연방교육기관은 무상불하토지 대학들을 감독하도록 1867년에 세워진 미국교육국인데, 그것의 유일한 입법상의 명령은 교육에 관한 통계자료를 수집하여 배포하는 것이었다.

그럼에도 불구하고, 갈로데트Robert Gallaudet가 작성한 1870년 보고서의 결과로서, 교육국은 교육문제들에 관한 의견들을 해소하는 전국적 부처가 되겠다는 목적을 일찍이 확립하였다.[19] 교육국은 교육에 관한 전국의 최근 자료와 역사적 자료를 수집하는 미국에서 유일한 기관으로서, 그 입법상의 권한을 미국 교육에서 전국적인 경향, 문제 그리고 정책을 해석하는 데 있어서 지배적인 당국이 되는 데 필요한 매개물로 사용하기를 원했다. 교육국은 그 자신이 직접적인 헌법상 또는 법령상 권한에서 결여되어 있는 권력을 지도력을 통해서 성취하고자 희망했다. 교육국 추천 사항들의 권위 여부는 전국적인 교육 자료에서 압도적인 헤게모니를 세울 수 있는 능력에 달려있었다.

교육국은 20세기 초까지 이 사업에서 다소 성공하고 있었다. 정부관리, 교육자, 개혁가 그리고 사적 조직들이 통계자료, 주제별 참고문헌, 상담자 이름 그리고 정책 권고사항들을 요청하기 위해서 점점 더 자주 교육국에 의존하게 되었다. 1910년대까지, USBE는 매달 평균 1,200통 이상의 문의 편지를 받았으며, 그에

17_ USBE, Henry S. Pritchett to Hon. Walter L. Fisher, Secretary of the Interior, May 29, 1911, p. 2. Historical File no. 100l; NA.

18_ CFAT, *Annual Report, 1911*, p. 14.

19_ Durrell Hevenor Smith, *The Bureau of Education: Its History, Activities, and Organization* (Baltimore: Johns Hopkins Press, 1923), pp. 66-67; USBE, *Report of the Commissioner of Education, 1871* (Washington, D.C.: GPO, 1876). Gallaudet 보고서를 위해서는 USBE, Report of the Commissioner of Education, 1871 (Washington, D.C.: GPO, 1876)을 참고할 것.

대한 답장으로 매달 7,500통 이상의 서류를 보냈다.[20] 거의 모든 교육문제에 엄청난 양의 정보를 집중시킬 수 있는 그 순전한 역량이 교육국을 고등교육의 발전에 관한 최근의 논쟁들을 지도할 수 있는 강력한 위치로 올려놓았다.

이러한 역할이 USBE로 하여금 그 재단의 전략들을 공공분야에서 실행하는 완벽한 행정도구로서 자리잡게 했다. 교육국은 개별 주나 기관들의 수행성과를 비교하고 판단하는 데 필요한 통계상의 평균치들을 내놓음으로써 전국적으로 지도력을 발휘할 수 있었다. 그러나 헌법과 법령상의 한계들은 교육국이 전국의 교육에 대하여 직접 규제하는 권한을 떠맡는 것을 항상 방해하였다. 이러한 점이 기업 개혁가들에게는 호소력 있는 특징이었는데, 그들은 연방정부의 지도력이 교육 변화를 위하여 필요하다고 보았지만 지나친 정부 통제에 대해서는 여전히 경계를 하였다. 상당한 양의 증거들이 이 재단들이 그들의 정책에 대한 연방정부의 승인을 얻는 데 굉장히 성공적이었으며 또 궁극적으로는 조사운동의 주도권을 교육국으로 이관하는 데에도 그랬음을 암시하는데, 교육국에서는 이데올로기적으로 공감하는 관료들이 그 재단들의 전략들을 진척시켰다.

예를 들어, 교육국장이 되기 이전에 브라운 E.E. Brown은 설립신청을 한 GEB에게 설립허가서를 교부해달라고 정부관리들에게 활발하게 로비를 하였다. 캘리포니아 대학교의 교육학 교수로 재직할 때에, 그는 내무부장관에게 자신은 "GEB 설립 시에 지명된 인물들에 의해 지금까지 수행된 시행공정에 다하여 개인적 점검을 통해 알게 되었으며, 이 인사들의 조직에 의해 지금까지 결정된 실행과정이 현명하게 계산되었음을 확신하였다."[21]고 편지를 썼다. 나중에 카네기재단이 1906년에 설립되었을 때, 브라운 국장은 프릿체트에게 다음과 같이 알리기 위해 즉각 편지를 썼다. "저는 당신이 워싱턴에 오실 때는 언제나 교육국에서 당신을

20_ 수치들은 미국기록보관소에 있는 편지들의 마이크로필름 복사본들로부터 도표화하였음.

21_ USBE, Commissioner of Education to the Secretary of the Interior, January 8, 1903, in Press Copies of Letters Sent, 1870-1908, Microfilm Roll no. 67, p. 170, NA.

뵙게 되면 반갑겠습니다. 또 만일 우리 교육국이 당신의 위대한 일에 어떠한 도움이라도 줄 수 있다면, 언제라도 저를 찾아오실 거라고 믿습니다."[22]

브라운의 후임자는 테네시 대학교에서 온 교육학 교수인 클랙스톤 P.P. Claxton(1911~21)이었다. 클랙스톤은 남부교육위원회(SEB)의 탁월한 위원이었는데, 그곳에서 그는 록펠러재단, 일반교육위원회, 피바디기금, 그리고 슬레이터기금의 집행부들 그리고 이사들과 지속적인 접촉을 갖게 되었다. 클랙스톤은 교육개혁에서 그의 경력을 남부적 노블리스 오블리제(고귀한 신분에 따르는 도의적인 의무) 의식을 가지고 시작했다. 많은 혁신주의자들과 마찬가지로, 그는 교육을 "농부, 기술자 그리고 상인의 인생보다 어떤 면에서 매우 우월한 전문직과 유한계급의 인생과 다소 비슷한 삶으로" 대중을 고양시키는 통로로 보았다. 그러나 1909년이 되자 그는 자신의 견해가 "실수"였다고 결론지었다. 그는 그 대신에 일반교양교육은 결국 "전문직과 유한계급"만을 위한 것이며, 또 "대중"의 교육은 산업화, 상업 발달, 그리고 농업기술의 직업적 촉진을 향하여 더욱 방향을 잡아야만 한다는 그 재단의 표준적인 견해를 받아들였다.[23]

교육국의 기록들은 브라운과 클랙스톤의 재직 중에 이 재단들과 정부 관리들 사이에 정기적인 정보교환이 있었음을 보여주는데, 이는 그 당시에 여러 재단들 사이에서 유행하였던 것과 비슷하였다. GEB 연보는 교육국 국장에게 정기적으로 발송되었다.[24] CFAT와 교육국은 서로 일상적으로 상대편의 출판물, 보고서, 회람물, 회보, 논문들을 받아볼 수 있도록 그들의 일상적인 우편발송 목록에 상대편을 올려놓았다.[25] 마찬가지로 USBE는 자신이 사용하기 위하여 피바디 교육기

22_ USBE, Elmer E. Brown to Henry S. Pritchett, August 13, 1906, ibid., Microfilm Roll no. 54, p. 501, NA.

23_ Grantham, *Southern Progressivism*, p. 263에서 인용.

24_ USBE, letters in Historical File no. 106, NA; U.S. Secretary of the Interior, GEB Annual Reports, Secretary's Central File, RG 48, NA.

25_ USBE, Lovich Pierce, Acting Commissioner of Education, to A. LF. Derby, Assistant Secretary of the Carnegie Foundation for the Advancement of Teaching, October 3, 1906, in Press Copies

금과 슬레이터 기금의 회보전집을 편집하여 관리하고 있었다.[26]

불행하게도, 관직을 기록한 방명록은 보관을 하지 않거나 없어져서 인사들 간접촉 수준에 대한 확정적인 경험적 평가는 가능하지 않다. 그럼에도 불구하고, 현존하는 편지들은 GEB위원들이 SEB회의에 참석하려고 남쪽으로 여행할 때 정책을 의논하기 위해 교육국 국장 사무실에 자주 들렀음을 보여준다. 이러한 문서들은 교육국장들이 뉴욕시를 거쳐서 대학과 대학교들을 방문할 때마다 CFAT 또는 GEB위원들과 접촉했다는 것을 보여준다. 국장들은 미국교육협의회(NEA)회의나 또는 대학과 대학교 연합회 모임에서 이들 재단 집행부들과 자주 만나곤 했다.

그러나, 교육국에 대한 기관분석은 공공기관과 사립기관들 간에 이러한 자유로운 정보의 교환과 협동이 매우 불평등한 영향력의 흐름 속에서 이루어졌음을 매우 강하게 암시한다. 교육국은 자체의 일상적 통계작업을 외부의 정책분석으로 보충하기 위해서 이러한 자금지원이 잘 돼있는 사립 조직들에 신속하게 의존하게 되었다. 미국에서 대학 붐이 있었음에도 불구하고, USBE 사무국 예산은 1890년 55,000불에서 1910년 72,000불로 조금 인상되었을 뿐이었다. 1910년 예산에서, 교육국 지출의 거의 85%가 직원 봉급으로 나갔고 6%는 사무실 임대료였다. 이렇게 되면, 겨우 9% 또는 7,000불이 남았는데, 이것으로 중앙 참고도서실, 참고문헌 서비스, 문서의 인쇄와 배포, 그리고 자료 수집을 유지하고 확장하는 데 써야 했다.[27]

---

of Letters Sent, 1870-1908, Microfilm Roll no. 54, p. 233, NA. CFAT와 GEB로부터 받은 편지들은 이 재단들이 법인화된 때부터 교육국과의 정기적인 서신연락이 있었음을 보여준다. USBE, *Indexes to Letters Received*, vols. 9-11, NA도 참고할 것.

26_ USBE, Elmer E. Brown, Commissioner of Education, to Dr. Samuel A. Green, Massachusetts Historical Society, April 18, 1907, in Press Copies of Letters Sent: 1870-1908, Microfilm Roll no. 55, p. 243, NA; USBE, Chief Clerk of the Bureau of Education to Mr. Basil M. Manly, January 20, 1915, in Historical File no. 106, NA.

27_ USBE, Report prepared by L.A. Kalbach, Acting Commissioner of Education, and Submitted to

교육국은 결국 너무 인원이 모자라고 재원이 부족하여서, 사무직원들은 정보와 경험적 자료들의 끝없는 흐름을 겨우 목록에 담을 수 있었으며, 반면에 전문가들은 일상적인 서신들과 정보요청에 답변을 하느라 압도되었다.28 예를 들어서, 교육국은 자체 연보를 편집해서 출판하는 데 있어서 계획보다 보통 2년에서 5년이나 뒤져있었다. 교육국의 기본적인 입법 권한과 관련된 업무가 다 처리할 수 없는 것으로 입증이 되어서 국장의 「연보」에 수록되었던 매년 편집되는 통계자료들이 마침내 1916년에는 「격년조사」로 대체되었다. 이러한 변화는 교육국이 계획보다 더욱 뒤처지는 것만을 겨우 막았을 뿐이었다. 그리하여 주 관리들과 교육전문가들이 정책 추천을 하기 위해 교육국에 들르기 시작하자, 교육국은 이미 그 조직 역량의 한계에 도달해 있었다. 특정 정책 관심사들과 관련해서 교육국의 정보 저장물들을 개념화하고 해석하는 일은 교육국을 그 직원과 시간의 한계를 넘어서까지 늘여놓았다.

자신의 재임 마지막 2년 안에, 브라운은 전국적인 교육 압력단체를 조직하고 동원해서 이러한 문제들을 건의하였다. 그것의 중요 성공결과로서 예산이 약간 증가했는데, 그렇게 되자 추가 세입이 출판활동의 확대와 또 통계학, 고등교육 그리고 무상불하토지 대학의 전문직원을 추가 고용하기 위해 따로 지정이 되었다.29 그의 목적은 "영향력에 의한 관리government by influence" 행위를 향하여

Secretary of Interior Bollinger for Use by Senator Bourne, Jr., Chariman, Committee on Public Expenditures, August 20, 1909, p. 2, in Historical File no. 100, NA.

28_ Samuel P. Capen to Mrs. Samuel P. Capen, February 1914, Capen Papers, Box 7, SUNY-Buffalo University Archives. Samuel P. Capen은 1914년부터 1919년까지 교육국에서 고등교육 전문가였다. 그 지위를 맡고난 얼마 후에, 그는 자신의 부인에게 "문의사항들에 답장을 쓰는 이 일이 내 사무실의 주된 일과이다"라고 편지를 썼다. 그의 편지들은 직원, 조수 그리고 통계가 사이에 있는 인원감축, 시간외 근무 그리고 다른 불만들을 계속해서 언급한다.

29_ 다음 자료들을 참고할 것. USBE, Historical File no. 100, NA: L. Gulick, "What the Bureau of Education Should Be and Do to Further Education in America," October 1909; Memorandum of Conference at Luncheon at the Hotel Willard, Washington, D.C., Saturday, March 26, 1910; Memorandum of Meeting held at the Ebbitt House, Washington, D.C., March 27, 1910 at 12:

정기적인 출판물들과 직원의 전문가적 의견을 배치하는 것이었다. 그는 전략이 일차적으로 "가장 유용한 지식의 가장 효과적인 수집과 전파"[30] 문제라고 주장하였다.

그러나 대부분의 경우, 연방의회는 "미연방국가에 속하는 정부의 기능"[31]을 떠맡으려는 브라운 재임 하의 교육국의 노력을 계속해서 거부했다. USBE는 재단, 대학교 또는 다른 사립기관들이 전임으로 고용한 개인들에게 의존함으로써 그 국의 인적 자원에 관계된 한계를 마침내 풀어내게 되었는데, 이들은 "외부 전문가들" 또는 "고문위원들"로서 특정 정책 분석에 대해 새로운 출판과 문서 예산으로부터 수당을 받을 수 있었다. 이러한 전문가들과 자문위원들은 교육국에 저장된 자료들을 정책 권고 사항들로 전환하려는 목적을 가지고 그 자료들을 해석했던 회보와 회람물을 집필하는 임무를 떠맡았다.

교육국은 공표했던 전문화된 연구를 수행하기 위해서 자체에서 작업하는 대신 재단들에게 자주 그리고 전적으로 의존하였다. 국장의 1907-08연보에서, 브라운은 고작 2년의 운용 후에 "카네기재단의 최고 출판물들이 특별한 흥미와 가치를 가지고 있음이 입증되었다"[32]고 특별히 언급하였다. 교육국의 한 수석 사무관은 나중에 한 1912년 메모에다가 "이러한 재단들 일부의 출판물들이 우리 국이 교육의 일부 국면에 관한 출판물을 발행하는 일을 불필요하게 만들었으며, 그래서 교육국이 그 노력을 다른 곳에 집중하는 것을 가능하게 했다."[33]고 기록하고 있

---

30 A.M.; Elmer Elsworth Brown, Memorandum; Report on the Campaign in Behalf of the United States Bureau of Education.

30_ Elmer Elsworth Brown, memorandum, ibid., p. 1; Elmer E. Brown, *Government by Influence and Other Essays* (London: Longman, Green, 1909).

31_ USBE, James A. Tawney, Chairman, Committee on Appropriations, House of Representatives to Hon. Elmer E. Brown, Commissioner of Education, June 10, 1908, Historical File no. 100, NA.

32_ USBE, *Report of the Commissioner of Education, 1907-1908*, p. 16.

33_ USBE, Chief Clerk of the Bureau of Education to Miss Ela Denison, March 2, 1912, Historical File no. 106, NA.

다. 교육국 관료들은 이 재단들 그리고 유사한 사립기관과의 협동작업을 과부하된 사무처의 정책분석활동을 활성화시키는 방법으로 파악했다. 고등교육에 관한 공식적인 정부 입장으로 수용되어 공표된 정책 권고사항들이 종종 금융자본가와 다른 기업지식인들에 의해 조금 수정되거나 혹은 전혀 수정되지 않고 공식화되었다.

교육국 내에서의 이러한 출판물의 영향력은 1912년 뉴욕 소재 시영연구부(BMR)가 수행했던 한 연구 안에 잘 드러나 있다. 투표, 납세 그리고 이사회 봉사와는 별도로 시민들이 공립학교를 위해 무슨 일을 해왔는가에 대한 정보를 수집한 한 연구의 일부로서, BMR은 USBE에게 주요 재단과 같은 사립기관들이 "교육국에 얼마나 가치가 있었는가"[34]를 보여주는 공술서를 준비해 달라고 요청하였다. 클랙스톤은 교육국원들에게 이 요청에 따르라고 부탁하는 지시를 내렸다. 클랙스톤이 받은 대답은 매우 교훈적이었다. 왜냐하면 특별하게도 그는 "내가 생각하는 한, 비교적 협동은 거의 없었습니다."[35]라는 답장을 이미 BMR에 발송했기 때문이었다. 그러나 클랙스톤에게 보낸 이러한 국원의 메모들은, 교육국이 이 재단들에 의해 오랫동안 식민화되어 왔음을 암시하면서, 다음과 같이 전혀

34_ USBE, Miss Elsa Denison, Bureau of Municipal Research, to P.P. Claxton, Commissioner of Education, January 31, 1912, Historical File no. 106, NA.

35_ USBE, P.P. Claxton to Miss Elsa Denison, February 3, 1912, ibid. Capen은 Claxoton을 "교육국이 교육계의 구석구석을 느끼게 만든" "정력적인 활동가"라고 칭찬하였다. 그러나 그는 교육국 직원들 사이의 보편적인 판단은 Claxton이 지나치게 흥분했거나 또는 거만하다고 생각한다는 점에 주목한다. Claxoton은 USBE의 전국적 영향력을 구축하려고 노력하면서 대학교들과의 회의, 로비 그리고 출장에 몰두하였다. 이러한 이유 때문에, 그는 사무실 일과의 작은 세부사항이나 내부의 세부사항에 신경 쓰는 사람이 아니었다. Capen은 Miss Smith라고 하는 한 외국 교육 전문가가 "당신은 당신 자신의 계획을 만들 수 있어요…그래서 그 공적을 인정받을 수 있어요. 십중팔구로 Claxton은 그것에 대하여 알 것이에요."라고 말한 것을 인용한다. 교육국 직원들이 Capen에게 알리기를, E.E. Brown은 정확하게 그 반대였다. 그는 그 국의 점점 커지는 영향력을 어떻게 사용할 것인가에 대하여 비전이 없는 뛰어난 조직 건설가였다라고 말했다. 다음을 참고할 것. Letters from Samuel P. Capen to Mrs. Capen, February 4, 19, and 20, 1914, and April 8, 1914, Capen Papers, Boxes 7, 8, SUNY-Buffalo University Archives.

다른 그림을 보여주었다.

도서관장인 월코트John Wolcott는 다음과 같이 보고했다. "우리는 러셀 세이지재단, 카네기재단, 그리고 전국 자치시 연맹의 출판물들이 우리의 도서 참고작업에 상당히 도움이 된다는 점을 인정한다."36 그러한 인정은 의미가 없는 것이 아니었다. 왜냐하면 교육국의 가장 중요한 의무들 가운데 하나가 정보를 배포하는 것이기 때문이었다. 앞에서 주목했듯이, 교육국이 보낸 편지목록은 교육국이 매일 서류, 회보, 특별 보고서, 증명서, 참고문헌 그리고 자문을 구하는 수십 통의 요청서들을 받고 있었다는 점을 보여준다. 재단들이 이러한 참고문헌 자료들을 수집해서 편성하는 것을 "돕거나" 또는 이러한 작업을 특정한 자료에 집중시킬 수 있는 정도까지 특정한 교육철학의 방향으로 교육국의 활동에 영향력을 행사할 수 있었다.37

동일한 노력 선상에서, 편집과장인 보이킨J.C. Boykin은 자신의 과가 로즈 Wickliffe Rose(SEB 위원장이며 GEB의 영향력 있는 이사)와의 협력 하에 교육국 비용으로 SEB 회보를 방금 재출판했다고 답하였다.38 마찬가지로 다른 과장도 다음과 같이 응답하였다. "교육국의 우리 과와 재단들 간에 협력이 없었던 동안에도, 나는 그 재단들이 해놓은 작업들에 주의를 기울임으로써 여러 가지 방식으로 그들의 유용성을 증대시켜 왔습니다."39

정보 영향력 네트워크가 전체 교육국에 분명하게 스며들었다. 아마도 통계과로부터 나왔을 또 다른 메모는 "교육국과 카네기재단, GEB 사이에 상당한 정도의 협동이 있음"40을 보고했다. 결정적으로 교육국의 중심 간부 가운데 한 사람이

36_ USBE, undated loose handwritten note, signed JDW, Historical File no. 106, NA.
37_ Robert A. Dahl, *Polyarchy* (New Haven: Yale University Press, 1971), p. 82에 의하면, 지식과 정보는 "그것을 가지고 한 배우가 적어도 어떤 특정 환경 하에서 다른 배우들의 행동에 영향을 미칠 수 있는" 중요한 정치적 자원이다.
38_ USBE, undated loose handwritten note, signed J.C.B., Historical File no. 105, NA.
39_ USBE, undated loose handwritten note, signed, F.B.D., ibid.
40_ USBE, undated loose handwritten note, signed Kle.B, ibid.

클랙스톤에게 다음과 같이 알림으로써 그 상황을 아마도 가장 잘 요약한 것 같다.

"가장 우정 어린 관계가 이러한 거대한 민간 기관들과 교육국 사이에 항상 존재해 왔지만, 나는 호의를 주고받는 면에서는 우리가 채무자라고 항상 느껴오고 있습니다. 그들의 노력은 교육국 작업에 보충물로서 엄청난 가치를 가지고 있습니다. 그들이 작업하고 있는 것에 대하여 정보를 계속 기록함으로써, 우리는 작업의 중복을 피할 수 있습니다. 그들은 설비가 부족하여 우리가 맡을 수 없는 일을 상당히 많이 할 수 있으며, 또 특정 노선에 따라서 정부기관이 시도하기에는 현명치 못한 조사들도 할 수 있습니다."[41]

그래서 BMR에 보내는 국장의 답장은 다음과 같았다.

"일부 사립재단은 우리 교육국의 작업에 엄청난 도움을 주고 있습니다. 우리는 우리 국 직원들이 자유롭게 참고하도록 허락해준 CFAT와 GEB가 수집한 고등교육기관 자료의 표준화와 관련된 도움이 가장 값지다고 생각합니다. 이러한 방식으로 사실상 입수하기가 거의 불가능한 정보들이 우리 국 수중에 들어왔습니다."[42]

클랙스톤은 그의 국원들이 이 재단들과 협동하고 있는 엄청난 수준을 보고 확실히 놀랐다. 그렇다고는 해도 그는 흐뭇하게 놀랐다. 왜냐하면 그는 이 재단들과 교육국의 협력관계를 강화하기로 이미 결정했기 때문이었다. 국원들의 반응이 그에게 도달하기도 전에, 클랙스톤은 "교육국과 이 재단들의 작업 간에 더욱 밀접한 협력과 조정의 가능성을 논의하기 위한 목적을 가지고"[43] 여러 재단의

41_ USBE, undated loose handwritten note, signed A.S., ibid.

42_ USBE, Chief Clerk to Miss Elsa Denison, March 2, 1912, ibid.

43_ USBE, P.P. Claxton to Miss Elsa Denison, February 3, 1912, ibid. 교육국 안에서 재단들의 영향력은 막강하여서 내무부장관 Walter L. Fisher가 Henry S. Pritchett에게 1911년에 E.E.

사무관들과의 회의를 이미 소집하였다.

이와 거의 동시에, 클랙스톤은 재단들이 사용하는 "현장대리인field agents"을 본떠서 만든 새로운 현장설득정책을 통해서 공격적으로 교육국의 영향력을 촉진하고 있었다. 이 아이디어는 처음에는 브라운에 의해 "영향력에 의한 관리"라는 전략으로 채택되었으나, 그 정책은 클랙스톤 재임 시에 결실을 보았다. 클랙스톤은 내무부장관에게 보낸 한 편지에서, "지금 교육국에서는 교육의 여러 분야 전문가들을 추가로 채용하는 일이 매우 필요합니다."[44]라고 주장했다. 클릭스톤은 직접 만나서 하는 설득과 자문을 통해 주와 대학교들에게 연방정부의 정책을 직접 전달하려는 노력의 일환으로, 전국에서 무리지어 바쁘게 다니는 전문화된 현장대리인 집단을 확실하게 마음속으로 그리고 있었다. 한 보고서에서, 교육국 국원은 "계몽화된 행동을 확보하는 데 성공해온 사실상 거의 모든 사립기관들이 현장에 능력있는 사람들을 실제로 배치하는 것을 채택했다는 점"을 입증하는 본보기로 남부교육위원회(SEB), 피바디기금, 세이지재단을 지적하였다. 그 보고서는 또 "생명보험 회사들 모두가 서류 출판물들이 실적을 올리는 데에는 적절치 않다는 점을 발견했다. 그들은 현장에서 일하는 능력있는 사람들의 근무에 의존했다"[45]는 점에도 주목했다.

브라운과 마찬가지로 클랙스톤 역시 이러한 목적을 위하여 의회가 승인한 특별 지출금을 확보하는 데에는 성공적이지 못했다. 그래서 그는 일상적인 사무업무의 대부분을 사무원들과 다른 부원들에게 이전했고 또 자신의 순전히 행정적인 업무들은 수석 사무원인 칼바크L.A. Kalback(그래서 그는 특별 부국장 역할을 하게 되었다.)에게 위임하는 조치를 취함으로써 반응하였다. 그 사이에, 클랙스톤은 두 명의 고등교육 전문가와 함께 전국에 걸친 정규적인 현장 방문에 나섰

Brown을 대체해서 지명해야 할 사람에 대한 충고의 편지를 쓸 정도였다. Henry S Prichett to Hon Walter L. Fisher, May 29, 1911, Historical File no. 100, NA.

44_ USBE, P.P. Claxton to the Secretary of the Interior, August 10, 1911, ibic.

45_ L. Gulick, "A Brief for the Extension Plans of the United States Bureau of Education," p. 3, ibid.

표 4.2. 미국 교육국 대표들의 교육기관과 교육회의 방문과 참석:
1906년부터 1912년까지 현장체류 일수

	1906	1907	1908	1909	1910	1911	1912
교육위원	6	71	54	60	61	49	254
고등교육전문가[a]					11	231	154
무상불하토지대학 통계전문가[a]					26	130	61
전체 체류일	6	7	54	60	98	410	469
방문 주 숫자	2	4	7	8	10	28	36

출처: Data compiled from information in the U.S. Department of Interior, Letters from Commissioner of Education to the Secretary of the Interior, Secretary of the Interior's Central File. sec. 6, box nos. 1526 and 1538, RG48, NA.

a: 전문가 직은 1910년까지 만들어지지 않았음.

다. 1911년에 교육기관들을 방문하고 교육회의에 참석하면서 현장에서 보낸 1인당 작업일의 총 숫자가 4배로 늘었다(표 4.2. 참고). 그들이 교육기관들을 방문했던 주의 숫자는 3배로 늘었다. 다음 해에, 클랙스톤은 직접 현장에서 254일을 보냈으며, 고등교육 전문가인 바브콕Kendrick C. Babcock은 154일을 보냈다.

현장대리인 집단을 위한 의회의 특별지원금을 확보하는 데 클랙스톤이 실패하게 되자, 교육국은 재단들과 간단히 가까워지게 되었다. GEB와 펠프스 스토크스Phelps-Stokes 기금은 즉각 접근을 해와서 교육국 직원들의 여행비용 지불을 돕기 위한 지출금을 기금에서 제공하겠다고 제안했다. 클랙스톤은 1911년 8월 11일에 내무부장관에게 그가 채용할 수도 있는 추가 전문가들의 "법정 봉급을 보충하기 위해서 외부 지불자들의 기금"을 받는 것이 법적으로 가능한가를 묻는 편지를 썼다. 장관은 "법이 제공한 한 명 또는 그 이상의 근무자들의 봉급을 보충하기 위해서 사립 지불자들로부터 외부 지원을 받는 것이 가능하다."[46]고 답변하였다.

46_ USBE, P.P. Claxton to the Secretary of the Interior, August 10, 1911, ibid.

내무부를 위해 법무장관보로부터 온 답장을 보내면서, 베이커Baker 내무부장관은 클랙스톤에게 "당신이 마음속에 품고 있는 생각을 그만두는 것이 최고입니다."47라고 통지하였다. 법무장관보는 그에게 "그러한 돈을 기부한 출처가 매우 긴요한 문제가 될 수 있습니다. …증액된 급료의 출처가 그 급료를 받는 사람들의 정직성과 능력에 영향을 미칠 수 있습니다. …저는 그래서 그러한 협력은 의회의 승인을 받지 못한다면 교육국이 받아들여서는 안 된다는 의견입니다."48라고 알렸다.

클랙스톤은 자신의 계획들에 대한 이러한 타격에 대하여 브라운이 출판물과 공문서들과 관련해서 개발했던 외부 전문가들의 계획을 더욱 광범위하고 더욱 체계적으로 응용함으로써 반격하였다. 하나의 협정이 GEB와 펠프스-스토크스와 함께 체결되었는데, 그것으로 인해 이 재단들은 특정 전문가들과 현장 대리인들의 급여 전체를 지불하였다. 교육국은 그리고 나서 이 사람들에게 "특수협력자"로 활동한 것에 대하여 매년 1불이라는 명목상의 금액을 지불하였다.

이 새로운 협정에서 법적 차이점은, 전문가들이 그 급료를 외부 출처가 보충하는 정부 고용인 대신에 정부를 위해 이따금 업무를 수행하는 사립기관의 고용인이 되었다는 것인데, 그것에 대하여 그들은 자문위원 자격으로 수강을 받았다. 그럼에도 불구하고 특별한 협력자들로서 그들의 특정한 역량 면에서, 그들은 교육국 관할권 하에서 교육국의 공식적인 대표와 당국으로 행동할 자격이 있었다. 법무부장관실에서는 이러한 협정에 "법적 반대"를 제기하지 않았다. 이 새로운 견해는 또한 교육국 국장에게 교육국은 법적 권한 내에서 그 고용인들이 행한 특정한 작업에 대하여, 만일 그 일이 교육국의 공식적인 행위로 착수한 것이라면, 외부 대리인들로부터 변상을 받을 수도 있다고 알려주었다.49 이러한 협정 하에

47_ USBE, Acting Secretary of the Interior to P.P. Claxton, August 28, 1911, ibid.

48_ USBE, Assistant Attorney General for the Department of the Interior to the Secretary of the Interior, August 20, 1911, pp. 3, 7, ibid.

49_ USBE, Assistant Attorney General for the Department of the Interior to the Secretary of the

서 클랙스톤은 전국의 대학과 대학교의 교수, 재단 고용인, 그리고 다양한 교육개혁 연합체에서 일하는 사람들을 포함한 특별한 협력자들로 구성된 전국적인 세력을 성공적으로 건설하였다.[50]

그 이후에 교육국은 남부에서 GEB와 협력하여 작업을 하였다. 교육국은 다른 주와 대학교들에게 버몬트 주가 닦아놓은 통로를 따를 것을 장려하였다. 국장은 자신의 연보와 다른 출판물들에서 뜨고 있는 "카네기운동"의 사례들에 계속해서 주의를 환기시켰다. 1914년에 출판된 버몬트 조사는 뉴욕시립대학(CCNY)의 비슷한 조사로 곧 이어졌는데, 이 조사는 학생 시간당 교육비용에 관한 자료를 요청한 이사회의 결의에 대한 반응으로 교수진이 수행하였다. 스미스 대학 학장이 낸 한 보고서는 클랙스톤 국장에 의해 "혁신적인 대학과 대학교들 사이에서 늘어나고 있는 스스로 생존하려는 경향"[51]의 실례로 찬사를 받았다.

USBE의 광고를 통해서 전국적으로 알려지게 된 가장 의미심장한 사례들 가운데 하나는 가드프레이 박사 Hollis Godfrey가 수행했던 드렉셀 Drexel 공대의 1914년 효율성 조사였다. 가드프레이는 터프츠 Tufts 대학교에서 훈련을 받은 공학자였다. 쿠크Morris Cooke와 마찬가지로, 그도 쿠크의 친구일 뿐만 아니라 테일러 Frederick Taylor의 유명한 제자였다.[52] 가드프레이가 필라델피아시를 위해 일련의 토목공사 조사를 수행하고 있을 때, 드렉셀 이사회가 그 공대의 조사도 맡아달라고 요청하였다. 가드프레이는 승낙을 하고는 쿠크가 『대학과 산업의 효율성』에서 개발했던 기법들을 즉각적으로 참조하였다. 그는 "학생-시계 시간 Student-Clock Hour"을 교육의 효율성과 생산성의 기본 척도로 채택하였다. 이로 인하여 그는 미국에서 이 개념을 독자적으로 채택한 최초의 사람들 가운데

Interior, November 9, 1911, ibid.

50_ 목록은 다음을 참고할 것. USBE, P.P. Claxton to Hon. Franklin K. Lane, Secretary of the Interior, January 13, 1917, ibid.

51_ USBE, *Report of the Commissioner of Education, 1915-1916*, pp. 129-30.

52_ Nobel, *America by Design*, pp. 62, 209.

하나가 되었다.[53]

가드프레이가 이 조사를 완성하고 난 후에, 드렉셀 이사회는 그를 그 공대의 총장에 임명하였고, 그가 장려한 사항들을 이행하도록 결정권의 자유를 그에게 주었다. 가드프레이는 자신이 그 대학을 고등교육개혁의 "실물 선전장"으로 바꾸어 놓겠다고 자랑하였다.[54] 그의 첫 번째 행동은 "비효율적인" 과목들을 폐강하거나 통합하는 것이었다. 행정적인 목적을 위하여 강좌를 맡은 교수들, 강좌들 그리고 연구 분야들을 통합하면서, 그는 동시에 연구 분야들 간의 관계도 재정의하였다. 이러한 면에서 각별히 중요하였던 것은 공학과 내에서만 기술적인 연구 분야를 따라서 행해진 자연과학의 행정적 통합이었다. 이것은 자연과학의 목적을 기초적인 자연법칙의 발견과 행정적으로 연결시켰으며, 그 발견은 자본주의 발전, 생산 혁신, 그리고 공장 효율성의 직접적인 기술적 문제들을 해결하는 데 도움을 주었다. 다른 연구 분야들은 교육투자환원율의 양을 늘릴 수 있는 학문적 효율성과 능력 비율에 따라 축소되거나 제거되었다.

카네기운동을 교육국이 촉진하는 데 있어서 또 다른 연결고리는 클랙스톤이 자신의 연보를 통해서 휴즈Raymond M. Hughes가 1914년 4월에 오하이오대학 협회에 제출했던 논문―그렇지 않았다면 파묻혀버릴 뻔한―에 베풀었던 광고였다. 휴즈는 새로운 경영유형 총장의 놀라울 만한 본보기였다. 그는 마이애미 대학교의 화학교수로서 이력을 시작하였다. 그 후 대학 사무관, 학장, 총장대행 그리고 마침내 그 대학교의 총장에 임명되었다. 그러나 총장대행이 되기 직전에, 휴즈는 영국과 미국을 오랫동안 순회여행 하면서 여행길에 58개의 대학 기관들을 방문했다. 그는 여행 중의 메모, 논평 그리고 아이디어들을 2권으로 편찬했고, 그것을 실무서류로 다시 사용하였다.[55]

53_ Edward D. MacDonald and Edward M. Hinton, *Drexel Institute of Technology, 1891-1941* (Philadelphia: Drexel Institute of Technology), p. 55.

54_ Noble, *America by Design*, p. 209.

55_ Hughes의 출장과 8절판 책들에 관한 설명은 다음의 자료들에 실려 있다. Samuel P. Capen

일단 총장에 임명되자, 휴즈는 카네기 학생-시계 시간을 사용하여 마이애미 대학교에 대한 교육기관 조사를 수행하였다.[56] 그는 학문 효율성을 높이고 또 봉급을 연공서열 대신 학문 생산력과 연결짓도록 교육계획과 교육과정의 재조직화를 장려하였다. 마이애미 대학교는 그의 권장사항을 우호적으로 받아들였다. 한 방문객이 "그의 조사하는 성벽이 교수진을 엄청나게 화나게 만들었다"고 보고하기는 했지만.[57]

교육조사운동 THE SURVEY MOVEMENT, 1915-1928

이러한 발전이 한창 일어나고 있을 때, 프리체트는 카네기 조사를 전국적인 정책의 도구로 삼으라고 교육국에 로비를 하였다. 쿠크의 선구적인 연구가 있었던 다음 해인 일찍이 1911년에, 프리체트는 내무부장관과 함께 브라운을 대신할 사람이 누구든 간에 그는 전국 규모의 고등교육 개혁을 지도하는 교육국의 새로 발견된 영향력을 발휘하는 데 더욱 적극적이어야 한다고 주장하고 있었다. 그는 "물론 미국정부가 여러 주들에 구축되어 있는 교육체제들을 실제로 통제하거나 규제하는 것은 불가능하다."는 것을 알았지만 "교육국 국장이 자신의 국원들을 통하여 여러 주 체제와 주 교육기관들을 정말 솔직하고 성실하게 검토해서 보고하지 못할 이유는 없다."[58]고 주장했다.

이러한 미래상은 클랙스톤의 행동적인 교육국이 새로운 정책과 확실하게 노선을 같이하는 것이었다. 인사에 관한 한, 뜨고 있는 카네기운동에서 지도자 위치를 떠맡으려는 교육국의 능력과 자발성에서 전환점을 이룬 것은 클랙스톤이 카펜

---

to Mrs. Capen, March 30, 1914, Capen Papers, Box 8, SUNY-Buffalo University Archives.

56_ USBE, *Report of the Commissioner of Education, 1913-1914*, pp. 128-29.

57_ Capen to Mrs. Capen, March 30, 1914, Capen Papers, Box 8.

58_ USBE, Henry S. Pritchett to Hon. Walter L. Fisher, Secretary of the Interior, May 29, 1911, Historical File no. 100, NA.

Samuel P. Capen을 1914년에 고등교육 전문가로 임명한 일이었다. 클라크Clark 대학교의 젊은 교육행정학 교수인 카펜은 공립학교에서 "행정 효율"을 주장하면서 위세스터Worcester에서 교육개혁운동의 지도자가 되었다. 그는 교육을 감독하고 평가하는 표준화된 방법들을 개발하는 혁신적인 작업도 하였다. 이 작업으로 인하여 가드프레이가 그를 1912년에 공학교육증진학회(SPEE)의 초대 "교육공학자"로 초빙하였다. 클랙스톤이 카펜을 바브콕의 후임자로 선택한 것도 바로 그의 이러한 능력 때문이었다.[59]

위싱턴에 있는 그의 새 관직에 카펜이 오른 지 겨우 2달 후, 교육국은 노스캐롤라이나 주의 고등교육기관에 대한 조사를 맡아달라는 요청을 받았다. 클랙스톤은 그 프로젝트를 카펜에게 넘겨주었는데, 전임자인 바브콕, 카네기재단의 사무국장 그리고 "어떤 남부대학 학장과 함께" 협동하여 현장조사를 한 후에 공식적인 위원회보고서를 출판하라는 명령을 받았다. 클랙스톤은 그에게 카네기재단이 노스캐롤라이나 조사의 모델로 사용될 수 있는 버몬트에서의 조사를 막 완성했다고 알려주었다.[60]

노블David Noble은 다른 맥락에서 카펜이 "공학자들에 의해 철저하게 압도되고 심지어 협박을 받았다"고 논증하였다. 카펜은 항상 그들의 과학적 엄즌함에 감명을 받았고 또 자신이 그들의 기준에 도달하지 못할까봐 두려워하였다. 그 결과로, 그는 그의 과가 직접 수행한 일이라면 무엇이든 "내가 할 수 있는 한 냉철하게 과학적이어야만 한다"는 점을 확신하기 위해 "걱정하였다." 이러한 면에서 그는 자신을 공학자들의 "겸손한 동료"로 여겼다.[61] 교육국에 와서 자신이 "엄연한 사실에도 강하지 못하다"는 것을 깨닫고는 카펜의 걱정은 악화되었다. 그는 나중에 자신이 고등교육 "전문가"로 언급될 때마다 "나의 피부가 오싹

59_ Noble, *America by Design*, pp. 212-19.

60_ Capen to Mrs. Capen, February 22, 1914, Capen Papers, Box 7.

61_ Noble, *America by Design*, pp. 212-13.

해 진다"고 썼다.[62] "고등교육의 전문가는 인간 정신에 알려진 거의 모든 것에 대하여 전문가로 확실하게 여겨지고 있어요. 그것은 나처럼 젊고 경험 없는 사람이 해내기에는 너무나 엄청난 명령이에요."[63]라고 그는 아내에게 편지를 썼다.

카펜은 그 과제를 받고 며칠 안에 자신이 "카네기처럼 되어야 할" 필요가 있다고 결론지었다. 클랙스톤은 "그가 제공해야만 할 것이 무엇인가를 확인하기 위해서" 그에게 GEB재단의 메릴랜드 조사를 지휘하였던 GEB의 참모인 "플렉스너 Flexner를 가서 만나보라고" 충고하였다. 카펜은 또한 GEB의 임원 전부와 만났다.[64] 며칠 후, 카펜은 자신의 대학 친구인 다름 아닌 가드프레이가 "나의 사무실에 뜻밖에 찾아와서" 드렉셀 공대 재조직화에서 비롯된 "건전한 상식"을 제시했다고 보고한다. 그는 나중에 가드프레이의 드렉셀 조사를 "지금까지 수행한 교육기관 조사 가운데 최상의 것으로"[65] 그 특징을 밝히곤 했다. 가드프레이가 방문하고 난 두 주일 후에, 카펜은 중서부로 특수임무 때문에 가면서 휴즈와 이틀을 보냈다. 그는 그 만남을 "내가 지금껏 방문했던 곳이나 만난 사람 가운데 최고 수준"이라고 묘사했다. 휴즈는 "굉장히 놀라운 대학 교육철학을 깨달은 사람"으로 깊은 감명을 주었다. 카펜은 자신이 "대학 행정에 관한 지식에서 [휴즈]에게 한참 뒤처져 있다"고 결론을 내렸다.[66]

노스캐롤라이나 조사는 교육국에게는 대체로 시험운전인 것으로 밝혀졌던 반면에, 카펜은 직장연수를 받은 셈이었다. GEB와 SEB는 노스캐롤라이나 개혁운동에서 주도적인 정치적 역할을 떠맡았다. 카펜이 작성한 작은 보고서(12페이지짜리였다)는 주로 재단 구성원들, 노스캐롤라이나 교육자들 그리고 주정부 간부

62_ Capen to Mrs. Capen, April 10, 1914 and March 11, 1915, Capen Papers, Boxes 8, 9.

63_ Capen to Mrs. Capen, May 1, 1914, Capen Papers, Box 8.

64_ Capen to Mrs. Capen, March 8, 1914, and February 22, 1914, Capen Papers, Box 8.

65_ USBE, S.P. Capen to P.P. Claxton, May 17, 1916, Historical File no. 501, Box 104, NA.

66_ Capen to Mrs. Capen, March 30, 1914, Capen Papers, Box 8.

들 사이에서 회람되었다.67

결정적인 사건들은 주의회들이 워싱턴과 아이오와 주의 고등교육기관들과 오레곤 대학교를 조사해달라고 교육국에 요청했던 1915년 초에 발생하였다.68 클랙스톤은 그 요청들을 재빨리 받아들였다. 그것들은 그가 전국 고등교육정책을 형성하면서 더욱 공격적인 연방정부의 개입을 추구하기 위해서 필요로 했던 정확하게 일종의 지렛대였다. 그는 이 주들의 초청에 따라 활동을 하였기 때문에, 교육을 개별 주들의 권력으로 유보해두는 헌법 조항을 위반하지 않았다. 다찬가지로 이 조사에 연방정부가 참여하는 것은 통계자료를 요청할 수 있는 교육국의 현행 법령 아래서 합리화될 수 있었다. 주의회들은 조사비용을 특별 지출금에서 충당하는 것에 동의하였고 또 1911년에 법무부장관의 견해는 클랙스톤이 교육국이 수행한 특별 작업에 대하여 연방정부 돈이 아닌 것도 받도록 이미 인가하였다.

워싱턴 조사팀이 1915년 2월에 현장에 배치되었다. 그 팀의 팀장을 클랙스톤이 직접 맡았지만, 현장작업의 대부분과 최종보고서의 작성은 카펜과 주에서 제공한 지원 직원들에게 위임되었다. 클랙스톤의 역할은 주로 정치적이었다. 그는 교육자들을 진정시키고, 입법부의 열정을 키우고 또 그의 조사팀이 개별 대학 캠퍼스에 도착하기 이전에 그 팀의 진입을 부드럽게 하는 섭외 교섭인으로 행동했다. 클랙스톤은 조사초청을 마침내 이끌어냈던 정치적 사건 때문에 워싱턴에 전국적인 주목이 집중되었다는 점을 예리하게 인식하였던 것으로 보인다.

그 주의 인구는 그 조사를 하기 전의 15년 사이에 거의 3배로 증가하였다. 이 인구의 대부분은 서부 워싱턴 주, 특히 시애틀에 집중되었는데, 그곳에서는

67_ Samuel P. Capen, *A Report on the Colleges of North Carolina* (Raleigh: Office of the State Superintendent of Public Instruction, 1916).

68_ P.P. Claxton은 1914년 11월 9~10일에 워싱턴 D.C에서 개최된 전국 주립대학교 협의회 대표자 회의에서 연설을 하였다. 그는 주나 교육기관의 작업이나 조직에 대하여 조사를 원할지도 모르는 주나 교육기관에게 교육국의 "확장된 경험"과 "폭넓은 견해"를 제공하였다. S.P. Capen, *Report of a Survey of the University of Oregon*, University of Oregon Bulletin, N.S., Vol. 13, no. 4 (Salem: State Printing Department, 1915), p. 2를 참고할 것.

제조업 생산액이 지난 10년 사이에 2배 이상 증가하였다. 그 주의 중등학교 체제는 4개에서 126개의 공인된 기관으로 팽창하였다. 워싱턴 대학교의 행정부서는 "지역발전의 실질적인 문제들을 해결하는 데 관심"[69]이 있음을 계속해서 표명하고 있었다. 그러나 계속되는 정치적 논쟁의 핵심에 있는 것은 바로 정확하게 지역발전의 "실질적인 문제들"을 구성하는 것이었다. 워싱턴 주 정치는 지난 4반세기 동안 혼란의 가마솥이었다. 1890년대 동안에 주정부는 임시로 인민주의자들에게 넘어갔다가 1904년에 다시 보수주의자들에게 돌아갔다. 독점 규제, 부동산투기, 자연보호, 철도 규제 그리고 공익사업들에 대하여 주의회가 분열되어 있었다. 심지어 보수주의가 승리하고 난 후에도 인민주의의 유산, 진보당, 사회주의당 그리고 세계산업노동자조합(IWW)(국제노동조직으로 절정기인 1923년에는 정식회원 약 10만 명, 동조세력까지 합해서 약 30만 명에 육박했다. 이 조직은 단일 노동계급을 중심으로 단결과 임금제도의 외해를 주장하는 급진적 성격의 노동조합이다—역자)의 전국적인 근거지였다.

위싱턴 대학교에 남겨진 인민당의 유산은 정치적 불만으로 가득찬 서부의 섬들 같은 지역의 하나로 뜨고 있다는 평판이었다. 망명인민당 학자들을 공격적으로 채용하게 되자, 스미스James Allen Smith와 패링턴Vernon Louis Parrington과 같은 비판적 선각자들이 이 대학에 초빙되었다.[70] 보수주의자들이 1904년에 주의 통제를 일단 다시 획득하게 되자, 주지사 미드Albert E. Mead는 취임연설에서 "우리 주정부 체제는 그릇된 원칙들에 근거를 두고 있으므로 궁극적으로 전복되어야만 한다!"는 교수들의 가르침에 자신이 어지러워졌다는 점을 밝혔다. 그는 더 나아가서 "그러한 비미국적인 사상을 개발하는 데 종사하는 교수는 즉각 해고

69_ Charles Marvin Gates, *The First Century at the University of Washington, 1861-1961* (Seattle: University of Washington Press, 1961), pp. 117-18.

70_ Eric F. Goldman, "J. Allen Smith: The Reformer and His Dilemma," *Pacific Northwest Quarterly*, July 1944, pp. 195-214; James L. Colwell, "The Populist Image of Vernon Louis Parrington," *Mississippi Valley Historical Review* 49 (June 1962): 52-66.

시키겠다"[71]고 약속하였다.

위싱턴 대학교 총장인 캐인Thomas Franklin Kane은 대학교 지배권에 대하여 다른 개념을 가지고 있었다. 그 자신은 정치적으로 급진적이지 않았지만, 그는 매우 관용적인 행정가였다. 그래서 그는 그 대학교 교수진들을 일반적으로 주지사, 주의회, 그리고 생산업자들, 목재업자들, 은행가들 그리고 부동산 투기업자들이 지배하는 이사회 등의 외부의 정치적 침략으로부터 기꺼이 방어하고자 했다. 캐인은 대학교가 "미국 그 자체만큼 민주적으로 되어야 한다"고 믿었다. 그래서 그는 학문공동체 안에서 사상의 자유시장을 조성하였고, 정책 결정을 가능한 한 교수진에게 분산시키는 대학교 행정의 위원회 형식에 심하게 의존하였다.

위싱턴 주의 정치에서 반동주의자들이 우세하게 됨에 따라, 캐인의 입장은 점점 더 옹호할 수가 없어졌다. 또 다른 보수적인 주지사가 1912년에 선출되었으며, 그래서 1913년이 끝나기 전에 그는 위싱턴 대학교의 모든 이사를 교체하였다. 이때에, 새 이사들은 자신들의 행진명령을 알아듣고, 즉각 대학교의 행정 구조를 재조직하는 일에 착수했다.

캐인은 "총장은 입헌공화국의 지도자처럼이 아니라 커다란 주식회사 총수처럼 행동해야 한다"는 통지를 받았다. 캐인은 이사들의 충고를 거절하였다. 그런 다음 그는 캠퍼스가 외부의 정치적 연사들에게 문을 닫아야 한다는 이사들의 요청도 거부하였다. 그는 그가 정치적으로 의심스럽다고 여기는 출처로부터 이사가 재정적 선물을 받아들인 것에 저항하였다. 마지막 지푸라기는 지나치게 급진적이라고 생각되는 한 정치경제 교수를 채용하지 말라는 이사의 명령에 대한 그의 마지막 저항이었다. 캐인은 1914년 6월 14일에 파면되었다. 그의 고별사는 이사들의 "정치적으로 반동적인 특성"과 대학에 대한 그들의 "직접적인 경영"에 대한 공격이었다.[72] 이 파면은 전국적인 주목을 받았다. 왜냐하면 겨우 2년 전에,

---

71_ Gates, *University of Washington*, p. 133.

72_ Ibid, pp. 137-39.

캐인이 전국 주립대학교 협의회의 회장이 되었기 때문이었다.

캐인은 수잘로Henry Suzzalo로 교체되었는데, 그는 컬럼비아 대학교에서 온 교육학 교수이며 버틀러 N.M. Butler의 카네기 추종자였다.[73] 수잘로는 카네기재단에 너무 깊은 인상을 주어서, 프릿체트는 클랙스톤보다는 그를 1911년에 교육국 국장인 브라운의 후임자로 더 선호할 지경이었다. 프릿체트는 그를 내무부장관에게 "훌륭한 훈련, 용기 그리고 상식을 갖춘 최선의 인물유형인 더욱 젊은 사람"으로 지명 추천하였다. 수잘로는 적극적이며 간섭주의적인 교육국에 대한 프릿체트의 열성을 공유하였다. 프릿체트는 수잘로가 "그러한 계획을 실행할 수 있는 유형의 사람을 대표"한다고 확신했다. 프릿체트의 시각에서 볼 때, 수잘로는 "미국의 교육계에서 최고의 인물 가운데 한 명"이었다.[74]

워싱턴 대학교 이사들은 수잘로가 지역의 경제발전을 촉진하는 데 있어서 더욱 야심찬 이 대학교의 역할을 위한 계획의 서곡으로 이 대학교에 강한 중앙의 지도력을 가져올 것을 원하였다. 수잘로는 도착하고 난 후에 자신이 이 역할을 "과학적으로" 맡을 수 있는 유일한 방법은 대학교 운영과 구조에 대한 상세한 경험적 조사를 기초로 삼는 것이라고 주장하였다. 그는 더 나아가서 단일 교육기관 조사로는 충분하지 않다고 주장하였다. 왜냐하면 강한 중앙의 지도력을 대학교로 도입한다고 하더라도, 이 대학교의 위상이 이 주에 있는 다른 교육기관들에 상대적으로 분명하게 정의되지 않는다면, 이 대학교의 적절한 역할을 결정하고 그 목적을 힘차게 추구하는 것이 불가능하기 때문이었다. 그는 자신이 자신의 판단을 구성하게 될 주의 계획을 갖지 못하면, 교육과정 개발, 교수진 채용, 연구기금 지원, 등록 또는 시설 경비에 관하여 지성적인 결정을 내릴 수 없다고 주장하였다.

73_ Nicholas Murray Butler는 Suzzalo의 취임식에서 기조연설을 하였다. Samuel P. Capen to Mrs. Capen, March 19, 1916, Capen Papers, Box 10을 참고할 것.

74_ USBE, Henry S. Pritchett to the Secretary of the Interior, May 29, 1911, Historical File no. 100, NA.

바꾸어 말하자면, 그가 주도할 것을 요청받았던 그 기관의 재조직화는 오직 그 주의 전체 고등교육체제의 전반적인 재구조화와 함께 나란히 효과적으로 성취될 수 있다는 것이었다. 게이츠Charler Gates는 CFAT(카네기재단)의 도그마와 조화를 이루면서 수잘로가 "이 대학교가 이 주의 고등교육 체제의 갓돌…다른 모든 기관들이 종속되어야 할 핵심기관이 되어야만 한다고 자연스럽게 가정하였다"고 평한다. 수잘로는 교육상의 "중첩과 중복"을 몰아낼 필요에 관한 이러한 계획을 예언하였는데, 이것은 항상 보수적인 주의회들의 주의를 끌었던 구호였다.

이 계획에 주된 장애물은 동부 워싱턴에 소재한 무상불하토지 대학이었다. 동부 워싱턴은 이 주에서 인민주의 세력의 근원이었던 래디컬한 농업의 중심지였다. 수잘로는 자신이 제안한 재조직화는 교양교육, 전문직업 그리고 공학에 관한 교육과정을 주립대학에서 워싱턴 대학교로 이전할 것을 필요로 한다고 제안함으로써 그 무상불하토지 대학과 그 전체 지역을 정치적 대결로 끌어들였다. 효율성은 이 두 학교들 간에 기능의 전문화와 구분을 통해서만이 실현될 수 있었다. 이것이 뜻하는 바는 이 주립대학은 농업 과학과 기술에 독점적으로 한정되어야만 한다는 것이다.[75]

수잘로는 주의회에 마지막 요구를 내놓았다. 그는 소위 지방의 이 해관계가 사회적으로 효율적인 고등교육체제를 성취하려는 노력을 방해하고 있음을 알고 있었다. 그래서 그의 마지막 제안은 재조직화를 위한 모든 노력이 모든 고등교육기관을 교육과정과 지출경비를 통제할 수 있는 워싱턴주 전체에 걸친 권력을 가진 단일 이사회 하에서 통합하는 것을 동반해야만 한다는 것이었다. 이 요구는 어떻게 해서든지 중앙집중화된 단일 이사회가 고등교육을 정치로부터 데어내 와서 그것의 행정을 전문화해야 한다는 야릇한 주장을 항상 동반하였다.

75_ Gates, *University of Washington*, pp. 146-48.

월 T.E. Will은 10년 전에 교육 트러스트들이 그들의 견해가 "과학적"이기 때문에 "그들의 대표자들이 그 주 정치의 부침과 상관없이 영원히 계속 통제를 해야만 한다"고 주장한 것이 얼마나 생소하였던가를 지적함으로써, 이 현상을 매우 거칠게 진단하였다. 그 이외 다른 정책은 "상스러운 이권주의" 또는 "정략"으로 간주되었다.[76] 만일 중앙집중화된 이사회가 고등교육을 정치로부터 분리해낸다면, 그것이 정확하게 문제였다. 중앙집중화된 이사회가 나타날 때마다[아이오와(1907) 캔자스(1913), 몬태나(1913)], 교육기관들에 대한 권력이 기업연합으로 항상 이전되었다는 점이 주의 깊은 관찰자들에게는 이미 분명해져 가고 있었다.[77] 그래서 아이오와에서, 스톰 Storm 학장은 중앙집중화된 이사회가 "아이오와 주립대학을 오해와 공감 없는 통제에 종속시켜가는 경향이 있다고"[78] 비판하고 있었다.

수잘로의 야심찬 제안은 워싱턴 주립대학 학장인 브라이언 Enoch Albert Bryan에 의해 무상불하토지 대학의 철학에 대한 적대적인 공격으로 정당화할 수 있게 해석되었다. 고등교육이 "전문가들"에 의해 과학적으로 관리된다고 한다면, 브라이언은 그들이 어떤 전문가들인가를 미리 알고 싶어했다. 그는 그러한 논쟁들에서 "기업과 정치 경험이 교육기관 이사회의 이사가 되기 위한 최고의 자격요건이라는 별난 통념이 우세하다"고 나중에 회고하였다. 브라이언은 이러한 통념에 의해 불안해졌다. 그는 자신의 경험으로부터 "대학의 사업적 기능과 교육적 기능 간에는 분리가 없다"[79]고 확신했다. 그 주립대학 이사회는 브라이언의 선도적 주도를 따랐으며 수잘로와 주지사에게 그들은 워싱턴 주 전역에 걸친 어떠한 통합 시도에도 반대한다고 통보했다. 이 주립대학 이사장은 모릴 법 the Morrill

---

76_ Will, "A Menace to Freedom," pp. 248-49.

77_ CFAT, *Annual Report, 1913*, p. 82; USBE, *Report of the Commissioner of Education, 1913-1914*, pp. 162-163; USBE *Report of the Commissioner of Education, 1914-1915*, p. 140.

78_ Ross, *Iowa State College*, p. 263.

79_ Bryan, *State College of Washington*, pp. 380-82.

Act의 입안자는 "이러한 교육기관들에 재학 중인 농부의 자식들이 농업만 공부해야만 한다는 의도를 전혀 갖지 않았다"[80]는 정확한 응답을 하면서 수잘로가 제안한 교육과정 개혁을 거부하였다.

USBE가 그 다음 해에 조사를 수행해달라고 부탁을 받았던 노스다코다 주에서도 이와 동일한 싸움이 보수주의자들과 농지사회주의 비당파 연맹the agrarian socialist Non-Partisan League(이 조직은 1915년 정치조직으로 건설되었는데, 그 근본 강령은 모든 산업시설의 국가 관리를 통하여 대기업주의 영향력 제거를 목적으로 삼았다. 최초에 노스다코다에서 시작하여 미국 중서부, 북서태평양 지대에서 혁신주의 시대에 큰 영향력을 행사하였다-역자) 사이에서 동일한 견지에서 이미 되풀이되고 있었다. 노스다코다비당파연맹(NPL)은 교육과정 개혁을 비난하면서 다소 더욱 시적이었는데, 그 개혁을 "우리 대학을 농민 실업고등학교로 만들려는 시도"로 간주하였다. 그러나 일단 중앙집중화된 이사회가 그 주에 배치되자, NPL은 대학교수진에서 그 연맹의 동감자들을 보호하고 또 그 연맹의 토지 균분 계획에 적어도 적대적이지 않은 대학 행정을 확보하는 일이"[81] 점점 더 어려워짐을 알게 되었다.

브라이언은 농부들과 노동자들이 시민권, 정치경제, 정부, 역사 그리고 사회학에서 실질적인 훈련을 거부당하면서도 더욱 생산적으로 되도록 배워야 한다고 마찬가지로 주장하였다. 기업의 기능주의자들과는 반대로, 그는 "모든 지식이 기초과학과 그 하위 분야들에 기초를 두고 있으며 그래서 통일체를 형성하기 위해 서로 엮여져 있다"고 믿었다. 이러한 과학의 통일체가 없다면, 사람들은 지식을 획득하지 못한 채 손쉽게 기술만을 획득할 수 있을 것이었다. 그는 "이 주제에 대하여 거의 생각하지 않았던 초보자들에게조차도, '중복'은 잘못된 의침으로 여

80_ Gates, *University of Washington*, p. 146.

81_ Louis M. Geiger, *University of the Northern Plains: A History of the University of North Dakota, 1883-1958* (Grand Forks: University of North Dakota Press, 1958), pp. 283-84; "Political Revolt in the Northwest, III: Making the Schools an Issue," *New Republic*, November 17, 1917, pp. 71-73.

겨지게 될 것이다"[82]라고 암시하였다.

그 조사에 반대운동을 전개하려는 브라이언의 노력에도 불구하고, 그는 "청문회를 열어서 보고할 위원회가 만들어졌고, 갈등을 해결할 대책이 마련되었다"고 나중에 이야기하였다. 그는 중립적인 전문가들에 의한 "편견이 없는" 조사를 기대하지 않았다. 그는 클랙스톤과 카펜이 "귀족적인 교육이론을 향한 유전적인 경향(원문-그대로)과 또 근로자계급의 교육을 우리가 우리 동료들에게 빚지고 있는 의무로 여기는 고상한 박애주의적 견해를 갖춘, 그러나 주어진 교육은 인생에서 그들의 상황에 적응이 되어야만 한다는 정서를 가진 신사"[83]라는 점을 알았다. 보고서의 초고를 읽고 난 후에, 그는 카펜에게 "만일 그것이 그저 단순하게 싸움이었다면, 우리는 전초전 없이 싸움을 하는 것이 차라리 더 나았을 것입니다"[84]라고 편지를 썼다. 그럼에도 불구하고, 전초전이 치러졌고, 그리고 워싱턴 조사위원회는 3월 초에 주의회에 그 결과물을 마침내 제출하였다. 카펜은 그의 보고서가 공개되었던 날에 "나는…브라이언 학장의 공격 앞에서 고개를 숙인 채 서서 그 날 저녁을 호텔 로비에서 보냈다"[85]고 이야기했다. 그의 최초의 당혹감은 교육국의 다른 직원들이 그의 보고서를 "걸작" "기념비적 작업" "대작" 그리고 "교육국이 최근에 출판했던 최고의 작업 중의 하나"[86]라고 부르기 시작하자 가라앉았다.

82_ Bryan, *State College of Washington*, pp. 380-81.

83_ Ibid., pp. 381, 383.

84_ USBE, E.A. Bryan to S.P. Capen, March 8, 1915, Historical File no. 501, Box 106, NA. Capen은 Bryan의 편지가 "자신이 받아본 가장 분노하고 위협적인 편지였다"고 썼다. 그것이 그를 걱정하게 만들었다. 왜냐하면 Bryan은 "교육적으로 그리고 어느 정도까지는 정치적으로 그 주의 막강한 인물이며 자신의 영역에서 황제이기" 때문이었다. Samuel P. Capen to Mrs. Capen, March 10, 1915 Capen Papers, Box 9.

85_ Capen to Mrs. Capen, March 6, 1915, Capen Papers, Box 9.

86_ Samuel P. Capen, *A Survey of Educational Institutions in the State of Washington*, USBE Bulletin, 1916, no. 26 (Washington, D.C.: GPO, 1916); Capen to Mrs Capen, June 26 and 29, 1915, Capen Papers, Box 9.

아이오와 조사위원회도 거의 같은 시기에 그 결과를 발표하였다.[87] 그 주에서 USBE는 명백한 의도를 가지고 조사를 수행해 달라고 초청을 받았다. 그 의도라는 것은 "조사작업과 그에 따른 권고사항들에 모든 가능한 권위와 명성을 부여함으로써 그 지역의 반대를 극복할 수 있도록"[88] 교육기관의 통합에 윤리적 지지를 확보하는 것이었다. 클랙스톤은 정확하게 그러한 종류의 전문가 권위를 발휘했던 조사팀을 임명하였다.

아이오와 위원회의 위원장은 카펜이었는데, 그는 다른 위원들에게 워싱턴주에서의 사건들을 주지시켰다. 그 다른 위원들은 휴즈Raymond M. Hughes, 교육국의 고등교육 전임 전문가이었으며 그 당시에는 일리노이 대학교의 학장인 바브콕, 최근 시카고 대학교 학생처장으로 재직 중인 떠오르는 경영자 유형인 엔젤James R. Angell, 이전에 코넬Cornell에 있는 주립 농업대학 학장이었으며 교육국의 농업교육에 관하여 특별 협력자였던 배일리 Liberty Hyde Bailey, 그리고 교육국의 국내경제학 전문가인 캘빈Henrietta Calvin이었다.[89] 카펜은 자신의 견해로는 "자신의 위원회보다 더 큰 집단은 로웰A. Lawrence Lowell, 하들리Arthur T. Hadley 그리고 프렛체트로 구성된 단체뿐이다."[90]라고 썼다.

클랙스톤은 이 두 조사에 기뻐하였으나, 그는 가드프레이에게 아이오와 조사가 "미국에서 수행된 조사 가운데 최고"[91]라고 편지를 보냈다. 그는 "주요 학과들

87_ USBE, *State Higher Educational Institutions of Iowa*, Bulletin 1916, no. 19 (Washing-on, D.C : GPO, 1916).

88_ Ross, *History of Iowa State College*, p. 297.

89_ Capen은 Hughes가 "수치들을 수집하고 정돈하는" 솜씨가 뛰어나서 그는 "우리가 미처 알기도 전에" 아이오와 위원회의 회의들에서 "무대의 중심"에 서게 되었다고 보고하였다. Capen to Mrs. Capen, November 10, 1915, Capen Papers, Box 10.

90_ Capen to Mrs. Capen, November 15, 1915, Capen Papers, Box 10. Hadley는 전직 정치경제 교수이고 철도 관리국의 강사였으나, 이때에는 Yale대 총장이며 CFAT 집행위원회 위원이었다. 전직 정치학 교수인 Lowell은 Harvard 총장이며 CFAT이사이기도 하였다.

91_ USBE, P.P. Claxton to Hollis Godfrey, February 23, 1916, Historical File no. 501, Box 105, NA.

각각의 학생-시계 시간 당 교육비용을 보여주는"[92] 보고서 부분에 각별히 만족스러워했다. 이 두 보고서는, 이 두 주의 고등교육기관에 효율성의 표준화된 척도를 응용했을 뿐만 아니라, 이후의 모든 조사에서 관례가 되어버린 여러 가지 권고사항들을 제시하였다. 게다가 이 두 사례에서, 조사팀들은 의회의 문의에 답변하고 입증하고 로비를 하고 의회법안 작성을 거들고 또 확장된 정치적 논쟁으로부터 마침내 나타났던 제정된 법률의 이행에도 심지어 자문하기 위해서 그 주들에 남아있었다.[93]

내부행정개혁을 위한 제안들은 다음과 같은 CFAT의 평소의 추천사항들을 앵무새처럼 되풀이하였다. 즉, 강의, 교육과정 그리고 연구에 대한 더욱 강한 행정지배를 위한 품목명별 예산, 분명한 권위 계통성을 가진 기능적으로 차별화된 위계적 행정구조, 중앙집중화된 사무와 회계 사무실, 지출에 대한 사전, 사후 감사, 강의실 공간, 건물 그리고 장비의 중앙집중화된 할당, 그리고 건전한 기업 절차를 이용할 전임 전문 경영자들에 의한 행정 등이 그것들이다.

하나의 체계라는 개념이 교육기관의 관계 문제에 의식적으로 응용되었다. 주에는 모든 고등교육기관들을 책임질 단일한 중앙집중화된 이사회가 생기게 되었다. 이 이사회는 가장 비용 효율적인 기능 분업에 따라 교육기관들 간에 교육과정을 할당하는 권위를 가지게 되었다.

교육국은 철도행정과 매우 유사한 새로운 개념을 도입하였다. 교육과정 할당에 대한 무상불하토지 대학으로부터의 정치적 반대는 조사팀들로 하여금 강의와 연구의 "주요계통과 보조계통major and service lines"이라는 개념을 갖춘 원래 입장을 수정하도록 하였다.[94] 이 수정은 특정 교육기관들이 교육 자원을 주요계

92_ USBE, *Report of the Commissioner of Education, 1915-1916*, p. 125.

93_ Capen to Mrs. Capen, March 7 and 11 and June 29, 1915; February 15, 16, and 17, 1916; all in Capen Papers, Boxes 9 and 10.

94_ Chandler, *Strategy and Structure*, pp. 22, 38. 철도 행정가들은 철도사업을 "주요"와 "보조"단위들로 최초로 분업하였다. 주요 단위들은 운송과 직접 관련된 활동들 즉, 승객들과 화물의 수송으

통의 강의와 연구(즉, 공학, 교양과정, 농업)에 집중할 것을 요청하였다. 주요계통들은 지방 노동시장 분할(예를 들어서, 농업, 전문직, 산업)에 비례해서 그리고 주에 있는 다른 교육기관들보다 더욱 효율적으로 주요계통을 생산해낼 수 있는 교육기관의 입증된 능력에 부분적으로 비례해서 할당하기로 하였다. 강의와 연구의 보조계통들은 주요계통(들)에 지원 인력을 마련하였다. (예를 들어서 농업을 위한 화학, 법학을 위한 정치학 또는 공학을 위한 물리학) 그래서 주요 학문들의 전체 또는 대부분이 개별 교육기관에 남아있었으나, 각 기관에서 주요계통 또는 보조계통으로서의 그 학문들의 위치에 따라 그것들이 분배되고, 팽창되고 축소되고 또는 변경되었다.[95]

조사위원회들은 이 사항에 대해서는, 모든 교육기관들이 그들의 생산품에 대한 수요를 노동시장의 어떤 분할들이 실제로 구성하는가를 명확하게 알아내기 위해 졸업생들의 직업상의 목적지를 상세히 기록하라고 추천하였다. 이것은 대학과 대학교로 하여금 상관된 노동시장과 관련하여 교육과정들을 세밀히 조정하는 것을 가능하게 하였다. 위원회들은 위와 마찬가지 입장에서 모든 교육기관들에게 지방 또는 지역 노동시장을 꼼꼼히 감시하는 기능을 가진 직업소개소를 세우라고 추천하였다. 이러한 소개소들은 생산품들(즉, 개설 강좌들과 연구)에서 필요한 조절들을 확인하는 데 도움을 줄 수 있었으며, 또 대학교로부터 직장으로의 이동을 활성화함으로써 노동시장에서의 마찰을 완화할 수 있었다.

이러한 제안들은 미국 대학 교육기관들의 이전 임무로부터의 근본적인 결별이었다. 대학과 대학교는 성품, 시민권 또는 지도력을 위해서라기보다는 직업훈련을 시키는 책임을 최초로 떠맡고 있었다. 거기에는 추가적인 가정 사항이

로 구성되었다. 보조단위들은 주요사업을 위한 "서비스들" 예를 들어서 열차표 판매나 기관차 수리들을 제공하였다.

95_ Samuel P. Capen, "The Status of the Land-Grant College as Outlined in Reports of Surveys Recently Made by the United States Bureau of Education," April 7, 1919, Capen Speeches, SUNY —Buffalo University Archives.

있었는데, 그것은 이제부터 대학과 대학교 학위가 대부분의 다른 사람들을 부적격자로 간주하면서 대학 졸업자를 특정 직업에 더욱 자격을 갖춘 사람으로 만드는 능력에 대한 실력사회의 증명서(부분적으로는 개인의 능력에 비례해서, 부분적으로는 학위를 수여하는 교육기관의 명성에 비례해서)를 마련해 준다는 것이었다.

교육국은 그 이후에 1920년대를 통해서 주마다 차례로 일련의 조사를 수행해 달라고 초청을 받았다. 지방과 지역 시장에 탈중심화된 적응을 하라고 추천함으로써, 교육국은 주와 시 또는 사적인 고객층들에게 최대의 직접 봉사를 제공할 정도로 여전히 융통성이 있는 전국적 체제의 구성물을 형성하였다. 이러한 작업은 주와 지방의 교육투자에 대하여 최대로 가능한 환원물을 제공하였고 반면에 전국적인 경제와 정치발전을 위한 하부구조의 사회적으로 효율적인 규정에 대한 전국적인 관심을 촉진하였다.

교육국 자체 평가로는, 이 조사가 그 국이 권한을 가지고 있는 "가장 중요한 자문 방법"이었다.[96] 카펜은 10년이 채 못 되어서 교육조사와 특정 관점을 설득력 있게 증진할 수 있는 그것의 능력이 교육국으로 하여금 "교육국의 규모와 재원과 균형이 맞지 않을 정도로"[97] 미국 교육에 영향력을 행사할 수 있게 해주었다고 결론지었다. 그는 그 영향력의 생명력은 미국교육국(USBE)이 "진정으로 지성적인 지도력"(그가 "사상의 지도력leadership of ideas"이라고 부른 것)을 제공하는 능력에 놓여있다[98]고 논평하였다.

워싱턴과 아이오와 조사들은 꾸준하게 여세를 획득하였던 조사운동을 발동시켰다. 다음 해에, USBE는 네바다와 애리조나주의 대학교들에서 조사를 수행하였다. 이러한 조사들은 노스다코다, 사우스다코다 그리고 알라바마주 체제들에 대

96_ Smith, *Bureau of Education*, p. 70.

97_ *Bulletin of the AAUP*, March 1922, p. 10.

98_ Samuel P. Capen, "The Colleges in a Nationalized Educational Scheme," *School and Society* 9 (May 24, 1919): 613-18.

표 4.3. 1910년부터 1927년까지 미국교육국 조사들

조사 유형	회수
흑인 교육에 대한 전국 연구[a]	1
주 교육체제[b]	11
주 고등교육체제	10
고등교육기관	98
국가 교육체제	22
시 교육체제	23
시 체제의 구성 프로그램	15
기타[c]	20
전체 출장 일수	200

출처: USBE, *Report of the Commissioner, 1927* (Washington, D.C.: GPO, 1928), p. 20.
a 고등교육 포함
b 이들 가운데 4개가 고등교육 포함
c 무상불하토지 대학에 대한 전국조사 포함

한 조사들로 이어졌다. 1915년부터 1928년까지 14년 동안에, USBE는 최소한 240개의 개별 기관들을 포함하는 최대한 114개의 고등교육기관 조사를 수행하거나 참여하였다(표 4.3. 참고).[99] 이것이 뜻하는 바는 미국의 4년제 고등고육기관의 1/3을 USBE가 직접 조사하였다는 것이다. 이 조사의 대부분은 공립기관에 대한 것이었다. 그림 4.1.은 이 조사의 지리적 분배가 1927년 말로 완성되었음을 보여준다. 15개 주에서, 전체 고등교육체제(종종 사립대학을 포함해서)를 교육국이 조사하였다. 9개의 추가 주에서, 교육국은 주립대학교만을 조사하였다. CFAT가 행한 비슷한 조사들과 특정 주에 의한 자체 조사도 이 그림에 포함되어 있다.

표준화하고 조정하는 중개자로서 교육국의 활동도 전국적으로 카네기 계획을

99_ 이 수치는 다음의 자료들에서 가져왔다. USBE, "Information about Surveys Compiled for Use by Appropriations Committee," January 2, 1922; "Higher Educational Surveys since 1921," January 5, 1926, in Historical File no. 501, NA. 이러한 조사들에 대한 출판되었으나 완전하지 못한 목록은 다음 자료에서 찾아볼 수 있다. USBE, Report of the Commissioner of Education, for the years 1922 through 1928 and in USBE, Educational surveys, Bulletin, 1928, no. 11 (Washington, D.C.: GPO, 1928).

그림 4.1. 1914년과 1928년 사이 조사연구운동

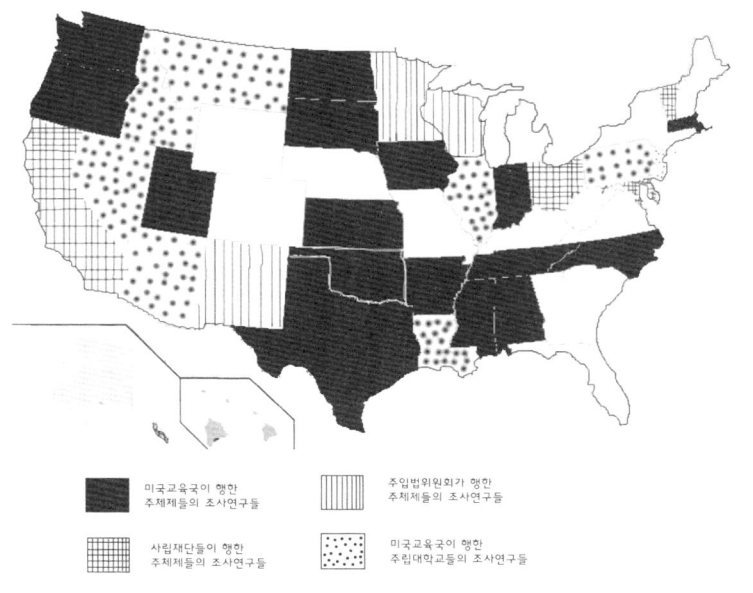

미국교육국이 행한
주체제들의 조사연구들

주입법위원회가 행한
주체제들의 조사연구들

사립재단들이 행한
주체제들의 조사연구들

미국교육국이 행한
주립대학교들의 조사연구들

이행하는 데 대단히 성공적이었다. 그 권장사항들은 모든 주에서 예견할 수 있는 방침을 추구하였다. 1928년에 출판된 교육국 조사 가운데 한 조사에서, 교육국은 다음과 같이 보고했다.

"조사의 주목적이 무엇이던 간에, 동일한 묶음의 사실들과 조건들이 연구되고, 특정한 문제들을 다루는 상당히 동일한 수단들이 추천된다. …모든 조사들은 교육적 조정의 문제들, 통제의 방법들, 그리고 지원의 본질에 상당한 무게를 둔다. …각각의 해당 분야들과 관계된 둘 또는 그 이상 교육기관들 간의 논쟁을 해결하기 위해서, 교육국은 주요계통과 보조계통 원리의 응용을 꾸준하게 권장하였다. 교육기관 사이에 조정이 모자랄 때에는, 교육국은 이사회에게 목적의 통일성을 가져올 수 있는 수단들을 고안해내라고 추천을 해왔거나 또는 그 기관들을 관리할 수 있는 중심적인

이사회의 구성을 추천해왔다. 다른 대리인들이 수행한 주 조사들도 교육국의 노선들이 추종하였던 것과 동일한 일반 노선들을 따라왔었다."[100]

조사운동에 대한 정확한 측정은 어렵다. 왜냐하면 교육국 자체의 조사가 교육국이 미국의 대학들을 휩쓸었던 정도를 충분히 측정하지 못하기 때문이다. 알려지지 않은 수십 개 또는 수백 개의 소규모 조사 또는 잘 알려지지 않은 대학들이 이 성장하는 국가장치들 안에서 자신들을 위한 틈새시장을 확인하기 위한 시도로서 그들 자체의 내부 조사들을 수행하였다. 많은 교육기관들은 이전 조사 권장사항들이 성공적으로 이행되고 있는 정도를 측정하기 위한 수단으로 여러 차례에 걸쳐서 자체 조사를 하였다. 교육국은 실제로는 고등교육 조사들에 대한 종합적인 목록을 한 시점에서 편찬하려고 시도하였지만, 그 목적에 훨씬 못 미쳐서 그 기획을 포기하였다. 교육국의 편집진은 "그러한 연구들의 목록이 너무 신속하게 증가하고 있고 또 그것들 가운데 너무나 많은 연구들이 캠퍼스 근접 지역 밖에서는 거의 배포되지 않아서 이러한 작업에 대한 적절한 기록이나 소식이 어디에도 존재하지 않는다"[101]고 결론내렸다.

이 운동의 충격에 대한 정확한 평가도 마찬가지로 문제가 많다. 교육국은 교육국의 권장사항들 가운데 어떤 것을 교육기관이나 주의회들이 실제로 채택하였는가에 대하여 체계적인 기록을 하지 않았다. 그럼에도 불구하고 1928년 내부 공문서에서 조사운동의 실질적인 결과를 수집하려는 교육국의 한 시도는 거의 모든 조사 이후에 추천한 노선들을 따라서 상당한 정도의 실질적인 변화가 일어났음을 보여준다.[102]

이 점에 대해서는 1927년에 본드 Jesse A. Bond가 맡았던 간접적인 흥미를

100_ USBE, *Educational Surveys*, pp. 1, 4.

101_ USBE, *Biennial Survey of Education, 1926*, p. 24.

102_ USBE, "Results of Educational Surveys Conducted by the U.S. Bureau of Education," September 1928, Historical File no. 501, NA.

*11*는 하나의 연구가 있다. 본드의 연구는 이 조사들이 초등학교와 중등학교에 준 충격의 평가에 국한되었다. 그러나 이 연구는 특히 초·중등 수준에서 만들어진 행정상의 추천사항들이 대학교 수준에서 제안되었던 그것들과 매우 유사하다는 한도 내에서는, 조사운동이 발휘했던 영향력에 대한 일반적인 느낌을 실제로 전달해준다. 본드는 조사자들이 남겨놓은 주요 권장사항들의 목록을 학교조사가 수행되었던 도시로 보냈다. 그는 권장사항의 66%가 이미 채택되었음을 발견하였다. 14%는 "호의를 받았으나 아직 완료되지는 않았다." 또 7%는 "크게 조절"을 해서 채택되었다. 13%만이 사실상 "바람직하지 않은" 것으로 생각되었다.103

게다가 교육국은 1928년까지 작은 사립대학들과 더 큰 대학과의 합병 그리고 공립대학들의 연합된 네트워크 형성이 "조직의 새로운 방법과 형태가 고등교육에서 개발될 것 같다는 점을 보여줄 정도로 충분하게 분산되어 있는 미국의 지역에서 성취되었다"고 보고할 수 있었다. "고등교육체제"가 한두 개의 명성있는 연구대학교들을 핵심으로 삼아서 구축되고 있음이 주목되었다. 하나 또는 그 이상의 작은 대학들이 그런 다음에 "발달된 작업에 공급자로 봉사하기 위하여"104 그 대학교들 주변에 절합되었다.

이러한 면에서, 전국적인 이데올로기 국가장치(ISA)의 기본 구조가 1929년까지 설치되었다. 이 국가장치를 연방정부 차원에서 조정하였으나 형식적으로 독립적인 교육기관들의 탈중앙집중화된 그물망으로 개념화하는 것이 아마도 가장 나을 것이다. 사람들은 이 국가장치의 다중심적 핵심에서 경제활동과 정치권력의 핵심적인 지역 중심들에 전략적으로 위치해 있는 여러 개의 주요 연구 대학교를 발견했다. 이러한 대학교들의 주된 특징은 박사학위를 수여하는 극소수의 대

103_ USBE, Jesse A. Bond to P.P. Claxton, January 19, 1927, Historical File no. 501, NA; Jesse A. Bond, "Results of School Surveys" (M.A. thesis, Education Department, University of Southern California, 1927).

104_ USBE, *Report of the Commissioner of Education*, 1927-1928, p. 4.

학교들에 속한다는 것이었다.105

　1918년에 44개 대학교 또는 전체 4년제 고등교육기관의 약 8%가 미국에서 박사학위를 수여했다. 이 44개 대학교들의 61%는 주로 북동부의 산업지역에 있는 사립대학교들이었고, 또 정확하게 북동부 금융그룹들과 가장 길접하고 직접적으로 밀착되어 있는 대학교들이다. 이 사립대학교들은 1918년에 미국에서 인정되는 모든 박사학위의 74%를 수여하였다. 게다가 이러한 사립대학교 집단이 수여하는 박사학위 가운데에서 2/3를 오직 5개 대학교(하버드, 예일, 컬럼비아, 코넬 그리고 시카고 대학교)가 수여하였다.106

　마찬가지로, 공립대학교들이 수여하는 모든 박사학위의 절반을 오직 3개의 기관(캘리포니아, 일리노이 그리고 위스콘신 대학교)이 수여하였다. 으연은 아니겠지만, 캘리포니아는 카네기재단(CFAT) 조사의 결과로 재조직화되는가 하면 일리노이는 USBE가 조사했던 그 주의 유일한 교육기관이었다. 위스콘신은 자체 조사를 하였는데, 그 이유는 농부-노동자 혁신주의자들이 고등교육 자율성을 상실할까 두려워했기 때문이었다. 이 세 대학교들 모두가 카네기연금체제에 마침내 가입되었던 극소수의 공립교육기관들에 속했다.

　만일 이 8개 교육기관이 전국적인 이데올로기 국가장치의 핵심으로 확인된다면, 사람들은 미국의 4년제 기관의 1.5%가 1918년에 수여된 모든 박사학위의 63%를 수여했음을 알게 된다.107 10년 후에도, 이러한 패턴은 본질적으로 원형 그대로였다. 유일한 차이점은 더 많은 공립대학교들이 저명해졌으며 또 국가장

105_ 우리는 재단 기부금의 결과로서 여러 주요 연구 중심대학교들이 생겨나는 데 있어서 의식적인 계획의 역할을 무시할 수 없다. 그 전략의 부분으로 "우리의 대학 계획°, 아직 완전한 권한을 획득하지 못한 교육기관들을 발전시키려고 노력하는 한에서, 현대 대학교가 인구, 산업, 그리고 부-wealth와의 밀접한 연관 속에서 번성하고 가장 쓸모가 있다는 고려사항에 무게를 두어야만 한다는 점에 주목한다(GEB, *General Education Board*, p. 133).

106_ 백분율은 USBE, *Biennial Survey of Education, 1916-1918*, esp. p. 698의 수치들을 가지고 도표화했음.

107_ Ibid.

치의 핵심 위치를 차지하였다는 점이다. 미국의 모든 4년제 교육기관들 가운데 약 1.7%, 그러니까 12개 대학교가 1928년에 배출된 모든 박사학위의 65%를 수여하였다. 1918년 명단에 올랐던 8개 교육기관들은 모두 이데올로기 국가장치의 핵심에 여전히 자리를 잡고 있었다. 아이오와, 미시건 그리고 미네소타 대학교뿐만 아니라 존스 홉킨스도 1920년대에 핵심에 자리를 차지하였다.[108]

ISA의 중앙에 그들이 들어서게 된 것은 조사운동에 그들이 참석한 것뿐만 아니라, 사적인 국부라는 저수지로부터 그들이 직접 그 부를 뽑아낼 수 있는 능력과 연결되어 있다. 이러한 역량은 한 교육기관이 지역사회 토대에서 부와 수입에 대해 지배적인 통제력을 발휘하는 계급과 가지는 지방정치적 유대관계와 일반적으로 연관되어 있었다. 예를 들어, 1918년 박사학위 수여를 지배했던 8개 대학교는 그 해에 고등교육기관에 주어진 사적 기부금 전체의 25% 이상을 받았다.[109] 1928년에는, 12개의 지배적인 교육기관들이 고등교육에 주어진 사적 기부금의 30%를 받았다.[110] 조사운동의 권장사항들과 연결되어 있는 급발전이라는 재단의 전략이 고등교육에 주어진 공적, 사적 기부금의 불균형한 몫을 그 결과로서 유인했던 교육기관들의 핵심 무리들을 구축하였다. 그리고 그 정점은 더욱 더 높아졌다.

그래서 1920년대 말까지, 미래의 미국 고등교육의 구조를 형성할 여러 가지 경향들이 가동되었다. 개별 교육기관들은 전국적으로 표준화된 생산성의 측정과 투자에 대한 환원율에 따라 운영되는 중앙집중화된 기업 관료제도로 발전해가고 있었다. 이러한 기준들 안에서 전체 교육사업은 지방 또는 지역의 노동, 정보, 연구, 전문직 지식시장으로 점점 더 통합되었던 생산과정으로 재구조화되고 있었다. 이러한 과정은 연방정부가 지도하는 점점 더 계획된 기획이 되었다. 자본주

108_ 백분율은 USBE, *Biennial Survey of Education, 1926-1928,* esp. p. 699에 있는 수치들을 가지고 도표화했음.

109_ USBE, *Biennial Survey of Education, 1916-1918,* pp. 710-12에 실린 수치들로 도표화했음.

110_ USBE, *Biennial Survey of Education, 1926-1928,* pp. 700-701에 실린 수치들로 도표화했음.

의적 민주주의 안에서 자본 하부구조, 자본축적 그리고 정치적 지도력의 문제들을 해결하는 쪽으로 방향이 설정된 전국적인 이데올로기 국가장치¹의 구축은 잘 진행되고 있었다.

5장

전쟁과 지식인들: 군학복합체 건설

미국대학교의 발전에서 1차 세계대전(1914년 6월 시작되어 1918년 12월에 종전되었으며, 미국은 1917년 4월 6일에 참전하였다 – 역자)을 잠시 동안의 방해로 여기는 것이 얼마간 정통 역사 편집법이었다. 전시의 선례들은 근본적으로 현대 고등교육의 발생에서 중요한 역할을 하지 못했던 갈피를 못 잡게 만든 사건으로 폐기되었었다.[1] 그러나 그와는 반대로, 최근의 연구는 이제 1차 세계대전이 현존하는 경향들을 가속화하였던 사실상의 도약기였으며, 한편으로는 이러한 변화들을 미국대학교의 영원한 구조들로 제도화했다고 암시하고 있다.[2] 노블 Noble이 제안하듯이, 1차 세계대전은 "미국의 전체 고등교육 구조에 대한 통제를 확보하고, 이전과 달리 그 구조를 조정하고 또 그 구조에 기업형 산업의 명령들을 주입하기 위한"[3] 독특한 기회의 창문이었다.

전쟁은 국가적 과학 national science이라는 미국의 이데올로기를 빚어냈는데, 그것은 이후에 지식인들의 활동을 두 가지 방식으로 새롭게 방향설정을 하는 데 이데올로기적 기초로서 복무하였다. 지식인들의 전쟁 참여를 동반했던 돈,

---

1_ Geiger, *To Advance Knowledge*, pp. 105-7.

2_ Levine, *American College*, pp. 38, 23-24.

3_ Noble, *America by Design*, p. 206.

장비, 명성 그리고 정치적 권력의 주입은 그들로 하여금 중앙에서 관리하며 임무 지향적인 연구에 훨씬 더 예민하게 만들어 놓았다. 그렇기 때문에 자율의 원리는 "공공서비스public service"[4]라는 개념을 위하여 점점 더 무시되었다. 그러나 공익사업은 국가의 행정 엘리트들이 정의내린 행정상의 목적(즉, 국익)을 성취하기 위한 "수단"에 대한 전문가 지식의 응용을 뜻하는 것으로 이해되었다. 1차 세계대전으로부터 생겨났던 국익은 경제성장과 국방문제들에 대한 두 측면으로의 공격이었다. 공익사업은 자본주의적 경제발전을 촉진했던 연구와 인력 훈련 프로그램에서 그리고 지식인들에게 미국을 그 합법성에 맞게 내·외부의 위협으로부터 방어하도록 의무를 부여하면서 제도화되었다.

고등교육과 국가군비운동 National Preparedness

1차 세계대전으로 향하는 미국의 경향은, 국가군비운동의 요구가 1916년 국가방위법(이 법은 전시와 평화시에 군대의 증강을 목표로 제정되었으며, 전반적인 군병력의 증대를 위한 제반 조치를 강구하였다. 특히 대학에서의 학군단 창설을 목표로 하였고, 유사시 군대동원권의 확고한 보장을 허락하는 조항을 가지고 있다-역자)의 통과로 인해 충족되자, 우드로 윌슨 대통령과 민주당에 의해 마침내 마지못해 인정되었다. 이 새 법은 커져가는 군비운동을 지도하고 조정하기 위한 민간자문회의를 가진 국방위원회(CND)를 만들어냈다. 그러나 1917년까지 국가군비운동은 친연합군 전쟁 히스테리로 바뀌어가고 있었다. 은행가와 기업가 연합체, 언론인, 지방정치인, 군장교, 주방위군, 농부 그리고 여성유권자들(이 순서대로) 각자가 연속적으로 미국이 연합군 편을 들어서 적극적으로 참전할 것을 요구하였다.[5] 미국의 참전을 노조가 공식적으로 반대했음에도 불구하고,

---

4_ Tobey, *American Ideology of National Science*, p. xi.
5_ 다양한 사회집단들의 주요 연합체들의 성명서, 결의문 그리고 여론조사의 대표적인 추출 견본

마침내 미국노동총연맹(AFL) 전국지도자들조차도 노동자는 국가군비운동을 지원할 것이고 참전할 경우에 충성할 것을 선언하였다. 점점 더 모든 시민들이 그들의 충성을 선언할 것으로 예상되었던 환경 속에선, 주도적인 교육자들과 대학교 지식인들의 주목할 만한 침묵도 애국심을 입증하겠다는 함성으로 마침내 인도되었다.

버틀러는 컬럼비아 대학교를 국가군비운동의 최전선에 밀어넣음으로써 이 도전에 반응을 보인 최초의 대학교 총장이었다. 1917년 2월 7일에 버틀러 총장은 셀리그만E. R. A. Seligman이 위원장을 맡은 대학교 특별위원회의 출범을 선언하였다. 셀리그만은 컬럼비아 경제학과의 악명 높게 보수적인 학과장이었다.[6] 그 위원회는 학생부장인 키펠Frederick Keppell과 4명의 컬럼비아대학교 과학자와 공학자를 포함하였다. 이 위원회에게 이 교육기관의 인적 자원과 물적 자원의 재산목록을 작성하라는 임무가 맡겨졌다. 그런 다음 이 목록은 전시 비상사태의 경우에 행정부가 대학교 동원 제안서를 개발하는 데 사용되었다.[7]

컬럼비아 대학교 이사회는 며칠 후 버틀러의 조치를 승인하는 결의문을 통과시켰으며, 연방정부에게 참전하는 경우에 대학교의 실험실과 통계학과를 무한정으로 제공하는 추가 조치도 취하였다. 2월 18일에는, 해군사무관과 협력하여 종합적인 계획이 전시에 컬럼비아 대학교 "전체 자원"을 일시적으로 국유화하도록 공식화했다는 선언이 나왔다. 그 후 몇 주 사이에 걸쳐서 거의 백 개의 대학교들이 그들의 건물과 장비를 연방정부에 제공함으로써 컬럼비아의 모범을 뒤따랐다.[8] 충성심을 이렇게 상징적으로 표현하는 것과 관련된 어려움은 아마도 버틀러

을 위해서는 다음을 참고할 것. *New York Times*, January 5, 1917, p. 8; January 23, 1917, p. 8; February 8, 1917, p. 22; February 9, 1917, p. 4.

6_ 나중에 공산주의 언론가로서 명성을 획득했던 컬럼비아대 학부생인 Joseph Freeman은 가두연설대와 연단에서 Seligman을 "자본주의의 주된 경제변호론자"로서 여러 해 동안 공격하였다. Joseph Freeman, *An American Testament* (New York: Octagon Books, 1973), p. 110.

7_ *New York Times*, February 8, 1917, p. 22.

8_ Ibid., February 13, 1917, p. 8; February 18, 1917, p. 7; USBE, Report of the Commissioner of

한 사람을 제외하고는 대학교 행정가들이 전쟁을 위해 어떻게 대학을 조직할 것인가에 대해 전혀 몰랐다는 것이었다.

전쟁부the War Department (전쟁부는 미국 육군을 운영하는 책임을 가진 내각의 한 부서이지만, 1798년 해군부, 1947년 공군부가 만들어질 때까지 해군과 공군의 업무도 함께 보았다. 그 후 전쟁부는 1947년 육군부로 재편되었다가 1949년 국방부의 부속기구로 귀속되었다 - 역자), 교육국 그리고 국방위원회와 같은 연방정부 부처에는 행정가들과 개별 교수진들로부터 국가의 방침, 지침 그리고 정책들을 묻는 요청들이 쇄도하였다. 교육국은 컬럼비아의 재산목록 위원회가 개발한 "봉사양식"을 배분함으로써 응답하였다. 그 양식은 대학과 대학교들로 하여금 그들의 교수진, 동문, 학생 그리고 물적 설비로 대표되는 국가 자원의 목록을 만드는 데 필요한 표준화된 절차를 마련해주었다. 그것은 어떤 조치가 국가군비운동에 가장 잘 기여할 것인가에 대한 조언을 요청하는 모든 교육기관들에 발송되었다. 클랙스톤 국장은 미국이 참전했던 1917년 4월 6일에는, 교육국이 이미 "전체 대학교와 대학의 인사 목록을 작성했으며, 대학교들의 내부조직을 완성했고 또 대학교와 연방정부 사이에 협동적인 관계를 구축했다"[9]고 주장했다.

그러나 공식적인 전쟁설계정책은 국방위원회부터로만 나올 수 있었다. 국방위원회 민간자문위원회는 1917년 3월 3일 마침내 지침에 대한 요청에 대하여 별도의 공학교육위원회(CEE)를 구성해서 응답하였다. 그 위원회의 주된 역할은, 대학 행정부와 국가전쟁설계부서(즉 CND)를 위한 교육기관 조정의 중심적인 유대 방

Education, 1918, p. 15; Ibid., April 6, 1917, p. 15. 하버드의 행정부서와 교수진의 95%가 Wilson 대통령에게 "국민들이 어떤 희생을 치르더라도 나라를 보전하도록 이끌어 달라"고 요청하는 청원서에 서명하였다. *New York Times*, March 31, 1917, p. 6. 8개 여자대학 총장들과 교수진들은 전쟁이 발발할 경우 대통령에게 그들의 집단적인 충성을 맹세하였다. Ibid., March 31, 1917, p. 2. 뉴욕시립대학은 반전 저항의 요새였으나, 마침내 항복하여 전쟁중에 "완전한 협조"를 맹세하였다. Ibid., April 6, 1917, p. 15.

9_ USBE, *Report of the Commissioner of Education*, 1917, p. 2.

식을 마련해주면서, 공학교육에서 정책지침과 권고사항을 개발하는 것이었다. 드렉셀 공대의 가드프레이가 이 위원회의 위원장으로 임명되었다. 그 위원회 자체는 18명의 탁월한 대학과 대학교 총장, 2명의 대학 학장(컬럼비아의 켑펠을 포함해서) 그리고 4명의 정부 간부들로 구성되었다. 카펜은 그 위원회에 CEE와 USBE 사이의 연락관으로 임명되었다. 연방정부의 공식적인 전쟁 선전국인 공공정보위원회(COPI)의 한 위원도 연락관으로 임명되었다.[10]

미국이 전쟁선포를 한 직후인 1917년 5월 5일 가드프레이는 워싱턴 D.C에서 교육지도자 비상회의를 소집하였다. 가드프레이의 목적은 "고등교육기관들과 전쟁수행을 책임지고 있는 정부기관들 사이에 의사소통의 매개물"을 설립하는 것이었다. 그 회의에는 전국주립대학교 연합회, 미국대학교 연합회, 미국 농대연합회, 공학교육증진학회(SPEE), 그리고 몇 개의 단체에 가입하지 않은 개별 고등교육기관에서 온 약 150명의 대표가 참석하였다.[11]

이 비상회의의 첫 번째 선언문은 모든 교육자들과 교육기관의 위원회에 전쟁과 관련된 모든 통신문과 또는 다른 서신 왕래는 직접 CEE로 보내라고 지시를 내렸다. 마찬가지로 그들은 이제부터 모든 국방위원회(CND) 정책성명과 전쟁노력에 관련된 질문에 대한 답변들이 CEE를 통해서 그들에게 전달될 것이라고 통보를 받았다.[12] 이 선언문 다음에는 전쟁 동안에 고등교육에서 정부 전쟁정책을 위한 정책 틀을 확립했던 5가지 원칙이 뒤따랐다. 그 원칙들은 다음과 같다.

10_ USBE, *The Work of American Colleges and Universities during the War: A Report of the Work of the Education Section of the Committee on Engineering and Education of the Advisory Commission of the Council of National Defense*, Higher Education Circular no. 2, June 8, 1917, pp. 1-2.(이러한 회람물들은 처음 출전을 밝히고 난 후에 다음부터는 회람물 번호만 인용한다.)

11_ USBE, *Report of the Commissioner of Education, 1917*, p. 2; Charles F. Thwing, *The American Colleges and Universities in the Great War, 1914-1919* (New York: Macmillan, 1920), pp. 26-27.

12_ USBE, Higher Education Circular no. 2, pp. 1-2.

1. 징병연령(21세) 이하 남학생은 대학에 계속 재학할 수 있다.

2. 교육과정과 학사력은 전쟁을 지원하기 위해 수정되어야만 한다.

3. 응용과학분야 학생은 현역복무를 요청받기 전까지는 훈련을 마치도록 허락해야만 한다.

4. 군사훈련은 충분한 등록생이 있는 모든 대학에서 실시해야만 한다.

5. CEE로부터의 모든 전달사항들은 USBE나 또는 미국농무부(USDA) 회보, 회람물 등등의 발행을 통해서 공식적인 정부의 지위와 권위를 받아야만 한다.

　　이러한 일반 원칙들에 덧붙여서, 이 비상회의는 "만남의 의미"가 "교육의 책임이 전쟁과 관련된 문제들에 관한 정확한 정보를 유포하고 또 그 의미를 해석하는 고등교육기관에 달려있다"는 것임에 주목하였다. 그렇기 때문에 추가 회의들이 "교육과정에서의 변화를 주로 논의하기 위해" 5월 16일과 26일에 열렸다. 제안된 변화들은 캠퍼스에서 군사훈련을 확대하기 위하여 "전쟁부 계획"을 조정하는 것이었다.13

　　교육국은 이러한 초기 회의의 결과를 <전쟁이 계속되는 동안 교육기관의 관리를 위한 제안서>라는 제목이 붙은 팸플릿에 발표하였다. 이 팸플릿에서, 클랙스톤은 이러한 정책지침들 내에서 특정 조치들이 아직 공식화 중에 있으니 그동안에 고등교육기관들은 다음 두 가지 일을 해야 한다고 대학들에 통보했다. 즉 (1) 학생들을 대학 내에 유지하고, (2) 강의실 교육을 전쟁 문제들, 집중적인 공학과 기술전문직, 그리고 화학, 물리학, 생물, 그리고 "그것들의 실질적인 응용" 쪽으로 이전할 것.14 이러한 권장사항들은 1917년 7월 20일에 윌슨 대통령의

13_ USBE, *The Work of American Colleges ···during the War: A Report of the Work of the Education Section of the Committee on Engineering and Education of the Advisory Commission of the Council of National Defense*, Higher Education Circular no. 5, December 15, 1917.

14_ USBE, *Report of the Commissioner of Education, 1917*, p. 3.

공식적인 재가를 받았는데, 그때 윌슨 대통령은 내무부장관에게 전쟁 중에는 "응용과학의 다양한 분야의 전문 인력에 대한 수요가 그 어느 때보다도 많을 것"[15]이라고 써보냈다.

이러한 생각이 고등교육에서 궁극적으로 전쟁계획의 기초가 되는 추진력이었다. 클랙스톤은 대학교수진과 행정가들에게 보내는 서한에서 "전쟁 그 자체가 어쩌면 넓은 의미에서 공학 경쟁으로 환원될는지도 모릅니다."[16]라고 강조하였다. 외국 대학에 대한 최근 조사들에 따르면, 독일이 연합국보다 기술적으로 훨씬 앞섰으며, 여전히 기술적, 과학적이며 숙련된 노동자들을 적절히 공급하고 있다고 설명하였다. 반면에 연합군 국가들은 대학교들을 폐교하고 모든 능력 있는 인력을 전선에 평범한 전투병으로 파견함으로써 기술자와 공학자 예비군을 어리석게 고갈시켜 버렸다. 연합국의 기술자들은 참호에서 죽어가고 있었으며, 교육 수송관에는 그들을 대체할 학생들이 없었다. 그 결과로서, "모든 연합국에 대한 공급은 주로 미국의 대학, 대학교 그리고 공대로부터 나와야만 했다."[17] 클랙스톤은 그 이후의 한 회보에서 "이것은 군인들의 전쟁만큼이나 공학자, 화학자, 물리학자, 농학자 그리고 의사들의 전쟁이다"[18]라고 되풀이하였다.

그래서 고등교육기관들이 이 전쟁을 위한 노력에서 할 수 있는 가장 중요한 단일한 기여는 계속해서 학생들을 등록하게 하고 그들이 평범한 전투병으로 입대하지 못하게 하는 것이었다. 명확한 조치들이 공식화되고 있는 동안에, 교육국은 그 활력의 대부분을 1917년에 "학교에 남아있기stay in school" 선전운동에 바쳤다. 클랙스톤은 고등교육에 별로 관심이 없는 사람들에게도 대학에

15_ USBE, Woodrow Wilson to Franklin K. Lane, July 20, 1917, Commissioner's File no. 107, NA.

16_ USBE, Commissioner P.P. Claxton to College Officers and Teachers, August 16, 1917, ibid.

17_ Ibid.; USBE, *Report of the Commissioner of Education*, 1918, p. 14.

18_ USBE, *The Work of American Colleges…during the War: Contribution of Higher Institutions to the War and to Reconstruction*, Higher Education Circular no. 4. August 30, 1917, p. 1.

완전하게 등록하도록 하는 것이 지금의 국가 전쟁 정책이라는 점을 알리려고 서한을 보냈다.[19] 그의 편지들은 내무부장관과 전쟁부장관으로부터의 비슷한 서신왕래로 신속하게 이어졌다. 윌슨대통령 발언의 인용문들이 이 편지 모두에 포함되었다.

전쟁계획을 세우는 데 있어서 이러한 초기의 노력들은 사실상 굉장히 성공적이었다. 비상회의가 1917년 10월 19~20일에 재소집될 때까지, 그것의 원칙 조항들이 공식적인 정부 정책으로 채택되었다. 교육기관 보고의 20%가 지시 받은 대로 학생의 훈련과 졸업을 가속화하기 위해 4학기제로 바뀌었다. 예비역장교훈련단(ROTC), 즉 학군단은 육군과 해군으로 확장되었다. 징병규정은 공대학생이 실질적인 임무를 맡기 이전에 대학 훈련을 마칠 수 있도록 변경되었다. 그러는 동안에 COPI와 USBE는 힘을 합쳐서 국가역사봉사이사회(NHSB)를 만들었다. NHSB에게는 교육기관들이 전쟁을 올바르게 해석하는 그들의 임무를 충족시키기 위해 대학의 사회과학과 인문학 교육과정을 다시 짜고 또 학제 간 "전정문제" 관련과목들을 개발하는 임무가 주어졌다.

일단 전쟁 총동원이 성공적으로 진행되자, 새로운 기관, 기능 그리고 정책들이 급증하게 되어서 정부 부처 행정가들은 그들의 관심을 내부의 행정과 사무실 간 조정 문제들로 일시적으로 돌리게 되었다. USBE는 1918년 초에 그 내부 절차들을 재조직하기 시작했다. 1918년 1월 31일에 클랙스톤 국장은 "전쟁 자문위원회"에 복무하도록 그 국의 전문가들과 과장들 회의를 소집하였다. 그 위원회의 목적은 CEE와 CND에서 비롯된 더 광범위한 정책들의 맥락 안에서 교육국의 내부 운영을 이끌어갈 "종합적인 전쟁계획"을 개발하는 것이었다. 첫 번째 회의는 다음과 같은 4개 기획의 견지에서 교육국의 역할을 정의했다. 즉, "1. (이미

19_ 여기에는 주지사들, 공립기관 관리자들, 모든 대학과 대학교 총장과 교수진들, 모든 농장, 기업, 무역협회, 교회 그리고 학술잡지 편집자들, 대중잡지, 지방 상공회의소의 소장, 상공회의소 소장, 중앙 노조 위원장, 종교지도자 그리고 여성단체들이 포함되었다. USBE, undated memo and copies of August 16, 1917, Claxton letter, Commissioners File no. 107, NA.

진행 중인) 학교에 남아있기 운동, 2. 우선권을 받아내기 위한 (COPI와 협력하여) 선전과 광고, 3. 다른 부서들 즉 전쟁부와 학교가 효과적으로 연락을 취하도록 돕기, 4. 모든 교육과정을 전쟁쟁점을 향하여 고치기."[20]

다음날 두 번째 회의에서는, 카펜을 위원장으로 삼은 소집행위원회가 선발되었다. 이 회의에서 전쟁위원회는 클랙스톤 국장에게 "수중에 있는 모든 작업"에 대한 교육국 내 목록을 작성한 후 "전쟁작업을 할당하는 것에 관해 매우 명확한 명령"을 내리라고 요청도 하였다.[21] 교육국의 문서철에 있는 서류들은 이 요청에 따라 두 번의 목록작성이 실제로 수행되었음을 보여준다. 그 하나는 교육국이 하고 있는 전체작업, 즉 진행중인 기획들과 일상적인 일들에 대한 목록작성이었다. 다른 하나는 이 일을 개별 국원과 고용 직원들 사이에서 분배하는 것에 관한 상세한 분류작업이었다. 클랙스톤은 이 정보를 이용하여 전쟁노력과의 즉각적인 관련성 관점에서 모든 기획의 우선순위를 확립했다. 그가 그 이후에 발표했던 메모들은 이 시기에 교육국이 전력을 다했던 활동이 전쟁이었음을 보여준다. 모든 "비전쟁 기획들"은 전쟁기간 동안에 "무기한 연기되었다."[22] 교육국은 남아있는 기획에 우선순위를 부여한 후에, 교육국 국원들 각자에게 부과된 특정 임무를 항목으로 만들었던 27개 "전쟁계획" 요점을 발행했다.

이 기획들 가운데 10개는 고등교육을 다루었다. 이들 가운데 하나를 제외한 모든 것이 전문가인 카펜의 감독 하에 배치되었다. 이 기획들 가운데 가장 중요한 것은 "대학 내 군사훈련의 위상", "전쟁의 쟁점과 목적을 가르치기 위해" 대학 인사와 설비를 사용하는 것, 미국 고등교육의 재정조건에 대한 전쟁의 영향, 그리고 전후 대학과 대학교가 재조정될 때 예견되는 미래의 문제 등이었다.[23] 카펜은

20_ USBE, Minutes of 3:30-5:15 Conference, Thursday, January 31, 1918, ibid.

21_ USBE, Minutes of Conference, Friday, February 1, 1918, ibid.

22_ USBE, "P.P. Claxton, Activities in Connection with War Work," ibid.

23_ USBE, "Bureau of Education: Suggestions for War Service," ibid.

이러한 재조직 이후에 CEE와 CND에게 자신이 이제 고등교육에서 교육국의 전쟁작업을 공식적으로 맡고 있으며, 그들에게 진행 중인 활동에 대하여 보고하겠다고 전하였다.[24]

이 일이 있고난 직후에, 내무부장관 래인Franklin K. Lane은 행정부서 전체에 걸쳐 전시 교육정책을 합동으로 공식화하기 위하여 (클랙스톤의 요청에 따라) 다양한 부처로부터 정부 전쟁 설계자 회의를 소집하였다. 클랙스톤의 목적은 부처 간 권위의 경계를 분명히 하고, 상관된 프로그램들을 조정하고 또 서로 중복되는 권한을 가진 부처들 간에 계속적인 노력을 확실하게 하는 것이었다. 1918년 2월 초에, 전쟁부, 해군, 농업과, 노동과 그리고 미국 행정기관 위원회에서 온 대표들이 참석했던 여러 회의가 소집되었다. 그 결과는 장관들이 이러한 여러 다양한 부의 운영 문서로서 승인하고 서명했던 종합적인 전시 "교육계획"이었다. 이 계획은 이미 배치된 정책들을 주로 반복하였지만, 이 문서는 전시 자원부족 때문에 "학교들은 효율성을 높이기 위해 가능한 모든 일을 해야 한다"[25]고 첨언했다.

전시에 고등교육자원 동원을 위해 마침내 생겨난 행정 장치는 <그림 5.□>에 그림으로 설명되어 있다. 공학교육위원회(CEE)는 국방위원회(CND)의 민간인 자문위원회의 전문화된 소위원회로서 고등교육 중심설계 부서 자격으로 활동하였다. 일단 CEE가 고등교육을 위한 그 일반 목적들을 공식화하자, 전시 활동의 장소는 교육국으로 이동하였다. 교육국은 이러한 목적들을 특정한 정책들로 재공식화하는 데 필요한 정보와 재산 목록들을 소유하고 있었다. 그런 다음에 이러한 정책들은 국가역사봉사위원회와 교육과특별훈련위원회(CEST)와 같은 여러 특별위원회에 의해 관리되고 이행되었다. 전쟁부는 모든 기술적이고 군사적인 프로

24_ S.P. Capen, "Report of the Division of Higher Education to the Executive Committee," ibid.

25_ USBE, *Government Policies Involving the Schools in Wartime*, Teachers' Leaflet no. 3, April 1918, pp. 1-2.

그림 5.1. 1917년부터 1918년까지 미국 고등교육에서 전시정책협력을 위한 행정구조

정책수행   계획수립   조사연구와 공시

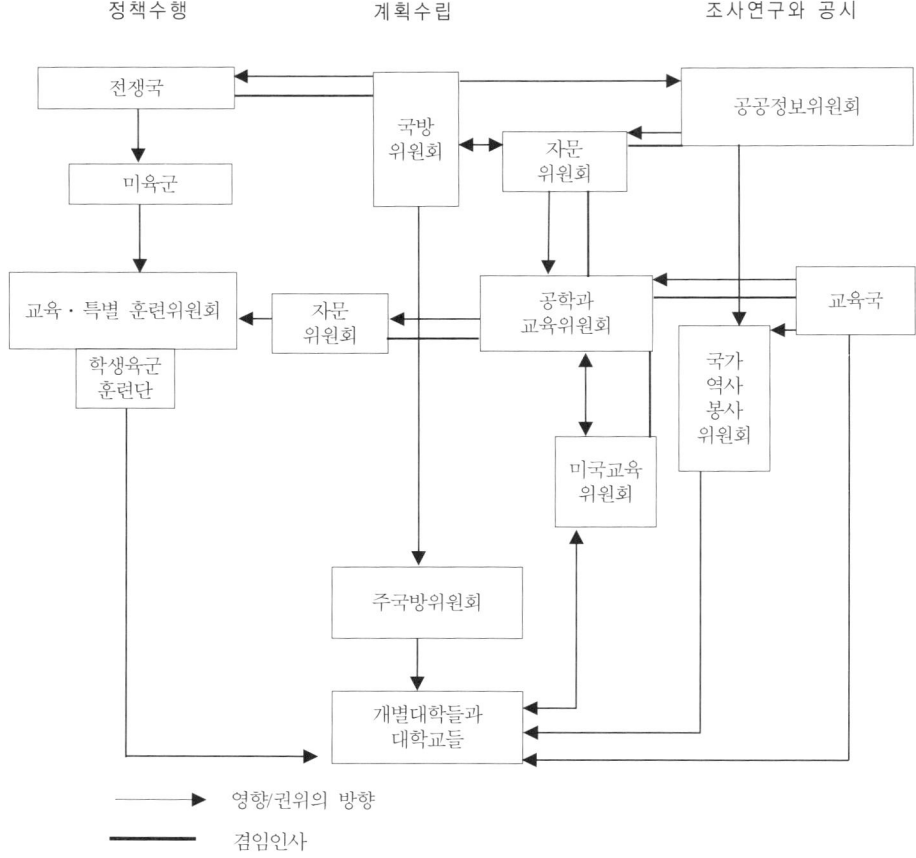

그램 행정에서 최종적인 권위를 행사하였던 반면, USBE와 COPI는 교육기관에서 사회과학과 인문학 교육과정의 재구조화와 선전을 감독하였다.

　그 사이에 가드프레이가 1917년 5월과 10월에 소집했던 전쟁설계회의들은 대학과 대학교들 사이에서 국가조직을 통해 촉매반응을 일으켰다. 초기의 비상회의들을 대표했던 조직들과 요원들에 1918년 1월 회의에서는 미국교육협회(NEA), 미국대학교수협의회(AAUP), 국가교육회의, 도시대학교협의회 그리고 카

톨릭교육협의회가 합류하였다. 이 회의에서, 교육지도자들은 효율적인 전시 의사소통을 위하여 CEE의 연결방법 이상의 것이 필요하다고 결정하였다. 그것은 이러한 의사소통을 적절한 부처로 전달할 수 있는 중앙기관을 필요로 하였다. 그래서 모든 주요 교육협의체들은 비상교육위원회(ECE)를 전국전시행정부처들과 자신들의 공식적인 연락처로 설립하기 위해 연합하였다.

ECE의 설립 조항은 "미국의 교육자원을 연방정부와 그 부서들을 위해 더욱 완벽하게 봉사하도록 하는"[26] 그 목적을 선언하였다. 비상교육위원회의 상임본부가 워싱턴 D.C에 세워졌는데, "그곳에서 위원회는 전쟁노력을 위해 대학교 자원을 조직하려는 시도를 하면서 연방정부와의 중계부처로서 더욱 손쉽게 복무할 수 있었다."[27] 그런 다음 ECE는 "중앙집중화된 지휘 아래서 전쟁 목적을 위하여 국가의 교육력을 즉각 종합적으로 동원하는 쪽으로 나아가기 위하여" 윌슨대통령을 방문하였다. 이 새 조직이 통과시킨 최초의 결의사항 가운데에는 "전쟁 목적을 위한 과학적 연구를 늘릴 것에"대한 요청, "전쟁 목적을 분명히 하고 국민의 사기를 유지하기 위한 교육선전(강연, 팸플릿 등)"에 대한 요구, "전쟁의 교훈에 비추어 전후에 교과목을 재조정할 것"[28]에 대한 지시 요청 등이 있었다.

1918년 2월까지 중앙집중화된 명령체계가 배치되었다. 그러자 대학교들은 특정한 지시들을 요구하였다. 정부의 전쟁설계자들은 이 체계 안에서 기업과 국가를 위한 3개의 지원 임무의 견지에서 대학교와 그들의 전문 요의의 역할을 분명히 했던 정책들에 마침내 착수하였다. 이 임무들은 첫째, 산업과 군대를 위한 기술적이며 전문적인 인력훈련, 둘째, 산업 또는 군대 기술혁신의 중앙에서 선정된 문제들과 관련이 있는 특정 임무에 맞는 과학적 연구의 수행 셋째, 미국 이데

---

26. USBE, *Report of the Commissioner of Education*, 1919, p. 17.

27. USBE, *Biennial Survey of the Education, 1918-1920*, p. 37.

28. *Bulletin of the AAUP*, February-March, 1918, pp. 6-7.

올로기의 개발과 촉진이었다.

이 임무들 가운데 첫 번째 것은 학생육군훈련단(SATC)과 '교육과 특수훈련 위원회'가 이행하였다. 임무지향적 연구의 조직은 국가연구위원회(NRC)의 관할 하에 놓여졌다. 정통적인 미국 이데올로기의 조성과 전파는 NHSB(국가역사 봉사이사회)와 USBE가 실천하였다. 이러한 임무들 모두가 전쟁설계자들에 의해서 본질적으로 "넓은 의미에서 인간공학 human engineering" 문제들로 접근이 되었다.

군산 Military-Industrial 인력 훈련

전쟁 설계자들에게는 숙련된 전문 노동자의 기술교육이 최고의 우선 사항이었다. 왜냐하면 그 교육이 전시 생산과 군대 배치와 즉각적인 관련성을 가지고 있었기 때문이었다. 미국이 독일에게 전쟁을 선포했을 때, 미국의 정규군은 12만 명을 넘지 못했다. 그러나 1년 반 뒤 휴전이 시작되었을 때, 징병된 전체 숫자는 400만 명을 초과하였다.

숙련된 인력, 산업 생산 그리고 현대 전쟁간의 관계가 1917년 8월에 최초의 징병요청과 함께 전쟁 설계자들의 주의를 끌게 되었다. 최초의 의무병역제도법 Selective Service Law(1917년 5월 18일 통과)에는 면제 조항이 없었다. 그 결과로, 687,000명에 대한 최초의 징집영장이 발효되자, 산업과 농업의 붕괴가 너무나 심각하여 기업과 군대는 징병규정을 수정하여서 "핵심산업들"을 보호하기 위해서 즉각적으로 움직였다.[29]

이 임무는 처음에 주로 산업심리학자, 기업의 인사 경영자들 그리고 뛰어난 기업 간부들로 구성된 인사분류위원회(CCP)에 맡겨졌다. CCP는 직업 또는 전문

29_ U.S. Department of War, *Committee on Education and Special Training: A Review of Its Work during 1918* (Washington, D.C., 1919), p. 9.

직업에 의해 군대의 인사요구를 확인하였고, 이러한 자리들을 채우게 될 사람들이 충족시켜야 할 훈련명세서를 개발하였으며, 또 NRC(국가연구위원회)의 심리학위원회와 협력하여서 널리 보급된 적성검사를 통해서 개인인사 자격을 등급화하는 방식을 제출하였다.[30] 결국 약 9,586,000개의 등록 카드가 분류되었으며, 그래서 특별한 기술을 가진 사람을 찾아내어 그들을 적절한 부대에 바치하는 것이 가능하였다.[31]

그러나 이러한 인사요구를 목표로 정하면서, CCP는 여러 군부대가 그들에게 보낸 훈련된 기술자들과 숙련된 직업 인사의 견적이 군대가 이용 가능한 공급을 적어도 200,000명을 상회하고 있음을 발견하였다. "미국이 군대 상비 병력과 그것의 필수적인 지원 산업들의 요구조건들을 만족시키기에 적절한 기술적으로 숙련된 사람을 소유하고 있지 못하다는 것"[32] 신속하게 확인되었다. 전쟁부는 1918년 2월 10일에 합동 명령 15호로 응답하였는데, 이 명령은 '교육과 특별훈련 위원회'(CEST)를 만들어냈다. CEST는 "숙련된 사람들과 기술자들이 복무할 수 있는 여러 부서들의 요구를 연구하고, 미국 교육기관들의 협력을 활용하고 또 그러한 기관들과의 관계에서 전쟁부를 대표하도록 하기 위해서…그러한 요구를 어떻게 충족시킬 것인가를 결정하고, 대학과 학교들이 채택할 수 있는 특별훈련 계획을 관리하도록"[33] 지시를 받았다.

CEST는 불과 10일 만에 훈련 프로그램을 수행할 준비가 되었다. 전쟁부 사무관은 교육기관의 장들에게 기술훈련과 관련된 모든 문제들을 CEST를 통해서 작업하도록 지시하는 편지를 발송하였다.[34] CEST 계획은 필요한 설비를 갖춘 모든

30_ CCP가 사용하는 특수기술들을 카네기 기술 연구소의 판매기술 연구국의 Walter Dill Scott가 개발했음을 발견했다(Noble, *America by Design*, pp. 207-9). 1차대전 동안에 산업 심리학, 직업 명세서 평가 그리고 "선별작업"의 발달에 관하여는 다음을 참고할 것. Loren Baritz, *The Servants of Power* (Middletown, Conn.: Wesleyan University Press, 1960), pp. 42-57.

31_ USDW, *Committee on Education and Special Training*, p. 10.

32_ Ibid., pp. 10-11.

33_ USDW, General Order 15, February 10, 1918, ibid.

기술학교들에 "업무 훈련 파견대"를 세우는 것이었다. 4월 초까지 15개의 학교가 6,000명의 훈련을 시작하는 계약을 체결하였다. 육군 장교들은 "기술 훈련을 받는 사람들에게 군사훈련을 시키고 또 군기와 군 일과를 유지하기 위하여" 이러한 교육기관들에 파견되었다.

업무훈련파견대의 숫자는 2주마다 증가하여서 1918년 7월 1일에는 약 50,000명을 훈련하는 147개의 대학과 공대들이 생겨났다. 이러한 교육기관들은 그 결과로 매달 약 25,000명의 기술자와 노동자를 육군에 배출하였다. 휴전협정을 했을 때, 130,000명 이상이 훈련을 받았으며, 이 가운데 100,000명은 이미 육군에 배치되었다.[35]

특징적으로 애매한 주의를 촉구하는 소리를 미국노동총연맹(AFL)이 외쳐댔다. AFL 전국집행회의의 교육위원회는 "생산의 시급한 필요와 또 많은 수의 소위 비숙련공을 숙련직에 이용해야 할 필수성"을 인정하였다. AFL은 충성 약속에 맞추어서 CEST와 마지못해 협조를 하였다. 그러나 AFL 교육위원회는 그 조합원들에게 "전체 과정에 대한 적응성이나 지식을 주지 않고 속도를 내면서 단일 공정에 특수훈련을 시키는 CEST의 방법은…많은 제조업자들이 평화시에도 도입하고자 했던 일반적 형태의 직업훈련"이라고 매우 올바르게 경고하였다. 위원회는 "조직노동자들은 비상시기가 지나간 후에 이 체제가 사악한 유산으로 계속되지 않도록 감시하기 위해서 경계를 해야만 한다"[36]고 (결국 아무런 효과도 없었지만) 제안했다.

CEST는 인력훈련의 다른 영역에서도 비슷한 기능을 맡아달라고 곧 요청을 받았다. 인력부족은 공학과 같은 고급 기술전문직과 또 장교 훈련소를 위한 유망

34_ 이 편지의 사본을 위해서 다음을 참고할 것. Appendix A, ibid., pp. 55-56.

35_ Ibid., pp. 13-16.

36_ *Report of the Proceedings of the Thirty-Eighth Annual Convention of the American Federation of Labor*, St. Paul, Minnesota, June 10-20, 1918, p. 315.

한 후보자들에서 급격하게 드러났다. 육군 공병군단은 "현대 육군 전체 병력의 약 6%가 공병연대를 구성해야 한다"고 평가하였다. 마찬가지로, 지금 "급격히 자극을 받고 있는" 군수산업도 "공학자들의 복무를 주로 필요로 했던"[37] 산업들과 같은 것이었다.

이 군단은 유럽으로 제일 처음 파병한 700,000명의 정규군과 함께, 추가 기술지원 요원들이 포함된 5,000명에서 6,000명의 공병을 1918년 곧까지 전선에 파견해야 한다고 결론지었다. 그러나 전체 1917학년도 졸업생에는 고작 4,300명의 공학 졸업생이 포함되었으며 이들 대부분도 이미 군에 복무하고 있거나 또는 곧 복무할 사람들이었다. 1918학년도 졸업 공학자의 1/3은 이미 입대하였고, 반면에 4학년 공학도의 77%와 3학년 공학도의 40%는 1918년 1a(즉, 1차 징집자)로 분류되었다.[38] 민간 산업은 심지어 전쟁 전부터 공학자 부족 문제에 직면해 있었다. 그래서 대학교와 기업들도 "공학자와 화학자에 대한 산업체들의 수요를 충족시키는 일이 어려워져가고 있다"고 불평을 하고 있었다. 왜냐하면 그들이 군에 입대함으로써 이미 부족한 공급마저 고갈되었기 때문이었다.[39]

전문직 장교 후보자들도 마찬가지로 부족하였다. 1차 모릴법은 무상불하토지 대학들에게 군사교육을 제공할 것을 요청했었다. 왜냐하면 1862년 그 법이 통과되었던 때에, 북부연합군이 남부연합군에게 계속해서 패배하고 있었기 때문이었다. 많은 국회의원들은 이것을 남부의 사관학교와 대학들에 널리 퍼져있는 군사적 전통 덕분으로 보았는데, 그것은 남부로 하여금 전문적으로 훈련된 3학년 야전 장교들로 구성된 대규모 간부들을 신속하게 동원할 수 있도록 허주었다. 무상불하토지 대학들에서 국회가 자금을 공급한 군사훈련이 미래의 전쟁에서 이러한

37_ USBE, Higher Education Circular no. 4, p. 2.

38_ USBE, Higher Education Circular no. 5, p. 11.

39_ USBE, *The Work of American Colleges and Universities during the War: Contribution of Higher Institutions to the War and to Reconstruction*, Higher Education Circular no. 6, January 1918, p. 6.

초기 실패를 반복하지 않도록 할 것이라고 예측되었다. 국회는 심지어 육군에게 군사과학과 훈련 교육을 지도하라고 훈련장교들을 캠퍼스로 파견하는 권한을 부여하였다.[40]

그러나 1891년까지 여러 종류의 군사교육을 받은 학생이 여전히 7,400명에 지나지 않았다. 이 숫자는 1900년까지 18,000명으로 증가하였지만, 이 학생들 대부분은 거의 독점적으로 무상불하토지 대학에 여전히 등록하였으며, 또 일반적으로 교수진과 학생들은 군사훈련과 교련을 어리석은 것으로 간주하였다. 텍사스 A&M 공대를 제외하고, 고등교육기관들은 군사훈련을 하라는 명령을 결코 심각하게 받아들이지 않았다. 무상불하토지 교육기관들의 많은 교육자와 학생들은 군사훈련을 무상불하토지 대학들의 민주적인 인민주의 철학에 대한 협박이라고 여겼다. 실제로 1차 세계대전 이전에 이러한 교육기관들에서 군사훈련에 반대하는 학생들의 소요 사례들이 이따금 있었다. 교육국장은 1891년에 "A&M 대학들이 운영하는 학과가…가장 심한 비판과 비난을 받았다. …대학가에는 만연한 반감이 있는데, 그것이 결코 후원자 가운데 농업 분자들에게 국한되지는 않았지만 그 진영으로부터 이 대학들이 가장 자주 그리고 공개적인 비난을 받았다"[41]고 보고했다.

대학 캠퍼스에서의 군사훈련이 인기 없고 실망스러운 실패였다는 데에는 의심의 여지가 없다.[42] 이러한 경향은 1915년 말과 1916년 초에만 역전되었는데, 그때 동부의 사립대학과 대학교 학생들은 그들의 캠퍼스에 군사교육을 요구하는 청원서들을 배포하기 시작했다. 보두인Bowdoin 대학은 1915년 가을에 메인주 Maine에서 그 운동을 시작하였다. 전국 군비운동이 1916년에 힘을 얻게 되자,

---

40_ USBE, *Report of the Commissioner of Education, 1890-1891*, pp. 626-31.

41_ Ibid., pp. 625-26.

42_ USBE, *Physical Education in American Colleges and Universities*, Bulletin 1927, no. 14 (Washington, D.C.: GPO, 1927), p. 15.

다음과 같은 다른 대학교들, 즉 윌리엄스, 하버드, 프린스턴, 예일, 코넬 그리고 다트머스도 곧 뒤따랐다(표 5.1. 참고).[43]

국회는 이 요청에, 1916년의 국방법(NDA)의 부분으로서 예비역장교훈련단(ROTC)을 창설하면서, 대학 캠퍼스에서 군사훈련을 제공하도록 육군의 권위를 확대하면서 답변하였다. 전쟁부는 관심을 가지고 있는 대학 행정가들과 프로그램의 세부사항을 명확히 하기 위해 1916년 10월 17일 워싱턴 D.C.에서 신속히 회의를 소집하였다. 하버드와 예일을 포함한 19개의 대학과 대학교들이 대표로 참석하였다. 여기에 덧붙여서, 이 회의에는 전쟁부장관인 우즈 Leonard Woods 장군 (의무병역사무 책임자로), 육군 전쟁대학의 전체 요원 그리고 다른 계급의 장교들이 참석하였다.[44] 이 모임은 참석한 대부분의 대학들이 이미 자체 주도하에 확립했던 자원 프로그램들을 공식적으로 인정해서 실질적으로 승격시키는 결과를 낳았다.

그러나 미국이 실제로 참전하고 난 후에, 그 사이에 ROTC를 창설한 대학을 지휘할 90,000명의 장교가 여전히 부족할 것이라는 점이 밝혀졌다.[45] 그래서 교육과특별훈련위원회(CEST)는 대학들에서 업무 프로그램을 조직하는 데 분주했던 반면, 공학교육위원회(CEE)의 특별 소위원회는 군사훈련 프로그램을 위해 CEST에 로비를 하기 위해 비상교육위원회(ECE) 구성원들을 동원했는데, 이 프로그램은 고급 기술훈련이나 장교훈련을 위해 공학도들뿐만 아니라 다른 학생들도 대학에 재학하도록 하는 것이었다.[46]

CEST 자문위원회는 마침내 모든 대학 수준의 교육기관들에 새로운 예비역

43_ *New York Times*, April 14, 1916, p. 4; April 23, 1916, pt. 6, p. 3; September 26, 1916, p. 14.

44_ Ibid., October 18, 1916, p. 3.

45_ USBE, *Land-Grant College Education, 1910-1920*, Bulletin, 1924, no. 37 (Washington, D.C.: GPO, 1924), pt. 2, pp. 59, 61; USBE, *Report of the Commissioner of Education, 1919*, p. 6. 1916년 말까지 106개 대학에서 ROTC에 등록한 학생이 35,091명이었다. 이들 가운데에서 20,000명은 52개의 무상불하토지 대학 학생들이었다.

46_ USBE, Higher Education Circular no. 5, pp. 8-9.

표 5.1. 1915년부터 1917년까지 미국 대학교들에서 군사훈련의 팽창

교육기관	조직된 부대유형	날짜	등록수	재정 지불 출처	필수
Bowdoin College	군사과학/훈련	가을 1915	–	대학	No
University of Minnesota	군사과학/훈련	가을 1915	–	대학/전쟁부	Yes
Williams College	보병대대	가을 1915	250	대학	No
Yale University	야전포병	가을 1916	–	대학	No
Cornell University	보병연대	가을 1916	2,000	전쟁부	Yes
University of Pittsburgh	군사과학/훈련	가을 1916	–	전쟁부	Yes
Harvard University	야전보병	봄 1916	1,200	대학/전쟁부	No
Dartmouth College	군사과학	봄 1916	–	대학	No
Yale University	보병연대	봄 1916	500	대학/전쟁부	No
Yale University	연안항공순찰대#1	봄 1916	12	전쟁부	No
Harvard University	항공군단	여름 1916	19	미국항공회	No
Princeton University	군사과학/훈련	가을 1917	500	대학	No
Columbia University	연안항공순찰대	봄 1917	125	전쟁부	No
Yale University	연안항공순찰대#2	봄 1917	20	전쟁부	No
University of Pa.	연안항공순찰대	봄 1917	–	전쟁부	No
CCNY	군사과학/훈련	봄 1917	209	대학	No
Lafayette College	군사과학/훈련	봄 1917	–	전쟁부	No
New York University	군사과학/훈련	봄 1917	–	전쟁부	Yes
Yale University	연안항공순찰대#3	봄 1917	8	미국항공회	No
CCNY	연안항공순찰대	봄 1917	–	전쟁부	No

주: 조직의 공식 자료에 의한 연대순 목록

군사훈련단을 창설할 것을 제안하였다. 학생들이 그들의 정규 학업을 계속하면서 군사교육을 모든 캠퍼스에 공급하라고 추천하는 제안서가 전쟁장관에게 제출되었다. 그래서 사관후보생들은 쿼터 학기제 하에서 졸업을 하는 21살에 징병이 되었다. 장관은 이 프로그램을 승인하고 모든 고등교육기관 장들에게 새로운 학생육군훈련단(SATC)이 1918년 9월부터 운영되기 시작할 것을 알리는 회보를 곧 발행하였다.[47]

47_ USBE, *Engineering Education after the War*, Bulletin, 1921, no. 50 (Washington, D.C.: GPO, 1921), pp. 1-2; USDW, *Committee on Education and Special Training*, p. 22.

CEST에서 파견된 다음과 같은 4명의 장교가 이 새로운 프로그램을 관리하는 임무를 맡았다. 참모그룹 단원인 리스Robert I. Rees 대령, 헌병 사령관중 부관인 위그모어John H. Wigmore 대령, 군무국장 부관인 클라크Grenville Clark 중령, 그리고 전쟁 설계 사단의 오르톤William R, Orton 소령. 이 위원회는 당시 시카고 대학교 총장이었던 엔젤Janes R, Angell, 전기 공학자이며 웨스턴 일렉트릭의 교육이사인 디츠Janes W. Diets, 카펜Samuel P. Capen, 공학자문이며 공학교육에 대한 CFAT의 고문인 만Charles R. Mann, 토목과 철도 기사이며 신시내티 대학교 공대 학장인 슈나이더 Herman Schneider, 뉴욕 노동연맹 위원장과 전쟁 산업위원회의 노동계 대표인 프레인Hugh Fraigne, 그리고 피어슨Ragmond H. Pearson이 포함되어 있는 민간자문위원회의 도움을 받았다.

SATC는 이번에는 CEST의 직접적인 통제권 밑에 배치되었는데, CEST는 그 프로그램을 관리하기 위해 대학 특별훈련부를 만들었다. MIT의 총장인 맥클라우린R.C. McClaurin이 1918년 7월 17일에 이 새로운 훈련부의 부장으로 임명되었다. 맥클라우린은 더욱 뛰어난 대학 학장들로부터 12명의 지역부장을 즉각 선발하였다. CEST와 그 대학 훈련부는 참모 그룹인 전쟁계획국의 훈련교육부에 결국에는 종속되었는데, 그 부는 대학들을 미국 육군의 직접적인 명령구조 안에 거의 배치할 뻔하였다.[48]

CEST는 1918년 5월에 이 새로운 프로그램의 실질적인 세부사항들을 승인하였다. SATC는 그런 다음 1918년 6월 28일에 참모 그룹에 의해 공식적으로 인가가 되었다. 다음 날 국무국장은 모든 대학과 대학교의 장들에게 이 프로그램의 조직과 규정들을 약술한 회람을 발행하였다.[49] SATC의 회원 자격은 18세부터

48_ 이 프로그램을 인가하는 각서의 사본을 위해서는 USDW, *Committee on Education and Special Training*, Appendix C, p. 59를 참고할 것. CEST를 설립했던 일반명령 15호는 이 인가에 의해 수정되어서 CEST의 기능들이 "모든 대학들과 시민 기관들에서 군사훈련을 감독하고 관리하는 권위를 포함하게 되었다. 또 의무병역 규정의 151절의 항목들에 따라서 공대학생들과 교사들 지원 예비군의 휴가나 등록을 감독하고 관리하는 권위도 포함되었다."

20세까지의 모든 남학생에게 열려있는 자원 가입이었다. 그러나 개별대학교의 행정가들은 군사훈련을 교육과정의 필수과목으로 만드는 학칙을 만들 수 있는 권위를 가졌었다. 그 계획은 그 단원들이 21살이 되는 매 3달마다 SATC 부대를 대학교 밖으로 이전하는 것이었다. 약학, 화학 또는 공학을 전공하는 학생들은 그들의 학위가 완성될 때까지 캠퍼스에 남아 있을 수 있었다.[50] 미국 정부는 SATC에 등록을 한 모든 남학생에게 등록금을 지불하였고, 또 대학 막사와 식당에서 숙식, 군복 그리고 매달 급료로 30불을 제공하였다.[51] 전쟁부는 대학교에서 숙식을 제공하는 것에 대하여 학생 당 일당 1불의 비율로 보상하기로 합의하였다.[52] USBE는 후속 조사를 통해서 SATC의 요청에 응답을 한 400개 대학 가운데 10개 대학만이 "이 계획에 약간의 이의를 제기하였으나, 이 경우에 있어서도 이의는 부차적인 고려사항임"[53]을 확인하였다.

SATC에 자원 입단은 육군이 국회에 징병 연령을 18세로 낮추어 달라고 요청하기 위해 그 의도를 발표했던 때에 일시적으로 연기되었다. 육군은 200만 명을 즉각 동원하기로 결정했었다. 이러한 규모의 군사력은 120,000명의 공병대와 적어도 100,000명의 장교를 필요로 한다는 점이 다시 육군의 주의를 끌어내었다. 계산에 따르면, 이 수의 절반 정도만이 정규 징병을 통해서 확보될 수 있다는 것이었다. 그 결과로, SATC 위임사항이 모든 SATC 단원들을 실질 근무 명부에 배치하기 위해 1918년 8월 28일에 수정되었다.[54] 이것이 뜻하는 바는 이제 학생들이 지방 대학 당국에 의존하지 않고 직접 군사훈련을 받게 되었다는 것이었다.

49_ SATC, *Special Regulations*, ibid., pp. 65-73.

50_ USBE, *Report of the Commissioner of Education*, 1918, p. 18.

51_ Thwing, *American Colleges and Universities in the Great War*, p. 61.

52_ COPI, *Official U.S. Bulletin 2*, no. 413 (September 16, 1918): 13.

53_ USBE, *Report of the Commissioner of Education*, 1918, p. 15.

54_ USDW, *Committee on Education and Special Training*, p. 26; Woodrow Wilson, General Order 79, as reproduced in USBE, *Report of the Commissioner of Education, 1919*, p. 7.

대학들은 이제 미 육군 지휘 하에 있는 군사병영이었다.

　SATC 부대들은 1918년 10월까지 525개 대학교 공대(이러한 교육기관의 94%)에서 조직되었다.[55] 고등교육기관에 등록한 약 165,000명의 남학생(전체의 74%)이 SATC 신입 단원이었다. 거의 9,000명이 휴전이 발효되기 전에 중앙 장교훈련소에 실제로 입소하였다. 그러나 SATC가 운영된 지 불과 2달 반 후에, SATC는 1918년 12월 종전과 함께 동원 해제되었다.[56]

군산과학 MILITARY-INDUSTRIAL SCIENCE

　과학에서 매우 분명한 분업은 대학교, 연방정부 그리고 산업체의 실험실 사이에서 20세기 초에 이미 발달하였다. 대학교 과학자들은 자연과 사회의 과정들을 지배하는 근본적인 법칙들과 형태들에 대한 기본적이거나 순수한 연구에 우선적으로 관심을 가지고 있었다. 산업체 실험실들도 새로운 기술과 생산품 개발에 무엇보다도 몰두하였다. 대부분의 응용연구는 연방정부의 여러 과학 부서들에서 수행되었다.[57] 이러한 조사연구 모두는 다소 독자적으로 그리고 이들 간에 목적의 상호작용이나 조정이 거의 없이 이루어졌다.

　전쟁전의 기초 연구는 기업가적 모델에 기초하여 조직되었다. 그것은 외부 감독 없이 일반적으로 흩어져 있는 소규모 개별 기업들에서 대학교 연구자들에 의해 수행되었다. 그것은 문제들을 중심으로 하였는데, 문제의 해결은 특정 연구 분야에 있는 다른 전문가들에게만 주로 흥미가 있었다.[58] 반면에, 산업과 과학기술의 발달은 "과학과 그들 연구 조사의 기초가 되는 근본적인 법칙들에는 무관심

55_ USDW, *Committee on Education and Special Training*, App. F, pp. 87-91; USBE, *Biennial Survey of Education, 1916-1918*. 1918년에 미국에는 554개의 대학교, 대학 그리고 공대가 있었다.

56_ USBE, *Land-Grant College Education, 1910-1920*, pt. 2, p. 61.

57_ Dupree, *Science in the Federal Government*, p. 297.

58_ Tobey, *American Ideology of National Science*, p. 20.

했던 영감을 받은 발명가들과 재능 있는 사상가들의"[59] 결과물이기 십상이었다. 대부분의 경우에 순수과학과 기술 혁신은 위치, 의도 그리고 사회적 의미 면에서 분리된 독립적인 과정들이었다.[60]

응용 연구가 1916년 이전에 순수연구와 개발 사이에 연결 수단을 간혹 공급했다는 한도 내에서, 그 수단은 표준들을 규제하고 통계자료를 수집하라는 헌법과 법령상의 명령 하에서 운영되고 있는 여러 연방정부의 부서들로부터 나왔다.[61] 이러한 연구는 상업, 생산품과 공정들의 표준화 그리고 이따금 과학의 기술로의 전환(그러나 그때에도 최초의 연구 이후 보통 수 십 년에 걸쳐서)을 간접적으로 활성화하였다.

1차 세계대전은 기업의 이상에 더욱 밀접하게 근접하였으며, 또 다른 곳에서는 미국의 "국가과학state science"[62]으로 적절히 묘사되었던 새로운 집단이 사회 기관으로 배치되는 현상을 초래했다. 이 운동을 위한 이데올로기적이며 정치적인 지도력은 1916년 국가군비운동의 부분으로 국립과학원(NAS) 내부로부터 나왔다. 카네기 기관의 마운트 윌슨Mount Wilson 관측소 소장 헤일George Ellery Hale과 시카고 대학교 물리학 교수인 밀리칸Robert A. Millikan 모두가 NAS를 소생시켜 명예조직에서 국가 연구 의제 안에서 과학적 연구를 활발하게 증진하는 기관으로 전환하려고 노력하고 있었다. 그들은 또한 매우 분명하고 지조 있는 친연합국, 반독일 군비운동 옹호자들이었다.

헤일이 1916년에 통과되었던 NAS 군비운동 결의안을 지지하였을 때, 정치적 공감이 과학적이며 전문가적인 야망에 첨가되었다. 그 결의안은 국가 군비운동을 활성화하기 위해서 NAS에게 "국가연구위원회(NRC)를 구성하도록 요청하였

59_ Daniel Bell, *The Coming of Post-Industrial Society* (New York: Basic Books, 1976), p. 20.

60_ Richard R. Nelson, Merton J. Peck, and Edward D. Kalachek, *Technology, Economic Growth, and Public Policy* (Washington, D.C.: Brookings Institution, 1967), p. 41.

61_ Dupree, *Science in the Federal Government*, p. 288.

62_ Tobey, *American Ideology of National Science*, p. xi; Poulantzas, *State, Power, Socialism*, pp. 54-59.

는데, 그 위원회의 목적은 현존하는 정부, 교육, 산업 그리고 다른 연구 조직들이 협조하도록 하는 것이었다."[63] 1916년 7월 25일의 공개서한에서, 윌슨 대통령은 여러 정부 부처의 대표들을 위원으로 임명하는 데 동의함으로써 NRC에게 준정부 지위를 부여하였다.

NRC는 그 첫 번째 조직 구성회의를 1916년 9월에 열었다. 헤일이 위원장으로 선출되었으며, J.G. 화이트 엔지니어링 주식회사의 사장인 둔Gane Dunn, AT&T의 카티John J. Carty, 그리고 윤리학자인 푸핀Michael Pupin과 같은 다른 뛰어난 인물들과 개인적인 친구들의 지원을 받아서 그 위원회의 기본 원리들을 정의하는 데 주도적인 역할을 하였다. 집단적으로 그들은 NRC가 과학적 연구를 재조직할 때 지침이 되었던 3가지 기본 원리에 동의하였다.

첫 번째 원리는 공식적인 NRC 과학철학의 토대를 구성하였다. 그것은 모든 연구가 종류상 유사하며, 달성하려는 특정 목적에서 차이가 있다고 주장했다. 그래서 모든 연구(그것이 순수, 응용 그리고 기술적인 연구이건 간에, 그리고 그것의 대상이 자연적이건 사회적이건 간에)에 적용할 수 있는 하나의 보편적인 "과학적 방법"이 있을 뿐이었다. 이 방법을 따르지 않는 모든 연구는 정의상 비과학적이었다.

2개의 추가적 원리는 비공식적이지만 잘 이해된 NRC 방법론을 정의하였다. 이 방법론의 사회제도적 측면은 모든 과학연구자들 간에 "협동의 가치"를 강조하였다. NRC는 정부 부처와 개인 실험실들 간의 간혹 있는 협동을 본떠서 만든 과학의 사회제도적 모델을 수용하였다. 그것의 목적은 대학교의 기초 연구를 이 조직 구조 안에 통합하고 응용 연구와 그것의 관계를 관례화해서, 생산품, 과학기술 그리고 공공사업으로 개발될 수 있는 유용한 과학적 발견물들의 일상적인 흐름을 보장하는 것이었다.[64]

63_ Dupree, *Science in the Federal Government*, p. 309.

64_ Noble, *America by Design*, pp. 110-256.

이 새로운 방법론의 최종적인 이론적 구성요소는 산업공학으로부터 비롯되었다. NRC 엘리트들은 문제해결 접근방법이라고 불리는 것을 장려하였다. NRC는 연구 우선권이나 임무의 전국적인 위계를 확립하고자 했다. 이러한 임무들은 프로젝트를 성공적으로 실행하는 데 최적인 연구팀들에게 할당될 수 있는 여러 가지 프로젝트들로 분할되었다. 좀 큰 프로젝트들은 전국에 분산되어 있는 대학교나 또는 프로젝트 연구팀의 한 일원으로 작업을 하는 개별 연구자들이 해결할 수 있는 일련의 신중한 문제들로 분할될 수도 있었다.

연구 임무를 정의 내리는 일은 물리학, 수학, 생명과학 그리고 행동과학의 여러 임명직 연구위원회에 맡겨져 있었다. 그럼에도 불구하고, NRC에 대한 자금지원은 NRC가 연구를 유용한 탐구 방침으로 전달했던 외부의 자금제공 기구들에게 임무를 제안했던 정도까지는 받을 수 있는 것으로 이해되었다. 헤일과 NRC 집행위원회의 그의 기업 동료들은 "산업연구를 위한 과학의 조정을 전후의 목적으로 분명하게 예견하였다."[65] 실제로 NRC는 공학재단으로부터 최초의 기금을 받았다. 이 기금에 뒤이어서 카네기 사단법인과 록펠러재단으로부터 더 큰 연구보조금들이 지급되었다.[66] 그러자 NRC는 전문가 승진, 출판 그리고 연구지원금에 붙어있는 명성을 제공함으로써 자발적인 승낙을 통한 개별 연구를 재조정할 수 있었다.

NRC는 최초의 공식 연구 임무를 1917년 2월에 제공받았는데, 그때 국방위원회(CND)는 NRC가 "국방과 전쟁의 영향을 받는 산업들과 관련된 모든 과학적 조사 연구를"[67] 조직하는 임무를 맡을 것을 요청하였다. 다음 해에 윌슨 대통령은 최초의 연방정부 연구지원금을 승인하였지만, 그 전체 기금의 절반 이상은 여전히 사적인 원천에서 나오고 있었다. NRC의 지도자들은 전쟁이 만들어낸 기금을

65_ Geiger, *To Advance Knowledge*, p. 97.

66_ Dupree, *Science in the Federal Government*, pp. 309-12.

67_ CND, *First Annual Report* (Washington, D.C.: GPO, 1917), p. 48.

받는 연구 기회들뿐만 아니라 전쟁이 새롭게 강화된 과학의 위상을 제도화할 수 있는 독특한 기회를 마련해 주었음을 매우 크게 의식하였다. 그들은 이러한 기회들을 전후에도 계속 갖느냐 못 갖느냐 여부가 그들이 현재 유용할 수 있는 능력에 달려 있다는 점도 마찬가지로 의식하였다. 이러한 능력은 "군대와의 관계에 의해 최종 분석에서" 궁극적으로 측정될 것이었는데, 이것이 뜻하는 것은 "무기 연구 분야에서의" 성공이었다.[68]

이러한 집착을 계속하는 동기가 단지 냉소적이었거나, 또는 순전히 이기적이었다고 믿을 이유는 없다. 계급 이해관계를 대중의 용기와 "국익"이라는 장막 뒤로 은폐하는 것은 바로 정확하게 이데올로기의 역할이다. 전쟁의 과학적, 기술적 그리고 공학적 성공들이 민주주의를 위해 봉사하는 데 있어서, 전문가적 지식과 기술이 현대 세계에서 생존하는 데 필수적이라는 혁신적 주장을 강화하는 데 도움을 주었다.[69] 미국의 새로운 역할은 민주주의를 위해 세계를 안전하도록 만드는 것이라는 국가적 인식 속에서, 과학자들은 자신들이 미국 군기술의 개발이나 또는 국내적으로 분열된 사회 갈등을 제거하는 데 참여했다는 점에서 민주주의의 구원자가 되었다. 실제로, 공익 봉사의 급증이 너무나 엄청났다. 클랙스톤의 기록을 보면, 전쟁 첫 해에 100개의 대학과 대학교가 군사연구를 위해서 시설과 장비를 정부에 제공했다.

국가연구위원회(NRC) 임원들은 이러한 캠퍼스들을 동원하는 더 신속하였다. 처음으로 과학계 인사와 실험실 장비에 대한 재고조사를 수행하고 난 후에, NRC는 어떤 연구 프로젝트들을 개별 대학교 또는 연구팀들에게 할당할 것인가를 결정하였다. NRC의 일반 지침 하에서, 주요 연구 대학교와 공대들은 군사광학, 군수물자, 무기 · 탄약, 지형학, 식품보존, 독가스, 염료, 폭발물, 연극, 연료대체물, 그리고 잠수함 탐지 등의 정부 작업에 계속 몰두했다.[70] 사실상 물리학에서

68_ Dupree, *Science in the Federal Government*, pp. 313-25.

69_ Levine, *American College*, p. 32.

미술(예를 들어서 위장술)에 이르기까지 모든 분야 또는 학문이 전쟁 노력의 이익을 위해 수행할 수 있는 연구 과제를 찾을 수 있었다.

군대의 두뇌 유출이 너무나 극적이어서 USBE는 "정부의 연구작업을 수행하기 위해서 주요 대학교와 대학으로부터 지도적인 연구 학자들이 물러났다"고 보고할 지경이었다. 이 철수가 너무나 철저하여서 대학원과 다른 연구 작업들은 전쟁 동안에 거의 모든 대학교로부터 "실제로 배제되었다." 예를 들어서, 하버드, 컬럼비아, 시카고, 그리고 미시간 대학교는 "물리학의 지도적인 교수들을 거의 모두 빼앗겼다." 펜실베니아와 신시내티 대학교들은 "화학 교수진의 상당부분을 상실하는 고통을 겪었다."71 위스콘신 대학교는 USBE에게 "실제적으로 모든 과학 연구들이 전쟁 통로로 움직여갔다"고 확신시켰다. 워싱턴 대학교는 "정부 관료의 지휘 하에 해양과학, 군사과학 그리고 항공과학 분야에서 교육을 제공하기 위해서"72 완전히 새로운 학부를 첨가하였다.

미국의 이데올로기

과학의 군사화, 기업의 성장과 효율성을 증진시키는 데 있어서 과학의 역할, 그리고 사회적으로 효율적이며 기능적으로 조화로운 계급관계라는 과학의 목적은 공익사업과 동의어가 되었다. 그러나 민주주의의 수호자라는 전시 과학자들의 이미지는 진보적 민주주의가 외국의 영향력과 전복에 의해 위협 받았다는 생각으로부터 그 그럴싸함이 비롯되었다. 이런 식으로 이데올로기 국가장치를 구축하는 데 있어서 중요한 부분은 이러한 상징적 이미지를 합리화할 수 있는 전국적 합의를 촉진하는 데 있는 인문주의자들과 사회과학자들의 책임

70_ USBE, *Biennial Survey of Education, 1916-1918*, pp. 65-66.

71_ USBE, *Report of the Commissioner of Education, 1918*, p. 15.

72_ James Wechsler, *Revolt on the Campus* (Seattle: University of Washington Press, 1936), p. 15.

이었다.

1차대전 중에 이러한 임무에 대한 중요한 책임은 국가역사봉사이사회(NHSB)에게 위임되었다. NHSB는 카네기연구소(Carnegie Institute)의 역사연구 과장이 1917년 4월 29일에 소집한 주요 대학교와 대학의 역사학자 집단이었다. 이 집단은 연방정부를 위해 봉사하도록 자신들을 배치하였고, COPI와 USBE의 감독 하에 작업했다. NHSB는 1년 반 만에 미국사회과학 교육과정을 혁신하였고 미국의 이데올로기로서 그것의 내용을 표준화하는 데 장족의 발전을 하였다.

NHSB는 USBE가 출판하여 배포했던 여러 가지 팸플릿이나 "교사 전단"을 집필하였다. 이러한 소책자들은 교수, 교사, 신문, 그리고 수많은 사립기관들이 "애국심 교육"73을 촉진시키는 데 이용되었다. 참여자들은 그 기획이 대중의 공공의식을 공동의 목적을 향해 설계해 나가는 데 있어서 근본적으로 새로운 노력이라는 점을 새삼 의식적으로 인식하였다. USBE는 중요성 면에서 여론동원이 인력 훈련이나 기술 혁신과 맞먹는 현대 전쟁의 필수적 요소라는 점을 확신하였다. 클랙스톤은 "국가의 성공 또는 실패는 시민들 각자의 개인 운명보다 중요한 지속적인 공동체 구성원에 대한 본질적인 역사적 인식이 실질적인 동력이 되어있는 시민들의 비율에 매우 크게 달려 있을 가능성이 있다"74고 암시하였다.

교육의 모든 단계에 있는 교사들은 교육국으로부터 그들이 여론을 안정화하는 데 특수한 역할을 차지하고 있다고 통보를 받았다. 교육자들은 최초의 '교사 전단'에서 역사가 "피상적인 판단에 맞서서 여론을 안정시키는 데 도움을 주는 능력"75을 특별하게 가지고 있음을 상기하였다. 여기서 꼭 기억해 두어야 할 점은, 반전

73_ USBE, *Education in Patriotism: A Synopsis of the Agencies at Work*, Teachers' Leaflet no. 2, April 1918.

74_ USBE, *Report of the Commissioner of Education, 1917*, p. 16.

75_ USBE, *Opportunities for History Teachers: The Lessons of the Great War in the Classroom*, Teachers' Leaflet no. 1, 1917, ibid., p. 16.

저항이, 평화주의적 인본주의적 근거에 의해서건 또는 제국주의 열강들 간의 입싸움에 대한 이데올로기적 반대 때문이던 간에, 노동운동의 상당부분과 사회주의당 대부분을 포함해서 뉴욕시에서 백만 명이 대중시위를 불러일으키고 있었던 곳에서 이러한 일이 있었다는 것이었다.[76]

　최초의 '교사 전단'은 교사들에게 분명한 거짓말이나 잘못된 정보를 사용하는 것은 결국에는 반대되는 결과를 가져올 가능성이 큰 "애국의무에 대한 잘못된 견해"라고 조심스럽게 경고하였다. 대신에, 그것은 다른 사건들에 반대해서 특정 사건들을 강조하거나 또는 단지 서사적인 제시보다는 도덕적 주제의 개발에 의한 애국적인 "해석"의 미덕을 주장하였다. 그 소책자는 "제대로 연구하거나 가르친 역사는 개인에게 공동체의 더 큰 삶을 계속해서 상기시키고 있다. …이 공동의 삶과 그것을 이끄는 이상들은 과거에 개인들의 희생을 통해서 건설되어 왔으며, 지금의 세대가 지방공동체, 주 그리고 미국의 계속되는 삶에서 그 역할을 할 수 있는 것도 오로지 역사에서 그러한 희생에 의해서만 가능하다"[77]고 논평했다. 이 팸플릿은 더 나아가 교실에서 무엇을 가르치고, 또 어떻게 역사를 "적절하게" 가르칠 것인가에 대한 상세한 제안들도 제공하였다. 그것은 교사들에게 한편에는 독일 그리고 다른 편에는 프랑스, 영국 그리고 미국 간의 차이들을 절대주의와 민주주의 간의 투쟁에서 비롯된 갈등으로 강조할 것을 강요하였다. 이것은 미국이 1776년에 시작했던 자유를 위한 혁명적 투쟁의 연속이었다. 만일 세계에서 민주주의의 불꽃에 불을 붙여서 민주주의를 전대륙으로 전하는 것이 미국의

76_ 전쟁 반대와 전쟁 징집에 대한 저항은 미국이 월남에 연루되었을 때보다 사회구조에 더욱 깊이 그리고 더욱 널리 퍼졌다는 개연성이 있다. 대부분의 역사가들은 1912년을 사회주의당이 득표력에서 최고의 해(이 해에 Eugene Debs는 일반투표의 6%를 받았다.)로 꼽지만, 반전운동을 주도하는 동안에 이 당은 1918년 지역선거에서 훨씬 더 많은 득표율을 기록하였다. 예를 들어서 뉴욕시 20%, 버팔로 25%, 톨레도 33%, 시카고 33%, 데이톤 45%, 마찬가지로 뉴욕시(주로 브롱스)는 10명의 주의회의원, 7명의 시의회 의원 그리고 1명의 시 판사를 포함한 18명의 사회주의 간부들을 선출하였다.

77_ USBE, *Opportunities for History Teachers*, p. 2.

명백한 운명manifest destiny이라면, 이제 미국의 사명은 민주주의의 수호를 위해 세계 어느 곳이더라도 민주주의가 위협받는 곳으로 나아가는 것이었다. 게다가, 미국은 그 자신의 승리를 위해 프랑스에게 각별한 역사적인 빚을 지고 있었다. 이것이 세계에서 미국의 역할을 해석하는 데 공식적인 국가 이데올로기가 되었다.

교사, 교수 그리고 언론인들은 이 견해를 대중화하는 일을 떠맡았다. 그 전단은 "서반구와 아시아에서 독일제국의 이해관계와 정책들 간의 일쿠 작은 갈등이 미국에 영향을 미치고 있다"고[78] 인정할 정도로 정직하였음에도 불구하고, 이 견해는 적어도 정치과학협의회의 견해보다 조금 미묘했다. 정치과학협의회 회원들은 세계대전이 카리브 연안국, 라틴아메리카 그리고 아시아로 "평화적인 제국주의의 팽창"을 위한 수단으로 사용되어야만 한다고 주장하는 결의문을 채택하였다.[79]

이 최초의 교사 전단은 이 이데올로기의 어느 면도 우연한 사건으로 해석할 수 있는 여지를 남겨 놓지 않았다. 그것은 고대사, 중세사 그리고 현대사의 사건들(법에 의한 통치의 기원인 함무라비 법전에서 그것의 정반대인 빌헬름황제까지, 그리고 펠로폰네소스 전쟁에서 스파르타와 아테네 간의 갈등을 현재의 세계대전을 위한 역사적 은유로 사용하는 것까지)을 해석하고 재해석하는 방식들을 추천하였다. 그것은 심지어 영국사를 가르치면서 색슨족의 침입으로부터 유래된 영국 문명의 튜턴적 요소들을 상대적으로 중요하지 않은 것으로 강조하지 않을 것을 정중하게 제안하였다. 이 소책자 연속물은 역사적 인물들의 공식적 전기, 과목 개요, 교과서 추천 사항 그리고 역사의 특정 사건을 해석하는 방식에 대한

78_ Ibid., p. 5.

79_ *New York Times*, may 31, 1917, p. 12. Amherst 대학의 총장인 Alexander Meiklejohn은 학문 분야에서 이 운동에 대한 유명한 반대자였다. 반대자들을 제외하고는 20세기에 미국의 이데올로기가 거의 변하지 않았다는 점을 인정하기 위해서 서사적인 상상력이 요구되는 것은 아니다.

다른 제안 사항들을 그 결과로 제공하였다.

국가의 감독 아래 역사를 전면적으로 다시 쓰는 것은 미국의 참전을 단기간에 합리화시켰을 뿐만 아니라, 사회과학과 인문학에서 미국에 대한 더욱 광범위하고 더욱 영원한 이데올로기적 개념화를 제도화하도록 도왔다. 이러한 새로운의식을 대학교, 정부, 학교 그리고 애국조직들을 통해서 배포하기 위해 선전부서들의 전체 조직망이 세워졌다.[80] NHBS는 "여론을 교육하려고 계산된 종류의 (교수들의) 발언과 글을 자극[81]"하려는 노력의 일환으로 대학과 대학교들과꾸준한 연락관계를 유지하였다. 공공정보위원회(COPI)도 "역사, 경제학 그리고행정 조직 분야의 최고 학자들의 봉사를 보강하였는데, 그들은 미네소타 대학교포드 Guy Standard Ford 학장의 지휘 하에서 "전쟁의 배경과 쟁점들에 관한"대중적 논문들의 "붉은색, 흰색 그리고 푸른색 시리즈"[82]를 작성하였다. 경제학,정치학, 철학 그리고 역사 교수들도 전쟁의 공식적 목적과 세계에서 미국의 새로운 역할에 관하여 국민을 "교육"하기 위해서 강연 초빙을 조정하려고 국방위원회(CND)의 주와 지방 지부들과 함께 일을 했다. 강연 초빙은 대중토론회, 교실로 연사 초빙, 야간 성인교육 강의실, 대학 공개강좌, 사적인 동호회나 연합체의 모임, 노동조합 그리고 대중의 모임을 발견할 수 있는 곳에는 어느 데서나이루어졌다.

학생육군훈련단(SATC)의 "전쟁쟁점" 강좌는 미국의 이데올로기를 형성하는데 있어서 또 다른 중요한 발전이었다. 1918년 4월에 교육과 특별훈련위원회(CEST)는 에이델로트 F. Aydelotte 박사에게 "전쟁의 쟁점들"에 관한 간략한 강좌를 마련해달라고 부탁하였다. 에이델로트는 AT&T 종업원들에게도 영문학을 가르쳤던 MIT의 영문학 교수였다. 그는 1918년 5월에 보스턴에 있는 원트윌스

80_ USBE, *Education in Patriotism.*

81_ Ibid., p. 7.

82_ USBE, *Biennial Survey of Education, 1916-1918*, p. 68.

Wentworth 연구소의 250명의 파견대에게 시험해 보았던 강좌를 개발하였다. 전쟁부 보고서에 따르면, "그 강좌는 전쟁선포를 하게 된 역사적 사실들, 전쟁을 필연적으로 만든 경제적 조건들, 그리고 전쟁을 하는 국가들의 사회철학에서 차이점들을 명백히 하려고 노력했던 일련의 토론들로 구성되었다."[83] CEST는 선전에서 이 실험이 전쟁에서 사기를 진작시키는 데 너무나 성공적이어서, 전쟁 쟁점 강좌를 CEST 감독 하에 있는 모든 파견대들로 확장하려고 6월에 그 채비들이 꾸려졌다. 이 새 강좌는 CEST 기술훈련 중에 있는 모든 사람에게 주당 적어도 1시간이 필요하였으며, SATC에 등록한 사람들에게는 3시간으로 확대되었다. 개별 학교와 대학들은 전쟁 쟁점 강좌를 가르쳐야 하는 부담을 떠맡았으나, 전쟁부에 따르면, "그것을 매우 성공적으로 발전시켰다."

CEST는 대학교에 그 강좌를 어떻게 시행할 것인가에 관한 일반적인 지침을 실제로 주었다. 대학들은 진행 중인 연락을 위해서 이 강좌를 강의하게 될 교수나 또는 교수들의 이름을 보고해 달라는 요청을 받았다. 이 강좌는 지리, 행정조직, 역사, 경제학, 철학 그리고 문학을 포함했던 간학문적 개설 과목으로 설계될 예정이었다. 그래서 이 강좌는 미국의 이데올로기라는 핵심 주제를 중심으로 다양한 교양과목 학문들의 내용을 통합하였다. 강좌를 위한 자료들은 COPI나 또는 그와 유사한 출처들을 통해서 배포되었으며, CEST는 그 강좌에 적합하다고 생각되는 저서들의 제목을 포함한 간략한 참고목록을 발행하였다.

CEST는 그 강좌를 대학 학장의 지휘 하에 여러 학문들을 대표하는 교수위원회가 집단적으로 계획할 것을 장려하였다. 정규 프로그램에서는 처음 3개월을 전쟁의 역사적이며 경제적인 원인들에 할애하기로 되어 있었다. 다음 3개월은 다른 나라들의 "국가적 특징과 이상"을 분석할 것이었다. 개별 교육기관들은 공식적인 주제를 변형시키지 않으면서 그 강좌를 자신들 나름대로 운영하였다. 노스캐롤라

83_ USDW, *Committee on Education and Special Training*, p. 16.

이나 대학교가 제출한 전형적인 보고서는 그 대학교의 전쟁 쟁점 강좌가 "민주주의의 사상"을 강조함으로써 "미국의 목표, 목적, 이상 등등"을 명확히 하였다고 진술하였다. 켄터키 대학교의 보이드 Paul Boyd 학장은 독일 철학을 가르치는 자신 대학의 비밀스런 교수들조차도 "현재 튜턴족 광기의 뿌리"가 위대한 독일 철학자들의 저서들 속에 있음을 명백히 함으로써 이 강좌에 이바지하고 있다고 보고한 것에 대해 매우 기뻐하였다.[84]

전쟁의 영원한 유산들

1차 세계대전은 1917년 이전에 이미 진행되고 있었던 고등교육에서 여러 운동들을 가속화함으로써, 일부 동시대 역사가들의 주장과는 반대로 영원한 유산을 정말로 남겼다. 대학교 행정의 전국화와 표준화가 전쟁의 가장 분명한 결과들 가운데 하나였다. 국가 부서들을 위해서 인사와 시설에 대한 계속적인 재고조사를 해야 할 필요성은 교육공학자들이 개발했던 표준화된 측정법들의 확산을 재촉하였다. 그것은 국가의 지시에 대한 적응으로 내부의 재조직화를 촉진하였다. 우리는 교육공학자들과 교육재단 임원들로부터 대학교 행정에 가져다준 전쟁의 유익한 결과에 대한 수없이 많은 진술을 열거할 수 있다. 카네기재단(CFAT) 집행위원회의 위원으로서 버틀러 N.M. Butler는 "전쟁이 우리를 분명하게 도와주었다. …그것은 교육, 그것의 과정 그리고 그것의 목표들에 관한 더욱 분명하고 더욱 건전하며 또 더욱 건설적인 사고를 향해 나아가는 궤도를 여러 해, 아마도 한 세대를 단축했다"[85]는 점을 처음으로 인정한 사람들 가운데 하나였다. 마찬가지로, 카네기재단의 이사장이며 GEB 위원이었던 빈센트 G.E. Vincent도 예일대

84_ Ibid., pp. 16, 29, 123-32.

85_ Nicholas Murray Butler, "Education after the War," in *Proceedings of the Association of Colleges and Preparatory Schools of the Middle States and Maryland*, November 29, 1918.

학교 동문에게 한 연설에서 1차 세계대전이 그 이전에 시작되었던 교육과정과 행정개혁을 계속할 수 있는 "길을 열어주었다"는 점에 주목하였다.[86] 그는 "건전한 기업 절차들"이 전쟁의 결과로 전진하였음을 발견하였다.

전쟁은 또한 미국 고등교육에서 재정위기를 심화시켰으며 그래서 1920년대에 USBE 조사운동 안에서 그것이 폭발할 무대를 굳혀놓았다. 학교 남아있기 운동에도 불구하고 학생들이 군 입대를 위해 떠났기 때문에, 1916년부터 1917년까지 미국 대학과 대학교의 등록생 수는 거의 11%나 감소하였다.[87] 많은 대학들에서 등록 감소는 학생 전체의 20%에서 50%까지 이르렀다. 그 결과로 개별 교육기관들에서 기획된 예산의 6%에서 32%에 이르는 수입의 일시적인 감소가 있었다.[88] 학생육군훈련단(SATC)의 특별 규정들이 전쟁부로 하여금 1918년 10월 1일 이후 초래된 훈련비용만을 지불하라고 위임하자, 이러한 문제들은 복잡해졌다. 이것이 뜻하는 바는 모든 교육기관들이 1차대전 중에 초래된 훈련비용의 실제적인 몫을 책임져야 한다는 것이었다.

많은 대학과 대학교들은 적자를 초래해서 그 프로그램의 전체 비용을 결국에는 지불하지 않았던 정부와 SATC 계약을 보증삼아 단기 자금을 융자하였다. 게다가 전쟁부는 종전 이후 여러 달 동안 개별 계정을 둘러싸고 승강이를 하였고, 반면에 대학들은 대여금을 완납하라는 의무를 여전히 짊어지고 있었다. 이러한 문제들은 갱신된 전후 대학붐과 또 많은 교육기관들을 파산 직전까지 몰고갔던 전후 인플레이션에 의해 즉각 악화되었다. 재정적 긴급 상황의 재촉을 받아서 점점 더 많은 교육기관들이, 이러한 조치들이 효율성과 저축을 약속하는 한에서 기업의 관행들과 기업형 조직화를 받아들였다.

86_ *New York Times*, January 14, 1919, p. 11.

87_ USBE, *The Work of American Colleges and Universities during the War: Effect of the War on Student Enrollment*, Higher Education Circular no. 9, April 1918, p. 1.

88_ USBE, *The Work of American Colleges and Universities during the War: Effect of the War on College Budgets*, Higher Education Circular no. 10, April 1918, pp. 2-3.

전쟁은 또한 고등교육기관들을 국가 정치에 영원히 더욱 밀접하게 끌고 갔다. 전쟁은 많은 교육기관들로 하여금 지시와 정책 주도권을 받기 위해 연방정부에 기대를 건다는 생각에 익숙하게 만들었다. 이러한 기업주의형 배열은, 비상교육위원회가 1918년 12월에 열린 회의에서 "여러 개의 전후 문제들에 관한 여러 전국교육연합체들에 대한 심의를 통일하기 위해서는 그러한 중앙기관이 지속적으로 필요하다"고 결론을 내리자 제도화되었다. 미국교육자문위원회(ACE)는 그 결과로 설립되었으며, 1920년까지 16개 구성단체들(즉, 전국 교육연합체), 11개 준회원단체들(즉, 과학 또는 전문학회들) 그리고 120개의 개별회원 교육기관을 갖게 되었다.[89] ACE는 고등교육기관들을 진정으로 전국적인 이데올로기 국가장치로 통합하는 데 필요한 필수적인 연결 수단을 그 후에 공급하였다.

USBE의 고등교육 전문가인 카펜S.P. Capen은 1919년에 ACE의 위원장으로 선출되었다. 그의 자리는 1차 세계대전 중에 CEST 교육분과를 이끌었던 공학자문인 만C.R. Mann이 1925년 이어받았다. 두 위원장 모두 1920년대에 조사운동에 참여하라고, 교육과정 개혁에서 인력훈련을 강조하라고, 과학연구에서 지명된 산업 또는 주의 요구를 추구하라고 교육기관들을 격려함으로써 중요한 주도적 역할을 하였다.

USBE는 대학교들에게 새롭게 동원된 자원을 평화 시의 사회·경제 문제들을 해결하도록 전환하라고 격려함으로써 이러한 노력에서 미국교육자문위원회(ACE)와 국가연구위원회(NRC)를 지원하였다. 그래서 1920년대에 계속된 조사 작업에 덧붙여, USBE는 대학교들이 해야 할 공익사업을 위한 국가 의제를 정의 내리는 또 다른 운동을 주도하였다. 전쟁 직후 교육국을 위한 클랙스톤의 주요 우선 사항은 평화 시의 재고조사, 인력 설계 그리고 노동 요구사항 조사를 계속하는 것이었다. 전쟁은 대학교에서 과학기술, 공학, 산업 과학 작업의 급증을 이미

89_ USBE, *Biennial Survey of Education*, 1918-1920, pp. 37-38.

이끌었었다.[90] 클랙스톤은 교육국의 주 임무가 이러한 새로운 작업을 산업과 정부의 실제 요구와의 통합을 활성화하는 것이라고 느꼈다.[91]

산업과 고등교육기관의 특별 합동회의가 드렉셀Drexel 공대에서 1920년 3월 26~28일에 개최되자, USBE와 ACE의 지도 아래서 이러한 방향으로 의미심장한 출발이 일어났다. 이 회의에는 100개가 넘는 회사와 대학 대표자들이 참석 했는데, 이 회사들 가운데에는 미국 전신전화회사AT&T, 이스트맨-코닥사Eastman-Kodak, 스탠다드 오일사, 유나이티드 개스 임푸르브먼트사United Gas Improvement, 듀퐁사Du Pont, 굿이어사Goodyear, 그리고 주요 금융그룹들에 소속된 많은 다른 제조회사, 공익사업사, 광업사 그리고 제지회사들이 포함되었다. 클랙스톤은 기조연설에서 이 회의의 목적을 다음과 같이 간단하고 직접적인 용어로 묘사하였다. "산업은 기술적으로 훈련된 사람을 필요로 한다. 고등교육기관들은 산업이 어떤 종류의 훈련을 받은 사람을 얼마나 요구하는가를 알아야 할 필요가 있다."[92] 그 회의는 산업계 대표자들로 배타적으로 구성된 상임 "경영교육자문위원회"를 세웠다. 이 산업자문위원회는 "전국의 모든 산업과 교육 문제의 해결소"로 지명되었다. 그것의 주요 직무는 "산업의 교육적 요구와 또 그 요구를 충족시킬 수 있는 대학의 능력을 계속해서 재고조사 하는 것"[93]이었다. 이 자문위원회는 새로 생겨난 ACE 인력위원회와 정례적으로 협동하라는 명령을 받았다.

ACE는 경영교육자문위원회로부터 제출된 일자리 명세서들을 갱신해서 대학과 대학교들 사이에 배포하는 일을 떠맡았다. 첫 번째 합동회의와 1920년대를 통해서 개최되었던 그 후의 모든 회의들에서, 산업 대표자들은 훈련업두 인사,

---

90_ 전쟁의 결과로서 여러 교육기관들에 도입된 모든 상설과목들을 열거하는 일은 너무나 다루기 어려울 것이다. USBE는 "Higher Education Circular no. 6에서 이러한 변화들을 목록으로 만들려고 노력을 하였는데, 그것은 21개 주의 대학들에 첨가된 과학기술과목들을 목록화하였다. COPI, *Official U.S. Bulletin 2*, no. 413 (September 16, 1918): 13도 참고할 것.

91_ USBE, *Report of the Commissioner of Education, 1919*, p. 8.

92_ *New York Times*, March 27, 1920, p. 19.

93_ USBE, *Biennial Survey of Education, 1918-1920*, pp. 18-19.

집행인사 그리고 기술 인사에 대한 상세한 요구사항들을 제출하여서 교육과정 내용과 학위 자격 요건을 화이트칼라 노동시장의 요구에 적응시킬 수 있었다. 회의에서 산업과 대학의 행정가들은 분명한 전국적인 분업체계를 만들어내려고 협동을 하였는데, 그 체계 안에서 개별 대학교들은 지역적으로 또는 지방적으로 지배적인 산업들의 인력 요구에 적절한 교육과정의 "주요방침"을 전문화할 수 있었다.[94]

정부 지향적인 인력훈련은 무상불하토지 대학이 아닌 대학들에서도 운영할 수 있도록 확대된 인가를 받아 재가동된 ROTC 프로그램으로 주로 구성되었다. 1922년 1월까지, 대학 ROTC 부대에는 전체 남학생의 약 14%인 57,419명이 등록하였다. 이것은 ROTC 역사상 그 어느 때보다도 많은 것이었다. ROTC는 31개 주립대학교, 27개 무상불하토지 대학, 그리고 14개 공대에 필수적인 과정으로 있었다. 1925년에 131개 고등교육기관들이 ROTC 프로그램에 참여하고 있었는데, 이는 전쟁 이전 숫자의 거의 3배에 해당한다.[95]

많은 전쟁 프로그램들과 마찬가지로, 대학교 과학자들, 산업 그리고 연방정부 간의 영원한 협동형태도 가동되었다. 헤일 Hale, 밀리칸 Millikan, 그리고 다른 사람들은 1918년 5월 11일 윌슨 대통령이 행정 명령과 함께 NRC가 NAS의 영원한 보조기관임을 선언하도록 성공적으로 로비를 하였다. 그것의 군·산 연구 전시 프로그램은 빈센트가 시작하였던 NRC 연구원 장학금 프로그램으로 대체되었다. 록펠러재단과 나중에는 카네기 사단법인이 대학교 학자들에게 평화 시 연구, 출판 그리고 전문직 승진을 위한 계속되는 기회들을 지금까지 마련해 주었던 연구원 장학금을 기금으로 적립하였다.[96]

94_ *New York Times*, May 9, 1920, pt. 6, p. 6.

95_ Winthrop D. Lane, *Military Training in Schools and Colleges of the United States* (New York: Committee on Military Training, 1926), pp. 16-17.

96_ Dupree, *Science in the Federal Government*, pp. 327-29; Tobey, *American Ideology of National Science*, pp. 49-61.

연구가 적절하거나 또는 유용한 영역들에 초점을 맞추도록 한 제도적 보장책은 NRC를 통해서 우선적으로 연구기금의 집중화와 연구 논제들의 할당을 포함하였다. 개별 과학자들은 선행 업적들에 근거해서 선발된 동료 과학 엘리트의 평가에 의해 학문적 가치를 우선 판단했던 제안서들을 제출하도록 요청을 받았다. 이 엘리트는 일반적으로 국가과학이라는 이데올로기에 이미 건넘하였다. 사립 경제 엘리트나 주의 엘리트들은 자신들이 판단하기로 계속 연구지원금을 주어야 할 가치가 있는 연구와 개발 영역들을 추천하는 데 "자문" 역할을 하였다.

1918년에 만들어진 최초의 NRC 자문위원회에는 AT&T, 펠프스-닷지, 이스트만-코닥, U.S. 스틸, 멜론 은행, 듀퐁, GE, 워너-스와시 Warner-Swasey(공학재단의 설립자)의 사장들과 CFAT의 프릿체트가 포함되었다(이 회사들은 모두 주요 금융그룹들에 소속되었다). 나중에 정부에서 임명한 위원들은 개인 제안서에 대한 거부권을 부여받았다. 그 최종 결과는 "겸임과학이사회의 주도권 하에서 구조화된 국가과학의 제도적 패러다임이었는데, 그 이사회에서 "개인들의 동일 집단이 NRC 위원회, 사립재단 그리고 지원금을 받은 대학교들의 이사나 또는 교수 자격"으로 약간 다른 조합 상태로 서로 만났다.[97] 이제부터는 과학에 대한 국가의 관심이 선진 자본주의사회의 제도적, 정치적 그리고 사회적 틀 안에서 경제발전과 기술혁신을 촉진하는 발명품들에 놓여 있는 것으로 이해되었다.

더 나아가서 혁신적인 운동이 전쟁이전 역사로 물러나게 되자, 제도적이며 사회적인 매개 변수들이 계급의식의 높은 수준에서 밀리칸과 같은 과학자들에 의해 명백하게 표명되었다. 특히 자연과학 엘리트들은 공공정책에 대해 명백하게 반사회주의적이며 반재분배적인 국가과학 이데올로기에 정치적 선분을 분명하게 표명하기 시작했다. 그들은 기초와 응용과학 연구에 대한 더 많은 기금지원을 위해서 기업과 재단 엘리트들에게 성공적으로 호소하였다. 그들의 호소는 과학

97_ Geiger, *To Advance Knowledge*, pp. 97-105.

적 응용을 통한 생산의 효율성과 기술 수준의 계속적인 증가가, 심지어는 부의 매우 불평등한 분배 안에서도 모든 사람의 일반적인 생활수준을 높일 수 있다는 근거에서 자주 제안되었다.

NRC 엘리트들은 과학 주도의 소비주의가 계급갈등의 근원을 결국에는 잘라내어서 기업의 유용한 정치적 지원자가 될 수 있다고 확신하였다. 진보적인 과학은 인민주의와 사회주의에 대한 기업적 대안으로 제공되어서 미국의 이데올로기에서 결정적인 요소로 자리를 잡았다. 미국 과학의 이러한 정치적 비전은 20년대를 통해서 국립과학원(NAS)과 다른 과학학회 모임에서 높은 정도의 형식적 정확성을 가지고 발달하였다. 실제로 대공황이 닥쳐오자, 대부분의 미국 과학자들은 떠들썩하게 반 뉴딜적이었으며, 또 많은 과학자들은 심지어 기업과 과학 엘리트들의 공학적 "테크노크라시"를 자유주의적 "민주주의"에 대한 대안으로 옹호하고 있었다.98

그러나 노블Noble이 지적하듯이, 이러한 발전들과 그것들의 불만을 사유재산과 자본주의 국가의 함축적인 요구안에 포함시키려는 데에는 잘 알려진 "사회적 문제"가 있었다. NRC를 지배했던 자연과학자들과 공학자들도 과학적 방법의 사용과 결합된 적절한 경험적 연구가 사회와 문화의 "법칙들"을 발견할 것이라고 마찬가지로 확신하였다. 이러한 법칙들은 예를 들어서, 물리학의 법칙이 해저 탐지의 방법들을 발견할 수 있도록 사용되는 것과 같은 방식으로 사회와 정치 문제들을 해결하는 데 사용될 수 있다는 것이었다.99

1919년 6월에 시작해서, NRC는 사회과학 쪽으로 의미심장한 출발을 함으로써 이러한 문제들을 다루기 위해서 공동의 의식적인 노력을 하였다. 공학재단은

98_ Tobey, *American Ideology of National Science*, pp. 181-229.

99_ SSRC 연구보조금의 상당부분을 지원했던 카네기 사단법인corporation의 회장은 그 조직이 자연과학의 기술을 사회과학과 인문학에 "부적절하게" 강요하였음을 나중에 인정하였다. Daniel J. Kevles, *The Physicists: The History of a Scientific Community in Modern America* (New York: Vintage Press, 1979), p. 246을 참고할 것.

NRC에게 "산업에서 전체 인사문제를 포괄하는 연구의 광범위한 계획을 개발해 달라"고 제안하였다. 그때, 새로운 산업인사 연구위원회가 ACE의 위원장인 카펠과 NRC 인류학과 심리학 분과 위원장인 여키스Robert Yerkes의 지휘 하에 세워졌다.

이 새 위원회가 내린 특정한 연구 영역에 대한 정의는 모든 분야에서 다양한 NRC 위원회들이 세워나가고 있었던 국가 연구 아젠다의 정확성을 보여주는 뛰어난 본보기를 제공한다. 그 연구 아젠다에 있는 항목들은 다음과 같다.

1. "노동 불안과 그에 따른 지나치게 높은 이동율, 저생산 그리고 고비용의 원인들"을 찾아내기;
2. "산업에서 건강, 효율성 그리고 생산성에 상대적인 노동문제의 생리학적이며 병리학적인 면들"에 대한 연구;
3. "산업 고용의 지속적인 분석, 분류 그리고 명세화";
4. 자본주의에 대한 노동자들의 "오해와 편견"을 극복할 수 있는 방법들의 결정;
5. "이와 비슷한 산업 경향과 오류들"이 학교에서 널리 퍼지지 않도록 대항하는 방법들의 발견;
6. "문제를 일으키는 사람들의 심리와 정신 치료법"에 대한 연구[100]

이 의제는 나중에 주요 기업 지도자들과의 회의에서 명백해지고 개선도 었다. 위원회와 위원회의 기업 자문위원들이 곰퍼스S. Gompers(노조 비판자들보다 항상 한 발 앞서 있었으나, 기업 반대자들보다는 항상 두 발 뒤쳐져 있던 사람)를 그 아젠다가 기정사실이 될 때까지 회의들에서 배제하려고 분명하게 공모하였다

100_ Noble, *America by Design*, p. 229에서 인용함. 이 위원회는 또, 대학교들의 교육과정을 전문직업과 화이트 칼라 노동시장으로 통합하는 데 도움을 주는 직업훈련, 직업내역 그리고 노동시장에 관한 충고들을 대학교들에 제공하면서, 대학교들이 직업소개센터를 만드는 일을 돕기 위해서 ACE, SPEE 그리고 비슷한 조직들과 함께 작업하였다.

는 점은 어느 정도 흥미가 있다. 물론 개별 연구 제안서들은 전국의 학자들이 다양한 개인적인 동기를 가지고(단순한 학문적인 관심을 포함해서) 독자적으로 제출하였지만, 이 국가 연구 아젠다와 또 산업에서 실질적으로 응용될 수도 있는 결과를 낼 수 있는 가능성을 참고로 해 최종 심사를 통해 연구기금을 받았다.

개별 학자들은 이 아젠다에 관심이 없을 수도 있으며 그것의 동기나 가치를 공유하지 않을 수도 있었다. 그러나 그들은 전문가의 자율성이라는 주관적 환상을 유지하면서도 그것의 목적에 손쉽게 자신들을 떠맡길 수 있었다. 전문가적 관심이 학자들로 하여금 어떤 제안서들이 연구기금을 받고 있으며, 출판되고 있는 연구는 어떤 종류이며, 또 전문 과학 엘리트들에게 가장 흥미로워 보이는 것은 어떤 것인가와 같은 간접적인 동기들에 반응하도록 이끌었던 정도를 제외한다면, 아마 대부분의 학자들은 국가 연구 아젠다가 있는지조차도 몰랐을 것이다. 그렇기 때문에 선발, 전문가 승진 그리고 자기 선택의 과정은 이데올로기 장치의 내용을 건설하고 강화하고 또 영원화할 수 있었다. 학자들이 자율이라는 주관적인 망상을 유지했다손 치더라도 국가 과학의 이데올로기적 성격은 어느 특정한 학자의 주관적인 의도가 아니라 그 활동을 지휘하는 제도의 구조 안에 존재하였다.

사회과학과 인문학을 산업적, 사회적 그리고 정치적 공학의 형태로 전환하려는 그 다음의 의미심장한 조치는 NRC의 부속기구로 사회과학연구위원회(SSRC)를 세운 것이었다. SSRC는 로우라 스펠만 록펠러 Laura Spelman Rockfeller 기념관 관장 러믈Beardsley Ruml의 발명품이었다. 러믈은 정신 시험을 전공한 심리학자로서 그가 지나치게 논쟁적이며 노골적으로 "정치적"이라고 생각하는 역사적이며 철학적인 전통적 접근방법들에 반대해서 경험적으로 방향이 설정된 사회과학을 활성화시킬 수 있는 제도적인 수단을 원했다.

러믈의 지휘 하에서, SSRC는 "행동연구" 의제를 정의 내리고 지원하는 임무를 가진 사립재단들의 재정지원을 받았다. 지원을 받는 연구는 특히 사회학, 경제학 그리고 정치학 분야에서 경험적이고 통계적이라고 간주된 것이었다. 모든 기금을 받은 연구의 결과물도 사회문제들을 해결하는 데 공적 또는 사적 당국을 도울 수 있어야 하고, 그래서 사회과학을 자연과학과 기계과학처럼 기술적이며 공학적인 성공과 같은 수준으로 끌어올릴 것으로 기대되었다.

시카고 대학교는 SSRC의 첫 시범기관으로 지명되었다. 연구기금들은 새로운 경험적 방법들을 위한 연구비와 훈련을 위해서, 통계학과 방법론적 기술들의 과목 개발을 위해서 그리고 시카고 대학교 모델을 따라서 일반적인 학과들을 건설하기 위해서 나중에 다른 대학들에도 배분되었다.[101] 재단들은 미국교육자문위원회(ACE)와 미국학회위원회(ACLS, 1919년 설립)를 통해서 연구비를 제공하는 비슷한 방식으로 일을 하였다.

마지막으로 전쟁의 비상 분위기가 미국 교육학의 도구적 질서에 또 다른 변화를 조장하였다. 전쟁이 강조하는 "교육"에 반대되는 "훈련, 직업적 기술의 신속한 습득, 문제해결, 국가적 합의의 동원, 그리고 공학의 하위 학문으로 여겨졌던 과학에 대한 강화된 통치 등 모두가 교육학의 내용과 목표뿐만 아니라 형식들에서의 변화에 연루되었다. 그 결과는 사실들의 암기, 적성검사 준비 그리고 이러한 검사들의 결과를 논쟁의 여지가 없는 권위있는 질서로 받아들이기를 강조했던 군사화된 교육학적 질서였다. 대학교는 민주주의를 위해 세계를 안전하게 만들겠다고 맹세를 하면서도, 대학교는 군사화된 전시 생산단위의 경쟁적인 이미지를 제도화하였다.

전쟁은 학생 구두 발표와 토론을 주기적으로 표준화된 시험들이 뒤따르는 대규모 강연으로 대체하도록 학생과 그 학생들을 격려하는 교수진이 대학교에 강행군하도록 함으로써, 이러한 경향들 각각을 가속화시켰다. 클랙스톤은 1918년 연보에서 "새로운 교육과정에 대한 연구"가 새로운 집중적 학습과 암기 방식들이

101_ Geiger, *To Advance Knowledge*, pp. 150-56.

채택될 것임을 분명히 보여주었다고 말했다. 그는 "전쟁목표의 고무적인 자극 하에서" 학생들은 미국 고등교육에서 전례를 찾아볼 수 없는 정도로 집중과 학문의 정신을 습득하고 있다고 기뻐하였다. 그런가하면, 클랙스톤은 앞으로는 "미국 대학에서 이보다 더 사려 깊거나 생산적인 사색을 위한 기회는 거의 없을 것"이라고 결론지었다.[102]

102_ USBE, *Report of the Commissioner of Education, 1918,* p. 19.

6장

더 할 일이 있는가?

프롤레타리아화된 직업인으로서 지식인

기업 경영상의 이상corporate administrative ideal의 채택은 경영상의 관심사를 지금까지 대학교의 가능성을 위해서 주변부적인 조건들로 여겨져 왔던 항목들로 이동시켰다. 미국대학교의 산업화는 교육기관의 교육적 성공을 판단하는 기준으로 이러한 조건들에 초점을 맞추었다. 베블렌이 관찰하였듯이, 고등교육의 산업화는 캠퍼스에 "즉각적이며 편재하는 결과"를 가져왔다. 그것은 행정가들을 대학의 "규모와 또 다른 유형의 양적인 특징들에서의 중단 없는 성장에 반영되어 있는 효율성의 재치있고 효과적인 전시"에 집중하도록 이끌어 갔다.[1]

이러한 새로운 조치들 중 가장 의미심장한 것들에는 다음과 같은 것들이 속해 있었다. (1) 강의 규모, 학생·교사 비율 그리고 출판물 숫자에 의해 측정된 교사 생산성 (2) 건물, 교지 그리고 도서관과 실험실들의 크기와 같은 교육자본 소득, (3) 수여한 학위 숫자와 각 학위 수여의 단위 비용으로 환산한 교육성산액. 미국대학교들의 산업화는 결과적으로 그 기관의 노동력(즉 교수진), 자본(즉 설비) 그리고 시장 점유율(즉 등록학생 수)의 생산성을 통해서 측정된 학문적 명성 개념을 초래하였다.

1_ Veblen, *Higher Learning*, p. 98.

미국 지식인의 프롤레타리아화

이러한 방향설정의 실질적인 결과는 노동비용을 줄이고 또 교육사업의 고정 또는 불변 자본을 늘리는 두 갈래의 행정상의 강조였다. 그래서 전통적으로 노동집약적인 사업에서 선진 자본주의사회에서의 영리법인 기업corporate enterprise 의 경제적 명령에 종속되는 자본집약적인 산업이 주가 되면서 대학교는 꾸준히 변형되었다.[2] 표 6.1.은 1890년부터 1930년까지 자본 집중을 향한 경향을 예증한다.

표 6.1. 1890년부터 1930년까지 학생 1인당 고정교육자본의 평균 달러 가치

년	평균달러가치[a]	증가율
1890	$ 542	
1900	986	82 %
1910	1,215	23
1920	1,239	2
1930	3,376	172

출처: USBE, *Biennial Survey of Education, 1918-1920* (Washington, D.C.: GPO, 1923), p. 285; ibid., 1928-1930 (Washington, D.C.: GPO, 1932), pp. 325, 337.
a는 건물, 토지, 도서관 그리고 과학장치를 포함한다.

학생을 교육하는 데 필요한 고정자본의 수준은 이 기간 동안에 계속해서 증가했다. 그것은 인플레이션이 매우 높았던 1920년대를 포함해서 1890년대부터 1930년대까지 전 시기에 실질적인 견지에서 상승하였다. 자본 지출이 대학들이 교육시장에서 효과적으로 경쟁하고자 한다면 필요한 고정비용이 되자, 한계 원가의 견지에서 효율성을 측정하는 기업의 명령이 대학 행정가들로 하여금 주로 "가변자본"인 노동비용을 억제하려는 이사들과 국회의원들로부터 압력을 받도록 만들었다. 그렇기 때문에, 고등교육 조사운동이 1913-1914년에 시작되자, 그 조

2_ Ernest Mandel, "The Industrial Cycle in Late Capitalism," *New Left Review* 90 (march-April 1975).

사는 높은 생산성 비율을 통한 교수진 급료의 상대적 억제를 압도적으로 강조하였다.

교수진 급료는 그 당시 대학과 대학교 예산에서 여전히 가장 큰 항목이었다. 그 결과로, 노동비용의 상대적 삭감이 교육 효율성 개선을 위한 최대의 잠재력을 약속하였다. 불행하게도 USBE는 1930년대까지 대학 경비에 관한 종합적으로 항목화된 수치들을 수집하지 못했다. 그럼에도 불구하고 교육국은 적어도 실례가 되는 1차 조사 결과의 일부를 발표하였다. 뉴욕시립대학(CCNY)의 자체 조사에 의하면, 1914년과 1915년 예산 중 지출 전체의 75%는 교육, 14%는 운영·유지, 그리고 11%는 행정을 위한 것이었다. 그런데 교육 지출의 95%, 즉 전체 예산의 72%가 교육급여로 지출되었다.[3]

휴즈R. M. Hughes는 마이애미 대학교에 대한 자신의 조사에서 교수진의 생산성을 쟁점으로 제기했던 전국적으로 뛰어난 최초의 행정가였다. 마이애미의 비용에 대한 자신의 선구적인 연구에서 휴즈는 1인당 교육비용이 고정되어서 감소될 수 없다는 방법론적 가정에 정확하게 근거해서 1인당 교육비용을 측정하면서 자본 지출을 완전히 배제함으로써 쿠크의 원래 계산법에 중요한 수정을 하였다.[4] 그래서 그는 그 대신에 교수진의 효율성에만 오로지 초점을 맞추었다.

휴즈는 1인당 가변 교육비용을 급여비용으로 나눈 강사 당 학생시간 숫자의 함수로 정의하였다. 휴즈는 교수 1인이 주당 전체 11시간 동안 25명의 학생을 가르칠 것으로 합리적으로 기대할 수 있다고 제안하였다. 이것은 주당 275 학생시간을 "중간 정도의" 작업량으로 만들었다. 그러나 휴즈의 조사는 자신의 대학교에서 실제 평균 작업량이 주당 214 학생시간 또는 교육 생산성의 최고 비율에 22% 못 미치고 있다는 점을 발견하였다. 그는 다른 대학들을 순방하면서 모은

3_ Samuel P. Capen, *Recent Movements in University Administration*, USBE Bulletin, 1916, no. 46 (Wahsington, D.C.: GPO, 1916), p. 32.

4_ Raymond M. Hughes, "Study of Costs at Miami University, Ohio," in USBE, *Report of the Commissioner of Education*, 1914.

자료들을 토대로 그러한 비효율성이 미국 전역에 있는 고등교육기관들에 전형적이라는 결론을 내렸다.

마찬가지로 휴즈는 만일 최대 작업 비율이 교수진에게 강제된다면, 학생당 1년 전체 교육비용이 91.77$이 되어야 한다고 계산했다. 그러나 그는 실제 비용이 140.00$ 또는 교육 효율성의 최고 수준보다 53% 높다는 점을 발견하였다. 작업량, 노동비용 그리고 전체 예산 지출 간의 관계가 휴즈에게는 분명하였다. 그래서 그는 1914년 동료들과의 한 지역 모임에서, 교육계획의 중앙집중화된 공식화, 가장 효율적인 교육영역을 강조하는 교육과정의 재조직화 그리고 개인의 생산성에 기초한 급여계획을 위하여 연공서열제를 포기할 것을 이미 추천하고 있었다.[5]

휴즈는 오하이오 지역 기업인들이 지배했던 폭넓은 이사층으로부터 그의 개혁 프로그램에 대한 강력한 지지를 받았다. 이사들은 휴즈의 지도 아래 이상적인 강의 규모를 20명의 학생에 맞추었다. 휴즈는 1915년에 전체 교육 시간의 1/3만이 20명 또는 그 이상의 학생들이 있는 강의실에서 실제로 시행되고 있음을 발견하였다. 다음 해에 휴즈는 그 비율을 62%로 올렸다. 10명 이하의 강의실에서 시행되는 교육시간의 비율은 25%에서 15%로 줄었다.[6]

사람들이 예상했듯이, 전체 작업량(즉, 강의 부담량)은 1913-14학년도와 1915-16학년도 사이에 실질적으로 증가하였다(표 6.2. 참고). 마이애미 대학교 교수들의 주당 평균 작업량은 불과 2년 사이에 17% 이상이 증가하였다. 그럼에도 불구하고, 가드프레이의 드렉셀 공대에 대한 1914년 조사는 학문 생산성이 휴즈가 감히 제안했던 것보다 실제적으로 더욱 증가할 수 있다고 주장했다. 가드프레이는 그 대학교수진이 주당 평균 320 학생-시계 시간student-clock hour의 강의량을 이미 보고하고 있음을 발견했다.[7]

5_ Ibid.

6_ Capen, *Recent Movements in University Administration*, p. 32.

7_ Ibid., p. 36.

표 6.2. 1913학년도부터 1915학년도까지 가을학기 마이애미 대학교 교수의 강의 부담량

연도	전체 학생-시계 시간	교수 1인당 주당평균 학생-시계 시간
1913/1914	5,364	214
1914/1915	6,236	234
1915/1916	7,323	251

출처: USBE, *Recent Movements in university Administration*, Bulletin, 1916, no. 45, (Washington, D.C.: GPO, 1917), p. 32.

이 두 조사가, USBE가 1914년부터 1916년까지 워싱턴주, 오레곤주, 아이오와주, 노스다코다주, 사우스다코다주 그리고 알라바마주의 공립 고등교육기관들을 조사함으로써, 교육국의 전국 조사운동을 착수했던 토대를 형성했다. 이러한 초기의 보고서들 (이 가운데 2개가 출판되어 널리 배포되었다)[8]은 국가 기준선으로 사회 평균 효율성을 세우는 데 사용되었으며, 그 기준선으로부터 전국 개별 고등교육기관들을 판단하였다. USBE 조사는 강의 위주 과목에서 학생인원 규모의 유일한 한계는 "학생들이 교수를 보고 말을 들을 수 있는 만큼"[9]이 되어야 한다고 추천하였다. 그래서 20~30명의 학생이 암기와 토론 위주 강의의 최대 인원으로 추천되었다.

USBE 보고서들은 300 학생-시계 시간이 교육 위주 대학교수들에게 주당 통계적으로 최대 강의량(즉, 25명 학생의 12시간 또는 4과목)이라고 결론내렸다. 연구 중심 대학교의 교수들에게 최고 작업량은 250 학생-시계 시간(즉 25명 학생의 10시간 또는 실험을 포함한 3과목)으로 정해졌다. 1919년에 알라바마 대학교 조사를 마감하면서, USBE는 학생-시계 시간당 급료 비용은 그 대학 평균 17불 50센트를 초과해서는 안 된다고 추천하고 있었다.[10]

8_ Capen, *A Survey of Educational Institutions in the State of Washington*; USBE, *State Survey of Higher Educational Institutions of Iowa*.

9_ USBE, *State Survey of Higher Educational Institutions of Iowa*, p. 118.

10_ USBE, "Outline of Investigation of Higher Institutions in Connection with Educational Survey

표 6.3. 1916년 노스다코다주에 있는 8개 고등교육기관의 강의 크기와 비교한 교육비용

강의크기 (학생수)	전체 교육비용 %
1~9	42.1
10~19	29.5
20~29	18.3
30~39	5.8
40~49	2.9
≥50	1.2

출처: USBE, *Recent Movements in university Administration*, p. 29.

사회 투자에 대한 더 큰 환원율은 교육과정과 연구가 지방의 산업 요구와 결합될 때 가능하다는 실현 가능성을 참고로 해서 주요 노선과 보조 노선major and service lines의 개념도 구성되었다. 마찬가지로 그 개념은 대학교 내에서 규모의 경제를 약속하였다. 노스다코다 조사의 결과는 이러한 실현 가능성을 눈에 띄게 분명하게 만들었다(표 6.3. 참고). 노스다코다주에서 조사된 8개 대학에서, 전체 교육기관 지출의 거의 72%가 USBE가 추천한 20명 학생 등록보다 작은 규모의 강의들에 나가고 있었다. 다른 곳에서 나온 이와 비슷한 결과들은 USBE로 하여금 "작은 규모 강의와 또 그것들을 통해서 결과적으로 발생할 지나친 강의비용"의 제거를 꾸준히 추천하도록 만들었다.[11]

이러한 조사들 모두는 대부분의 대학과 대학교가 최대 생산성 비율에 훨씬 못 미치게 운영되고 있다는 점을 강조하였다. 그러나 그 비효율성이 대학교들 내에서 균등하게 분산되지는 않았다. 표 6.4.의 자료들은 강의 작업량과 강의 규모가 USBE가 확립한 사회적 평균에 상대적인 거의 모든 분야에서 실질적으로 증가될 수 있음을 보여주었다. 그러나 교양과목들은 자본에 대한 직접적인 경제적 환원율의 견지에서뿐만 아니라 교육적 생산성의 견지에서도 분명하게 가장

---

of Alabama," pp. 5-6, Historical File no. 501, Box 103, NA.

11_ Ibid., p. 1.

표 6.4. 1914-15학년도 3개 교육기관에서 교육생산성이
USBE 최고 수준에서 운영되는 학문들의 백분율

	교수1인당 300 학생-시계 시간 이상인 학과들		교수 1인당 250 학생-시계 시간 이상인 학과들	
	가을학기	봄학기	가을학기	봄학기
University of Iwoa				
교양학과	27%	36%	55%	55%
자연과학	38	25	50	50
Iowa State A&M				
교양과학	14	43	29	43
자연과학	33	56	56	61
공학	75	75	75	75
University of Washington				
교양학과	29	21	64	57
인문계 전문직 분야	43	57	86	71
자연과학	78	67	100	100
공학	100	100	100	100

출처: 수치들은 아래에 실린 자료에서 집계하였음. USBE, *State Survey of Higher Educational Institutions of Iowa* (Washington, D.C.: GPO, 1916), Bulletin, 1916, no. 19, pp. 21-22; Samuel P. Capen, *A Survey of Educational Institutions in the State of Washington*, USBE Bulletin, 1916, no. 26 (Washington, D.C.: GPO, 1916), pp. 191-96.

비효율적인 투자 영역이었다. 고전과 인문학은 교양과목 중에서도 가장 비효율적이었다(즉, 새로운 사회과학에 상대적으로).

학문적 생산성의 증가를 실현하는 가장 신속한 방법은 소수의 엄선된 대학교들을 제외한 모든 대학에서 그리스어, 라틴어 그리고 고전문학을 폐지하거나 또는 단계적으로 폐지하고 엄선된 대학교들에서만 그 과목들을 집중해서 규모의 경제를 통해서 효과적으로 가르치는 것이다. 이 스펙트럼의 반대편 끝에 있는 대학들에서는, 공학 강좌들이 강의실 효율성의 모델로 생겨났다. 훌륭한 기업경영의 미시 경제적 견해는 행정가들이 결국에는 분명한 결론을 내리도록 하는 것을 불가피하게 만들었다. 효율적인 교육정책은 그들로 하여금 가장 효율적인

표 6.5. 1914-1915학년도 3개 교육기관에서
여러 분야에서 공부하는 학생 1인당 평균교육비용

	가을학기	봄학기
University of Iwoa		
교양학과	$4.24	$4.44
자연과학	$3.45	$4.01
Iowa State A&M		
교양학과	$3.40	$3.51
자연과학	$2.54	$2.16
공학	$2.08	$2.11
University of Washington		
교양학과	$3.19	$3.36
인문계 전문직 분야	$2.76	$3.08
자연과학	$1.75	$2.12
공학	$2.62	$2.65

출처: 표 6.4. 참조

생산 영역들(공학)을 향하여 내부 자원을 재할당하고, 일부 분야들(사회과학과 자연과학)을 재구조화하거나 통합하고 또 소득이 없는 생산라인들(표 6.5. 참고)을 포기하도록 요청했다.

그래서 모든 학문 분야들이 공학 학문의 부속품이 되기 위해서 부가적인 구조적 압력(NRC로부터의 압력은 제외하고)을 받았다. 공학의 연구 방법뿐만 아니라 그것의 교육 기법들과 평가 기준들을 채택함으로써 그 목적은 사회적 투자에 대해서와 마찬가지로 계량화할 수 있는 환원율을 생산하는 것이었다. 따라서 미국 대학교의 내부 행정 구조는 자연과학을 산업공학과 군사공학에 자발적으로 적응시키는 것을 강화했으며, 다른 한편으로는 사회과학과 인문학도 비슷한 조정을 하도록 압력을 높였다.

하버드 대학교 총장이며 카네기재단(CFAT)의 탁월한 이사인 로웰A.L. Lowell은 미국정치과학협의회와 미국역사협회의 합동 전국대표자회의에서 교훈적인 연설을 하였다. 로웰은 왜 역사학자들과 정치학자들이 공학자들 또는 자연과학자처럼 자주 조언을 구하는 대상이 되지 못하는가를 설명해 달라고 요청을 받았다. 그의 답변은 그들이 "과학적 방법"의 근사치를 채용하는 데 실패했으며 "정치학의 진정한 생리학"을 연구하지 않았다는 것이었다. 이에 필요한 적응을 기꺼이 하고자 하는 사람이라면 누구나 대학교 안에서 더 많은 물질적 보상, 더 많은 연구비, 더 많은 승진기회 그리고 비학문적인 엘리트들 사이에서 강화된 명성을 얻을 것이라고 제안하였다.[12]

미국 교육국은 다양한 학문분야들 간의 불균형을 잘 알고 있었다. 교육국은 새로운 행정 방법들이 사회과학과 인문학 분야에서 교육적 성공의 측정을 왜곡하였다는 사회과학자들과 인문학자들의 주장에 다소 동감을 하였는데, 이 분야들에서는 종종 소규모의 비강의식 형태가 더욱 적절하고 효과적인 교육 기법이었다. 이와 비슷한 문제는 교육투자에 대한 비용효과 분석이, 그것이 증가될 소득이나 생산성으로 환산해서 더 좋은 노동자에 대한 이윤을 측정할 수 있는 방식으로는 훌륭한 시민이나 지성적인 지도자에 대한 이윤을 진정으로 계량화할 수 없다는 것이었다.

카펜은 미네소타 대학교 교수 쿠스Leonard V. Koos에게 서로 다른 학문 분야들의 특별한 요구, 방법 그리고 목표들을 설명할 수 있도록 효율성에 대한 행정적 계산을 조정하는 방법을 고안해 달라고 부탁할 정도로 확실히 염려를 하고 있었다. 쿠스 교수는 교육유형, 교육수준, 평소 강의 규모 그리고 주제에 맞는 표준화된 차이점들을 구체화함으로써 사회적 평균과는 별도로 강의 부담을 조정하는 방법을 고안하였다. 미국 교육국은 1919년에 이러한 CFAT 방법론의 개정본을 출판하여 배포하였다.[13]

쿠스의 조정 계산법은 너무 어려운 것으로 입증이 되어서 그것을 사용하려고 시도했던 모든 사람이 그의 방법을 신속하게 포기하였다. 콜로라도 주립 사범대

12_ A. Lawrence Lowell, "The Physiology of Politics," *American Political Science Review* 4 (February 1910): 1-15.

13_ Leonard V. Koos, *The Adjustment of a Teaching Load at a University*, USBE Bulletin, 1919, no. 15 (Washington, D.C.: GPO, 1919).

학에 대한 한 1925년 연구는 그 방법이 "너무 다루기 어려워서" 쓸모가 없었다는 점에 주목하였다.14 재정위기의 즉각적인 긴급 상황 하에 있는 입법가, 이사 그리고 대학교 행정가들은 사용가능한 방법들과 자료들을 사용해서 필요한 재정적 조정을 하였다. 그 결과로 조사운동이 촉진했던 일반화된 노동생산 증가는 불균형한 무게를 가지고 인문학과 사회과학에서 떨어졌으며, 반면에 자연과학과 공학 그리고 자신들을 공학자들에게 기꺼이 추가하고자 하는 사회과학자들에게 대학 내 재할당의 강화된 보상과 기업의 선물이 돌아갔다.

조사운동 기간 중에 수여된 학위와 교수 대 학생 비율의 상승 경향도 학문 생산성의 더 높은 비율을 향한 전국적 경향의 개략적 지표로 사용할 수 있다. 이 수치들은 생산성의 상승이 전국적으로 이루어졌음을 암시한다. 표 6.6.은 교수 대 학생 평균 비율이 1910년부터 1930년까지 20년 동안 27% 증가했음을 보여준다. 노동생산 증가는 1차대전 중과 그 후에 가장 극적이었는데, 그때에 많은 교수들은 특별 전쟁 활동과 연구를 위해 부재 허가를 받은 교수들을 보충하기 위해서 더 커진 강의 부담을 떠맡았다. 교육에서 전후의 재정위기(특히 자본 확장을 위한 요구에서)와 결합된 전후 대학등록의 폭발로 인하여 대부분의 대학은 전시의 노동 분량을 능률 척도로서 간편하게 유지하였다.

교수 1인당 수여학위 수(즉 생산품 생산액)도 역시 같은 기간 동안에 지적 노

표 6.6. 1900년부터 1930년까지 미국 고등교육기관의 학생 대 교수비율(전국 평균)

연도	학생 수	교수 수	비율
1900	197,163	18,220	11:1
1910	274,084	24,667	11:1
1920	521,754	42,882	12:1
1930	971,584	71,722	14:1

출처: 다음의 책에 실린 자료로 표를 만들었음. USBE, *Biennial Survey of Education, 1918-1920*, pp. 6-7; ibid., *1928-1930*, pp. 332, 334.

14_ J.D. Heilman, "Methods of Reporting the College Teacher's Load and Administrative Efficiency," *Educational Administration and Supervision* 11 (March 1925): 176.

표 6.7. 1910년부터 1930년까지 미국 고등교육기관의 교수 대 수여학위 비율 (전국평균)

연도	수여학위 수	교수1인당 수여학위율	증가율
1900	16,314	0.66:1	
1910	25,618	1.04:1	58%
1920	52,179	1.22:1	17%
1930	128,243	1.79:1	72%

출처: USBE, *Biennial Survey of Education, 1918-1920*, pp. 6-8; ibid., *1928-1930*, pp. 332, 334.

동과정의 강화를 보여준다. 교육받은 인력의 교수진 생산량은 1920년과 1930년 사이에 72% 증가하였다(표 6.7. 참고). 전체 고등교육 비용의 한 부분으로 노동비용이 생산성 상승의 결과로 이 시기 동안에 줄었다는 점을 암시하는 경험적인 근거도 있다. 미국 교육국은 1928~30년 2년 조사 때까지 교육비용에 대한 전국적인 자료를 수집하지 않았기 때문에 어떠한 최종적인 통시적 비교는 지금은 불가능하다. 그러나 1915년 뉴욕시립대학 예산을 1930년 전국 수치들과 비교를 하게 되면, 적어도 상대적 교육비용이 조사운동 동안에 줄었다고 믿을 만한 약간의 이유가 있다(표 6.8 참고). 이러한 비교가 의미가 있는 한도 안에서, 교육자원이 노동에서 자본까지 실질적인 조건에서 재할당되었다고 결론내리는 것이 합리

표 6.8. 1915년 뉴욕시립대학과 1930년 전국의 교육비용의 분배 백분율

항목	뉴욕시립대	전국	변화
교육	75.1	67.0	-8.1%
설비/유지	13.9	20.4	+6.5%
행정	11.0	12.6	+1.6%
합계	100.0	100.0	

출처: USBE, *Biennial Survey of Education, 1918-1920*, p. 539; USBE, *Recent Movements in university Administration*, p. 32.

주: 비교 가능하도록 하기 위해서 1930년 수치들은 1915년 뉴욕시립대학 예산에도 포함되던 항목들만을 포함하도록 조정되었다. 그래서 "교육" 항목 안에다 도서 관과 교육비용을 포함시켰다. "설비/유지"는 새 장비에 대한 자본 경비를 포함한다.

1915년의 아이오와주 3개 대학과 워싱턴주 2개 대학의 비용 수치들도 이용 가능하였다. 그러나 미국 교육국의 조사들에서 사용된 종합 분류들 때문에, 특정항목들을 분리해서 그 수치들을 사용가능한 다른 것들과 정확하게 비교하는 것은 불가능했다.

적이다.

이 논제와 조화를 이루는 것이 같은 기간 동안에 지식인들이 경험했던 경제적
지위에서의 절대적, 상대적 쇠퇴이다.[15] 고등교육 비용이 1910년과 1930년 사이
에 인플레이션을 훨씬 앞지르는 비율로 치솟았지만(표 6.9. 참고) 이 증가액의
극소수만이 봉급과 노동비용에 지출되었다. 즉 다시 말해서, 전체 고등교육 비용
도 1910년과 1920년 사이에 172% 증가했으나, 교수들은 20년 동안에 인상액의
10%도 못 받았다. 전체 고등교육비용이 163% 상승했던 다음 10년 동안에, 그들
은 20에서 30%의 인상액을 받았다. 특히 1920년대에는, 게다가 강의 업무량이나
수여된 학위로 측정을 하던 생산성의 강제된 증가는 봉급 인상분을 비례적으로
앞질렀다.

표 6.9. 1910년부터 1930년까지 미국 대학과 대학교 전체 수입금

연도	전체	증가
1910	$ 88,369,734	
1920	$240,141,994	+172%
1930	$631,130,377	+163%

출처: USBE, *Biennial Survey of Education, 1918-1920*, p. 285; ibid., *1928-1930*, p. 335.

자본비용이 실질적인 조건에서 인플레이션을 앞질렀던 반면, 봉급비용은 인플
레이션에 뒤처졌음을 증명하는 실질적인 증거가 있다. 그 최종 결과는 검토 중인
시기에 대부분의 대학교수들에게 경제적 지위의 절대적인 하락이었다. 예를 들
어서 미국대학교수협의회(AAUP)의 한 연구에 의하면, 1910년부터 1919년까지

15_ 경제적 지위economic status란 용어는 여기에서, 지식인들의 정신적 생산수단과의 관계를 언
급하는 계급class과는 반대로, 생활의 실제 기준 즉 실제 수입에 대한 개념적 언급으로 사용된
다. 경제적 지위가 "주어진 경제질서 안에서 수입을 위해서 상품이나 기술을 할당할 수 있는
힘의 양(또는 그것의 결핍)에 의해서 결정되는 상품의 공급, 외부적 생활 조건 그리고 개인적
생활 경험을 위한 전형적인 기회"를 포함하는 한에서, 경제적 지위는 계급상황과 경험적으로
연결된다. *From Max Weber*, pp. 181-83.

기간 동안에, 미국에서 생활비가 "가장 적당한 계산에 의하면" 40%에서 70% 정도 상승하였다. 같은 기간 동안에 교수 평균 봉급 인상은 10%에 불과했다.[16] 1920년에 『학교와 사회』가 펴냈던 한 비슷한 연구도 그런 조사결과를 산출하였다. 그 연구에 의하면, 1912년부터 1919년 사이에 정교수의 봉급은 7% 이하로 증가하였고, 조교수의 봉급은 약 10% 인상되었다.[17] 정말로, 큰 주립대학교들의 봉급에 대한 더욱 최근의 한 분석은 모든 직급 교수의 평균 봉급이 1908년에 최고조에 도달했었음을 보여준다. 교수들의 실질적인 경제적 지위는 1908년과 1919-20년 사이에 33%에서 37% 정도 하락했다.[18]

1차대전 이후에, 미국교육국(USBE)의 한 조사에 의하면, 경제적 지위에 대한 교수진의 동요가 너무나 두드러져가고 있어서 미국 대학과 대학교의 60%가 1918-19학년도에 10%에서 20%의 봉급인상을 투표로 결정하였다.[19] 그럼에도 불구하고 교수들의 불만은 계속해서 비등했다. AAUP는 1919년의 "과대한" 인상이 1900년과 1909년 사이의 "필수품 가격의 40%에서 70%의 인상"을 벌충하지 못했다는 선언과 함께 미국 교수들의 집단적인 불만을 외쳐댔다. 그 조직은 교수들의 "실질적인 보상(즉 실질임금)이 줄어들었음을 잘 이해하였다."[20]

AAUP가 1929년에 출판했던 또 다른 연구도 이와 똑같은 경향이 1920년대에도 계속되었다고 주장하였다. 교수 봉급인상은 1920년대에 매우 극적이었으나, 노동 통계청의 한 생계지수 비용은 같은 기간 동안에 70%의 인플레이션을 보여주었다. 그래서 AAUP는 예일 대학교와 같이 심지어 가장 일류대학교 교수들조차

16_ Arthur O. Lovejoy, "Annual Message of the President of the AAUP," *Bulletin of the AAUP* 5 (November-December 1919): 14.

17_ Ralph G. Hurlin, "The Salaries of College Teachers in 1920," *School and Society* 12 (October 30, 1920): 412-14.

18_ Beardsley Ruml and Sidney Tickton, *Teaching Salaries Then and Now: A Fifty-Year Comparison with Other Occupations and Industries* (New York: Fund for the Advancement of Education, 1955), pp. 54-56.

19_ USBE, *Increases in Salaries of College Teachers*, Higher Education Circular no. 15, July 1919, pp. 1-5.

20_ Lovejoy, "Annual Message of the President," p. 14.

표준생활에서 12%의 추가 실질 감소를 겪었다고 주장했다.[21] 1920년대에 관한 증거가 학자들 사이에서 계속되는 논쟁의 주제이지만, 그간 제공되었던 최상의 시나리오 하에서도, 실질 봉급은 1920년대 말에 1908년 수준으로 돌아갔다가 그 후 25년 동안 다시 하락하기 시작하였다.[22]

그러나 실질 봉급이 1920년대에 그 이전의 수준으로 돌아갔다고 하더라도, 이러한 경향은 대학교 안에서 사회적 지위의 극적으로 상대적인 이동과 또 대학 외부의 직업들에 상대적으로 반대해서 일어났다.[23] 예를 들어서, 1922년부터 1926년을 포함하는 5년 동안, 무상불하토지 대학 총장들의 봉급이 평균 33% 이상 상승했다. 학장들의 봉급은 같은 기간에 평균 13% 이상 인상되었다. 그러나 교수들의 봉급은 전체적으로 고작 9%만 인상되었다.[24] 교수진과 행정직 간의 증가하는 양분은 대학교 안에서 수입과 사회적 지위의 넓어지는 불평등에 의해 강화되었다. 행정은 교육보다 더욱 많이 보상을 받았고, 경영은 노동보다 더욱 많은 보상을 받았다.

교수들의 조건은 대학교 지식인들이 그들 자신의 사회적 지위를 전통적으로 판단하는 데 기준으로 삼았던 다른 "학문적 직업"(종교, 법률, 의학)과 비교해서 훨씬 더 빨리 악화되었다. 바우만C.C. Bowman의 평가에 따르면, 1893년에 모든 직급의 교수 평균 봉급은 목사나 사무원의 봉급보다 75% 많았으며, 초등과 중등

21_ Paul H. Douglas, "Incomes and Living Costs of a University Faculty," *Bulletin of the AAUP* 15 (May 1929): 350.

22_ Ruml and Tickton, *Teaching Salaries*, pp. 54-56.

23_ 사회적 지위Social Status는 "명예에 대한 특정한 긍정적이거나 부정적인 사회적 평가에 의해 결정되는 인간의 인생 운명의 모든 전형적인 요소들"을 지시한다. *From Max Weber*, pp. 186-87. 베버가 주목하듯이, 재산 소유권이 "지위 자격증명으로 항상 인정되지는 않지만, 긴 안목으로 보면 엄청난 규칙성을 가지고 그렇게 된다." 이것은 자본주의사회에서 특히 그러한 교수들이 자신들의 봉급을 "자신들의 경쟁자들과 비교하는 상징이나 또는 존경할 만한 법도에 따른 생활의 수단"으로 본다는 것을 발견한다(Veysey, *Emergence of the American University*, P. 391).

24_ USBE, *Land-Grant Colleges, 1926*, Bulletin, 1927, no. 37 (Washington, D.C.: GPO, 1927), p. 20.

학교 교사 봉급의 5배였다.[25] 1920년에는, 남자공립학교 교사에게 지급되는 평균 봉급이 부교수의 그것과 같았다.[26] 초등학교 교사들은 가장 낙관적인 시나리오와 비교해서 1904년과 1929년 사이에 31%의 실질 증가를 보았는데, 같은 기간 동안에 교수 봉급에는 실질 증가가 없었다.[27]

최고의 환경 하에서, 소득차별이 줄어들었고 또 소득이 가능하게 하는 생활방식의 차이도 감소하였다. 바우만의 수치와 비교했을 때, 루믈 Ruml과 틱톤 Tickton의 연구는 부교수가 1904년에 초등학교 교사보다 실질 조건에서 약 42% 많이, 그리고 1929년에는 31% 많이 받았음을 보여준다. 부교수는 철도 역무원보다 1904년에는 59%를, 또 1929년에는 53% 많이 받았다.

중하층 계급이 미국 교수들에 근접하였던 반면에, 교수들은 뜨고 있는 기업 전문직들에게 자리를 내주었다. 1929년에 과학촉진을위한미국협의회의 한 연구는 교수가 미국에서 받고자 하는 평균 최대 봉급이 "평균 세일즈맨" 또는 제조 공장 십장에게 지급되는 것에 지나지 않는다는 점을 발견했다.[28] 철도 경영간부들이 자신들과 대학교 지식인들 사이에 존재하는 봉급격차를 더욱 벌려놓았다. 즉 다시 말해서, 그들의 봉급은 1904년에 부교수의 봉급보다 46% 많았는데, 1929년에는 56% 많게 올랐다.[29] 미국의 사회계층의 등급에서 교수의 위치가, 신중산계급과 관련해서 수입이 나타내듯이, 저하되었다는 데에는 의심의 여지가 없다.

지식인 신분의 절대적이고 상대적인 쇠퇴는 어쩌면 조직노동자 신분의 더욱 극적인 상승에 의해 과장되었다. 노동계급이 이룩한 신속한 경제적, 사회적 그리

25_ Claude Charleston Bowman, *The College Professor in America* (New York: Arno Press, 1977), p. 39.

26_ Hurlin, "Salaries of College Teachers."

27_ Ruml and Tickton, *Teaching Salaries*, p. 60.

28_ Rodney H. True, "Salary Scales of Trained Men and Women," *Bulletin of the AAUP* 15 (December 1929): 538-40.

29_ Ruml and Tickton, *Teaching Salaries*, p. 65.

고 정치적 이익은 종종 지식인들과 산업 프롤레타리아 간의 비교를 재촉하였다. 일찍이 1898년에 교수들은 "차장, 기계수리공, 일터 십장 그리고 같은 급의 다른 직업인들과 재정적으로 같은 정도에 있는 것"[30]에 대해 산발적으로 논평을 하였다. 그 이후 30년 동안에, 이러한 불평들이 신문, 학술지, 교수협의회 모임 그리고 대중잡지에서 계속해서 확대되었다. 코넬 대학교의 슈르만J.G. Schurman과 같은 진보적인 대학교 총장들은 이사들에게 "교수 봉급을 목수, 기계공, 그리고 열차 승무원이 받는 임금보다 적게 지불하는"[31] 임박한 위험에 대해 경고하기 시작했다. 1920년에 교육국장은 "대학교수들과 강사들의 봉급이 많은 다른 직업에서 받는 봉급들보다 훨씬 뒤처졌을 뿐만 아니라 그 봉급이 많은 기계공들과 상인들이 받는 평균 임금보다도 낮은 수준으로 줄었다."[32]고 경고했다.

이러한 인식은 미국노동통계청(BLS)이 미국의 노조 임금표에 관한 보고서를 출판했던 1926년에 충분히 확인되었다.[33] 노동통계청 보고서는 미국교육국(USBE) 회보와 회람장을 포함한 다양한 출판물들을 통하여 교육자, 기업가, 이사, 그리고 입법가들 사이에서 널리 유포되었다. 실제로, USBE는 노동통계청 보고서를 교수봉급을 노조임금과 비교한 자료를 출판하기 위한 기초로 즉각 사용하였다. USBE는 노조 임금율이 1913년과 1926년 사이에 133.4% 증가했음을 발견했다(표 6.10. 참고). 표 6.10.이 보여주듯이, 이러한 증가 가운데 적은 부분을 제외한 모두가 1918년과 1926년 사이의 8년 동안에 일어났다. 그래서, 전체사회 안에서 프롤레타리아의 인텔리겐치아로의 접근은 점차적인 증가로 보이기보다는 오히려 그 당시에 폭발적으로 보였으며, 이는 보수주의자들에게는 놀라운 것

30_ An American Professor, "The Status of the American Professor," *Educational Review* (December 1898), p. 419.

31_ *New York Times*, August 20, 1919, p. 26.

32_ USBE, *Report of the Commissioner of Education*, 1920, p. 10.

33_ U.S. Bureau of Labor Statistics, *Union Scale of Wages and Hours of Labor*, Bulletin no. 431, May 15, 1926.

표 6.10. 1913년부터 1926년까지 노조 임금율 지표

연도	임금지표
1913	100.0
1914	101.6
1915	102.3
1916	106.2
1917	112.4
1918	129.6
1919	147.8
1920	188.5
1921	193.3
1922	183.0
1923	198.6
1924	214.3
1925	222.3
1926	233.4

출처: U.S. Bureau of Labor Statistics, *Union Scale of Wages and Hours of Labor*, Bulletin no. 431, May 15, 1926.

주: 이 표는 기본년도인 1913년으로부터 명목상 임금 인상을 보여준다.

으로 그리고 더욱 자유주의적인 지식인들에게는 프롤레타리아의 임박한 증가의 신호로 보였다. 어떠한 경우에도 더 이상 프롤레타리아를 무시하거나 또는 대학교 지식인들이 자신들을 이 증대하는 계급과 비교하는 것을 피하는 것이 불가능하였다. 이러한 비교들은 1922년부터 1926년까지 노조임금율이 부교수 임금율

표 6.11. 1922년부터 1926년까지 노조 임금율과 비교한 고등교육 봉급지표

연도	총장	학장	교수	부교수	조교수	모든 직급
1922	100.0	100.0	100.0	100.0	100.0	100.0
1923	100.7	100.7	106.0	101.8	103.4	108.5
1924	106.6	104.2	106.0	105.5	103.4	117.1
1925	120.0	104.2	109.1	103.7	107.7	121.5
1926	133.3	113.4	109.1	105.5	107.7	127.5

출처: USBE, *Land-Grant Colleges*, 1926, Bulletin, 1927, no. 37 (Washington, D.c.: GPO, 1927), p. 20.

그림 6.1. 1922년부터 1926년까지 대학봉급인상

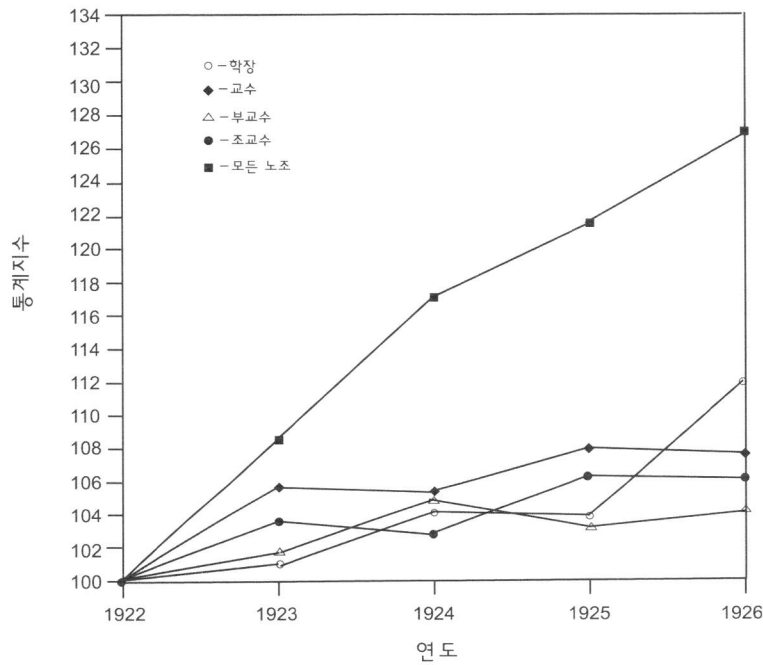

보다 3배나 빨리 증가하였음을 보여주었다. 반면에 대학교 총장들은 교수와 노조에 가입한 노동자들보다 더욱 앞서서 나아갈 수 있었다(표 6.11. 참고). 그림 6.1은 이러한 발전에 대한 생생한 설명표를 제공한다.

인민주의 대 사회민주주의: 지식인들의 계급의식

증거자료는 대학교 지식인들이 1890년부터 1929년까지 40년 동안에 계급적 지위를 잃었음을 확신하는 것으로 보인다. 그들의 "프롤레타리아화"는 관례적인 생산관계에서 사실상의 변질, 대학교 공동체 안팎에서 경제적이고 사회적인 지위의 일반적 하락, 산업화, 그리고 지적 노동과정의 관료화에 의한 특성을 나타내

게 되었다. 이러한 사건들이 동반했던 소외는 소위 종업원 관념employee idea
을 향한 적대감으로 다양한 방식에 의해 표현되었다.

종업원 관념은 "멋대로 고용-employment at will"주의를 위한 표현으로 1890년
대와 20세기 초에 처음 나타났다. 여러 법원 판결들이 세기가 바뀔 무렵 멋대로
고용을 이사들과 교수들 간의 관계를 지배하는 법적 원리로 확고하게 세워놓았
다.[34] 이러한 방식으로, 미국 산업 전체에 걸쳐 널리 퍼진 산업관계의 근본적인
자유방임 개념이 대학교로 확장되었다. 이 원리가 뜻하는 바를 간단히 말하자면,
고용은 고용주의 뜻에 따른 것이어서 고용주와 종업원의 사적인 계약을 위반하
지 않는 한, 이유나 설명 없이 언제라도 끝낼 수 있다는 것이었다.

앤드류스E. Benjamin Andrews를 은-자유주조free-silver 정치경제 사상 때문
에 브라운 대학교에서 해고한 사건을 둘러싼 논쟁 동안에 이사, 보수적인 언론인,
그리고 같은 생각을 가진 기업인들이 멋대로 고용원리를 처음으로 학문적 산업
적 관계의 정합적인 원리로 명확히 표명하기 시작한 것으로 보인다. 이 원리는
『필라델피아 렛저Ledger』 신문에 투고한 한 필자에 의해 이 시기에 가장 잘 표명
되었던 것 같다. 멋대로 고용이 뜻하는 바를 가장 간단히 말하자면, "만일 대학교
수를 지원하는 기업인들과 그들에게 의지해 지내는 교수들 간에 문제가 제기된
다면, 교수들이 직업을 잃게 된다."는 것일 것이다. 20세기에 접어들면서 노스웨
스턴, 코넬, 컬럼비아, 예일, 프린스턴, 시카고, 존스 홉킨스, 그리고 아메리칸 대
학교의 이사들과의 일련의 인터뷰에 의하면, 대부분의 이사들이 이 원리에 동의
하였다.[35]

이 원리는 펜실베니아 대학교에서 1915년 니어링 소송사건(니어링은 반전과
평화를 주장하는 일련의 논문과 아동노동법을 지지하는 연설 내용이 문제가 되
어서 해직되었다. 해직 후 그는 1917년 방첩법으로 기소되어 재판을 받았고 1919

34_ Hofstadter and Metzger, *Development of Academic Freedom*, pp. 465-66.
35_ Will, "A Menace to Freedom," pp. 251-54.

년 연방법원에서 무죄판결을 받았지만 급진주의자로 낙인찍혀 사회로부터 소외되었다-역자) 동안에 분명하게 공식화되었다. 니어링 Scott Nearing이 자유주의적 경제관을 가졌다는 이유로 해직되고 난 후에, 펜실베니아 대학교 이사회는 다트머스 Dartmouth 소송사건에 의식적으로 호소하였는데, 그 소송은 "대학교의 현재 장비와 기금은 이사들이 적합하다고 생각하도록…관리해야 할 진정으로 이사들의 재산이다."라고 보증해 주었다. 교수들은 "대학교수와 이사들의 관계는 날품팔이꾼과 그 고용주의 관계와 같다."고 다소 쌀쌀하게 통지를 받았다. 그렇기 때문에 모든 교수는 "그들을 임명했던 권력의 뜻대로"[36] 면직될 수 있었다. 펜실베니아 『동문 레지스터』에 글을 쓴 한 필자는 "사람은 자신이 일하도록 고용되고, 또 그것 때문에 급료를 받는 일을 해야만 한다고 믿는 것은 지극히 단순하고 기본적이라고"[37] 생각했다.

거의 끝없이 늘어날 수 있는 글들에서, 교수들은 이사들이 "자신들을 교육기관으로 그리고 교수들을 그들의 종업원들로 여기게 되었다."고 점점 더 불평을 하였다. 교수들은 "가능한 싸게 고용되어서 가능한 한 열심히 일하도록 하고" 그래서 "숙련 기계공"이나 "호텔 요리사"에 지나지 않게 임금을 받는 단순한 종업원들이 되는 것에 분개하였다. "직업 가운데 가장 고상한 것"에 부착된 "노예상태라는 오명은 용납될 수 없었다."[38]

20세기 초에, 대학과 대학교 지식인들은 야스트로 Joseph Jastrow가 교수들의 "저항문학"[39]이라고 불렀던 대학의 조직에 관한 다양한 반대 제안들을 제출하였다. 학문의 이상이 이 문학으로부터 나왔으며, 1920년이 되어서 그것은 지식인들

36_ Witmer, *The Nearing Case*, pp. 25-30.

37_ University of Pennsylvania, "The Professors' Union," *Alumni Register*, February 1914.

38_ Stevenson, "Status of American College Professors," p. 123; Lawton, "Decay of Academic Courage," p. 398; H.B. Alexander, "The Professor and the Institution," *Science* 40 (January 9, 1914): 62.

39_ Joseph J. Jastrow, "Academic Aspects of Administration," *Popular Science Monthly*, 73 (October 1908), p. 326. James McKeen Cattell의 *University Control* (New York: Science Press, 1913)은 이 에세이들을 묶어놓은 것이다.

의 공식적인 이데올로기가 되었다. 이 학문의 이상은 미국 지식인들에게 사실상 "고상한 거짓말noble lie"을 구성하였던 신화, 실제 역사 그리고 원망 충족의 혼합물이었다.[40] 이 이데올로기의 기본 원리는 대학 기관의 사무실과 재산에 개인적 기득권을 가진 계급으로서 지식인의 사실상 지위를 개선하려는 노력에 찬성하여 종업원 관념을 이론적으로 거부하는 것이었다. 교수들은 종업원 관념이 "한 순간도 인정될 수 없다."고 주장하였다. 법원이나 이사들이 그것에 관하여 뭐라고 말했던 것과 상관없이 대학은 "학생공장도 아니고 교육제작소"도 아니었다.[41] 그러한 진술들은 이러한 반대 제안들이 개선하려고 겨냥하는 역사적 이상과의 관계 속에서만 사회적으로 의미있는 발언들로 받아들여질 수 있다.

대학교는 기업체와는 대조적으로 최초로 그리고 항상 현저하게 문화적인 기관으로 옹호되었다. 그래서 대부분의 반대 제안에서, 교수들은 대학교의 역사적인 문화적 이상의 견지에서 당연히 주권이 있는 권위를 공언하였다. 대학교 안에서 주권 행사는 거의 항상 자율적인 행위자들의 직접 민주주의로 개념화되었는데, 그 안에서 교육정책에 관한 결정들은 교수 평의원회에 의한 집단적인 심사숙고의 결과였다.[42] 교육정책들은 일반적으로 교육과정, 강의개설, 학위 기준과 전문가 증명서, 예산 할당, 학문적 인사결정 그리고 교수 승진에 관계된 모든 결정들을 포함하는 것으로 추정되었다.

대부분의 교수들은 이러한 역사적인 이상과 사회적 효율성이라는 기업의 이상 사이에서 내재적인 갈등을 분명하게 보지 않았다. 교수들은 또한 그들이 교육적

40_ Plato's *Republic*, trans. Francis MacDonald Cornford (Oxford: Oxford University Press. 1941), pp. 106-7.

41_ An American Professor, "The Status of the American professor," pp. 423. 430.

42_ 일부 제안들에서, 대학 평의원회the senate는 직위와 상관없이 모든 교수진에 열려있는 급진적으로 민주적인 조직이었다. 다른 제안들에서, 그것은 중세 길드 구조를 보유했는데, 거기서는 완전한 시민권이 견습생(즉 대학원생)으로 7년, 그리고 도제로서 수습기간을 끝낸 직공(즉 조교수)으로 7년을 다 완료한 정년보장을 받은 교수들에게만 한정되었다.

이며 문화적인 일들에 대하여 전문가적인 견해를 가지고 있다는 이상(또는 그들의 생각)의 틀 안에서 정당하게 주장할 수 있었다. 그렇기 때문에, 또한 사회적으로 효율적인 분업은 그들로 하여금 대학교 정책들을 통제하도록 하였다. 이러한 점에서 대부분의 대학교 지식인들은 자신들과 기업인들 사이의 갈등을 이사들이 올바른 분업에 대하여 간단히 오해한 것으로 간주했는데, 그 오해는 합리적인 협상을 통해서 해결될 수 있다고 생각했다.[43]

그 결과로, 기업 이상의 규범적인 요구들에 저항하면서조차, 학교의 지식인들은 권위의 명백한 경계선들이 학교를 자기들의 통제 아래로 다소 돌려줄 것이라는 가정 위에서 더욱 분명한 분업을 종종 요구하고 있었다. 올바른 분업은 항상 행정을 필요한 부속물—대학의 주된 문화적이며 교육적인 사명에 종속적이지만—로 여겨왔다. 적절한 분업은 행정을 주권을 가진 교수진의 지시를 실행하거나 활성화하는 대학의 역사적 이상에게 간단히 돌려줄 것으로 생각했다. 그래서 행정가들은 교육정책에 대해 어떠한 권위도 가지지 못하게 될 것으로 생각되었다. 그 결과로 반대 제안들은 학장과 총장과 같은 주요 행정관리들의 선출을 자주 요구하였다.

마찬가지로 많은 교수들은 합리적인 분업이 이사들을 그들의 역사적인 수탁된 임무, 즉 투자나 또는 입법관계를 통하여 주로 모금을 하여 기금을 만드는 임무에 한정시킬 것이라고 생각했다. 캣텔James Mckeen Cattell과 같은 일부 작가들은 기금이 이사회 없이도 운영될 수 있는 수준에 곧 도달할 것이라고 확신했다.[44] 다른 작가들도 마찬가지로 진보적인 주 입법부들이 묻지도 않고 대학교에 수백만 불을 기꺼이 나눠줄 것이라고 순진하게 생각했다.

학문적 이상의 마지막 구성요소는 학문적 천직이라는 스스로 부여한 품위에 적합한 봉급율에 대한 요구였다. 이것은 보통 기업 고위 경영간부의 봉급보다는

43_ Cf. John Dewey, "Academic Freedom," *Educational Review*, January 1902, pp. 1-14.
44_ Cattell, *University Control*, pp. 19-30.

적지만, 변호사와 의사의 그것에 상응하는 봉급율을 뜻하는 것으로 해석되었다. 대부분의 제안들은 예외적인 개인적 생산성에 대한 공로 봉급merit pay에 반대하지 않았다. 미국의 교수들이 평준화 정신을 가지고 있었다고 말하기는 어려울 수 있을 것이다. 그러나 일반적으로 그들은 현존하는 봉급률보다는 다소 높은 기초율을 요구했는데, 그것은 생산성은 물론이고 연공서열과 생활비에 기초해서 매년 인상을 보장하는 것이었다. 이러한 요구는 학문법인체의 직원으로서 종신 재직권과 퇴직 후 보장된 연금을 동반하였다. 이러한 대학 구조의 재정적이며 개인적인 자율이 학문의 자유를 보장하고 그래서 이 모델에 유사한 것이 일단 배치가 되면, 그 자유를 주변적인 문제로 만들 것이라고 가정이 되었다.

이러한 경쟁하는 이상들 간의 갈등을 해결하려는 최초의 집단적인 운동은 미국경제학협의회(AEA), 미국사회학회(ASS), 그리고 미국정치과학협의회(APSA)가 통과시킨 합동결의문의 결과로 일어났다. 이 결의문은 "미국 교육제도 안에서 사상의 자유, 언론의 자유 그리고 교사들을 위한 정년보장제의 보증에 관한 현재 상황을 보고할 수 있는" 공동위원회의 임명을 인가하였다. 공동위원회 위원장은 컬럼비아 대학교의 보수적인 정치경제학자인 셀리그만E.R.A. Seligman이 맡았는데, 그는 나중에 그 대학교의 전쟁준비위원회를 지도하였다. 그러나 그 위원회는 다른 점에서 오히려 진보적이며 리버럴한 학자들의 주목할 만한 집합이었다. 셀리그만 이외에도, 미국경제학협의회의 대표들은 위스콘신 대학교의 정치경제 교수인 엘리Richard T. Ely와 프린스턴 대학교의 사회정치학 교수인 딜리James Q. Dealey였다. 언론인이며 『뉴 리퍼브릭』의 편집인인 크롤리Herbert Croly, 그리고 철도법규와 노동관계 전문인 변호사 저드슨Frederick N. Judson은 미국정치과학협의회의 대표들이었다. 미국사회학회는 인디애나 대학교의 경제학·사회학 교수인 웨더리Ulysses G. Weatherly, 펜실베니아 대학교의 사회학 교수인 리첸버거James P. Lichtenberger 그리고 하버드 대학교의 법학 교수인 파운드Roscoe Pound를 임명하였다.

이 공동위원회는 기업인과 지식인 간 갈등의 "가장 근본적인 점"은 그들이 각자의 "고용의 이상"을 고집하는 것이라고 결론 내렸다. 이 위원회의 보고서는 "소규모 대학 일부에서는 사적인 고용 개념이 거의 실현되었으며, 대규모 대학교 일부에서는 공적 고용 개념에 가깝게 접근했다"는 점에 주목하였으나, 대부분의 경우, 실제로는 어떤 이상도 전반적으로 우세하지 못했다는 점을 발견했다. 그러나 대부분의 대학들이 그 두 개의 이상 사이 어딘가에 있었기 때문에, 결과는 "거의 모든 대학에서 실천상으로 엄청난 불확실성이 있다"[45]는 것이었다.

이 위원회는 기업인 이사들과 대학교 지식인들 사이의 곤경은 대학교에 대한 기업의 이상과 학문의 이상 간의 내재적인 반목에 의해서라기보다는, "대학의 정년보장에 대한 근본적인 공론에 관하여 양측에서 서로 오해하기 때문에 생겨났다."고 확신하였다. 개별적인 갈등의 핵심은 주로 인정된 기준으로부터 벗어나는 것의 문제들이었으며, 이쪽으로 벗어나느냐 또는 저쪽으로 벗어나느냐는 중요하지 않았다.[46]

그 결과로, 공동위원회는 대학 통제 그리고 그와 관련된 모든 쟁점들의 전체 문제를 협상테이블에 올려놓아야 한다고 권장하였다. 과거의 관행으로부터 이것의 가장 중요한 새 방침은 학문의 이상에 대한 각각의 요구를 협상할 수 있는 답을 가진 일련의 열린 질문으로 공식화한 것이었다. 학문의 자유, 정년보장, 봉급 그리고 교수진 참여가 양자택일의 제안에서 정도의 문제로 재공식화되었다. 이러한 맥락에서 기업의 이상은 역사적으로 협상의 실질적인 법적이며 정치적인 구조물로서 인정될 수 있었다. 학문의 이상은 지식인들이 외부 사회 계급, 정치적 또는 행정 당국들과 협상을 할 때 방향을 잡아주었던 지식인들의 실존적 이데올로기의 역할(정치적 프로그램)을 당연한 것으로 가정하였다. 일단 정년보장, 봉

45_ "Preliminary Report of the Joint Committee on Academic Freedom and Academic Tenure," *American Political Science Review* 9 (May 1915): 374-81.

46_ Ibid., pp. 376-77.

급, 학문의 자유 그리고 교수진의 참여에 관한 원칙들이 재확립된다면, 기능적 분업의 논리가 교수들로 하여금 이러한 주장들을 실질적으로 절차상 강화할 수 있도록 해줄 것이라는 믿음이 거기에 있었다. 그래서 지식인들은 기업 헤게모니의 일반적인 구조물 안에서 적어도 약간의 상대적 자율성을 만들어낼 수 있었다.

이러한 원칙들이 셀리그만과 다른 위원회 위원들에 의해서 같은 해에 미국대학교수협의회(AAUP)로 넘겨졌으며, 공동위원회의 최초 보고서의 확장판이 이 AAUP에 의해 1915년에 비준되었다.[47] 지식인들의 이러한 이데올로기는, 나중에 AAUP가 "대학교 행정조직과 행정 안에서 교수진의 위치와 기능"을 조사하기 위해서 1917년에 특별위원회 T를 만들었을 때, 협상의 틀로 제도화되었다. 레이톤J. A. Leighton이 위원장을 맡았던 이 위원회는 3년간의 조사를 수행하였다. 이 위원회는 1920년에 마침내 보고서를 발표했는데, 그것은 그 이후부터 대학교 통제의 문제에 관한 AAUP의 공식입장을 정의하였다.[48]

위원회 T는 처음에 25개 주요 대학교의 이사회를 조사하였다. 이 위원회는 대학교 이사회들이 의심 받았듯이 기업인들과 기업 소속 변호사들에 의해 관리되고 있다고 입증했던 위트머Lightmer Witmer(1915), 니어링(1917), 그리고 콜로라도 대학교수진(1917)의 선행 연구들을 확증하였다.[49] 위원회 T는 이러한 "바쁜 실무가들"이 "교육정책에 관하여 판단을 내릴 만한 특별한 재능이 없다"고 동료들에게 지적해 주었다.

그럼에도 불구하고, 이 위원회는 미국 자본주의의 법적이며 정치적인 틀 안에서 사유재산에 부여된 권리의 견지에서 정확하게 대학교에 다한 그들이 가진

47_ "General Report on Academic Freedom and Academic Tenure," *Bulletin of the AAUP* 1 (December 1915): 490-507.

48_ Leighton, "Report of Committee T."

49_ Witmer, *The Nearing Case*; Nearing, "Who's Who among College Trustees?"; Colorado College, *Report on College and University Administration*, General Series, no. 94 (Colorado Sprir.gs: Colorado College Publications, 1917).

권위의 합법성을 용인하였다. 위원회 T는 근본적인 원칙으로 "이사들은 본래 대학 재정이익의 관리인이 되어야 하며, 그래서 그러한 사람으로서 그들은 예산의 결정에 있어서 최종적 권위뿐만 아니라 대학교의 교육정책의 최종결정에서 승인하는 의견을 가져야만 한다."는 생각을 제출하였다. 정말로, 이 위원회는 이사들이 "교육 정책에 관하여 주도권을 가질 수 있는 권리"[50]를 인정하면서 한 발자국 더 나아갔다. 그래서 교육정책들은 다음과 같은 사항들을 포함하도록 분명하게 정의되었다. "입학과 졸업기준, 학생 수와 개설 강의 수, 그리고 강사 수 각각 간의 적절한 비율의 결정, 강의시간 수, 새로운 강좌의 개설과 학과 설치, 새로운 교육과정과 강좌 설치, 새로운 행정단위 조직, 연구 촉진, 출판규정, 기존 교육 또는 연구활동 형태의 폐지, 물적 장비와 인사 간의 수입 분배"[51] 등이 그것이다. 이 위원회는 또 "이사들의 동의가…같은 이유 때문에 교수진의 임명, 승진, 그리고 해고에 필수적이어야 한다."는 원칙을 인정하였다. 사람들은 이러한 특권을 허용하는 길고 지루한 설명을 하고 난 후에도, 협상을 위한 공간이 과연 남아 있을까? 하고 반문하는지도 모른다. 미국대학교수협의회(AAUP)는 교육향상을위한카네기재단(CFAT)이 1910년부터 이사들에게 추천해오고 있었던 것을 단지 요청하기만 하였던 것이었다.

AAUP는 처음에 이사들이 그들의 결정권을 대부분의 경우에 교수진과 행정가들의 정책 주도권을 승인하거나 거부하는 것에 한정할 것을 요청하였다. 위원회 T는 교수들이 교수평의원회와 같은 일반적인 대표기구의 토론회 등을 통하여 교육사안에 대한 "입법기구"로 행동할 것을 제안하였다. 이사 또는 행정가들이 정당하게 주도권을 가졌던 사례들에서, AAUP는 최종 결정 이전에 교수대표들의 자문을 구해야 할 것을 요청하기만 하였다. 위원회 T는 이러한 권장사항을 확대하여 교수들에게 대표기구를 통하여 "매년 예산을 짜는 데 인정된 목소리를 내도

50_ Leighton, "Report of Committee T," pp. 19-20, 25-26, 34-35.

51_ Ibid., p. 27.

록” 하는 사항을 포함하도록 하였다. 이 위원회는 적절한 위원회들을 통하여 학과들의 정교수와 행정직원을 선발하는 데 참여하는 것도 요청하였고 또 학과들의 낮은 직급 교수들의 지명추천이 그 학과 교수들로 구성된 위원회로부터 나와야 한다.”[52]고 요청하였다.

모든 사례들에서 교수와 이사들은 대학교 총장을 “이사들의 기능과 교수들의 기능 모두에 관한 최고 행정가”로 인정함으로써 직접적인 접촉이나 대결을 피하라고 권고받았다. 강화된 대학교 총장 지위는 교수진의 요구를 교육정책으로 구체화하는 일을 활성화한다고 생각되었다. 왜냐하면 대부분의 대학교 총장들이 적어도 기업가 이사들보다 교수진의 요구에 더욱 동감을 한다고 가정되었기 때문이었다. 게다가 이사들과 교수들의 별개 절차 간의 중개자로 일하는 강력한 총장들은 개별 교수들을 잠재적으로 적대적이거나 보복적인 이사들의 눈으로부터 절연하는 방식으로 대학에 행사하는 이사들의 지배력을 수정할 수 있었다. 이러한 AAUP 전략의 성공은 자신들은 법적으로 이사들의 대리인들로 남아 있었던 호의적인 대학교 행정가들의 선의와 협동에 크게 달려 있었다.[53]

위원회 T는 이 프로그램에서 특정한 항목을 고려하여 110개 대학과 대학교의 행정조직에 관해 두 번째 조사를 수행하였다. 그것의 결론은 21%의 교육기관에서 교수진이 “정관 또는 법령상의 권위에 의해 어느 정도까지 교육정책의 통제에 참여하였다.”는 것이었다. 37%의 대학에서는 “관행”에 의해 참여하였다. 그럼에도 불구하고 미국 대학과 대학교의 42%에서는 AAUP의 상대적으로 소박한 요구의 견지에서조차 “독재적”인 지배의 특성을 나타냈다. 이 위원회는 미국 대학의 고작 35%에서 일반 교수들이 위원회 T가 정의 내린 공식적인 “입법적인 기능”을 발휘했음을 발견하였다. 고작 16%의 교육기관에서 교수들은 학문적 인사의 지명추천이나 선발에 참여하였다. 고작 8%의 대학에서 교수들이 학과장을 지명하

52_ Ibid., p. 35.
53_ Ibid., pp. 26-29.

였다. 조사했던 교육기관의 30%에서 대학교 예산 편성에 어느 정도의 참여가 있었다.[54]

위원회 T는 실망적인 상황이라고 간주할 수 있음에도 불구하고, AAUP가 기꺼이 받아들이고자 하는 한계 안에서 "좀 괜찮은 교육기관 급에서는 교수의 공식적 참여를 용인하려는 경향이 늘어나고 있다."고 결론을 내렸다.[55] 이 위원회는 주요 대학교들 사이에서 뛰어나거나 앞서 나가는 교수들을 초빙하려는 경쟁이 이사들과 행정가들로 하여금 명성이 있는 교수들을 모시는 조건으로 더 많은 참여와 더 높은 봉급을 확장하도록 하고 있음에 낙관적이었다. 이렇게 떠오르는 시장 구조들은 모든 사람과 무관하게 작동하였으며, 그래서 교수들뿐만 아니라 행정가들에게 경쟁적인 압력을 가하였다.

AAUP는 이러한 결론들을 일반적으로 받아들였다. 이 협의회는 대학교 지배에서 봉급과 참여에 대한 요구는 개별교수들과 행정가들 간의 학내 협상에 넘길 것을 추천하였다. AAUP는 자신의 요구를 수용하도록 압력을 넣기 위해서는 전국적인 보이콧, 파업 또는 정치적 전술보다는 시장 구조에 의존하였다.

AAUP가 분명하게 표명했던 수용주의적 전략이 미국 대부분의 지식인들의 계급의식을 정확하게 반영했다는 점은 거의 확실하다. 이러한 점에서 대부분의 미국 지식인들의 소외가 "인민주의적" 신분불안이었다는 점을 인정하는 것이 중요하다. 그것은 자신들의 프롤레타리아화에 반대하지만 자본주의의 제도적 구조 그 자체에 대하여 필연적으로 반대하는 것은 아닌 독립적인 길드 장인, 자유토지 보유자 또는 청부업자로서 그들의 신분보존을 향해 설정된 방어적인 자세였다.[56] 지식인들이 자신들을 산업노동자들과 비교한 것은 대체로 불쾌한 구별로 여겨졌다.

54_ Ibid., pp. 39-43.
55_ Ibid., p. 47.
56_ Veysey, *Emergence of the American University*, p. 388.

그럼에도 불구하고, 미국 지식인들은 AAUP 정책을 지지하거나 해석하는 데 있어서 만장일치와는 여전히 거리가 멀었다. 캣텔은 "총장들의 독재적인 권력이 해롭지도 않고 쓸모도 없다."고 생각했기 때문에 AAUP의 창립회원의 한 사람으로서 강력한 총장직을 지지할 수 있었다. 마찬가지로, 그는 기업 소속 이사들의 "독재"가 자본주의 그 자체가 인간사회 역사에서 일시적인 국면인 것과 마찬가지 방식으로 "교육발전에서 일시적인 국면일 뿐"이라고 생각했다. 사람들은 교육 트러스트의 일시적 수용을 받아들일 수 있었다. 왜냐하면, 캣텔의 의견에 따르면, "결국에는 국민들이 독점 이익에 의해 지원을 받는 독점 기업들과 대학교들을 통제할 것"이라고 생각되었기 때문이었다. 그렇게 된다면, 지식인들은 "백만장자들의 관용이나 변덕"에 더 이상 의존하지 않게 될 것이었다.[57]

캣텔의 컬럼비아 대학교 학과 동료들 가운데 한 사람이며 또 AAUP의 창립회원들 가운데 한 사람인 듀이John Dewey는 1915년 범미국과학대회에서 배포했던 소논문에서 미국 대학교의 이러한 종종 진술되지 않았던 사회민주적인 이상을 발전시켰다.[58] 대부분의 대학교수들과 마찬가지로, 듀이도 고등교육의 교육과정과 내부 조직에 대해 기업 이해관계의 영향이 대학을 "외부 목표의 도구"로 전환시켜가고 있는 데 대해 우려를 드러냈다. 그러나 그는 이러한 우려들이 지식인들을 고등교육에 대한 전통적인 개념화 대 현대적인 개념화, 문화적인 것 대 직업적인 것, 그리고 학자적인 것과 테크노크라시적인 것으로 양극화했던 경쟁적인 교육철학들 간의 선택이라는 잘못된 이분법으로 몰고가서는 안 된다고 주장하였다. 그는 기업의 이상에 대해서는 미국 사회에서 사회민주주의의 승리와 결합되어서 궁극적으로 승리하게 될 현대적인 민주적인 대안이 있다고

57_ Cattell, "Concerning the American University," pp. 180-82.

58_ John Dewey, "The Need of an Industrial Education in an Industrial Democracy," *Proceedings of the Second Pan-American Scientific Congress*, Washington, D.C., December 27, 1915-January 8, 1916, 4: 222-25.

더 할 일이 있는가? 271

제안하였다.

듀이는 현대 고등교육기관의 직업적 목표를 전적으로 거부하지는 않았다. 왜냐하면 미국 대학의 문을 현대 산업민주주의의 사회적 토대를 구성하는 노동자 대중에게 마침내 열어주게 될 것은 바로 "산업교육"이었기 때문이었다. 고등교육이 확실히 한 특정사회의 희귀한 물질적 자원을 통제하는 지배적인 집단들을 반영하지 않을 수 없다는 데에서 불가피한 의미가 있었다. 그러나 듀이는 직업교육의 사회적 의미와 정치적 결과가, 만일 직업교육을 산업에서 금전상의 관심사 대신에 사회적이며 민주적인 요소들을 최고의 것으로 만드는 교육자들의 지휘 하에 놓고자 하는 것이라면, 사회민주주의적인 목적을 향하여 서로 경쟁해서 다시 방향을 돌릴 수 있어야 한다고 주장하였다.

그렇기 때문에 고등교육이 가능한 한 "기계의 자동적인 반복성"을 스스로 모방하지 않도록 대학교의 최대한의 상대적 자율을 위해 협상하는 것이 중요하였다. 이 자율성은 학생들이 산업민주주의의 시민으로서 정치와 작업장에 참여하도록 훈련시킴으로써 산업사회의 기업의 이상에 대한 평형추로 대학이 활동하도록 할 것이었다. 그것은 그 질서를 통해 노동과 시민권의 의미를 해석할 수 있는 대안적인 표현적 질서를 공식화해서 보급할 수 있을 것이었다. 듀이는 자신의 동료들에게 상호 경쟁적인 교육철학을 가진 교육자들로서 그들이 학자적이거나 학문적인 투쟁에만 참여하고 있는 것은 아니라고 강조하였다. 그들은 미국 대학교를 지배하게 된 기업 계급의 이해관계와의 투쟁에 참여하고 있는 것이었다.

바로 똑같은 이유 때문에, 듀이는 이 투쟁의 어떠한 결과도 최종심급에서는 대학교 밖의 "정치적 요소들"에 의해 결정된다고 결론지었다. 현대 민주주의에 참여적인 시민들을 훈련하는 데 있어서 사회민주적인 교육자들의 목표는 노동대중에 의한 산업민주주의를 위한 폭넓은 동시대 투쟁에서는 하나의 구성요소에 불과하였다. 듀이는 "이러한 것을 제안하는 것이 현존하는 조건의 영속화에 의해 가장 많은 이득을 보는 사람들의 공격을 초래하는 것"이라는 점을 알았다. 의심할 것도 없이 "강한 계급 이해관계가 이러한 철학을 이행하는 데 방해물이었다." 그렇지 않았더라면, 그는 "윤리적 합의"가 교육은 현재산업의 목표와 방법들의 해악과 결점들에 대한 더욱 일반적인 인지를 가져오고 이러한 해악들을 제거하는 방법 등을 더욱 널리 알리는 수단이라는 점을 이미 받아들였을 것이라고 확신하였다.

이러한 의미에서, 듀이는 인민주의자들과 혁신주의자들이 "대중에 의한 통제를 확보하는 데 필요한 정치적 기구를 만들어내는 데 이미 성공하였다."는 점을 당연한 일로 생각하였다. 게다가 현대의 사회 조건들에 대한 지식이 사회민주주의를 향한 대중들의 꾸준한 행진에서 "그들의 분명한 관심사"였기 때문에, 듀이는 이와 같은 참여 정신이, 우리의 교육체제가 현존하는 경제세력들과 겉으로는 더욱 밀접한 관계에 있는 것처럼 보임에도 불구하고, 미래에는 우리의 체제에 생명을 불어넣어줄 것이라고 낙관하였다.

베블렌 T.Veblen도 여러 면에서 비슷한 견해를 가졌다. 그도 사람들에게 현대 산업사회에서 효과적으로 생존하는 데 필요한 직업상의 기술을 제공하는 것이 그들을 산업기계장치의 비창조적인 부속물 또는 관료적 경영기법의 수동적 대상으로 훈련시키는 것을 필연적으로 뜻하지는 않는다고 주장하였다. 교육은 그가 "직공솜씨workmanship의 본능"이라고 불렀던 것, 즉 그가 장인의 창조적 독립성과 예술적 재능과 관련지었던 개념을 함양하기 위해 이용될 수 있었다.[59] 그는 고등교육의 미래를 일종의 길드 사회주의로 분명하게 마음속에 그렸다.

베블렌은 이러한 이상의 즉각적인 전망에 대하여 다소 비관적이었다. 그는 "교육기관의 기반이 현재의 사적 소유체제인 한에서, 그 이상이 학문적 작업의 현재 상태를 보충적으로 수정하기 위해 깊이 생각하는 데 별 소용"이 없을 것으로 생각했다. 사유재산의 법적이고 경제적인 틀은 "현대 학문 생활과 작업을 통제하

59_ Thorstein Veblen, *The Instinct of Workmanship: and the State of the Industrial Arts* (New York: B. W. Huebsch, 1912).

는 정책에 대한 모든 탐구에서 기준선이었다."[60] 대학교 지식인들과 학생들의 지위는 자본주의를 폐지하지 않고는 극적으로 변할 수가 없었다.

이러한 종류의 관측은 1920년대 초에 이르러 사회민주적 이상의 더욱 호전적인 표현으로 이어졌다. 소설가 싱클레어 Upton Sinclair는 미국 지식인들이 프롤레타리아처럼 취급당하고 있다는 주장을 넘어서서 그들은 사실상 "팔 수 있는 두뇌력 이외에는 아무것도 없는 지식인 프롤레타리아"가 되었다는 주장으로 움직여간 최초의 미국 작가들 가운데 한 사람이었다. 싱클레어는 그들의 악화되어 가는 경제적 지위와 또 이제는 그들이 정신적 생산수단들을 소유한 금전주의적 자본가계급에 제도적으로 의존하고 있음을 지적하였다. 그는 미국 지식인들이 "프롤레타리아이며 또 그들 대부분이 일생동안 프롤레타리아로 남아있을 것"[61] 이라고 확신하였다.

싱클레어는 지식인들의 구조적 변질을 자본주의사회 전체 안에서 전개되고 있는 훨씬 폭넓은 계급들의 양극화의 한 국면으로 간단히 간주하였다. 노동자계급의 일반적인 프롤레타리아화는 산업자본주의의 구조적 발달의 특성을 항상 나타냈다. 이 광범위한 과정은 노동자들로 하여금 점점 더 큰 단위로 조직하고 또 노조의 일치단결 속으로 인구의 점점 더 많은 비율을 끌어들이게 했던 것이다. 이와 동일한 사회적 힘이 이제 첫째로 대학교수로 하여금 자신을 계급으로 인식하게 하고, 둘째로 자유를 향한 다른 노동자들의 운동을 연구하게 하고 그들과 더욱 동감하게 하고 또 이해관계와 행동 면에서 그들과 더욱 동일시하도록 강요하였다. 노동이 "금권정치 제국"을 전복할 수 있는 유일한 조직된 사회세력이기 때문에 "대학교수의 희망이 자유를 향한 노동자운동과 밀접한 관계를 가지고 있다."[62]는 결론이 나왔다.

60_ Veblen, *Higher Learning*, p. 57.

61_ Sinclair, *Goose-Step*, pp. 455-56.

62_ Ibid., pp. 457-58.

싱클레어 의제가 함축하는 것은 키르크패트릭J.E. Kirkpatric에 의해 『미국 대학과 그 지배자들』(1926)에서 조직적 프로그램으로 발전하였다. "학문적 민주주의"라는 프로그램을 중심으로 교수들을 조직하였다는 이유로 워시번Washburn 대학(캔자스주 소재)에서 해직되었던 키르크패트릭은 미국의 교수들이 "자존심이 있거나 책임감 있는 길드나 전문직의 일원이기보다는 사실상 조직되지 않은 노동자 집단에 더욱 가깝다."[63]고 결론을 내렸다. 그는 또 대학교 법인이 교수진, 행정가들 그리고 학생들의 집단적 단체와 동일시되는 길드사회주의의 한 형태를 제안하였다. 비품, 시설, 기금 그리고 다른 대학교의 재산이 새로운 법인의 협동조합 재산이 될 것이기 때문에 현존하는 이사회는 "완전히 없어도" 지낼 수 있을 것이었다.[64] 대학교는 법인의 구성회원인 교수, 학생 그리고 행정가들 각각으로부터 선출된 대표자 회의가 지배할 것이었다.

키르크패트릭은 민주주의 이론, 시민권 훈련 그리고 다른 사회과학들을 더욱 강조하는 것과 같은 교육과정의 변화를 제안하였다. 그러나 그의 추천사항의 중요한 견해는 이러한 과목들의 내용이 어떤 특정한 이데올로기의 설득력을 가져서가 아니라 대학교에서 지적 삶에 의미를 주는 표현적 질서가 산업민주주의의 폭넓은 가치들을 유지하고 강화한다는 것이었다. 이것은 교수들이나 행정가들이 동일한 지성적 또는 이데올로기적 견해를 필연적으로 공유하기 때문이 아니라 교육의 제도적 구조가 대학의 계속되는 사명에 참여하는 것과 또 그것에 대한 정치적 토론을 필요로 하고 장려할 뿐만 아니라 대표자회의의 정책 토론에서 필수적으로 생겨나게 될 경쟁적인 입장들을 방어할 것을 요청하기 때문이었다. 교육받은 사람은 지성적인 시민권에 필요한 이론적이며 문화적인 지식체계뿐만 아니라 직업적이며 시민적인 기술을 가지고 나타날 것이었다. 그래서 대학교는 서로 다른 입장들에 대한 자유토론을 촉진하는 교육기관으로서의 자신의 사명을

63_ Kirkpatrick, *American College and Its Rulers*, p. 8.

64_ Ibid.

포기하지 않으면서 사회적이며 정치적인 혁명에 촉매반응을 일으켜서 지지할 수 있을 것이었다.

지식인들, 사회주의 그리고 노동계급

학문의 민주주의와 산업 민주주의를 위한 운동들 간에 연맹관계를 만들어내려는 가장 의미있는 노력은 대학간사회주의자협회(ISS)였다. 이 협회는 1905년부터 1921년 사이에 미국 캠퍼스들에서 커져가는 조직이었는데, 1921년에 이 ISS는 산업민주주의연맹(LID)으로 대치되었다. 이 동맹은 뉴욕에서 소설가 런던 Jack London과 싱클레어에 의해 창립되었다.

런던과 싱클레어는 유기적인 "노동계급 지식인"[65]의 고전적인 본보기들이었다. 런던은 캘리포니아에서 노동계급 부모에게 태어났는데, 그곳에서 젊었을 때 신문배달 소년, 얼음운반차 조수 그리고 볼링장 핀보이로 일했다. 그는 1896년에 버클리 대학교를 다니면서 용광로 화부로 일했으며 나중에는 황마 방적공장에서 일했다. 싱클레어는 대중 소비를 위한 싸구려 소설들을 써가면서 뉴욕 시립대학과 컬럼비아 대학교를 졸업하였다. 그는 졸업하고 나서도 오랫동안 극도로 빈약한 출판수입에 의존해서 계속해서 연명하였다. 1902년에 미국 사회주의당에 입당하였다.

ISS는 노동운동, 노동계급 지식인 그리고 대학교에 있는 지식인들 간의 조직적 교량역할을 하는 것으로 설립되었는데, 교수들은 싱클레어의 표현으로 그들 자신의 프롤레타리아화 결과로 인하여 "다른 노동자들의 운동을 연구"할 수밖에 없도록 되어가고 있었다. 이 협회는 자신의 사명을 노동과 민주주의 문제들에

65_ 미국 역사와 특별히 관련해서 구성된 "노동계급 지식인"이라는 개념에 대한 간단한 이론적 논의를 위해서 다음을 참고할 것. Geroge Bernard Cotkin, "Working-Class Intellectuals and Evolutionary Thought in America, 1870-1915" (Ph.D. diss., Ohio State University, 1978), pp. 1-3.

대한 가능한 해결책의 하나로 "사회주의에 대한 지적인 토론"을 촉진하는 것으로 정의하였다. ISS는 사회당에 공식적으로 소속되지는 않았지만, 이 협회 대부분의 회원들이 스파고 John Spargo, 버거 Victor Berger 그리고 헤이즈 Max Heyes가 주도하는 사회당의 사회민주적 "우파"와 분명하게 제휴하였다.

잭 런던은 1905년 ISS의 창립모임에서 초대 회장으로 선출되었다. 그 자격으로 그는 캘리포니아의 대학교들과 시카고, 하버드 그리고 예일을 처음으로 순회하였는데, 그곳에서 새로운 사회에 대한 관심을 만들어내기 위해서 "혁명"이라는 제목의 연설을 하였다.[66] 그 결과로 ISS를 미국대학연합체로 띄우기 위한 "사회주의 클럽"이 캠퍼스들 각각에 만들어졌다.

대부분의 동시대 미국 학자들 사이에서는 학문적 사회주의를 이들 대학교들과 연관지어서 그 사회주의가 지나치게 중상류계급의 권태 냄새를 피운다고 능담을 하면서 그것을 추방하는 것이 인기 있는 지혜가 되었다.[67] 먹웜프 Mugwump (1884년 미국 대통령 선거에서 당의 후보자 블레인 J.G. Blaine의 지지를 거부한 개혁적 성향의 공화당원-역자)를 말뿐인 사회주의자로 그려낸 풍자화가 닝전의 여파 속에서 정치적인 자기합리화에 아마도 지나치게 몰두를 했던 이전 세대 학자들에 의해 미국 학력의 명판 속에 아로새겨졌다. 그러나 그러한 풍자화가 만들어내는 것처럼 보이는 이데올로기적 위안에도 불구하고, 그것은 미국 대학교에 있는 사회주의를 정확하게 재현하지는 않는 것으로 보인다.

미국 사회당의 선거 강세지역은 광부, 벌목꾼, 부두노동자, 철도노동자, 다양한 직업별 노동조합 그리고 급진적인 인민주의자들의 잊혀진 잔존자들 (즉, 토지

66_ Sinclair, *Goose-Step*, p. 465; Jack London, "Revolution," *Contemporary Review* 93 (January 1908): 2-31. 런던은 싱클레어와 함께 "소위 위대한 중간계급은 사회투쟁 속에서 성장하는 변조 적인 것이다. 그것은 사멸하는 계급이며(간교한 통계학자들과는 반대로), 자본가들과 노동계급들 사이의 완충제로서 그것의 역사적 사명은 이제 막 성취되어가고 있다"(p. 21)도 동의하였다.

67_ Cf. Lewis Feuer, *The Conflict of Generations* (New York: Basic Books, 1969), p. 341; Seymour Martin Lipset, *Rebellion in the University* (London: Routledge and Kegan Paul, 1972, pp. 143-51.

없는 농업 노동자들과 빚에 찌든 소규모 농부들) 사이에서 중서부, 서부 그리고 남서부에 있었다. 뉴욕시 밖에서 사회당의 도시 강세지역은 클리블랜드, 데이튼 Dayton, 아크론 Akron, 시카고, 밀워키, 덜루스 Duluth 그리고 시애틀과 같은 산업도시였다.[68] 농민노동당과 진보정당들은 1920년대에 중서부와 북서부에서 그들의 가장 중대한 지지를 계속해서 구했다.

마찬가지로, 사회주의 대학교 지식인의 대다수가 이러한 사회적 기지 근처에 위치해 있었던 것으로 보이는데, 그곳에서 그들은 주의회에서 적어도 어느 정도의 정치적 보호를 받을 수 있었다. 싱클레어는 위스콘신 대학교가 "미국에서 가장 자유로운 고등교육기관"이 되었다고 주장했는데, 그 주된 이유는 농민 조직들이 그 대학교가 "학문적인 속물근성의 장소"[69]로 변하지 않도록 책임지기 위해서 그 대학교에 대한 질투어린 경계를 계속하였기 때문이었다. 1915년에 활동 중인 ISS 분회들의 지역분포에 따르면, 그 분회의 46%가 사실상 중서부에 있었으며, 또 다른 9%는 산악 주들을 포함한 극서부 지역에 있었다(표 6.12. 참고). 그 당시에 대부분의 대학과 대학 등록생들이 뉴잉글랜드와 중대서양주에 집중되었다는 점을 고려하면, 동정적이거나 보호적인 사회 기지가 정치적으로 발달했던 그 서부지역에는 불균형적으로 많은 사회주의 지식인들이 집중되었다.

이러한 정치적으로 활발한 사회적 기지의 중대함과 기업 이해관계에 의한 대학의 일반적인 지배에 이 기지가 중재할 수 있는 능력은 여러 유형의 교육기관들 가운데 ISS 분회들이 분포되어 있다는 데에서 분명하다. 1910년과 1917년 사이에, 104개의 대학과 대학교가 공식적인 ISS 전국분회를 보고하였다. 이것이 뜻하는 바는 평균적으로 모든 4년제 대학과 대학교의 20%가 1차대전 시기 이전 동안에 ISS 분회지역이었다는 것이었다. 그러나 모든 사립대학의 14%만이 분회들을

68_ Daniel Bell, *Marxian Socialism in the United States* (New York: Princeton University Press, 1972), pp. 50-97.

69_ Sinclair, *Goose-Step*, pp. 230, 236.

표 6.12. 1915년 대학간 사회주의 협회 분회의 지역분포

지역	분회수	전체 분회의 백분율
New England	14	20
Mid-Atlantic	14	20
South	4	6
Middle West	32	46
Far West	6	9

출처: Max Horn, *The Intercollegiate Socialist Society: 1905-1921* (Boulder: Westview Press, 1979), p. 86.

후원하였던 반면, 모든 공립대학의 35%가 사회주의 지식인 분회들을 조직하였다. 이 분회들의 대부분은 서부와 중서부에 있었다.[70]

사립대학에 있는 분회들 가운데에서, 63%가 소규모 교양학부 캠퍼스 또는 종단설립대학들에 있었다. 이것은 놀랍지 않다. 왜냐하면 이러한 소규모 대학들의 대부분은 중산계급과 하위 중산계급으로부터 소도시 지방 엘리트의 생산에 대체로 종사하였기 때문이었다. 이 지지층은 도시 전문직 엘리트, 산업부호, 그리고 금융부호들에 비해 상대적으로 신분 하락을 겪고 있었다. 많은 소규모 종단설립대학들은 사회주의의 유토피아적이며 기독교적인 변형들을 포함한 메시아적이며 복음주의적인 사회개혁 운동의 오랜 전통을 가졌다. 역사학자 호프스테터는 성직자들이 "신분 혁명에서 아마도 가장 눈에 띄는 패자"였다고 제시한다. 그들은 "그들의 집회에서 일부 부자들의 태도에 의해 때때로 적대시 되었으며", 또 동시에 "교회가 엄청나게 불길한 규모로 노동계급의 지지를 잃고 있는 것"을 보았다. 성직자 인텔리겐치아의 계급 이익뿐만 아니라 교회의 제도적 이해관계는 종종 노동계급으로부터 급진적 구애를 얻기 위해 나아갔다.[71]

어쨌든 구성되었던 ISS 분회들의 12% 미만이 주요 사립대학교의 캠퍼스에 있었다. 그러나 학문적 사회주의의 일상 현실은 그와 정반대로 농민운동에 연루

70_ 수치들은 아래의 책에 실린 정보로부터 가져온 것이다. Max Horn, *The Intercollegiate Socialist Society, 1905-1921* (Boulder: Westview Press, 1979), pp. 238-39.

71_ Hofstadter, *Age of Reform*, pp. 150-52.

된 전(前)인민주의자, 다양한 개혁운동에 종사하는 기독교 사회주의자들, 그리고 노동운동과 좌파 정당들에 직접 소속된 지식인들의 그것과 다를 바 없었다. 일단 이러한 정치적이고 이데올로기적인 연대가 의식적으로 표명되면, 급진적 지식인 들을 노조활동을 통해 노동자계급에 직접적으로 통합하려는 그 이상의 시도들이 행해졌다. 지식인들을 "프롤레타리아"와 "두뇌노동자"로서 급진적으로 개념화하 는 것은 1차 세계대전 시의 노동강화 이후 특히 전국으로부터 일부 제도화된 지지를 받았다.

노조 조직에서 최초의 비약적 발전은 일리노이 대학교와 밀워키 사범대학에서 1919년 1월에 발생하였다. 새로운 미국교원연맹(AFT)에 가입한 노조 지회들이 이 두 캠퍼스에서 조직되었다.[72] 오래된 인민주의의 요새인 미주리 대학교는 그 러자 1919년 10월에 자체 "교수노조"를 조용히 조직하였다. 그 노조는 그 첫 번째 조합원 모집운동 한 달 만에 (전체교수진의 20%인) 47명의 조합원이 가입하였음 을 자랑하였다. 일리노이와 밀워키의 조합들이 시간강사와 조교수 이상의 직급 에서 조합원을 모집하는 데 어려움에 봉착하기는 했었지만, 미주리에서는 최초 조합원의 절반 이상이 정교수였다.

한 달 후에, 훨씬 더 극적인 노조 대선전 운동이 미슐라Missoula 소재의 몬태 나 대학교에서 가동되었다.[73] 미슐라 교수진의 90%가 며칠 만에 새 교수노조에 가입하였다. 미슐라 노조는 즉각 전국의 주목을 끌었다. 왜냐하면 이 대학교는 교수진이 몬태나 초당파 동맹 그리고 미슐라 노동연맹과 밀접한 정치적 결속을 가진 결과로 (적어도 기업과 보수적 지도자들 사이에서) 악명이 높았기 때문이었 다. 아나콘다 구리광산 회사Anaconda Copper(이 기업은 1881년 데일리Marcus Daly에 의해 설립되어서 급격히 팽창하여 20세기 초에 미국에서 가장 큰 독점대

72_ William Edward Eaton, *The American Federation of Teachers, 1916-1961: A History of the Movement* (Carbondale: Southern Illinois University Press, 1975), p. 31.

73_ *New York Times*, December 10, 1919, p. 7.

기업 가운데 하나가 되었다. 이러한 급성장에는 록펠러의 스탠더드 오일사의 경영진 도움이 큰 역할을 하였다-역자)의 몬태나 주정부 장악의 다른 측면은 토지 균등분할 사회주의 농민운동 그리고 미국 전역에서 사회당의 가장 결속력이 강하고 호전적인 지원자들 가운데 하나인 AFL 미슐라 지부였다. 세계산업노동자연맹도 이 주의 광부들 가운데에서 대규모 추종자들을 모았다.

미슐라 노조는 레바인Louis Levine 교수를 위해서 불만을 즉각 제기해서 보수주의자들을 경악게 하였다. 레바인은 몬태나의 광산 과세에 대한 비용 효과 분석을 출판한 이유로 몬태나 대학교에서 해직되었다. 레바인은 광산회사들이 주와 지방정부로부터 받는 혜택보다 적게 세금을 내고 있다고 주장했다. 그렇기 때문에 그는 몬태나 광산산업에 증세할 것을 권고했다. 미슐라 노조는 "민주적 원칙들"을 대학교 행정과 관리에 도입할 것을 요청함으로써 그 대학교 이사회에 직접 도전하기 위해 이 쟁점을 사용하였다.

몬태나 노조가 구성되고 난 직후에, 노스다코다 대학교 교수진도 그 자체의 미국교원연맹의 분회를 조직함으로써 선례를 따랐다.[74] 뉴욕시 언론이 이러한 서부 반대자들의 고립된 섬들에게 할당했던 기사는 바로 뉴욕시 안에 비슷한 활동의 파도를 부추김으로써 분명하게 맞불을 놓았다. 미국교원연맹(AFT) 지회들이 뉴욕시의 주요 캠퍼스들 즉, 컬럼비아, NYU, CCNY, 헌터 Hunter 대학, 아델피 Adelphi 대학, 유니온 신학교, 프랫 Pratt 공대 그리고 많은 다른 대학들에서 곧 생겨났다.[75] 존 듀이는 컬럼비아 지회에 가입함으로써 교육철학자로서 자신의 상당한 명성의 무게를 더하였다.[76]

마찬가지로 전국에 있는 개별 교수들이 지회가 설립되어 있지도 않은 AFT에 가입하기 시작하였다. 이 노조운동은 뉴욕 지회들이 노조에 가입한 지식인들의

74_ Sinclair, *Goose-Step*, p. 459.

75_ *New York Times*, December 9, 1919, p. 7.

76_ Sinclair, *Goose-Step*, p. 459.

전국적인 그물망을 구축하여 지도하도록 돕기 위해 흩어져 있는 교수들과 접촉을 시작하자 부가적인 힘을 받았다. 다른 노조들은 그 결과로서 일리노이 주립 사범대 Normal, 하워드 대학교, 위시번 대학 그리고 예일에서 조직되었다.

이와 같은 시기에 미국노동총연맹(AFL) 의장인 사무엘 곰퍼스 Samuel Gompers 는 "인텔리겐치아"를 AFL에 가입하도록 실제로 초대하였다. 곰퍼스는 교수들의 프롤레타리아화의 징후로서 인텔리겐치아 사이에서 봉급의 상대적 하락과 노동과정의 산업화를 되풀이해서 언급하였다. 그는 이러한 전개가 인텔리겐치아의 이해관계를 노동계급의 그것과 점점 더 조화를 이루도록 만들어가고 있다는 점에 동의하였다. 그는 더 나아가서 지식인 노동자들이 "부를 창조할 권력을 가지고" 있다는 생각을 받아들였다. 이 봉사(즉 노동)가 승강기 안내인의 기계적인 일이든, 기관사의 기술적인 일이든 또는 교사나 교수들의 가르치는 일이든 그것은 중요하지 않았다. 곰퍼스는 대학교 이사회와 지방교육위원회에 대한 민주적 통제를 획득하기 위해서 대학인들에게 산별노조의 견해를 대학으로 가지고 가서 노동자와 교육자가 단합된 연합을 만들 것을 요구하기도 하였다.77

곰퍼스는 곧 AFL의 공식적 입장이 되었던 것을 사실상 전하고 있었다. AFL이 1920년 전국 대표자 회의에서 이 총연맹은 "학교에서 민주주의와 진보의 가장 효과적인 보장은 교사들을 조직노동자의 거대한 민주적인 세력에 합병하는 것이다."라고 주장했던 그것의 교육강령의 수정안을 만장일치로 승인하였다. 1920년에 수정된 교육강령은 "진보적인 교육조치들에 대한 힘찬 효율적인 지지", "증가된 생활비용을 충족시키도록 공립학교, 교원양성학교 그리고, 대학교 교원들 봉

77_ Samuel Gompers, "College Men and the American Labor Movement," *American Federationist*, March 1922, pp. 212-15. Max Nordan, "White-Collar Slaves," *Railway Carmen's Journal*, January 1923, p. 57에서도 비슷한 입장을 표명하였다. "The Organization of Scientific Men," *Bulletin of the AAUP* 8 (October, 1922): 52는 과학자들이 "세상의 부에 매년 수십억 달러를 보태고 있다. …왜 과학자들은 그 부의 1%라도 보유하는 것을 배우지 못하는 것인가?" Fritz Machlup, *The Production and Distribution of Knowledge in the United States* (Princeton: Princeton University Press, 1962)에는 이 부가가치를 측정하려는 동시대의 노력이 있다.

급명세표"의 상향수정, 그리고, 학교와 대학교를 운영하는 데 있어서 교원들을 위한 "민주적인 목소리"를 요구하였다. 모든 주와 시의 중앙 노조뿐만 아니라 AFL 집행위원회도 "이 대표자회의로부터 미국교원연맹(AFT)에 모든 지원을 하라."[78]고 격려를 받았다.

미국대학교교수협회(AAUP)의 더욱 온건한 지도부는 노조화를 향한 더 이상의 운동을 말리기 위하여 이 지점에서 개입하였다. 존스 홉킨스 대학교 철학교수인 러브조이 Arthur Lovejoy는 그 당시에 그 협회의 회장이었다. 그는 1919년 회장 연설에서 협회의 많은 회원들이 AFL에 "대학교수가 가입하는 것의 타당성을 묻는 직원들에게 긍정적으로 답했다."고 논평했다.[79] 다른 회원들은 AAUP와 미국노동총연맹(AFL)이 직접 합병할 것을 요구하였다. 러브조이는 이러한 "선동"을 "비교적 젊은 교원들의 개탄할 만한 경제적 상황" 탓으로 돌렸다. 러브조이는 육체노동자들 사이에서 노동조합주의를 지지했던 자유주의자였지만, 그는 교수 노조주의에는 반대해서 AAUP 회원들에게 경고했으며 자신의 입장에 대한 "세 가지 결정적인 이유"를 제시하였다.

러브조이는 첫째로 실질적인 일로서 "대다수" 미국 교수들이 "미국노동총연맹에 합병되어 있는 미국교원연맹(AFT)에 간단히 가입하지 않을 것"이라고 주장하였다. 그 결과로 "의견을 달리하는 소수의 발언들"이 "대학교 이사회에 무게를 실을 것 같지 않아 보인다."고 주장하였다. 대학교수들의 조직은 합리적인 설득에 의존해야만 하며 그렇기 때문에 그 조직은 그것이 전체 교수들의 "대표체인 비율만큼 정확하게 영향력을 가질"뿐일 것이었다. 그렇기 때문에 러브조이는 대학교수들은 "노동조합의 전국적인 연맹체의 한 부분으로보다는 오히려 독립적인 전문가 단체로 조직되었을 때" 더 많은 영향력을 행사할 것이라고 주장했

78_ *Report of the Proceedings of the Fortieth Annual Convention of the American Federation of Labor*, Montreal, June 7-19, 1920, p. 471.

79_ Lovejoy, "Annual Message of the President of the AAUP," pp. 22-27.

다. "전문직 연합이 그 안에서 전문직의 가장 최대의 회원이 단결할 수 있는 조직형태였다."

교수들의 경제적 조건의 견지에서 러브조이는 대학교수들이 정말로 "종업원 즉 피고용인이며 또 그렇기 때문에 그들의 경제적 지위가 임금노동자의 그것과 같다."고 시인하였다. 반면에 교수들은 대체로 "개인들의 사적 이익을 위해 경영하는 회사의 피고용인"은 아니었다. 그 결과로 "그들의 고용관계"는 산업이익의 분배를 놓고 사적 자본가들과 계약을 하는 임금노동자의 그것과 본질적으로 달랐다. 지식인들이 이제 우발적으로 프롤레타리아의 신분과 같은 신분을 차지하고 있다고 하더라도 그들을 본질적으로는 프롤레타리아라고 전문적으로 지명할 수는 없었다. 왜냐하면 지식인들은 누구를 위해서도 잉여가치를 만들어내지 않았기 때문이었다. 그래서, 러브조이는 교수진 노동조합화의 필요성을 지지하는 이론적 분석도 거부하였다.

세 번째로 자율성과 객관성 문제가 있었다. 러브조이는 "전문연구자"인 교수는 자본이나 노동이 조직화된 특별한 이해관계를 대표하는 막강한 단체들과 자신을 원칙상으로 동일시해서는 안 된다고 주장했다. 노동조합 가입은 "다른 노조의 조합원과 비노조원 모두에 의해 사회과학자들이 미국노동총연맹(AFL)의 정책들과 활동에 대한 일반적인 지지에 미리 특별히도 전념하고 있다는 가정"을 자연스럽게 만들어냈다. "만일 미래에 조직노동자의 모든 요구가 전체 공동체의 그것이 될 것이라고 선험적으로 안전하게 가정"할 수 있다면, 그러한 전념은 지식인의 역사적 사명의 견지에서만 합리화될 수 있을 것이었다. 그러나, 러브조이는 이것이 명백히 합리화되지 않을 가정이라고 결론 내렸기 때문에, 고용주들의 어떠한 유사한 조직들에의 가입에 대해서도 마찬가지로 AFL에 가입을 반대하는 정확하게 같은 종류의 이유가 있었다.

미주리 노동조합주의자들은 러브조이의 반론을 AAUP의 회보인 『블러틴 *Bulletin*』에서 노조화 문제에 대한 그 이후의 논쟁을 시작하는 기회로 이용하였다.

러브조이와 또 그가 대표했던 공식입장에 대한 집단적인 응답에서 미주리 노조주의자들은 두 조직의 이해관계는 "양측 모두 나란히 번영하도록 허락할 정도로 충분하게 다르다"는 점을 지적함으로써 AAUP와 자신들의 관계를 명백히 하려고 시도하였다. 갈등을 일으키는 조직의 유형들을 선택하는 정치적 문제는 그들의 견해로는 러브조이에 의해 잘못 공식화되었다.[80]

미주리 집단은 노동조직과의 관련이 "사회과학에서 교육의 자유에 필연적으로 편견을 갖게" 할 것이라는 주장의 정체를 폭로하려는 데 각별히 관심을 가졌다. 그들은 사람들이 AFL이 "사회 현상의 해석에 대한 틀에 박힌 공식에 미리 전념"하고 있다고 선험적으로 가정할 때에만, 이러한 주장이 필연적인 결론이라고 논박하였다. 그와 반대로 그들은 AFL이 "정치, 사회 그리고 심지어 경제 문제들에 관하여 가장 다양한 견해들을 가진 조직들과 개인들로 구성되었다는 점을 지적하였다. 더 나아가서 AFL의 연맹구조가 개별노조들의 자율성을 보장하였다. 결과적으로 AFL과의 합병이 지식인들을 단일 지도노선에 종속시킬 것이라는 점을 믿을 이유가 없었다.

미주리 노동조합주의자들은 이러한 이유로 학문의 자유의 모든 문제가 "개인보다는 교육기관의 문제"로 공식화되어야만 한다고 강경하게 주장하였다. "어떤 교사도 현존하는 질서의 완벽성을 보여주었다고 해서 결코 처벌받은 적이 없었다."는 점도 진술되었다. 개별 교수의 주관적인 의도와 상관없이 특정 강의들이 자본주의사회의 현재 제도적 구조 안에서 기업 이해관계의 헤게모니에 의해 함축적으로 보호되었다. 그 결과로 대학교는 노동이 고등교육에 관심을 보이는 정도에 따라 그리고 경제 교육에 대한 감시 경향을 견제하려는 준비성에 따라 교육기관으로서 더욱 자유스러울 수 있는 가능성이 더 커졌다. AFT는 학문의 자유에 관한 AAUP 자체의 작업에 필수적인 보충물이었다. 왜냐하면, AFT/AFL에 대학

80_ Eliot R. Clark et al., "Report of the Missouri Local Branch of the AAUP," *Bulletin of the AAUP* 6 (April 1920): 16.

교수들의 참여가 학교에서 조직노동자의 이해관계를 일깨우고 지도하는 현재로는 가장 실행 가능한 수단이었기 때문이었다.

미주리 노동조합주의자들의 답변에도 불구하고 또는 오히려 그것 때문에, AAUP의 지휘부는 노동조합원들이 "비타협적인 소수파"라고 결정하였다. 러브조이는 AAUP 지방임원들에게 "이 주제에 관한 논의를 연장하는 것은 불필요하고 현명치 못한 것"[81]이라고 충고하였다. 그 쟁점은 그 협의회의 공식 회보에 결코 다시 나타나지 않았다. 그 쟁점은 AAUP의 공식토론회에서도 최근까지 다시 제기되지 않았다.

AAUP의 입장은 아마도 대부분 교수들의 태도를 다시 대변해 주었다. AFT는 1920년대 동안에 대학과 대학교 캠퍼스에서 겨우 20개의 교수 지부를 조직하는 데 성공했다. 이 지부들은 겨우 600명이 약간 넘는 조합원을 모았다. 그래서 지부가 있는 곳에서조차, 상대적으로 무력하였고 또 교수들의 다수를 일반적으로 대표하지도 못했다. 그 지부들은 확실하게 부교수와 정교수의 대다수를 대표하지 못했다.[82]

노조 조직가들은 행정가들이 다양한 관료주의적 인센티브를 가지고 이미 교수진들 사이에서 폭넓은 무관심 구역을 성공적으로 구축하였음을 발견하였다. 이 구역들은 교수 직급이 올라가면서 더 확대되었다. 한 위스콘신 조직가는 교수들이 자기중심적인 패거리라고 보고하였다. 그는 "그들이 자신들이 관계되는 한 만족하면, 그들을 움직인다는 것이 불가능하다."[83]고 보고하였다. 일리노이의 한 조직가는 교수들이 "자신들을 노동자보다 높은 층에 있다고 여기며 카네기 연금을 믿고 또 현체제 하에서 미래에 높은 봉급을 받는 지위에 오를 것을 꿈꾸고

81_ Lovejoy, *Bulletin of the AAUP*, April 1920, p. 18.

82_ Eaton, *American Federation of Teachers*, p. 32.

83_ Jeanette Ann Lester, "The AFT in Higher Education: A History of Union Organization of Faculty Members in Colleges and Universities, 1916-1966" (Ph.D. diss., University of Toledo, 1968), p. 60.

있다."[84]고 불평하였다.

반노조 행정압력과 결합된 이러한 무관심은 대부분 지부의 실패로 연결되었다. 하워드Howard와 일리노이 주립사범대학에서 교수 노조원들은 노조에서 탈퇴하도록 압력을 받았다. 미주리의회의 농부들은 인상된 세금이 인상된 교수 봉급을 뒤따를 것이라고 두려워했다. 게다가 그들은 손쉬운 직업을 가진 배운 사람들이 노동조합의 보호를 필요로 할 것이라는 점을 상상할 수도 없음을 발견하였다.[85] 황견 계약yellow-dog contracts(노동조합에 가입하지 않는다는 조건으로 맺는 고용계약)이 일리노이 대학교에서 채택되었다. 워시번 대학에서 키르크패트릭을 포함한 지회의 전체 조합원이 해고되었다. 1929년까지 대학 캠퍼스에는 고작 3개의 지회가 남아 있었다.[86]

84_ Ibid., p. 75.

85_ 입법부나 또는 이사회에 있는 농부들이 "교수들은 손쉬운 직업을 가지고 엄청난 봉급을 받는다고(물론 그들의 학식은 존경하지만)" 생각하고 있음에 주목했던 교수가 썼다("The Point of View," *Scribner's Magazine* 42 (1907): 122-24).

86_ Eaton, *American Federation of Teachers*, p. 33.

7장

감시와 처벌:
학문 자유의 제도적 한계 규정하기
1894~1916

학문의 자유 문제는 그 개념이 우리 동시대 정의의 견지에서 특별하게 현대적인 것이다. 그것은 이데올로기들의 공개적인 갈등을 전제로 할 뿐만 아니라 사상의 자유로운 교류에 대한 어떠한 제한도 지식시장을 왜곡하는 본래부터 불법적인 결합이라는 원칙에의 제도적 언질도 전제로 한다.[1] 학문의 자유 문제는 사회적 효율성이라는 기업 이상의 기능적 요구 조건 안에서 이 시장을 통제하려는 노력의 결과로 주로 생겨났다. 그 결과로 역사적 현상으로서 학문의 자유 문제는 선진 산업사회의 발전과 함께 연관된 근본적인 계급갈등의 한 요소로서 거의 독점적으로 출현하였다.[2]

이 문제의 역사적 기원은 미국에서 꽤 정확한 날짜를 지정할 수 있다. 그 문제는 1894년 시작되며 베이세이 Veysey가 논평했듯이 그 날짜는 우연한 것이 아니었다.[3] 그 최초의 대결은 새로운 미국노동총연맹(AFL)의 출현, 1893년의 금융공황, 인민당의 창당과 최초의 승리, 풀만 Pullman 철도파업 그리고 유진 뎁스

1_ John Stuart Mill, "On Liberty," in *Three Essays* (Oxford: Oxford University Press, 1975), pp. 22-68.

2_ Bertell Ollman, "Academic Freedom in America Today: A Marxist View," *Monthly Review*, March 1984, pp. 1-12.

3_ Veysey, *Emergence of the American University*, p. 410.

Eugene Debs(미국 철도노조 위원장으로서 풀만 철도 파업을 진두지휘하였던 전설적인 노동운동가 - 역자)의 미국 철도노조 조직이 일어났던 무대에서 벌어졌다. 1894년의 풀만파업과 인민당 선거운동은 계급갈등을 격심하게 하였고 또 최초로 미국 자본가들로 하여금 현존하는 사회 경제적 질서에 대한 묵시록적 도전의 가능성을 심각하게 두려워하게 만들었다.

주요 대학과 대학교의 많은 선도적인 지식인들이 농민들과 노동자들의 새로운 요구를 건전한 사회과학으로 합법화함으로써 사회이론과 정치적 행동 간의 동맹을 만들려고 시도하였다. 지식인들과 기업 간의 초기 계급투쟁의 윤곽은 미래 대결을 위한 절차적이며 상징적인 선례들이 되었던 눈에 띄는 이 시기 동안의 여러 소송들 견지에서 일반적으로 정의되었다. 이러한 소송들은 엘리Richard T. Ely, 비미스Edward Beemis, 앤드류스E. Benjamin Andrews, 로스Edward A. Ross 그리고 커먼스John R. Commons를 포함하였다.

학문의 자유 문제의 역사적 기원

통상 학문의 자유의 현대적 쟁점을 야기했던 최초의 사건으로 여겨지는 것은 1894년 위스콘신 대학교의 엘리 소송이었다. 전국적으로 뛰어난 정치경제학자이고 위스콘신 대학교 정치경제학과 학과장이며 미국경제학협회(AEA)의 간사·설립자였던 엘리는 자신을 미국에서 선구적인 사회주의 학자들 가운데 한 사람으로 자리잡게 하는 정치경제 분야에서 여러 권의 중요한 저서들을 출판하였다.

그의 논문들인『프랑스와 독일 사회주의』와『사회주의와 개혁』은 민주적 사회주의의 온순한 형태(오늘날에는 "혼합경제"라고 부를 수 있는 것)를 미국인들 사이에서 개인의 자유와 계급평등에 대한 서로 경쟁하는 주장들을 중재하는 최고의 해결책으로 제시하였다. 엘리는 그의 주요 저서인『부의 분배』도 출판했는데, 거기서 그는 정치적이며 법적인 제도들이 현존하는 부의 분배 그리고 그렇기 때문에 계급과 계급갈등의 재생산에 미치는 영향을 검토하였다. 엘리의 저작들은 "사회제도 경제학" 학파의 창립에 상당부분 책임이 있는데, 그 학파도 미국 사회에서 부의 생산과 분배를 결정하는 데 있어서 역사적인 경제적, 정치적 사회 제도의 중요성을 강조하였다.[4] 그는 인민당의 요구를 과학적으로 정당한 경제학이라고 열광적으로 옹호하였다. 그는 "정치경제학을 기각하였는데, 왜냐하면 그것은 분개한 양심의 목소리를 억압하기 위한 핑계와 위안물로 지금까지 가르쳐져 왔기 때문이었다."[5]

엘리의 경제이론들이 연루된 사건은 위스콘신 교육감인 웰즈Oliver E. Wells가 전국적인 한 출판물에서 그를 "대학의 무정부주의자"로 고발하자 시작되었다. 웰즈는 더 나아가서 "파업과 보이콧을 신봉하는 엘리가 후자를 사용하여 전자를 합리화하고 또 저서들과 강의실에서 해로운 사회주의와 무정부주의의 원리를 가르친다고 비난하였다.[6] 이 고발에 대한 즉각적인 도발은 엘리가 지방 인쇄공들의 파업을 지원하고 있다—비조합원 노동자를 파업을 깨트리는 사람으로 고용했던 한 회사를 보이콧함으로써—는 위스콘신 주의 주도인 매디슨Madison 기업인들의 실제 항의였다.

이 대학교 평의원들의 한 위원회는 웰즈의 비난을 조사하기 위하여 소집되었다. 그러나 평의원들의 주요 관심사는 엘리가 무정부주의자인가 아닌가를 조사하는 데 분명하게 한정되었다. 파업, 보이콧 그리고 심지어 사회주의를 신봉하는

4_ John R. Commons, *Institutional Economics: Its Place in Political Economy* (New York: Macmillan, 1934).

5_ Richard T. Ely, "Statement of Dr. Richard T. Ely," *Publications of the American Economic Association* 1 (1887): 19; Ely, "Discussion of the Farmers' Movement," *Proceedings of the Fifth Annual Meeting of the American Economic Association*, Chautauqua, N.Y., August 23-26, 1892, pp. 64-65, 67-69.

6_ Allan G. Bogue and Robert Taylor, eds., *The University of Wisconsin: One Hundred and Twenty-Five Years* (Madison: University of Wisconsin Press, 1975), p. 22; 엘리 사건에 대한 더욱 상세한 설명을 위해서는 다음을 참고할 것. Furner, *Advocacy and Objectivity*, pp. 146-62; also, Merle Curti and Vernon Carstensen, *The University of Wisconsin: A History, 1848-1925*, 2 vols. (Madison: University of Wisconsin Press, 1949), 1: 508-21.

것은 1894년에 위스콘신 대학교에서 많은 영향력을 가질 것 같지 않았으나, "무정부주의"는 헤이마켓Haymarket 폭탄투척(1886년 시카고의 맥코믹수확기회사에서 파업이 진행되던 중, 노동계의 급진적 지도자들의 헤이마켓 광장 집회 때 누군가의 폭탄 투척으로 일어난 사건. 이 사건으로 대중들은 무정부주의와 테러리즘을 동일시하게 되었고, 노동조합의 활동도 위축되었다 ─ 역자)의 기억들이 여전히 담겨있는 단어였다. 그러나 정확하게 이러한 면에서 학문자유의 정점은 엘리 소송과 함께 잘못 시작되었다. 왜냐하면 엘리는 그 고발을 손쉽고 주도면밀하게 받아넘겼기 때문이었다.[7]

웰즈는 증언청취에 참석하지는 못했으나, 자신의 고발이 엘리의 주요 저서들을 읽은 것에 대체로 근거를 두고 있다고 지적하는 장문의 진술서를 제출하였다.[8] 엘리는 평의원 위원회에게 자신의 입장은 무정부주의자의 그것이 분명히 아니라고 설명함으로써 답변하였다. 그는 그런 다음 더 나아가서 자신은 파업이 "필요악"이라고 정말로 생각했지만, 자신의 정치관은 『사회주의와 개혁』을 집필한 이후 더욱 보수적으로 되었다고 암시하였다.[9] 그 위원회는 엘리의 고발을 사면하였고, 또 전국의 여러 잡지들은 그에 대한 고발을 "뒤엎을 수 있는" 그의 성공적인 능력을 낙관적으로 성원하였다. 위스콘신 대학교 평의원들이 웰즈를 티난하고, "학문적 조사연구의 모든 진로에서 조사연구자가 진리가 지시하는 것 어디로 이끌지라도 그것을 따르도록 절대적으로 자유로워야만 한다."[10]는 것이 가장 중

7_ Furner, *Advocacy and Objectivity*, p. 163.

8_ "The Freedom of Teaching," *Dial* 18 (September 1, 1894): 103-5, 110, 149.

9_ Richard T. Ely, "Fundamental Beliefs in My Social Philosophy," *Forum* 18 (1894): 173-83.

10_ *Bogue and Taylor, University of Wisconsin*, p. 23에서 인용함. 1890년대와 1900년대 초의 가장 뛰어난 미국 학자들은 학문의 자유라는 사상을 당연한 것으로 여겼다. 왜냐하면 그들 대부분이 독일에서 대학원 교육을 받았기 때문이었다. 다음을 참고할 것. Jurgen Herbst, *The German Historical School in American Scholarship: A Study in the Transfer of Culture* (Port Washington, N.Y.: Kennikat Press, 1972), and Charles F. Thwing, *The American and German University* (New York: Macmillan, 1928).

요하다는 정책 성명서를 발표하자, 학문자유의 "독일 원리들"이 미국으로 수송되었다는 믿음은 강화되었다.

위스콘신 대학교는 학문적으로 의견을 달리하는 사람들을 위한 진정한 오아시스로 정말로 발전하였으나, 그것은 인민주의자, 농민-노동자, 사회주의자, 그리고 진보적인 운동들을 20세기까지 유지할 수 있는 그 대학교의 매우 특유한 역량과 크게 관련이 있었다.[11] 물론 인민주의와 노동운동들이 1890년대 동안에 여세를 얻어감에 따라, 돌이켜볼 때 쉽게 이해되는 결론이기는 하지만 학문의 자유가 기정사실이라는 결론은 미국의 일반적인 정치적 조건에 대한 오해였다. 게다가 엘리의 무죄방면을 축하하였던 사람들은 평의원들의 실질적인 결정이 학문자유의 원리보다는 엘리가 무정부주의자가 아니라는 사실에 근거를 두고 있었다는 것을 인식하지 못했다. 그 결과는 대부분의 학자들이 엘리 소송의 진정한 정치적 성과를 오해했다는 점이었다.

어떤 의미에서 엘리의 의견대립의 장기적 효과를 판단하기에는 여전히 너무 이르지만, 최근의 연구결과는 엘리가 그 이후에 자신의 열성적인 사회주의에서 개인의 경력승진이라는 기회주의적 전략으로 후퇴하였음을 보여준다. 그는 나중에 그의 대학원 학생들에게 비슷한 전술을 채택하라고 충고하기 시작하였다. 자신의 사회주의를 신속하게 "그만두는 것"이 요즘에 "엘리 모델"[12]이라고 불리는 적응과 생존이라는 의식적인 전략으로 생겨났다. 이 모델의 다른 측면은 해고의 "위협"이 심지어 뛰어난 전국적인 학자들에게도 분명하게 충분한 통제 도구였다는 것이었다. 그러나 이 모델의 함축적인 윤곽이 미국 학자들로서는 즉각적으로 이해되지 않았는데, 그들은 "학문의 자유"가 미국 대학교 안에서 근본적인 권리로 보장될 것이라고 가정하였다. 이러한 환상은 오래 가지 못했다. 학문의 자유를 위한 정치적인 근거들이 그 이후에 더욱 비우호적인 영역으로 이동하였다.

11_ Sinclair, *Goose-Step*, pp. 230-36; Veysey, *Emergence of the American University*, p. 416.

12_ Furner, *Advocacy and Objectivity*, pp. 162-63.

"비미스 대결 모델"은 그 후 3개의 소송사건인 E.W. 비미스, E.B 앤드류스, 그리고 E.A. 로스 소송에서 생겨났다. 비미스 소송은 1895년에 시카고 대학교에서 발생했는데, 그 대학교는 그 당시에 거의 전적으로 록펠러 기금에 의해 작은 침례교 대학에서 현대 대학교로 바뀌어가고 있었다. 그 이사회는 시카고 투자은행가, 철도업자, 철강제조업자, 그리고 시카고 금융그룹에 부속된 주식회사 대리인들에 의해 배타적으로 구성되었다. E.W. 비미스는 시카고 대학교의 경제학 교수였으며 인민주의 운동의 온건한 학문적 신봉자였다. 학술논문과 미국경제학협의회(AEA)의 원탁회의에서, 비미스는 국제 금·은 양화본위협정, 협동조합 농업은행, 공공시설의 공적 소유, 조합주의 그리고 "농촌 지역의 도로와 학교의 향상을 위해서 도시 부자들의 마음을 움직여서 기금을 확보하기 위한"[13] 누진수입세의 도입을 지지하고 있었다. 그는 또한 시카고 노동운동과의 정기적인 결속을 주장하였다. 사건은 지역 기업인들이 시카고 대학교 이사들에게 비미스가 풀만 철도파업 중에 유진 뎁스를 만났었다고 불평을 했을 때, 다시 시작되었다.[14]

총장 하퍼W.R. Harper는 비미스에게 그의 논쟁적인 학교 밖의 활동들을 중지하라고 경고하였으나 성과가 없었다. 엘리와는 달리, 비미스는 그 경고들에 조심하지 않은 정도가 아니었다. 그는 학문의 자유 원리 그리고 시민의 자격으로 노동자 간부들 또는 누구와도 함께 학교 밖에서 집회를 할 수 있는 자신의 권리들에 호소함으로써 그 경고들을 행정가들과 공공연히 대결하는 기회로 삼았다. 그는 캠퍼스와 지역 언론에 발표되었던 하퍼 총장과의 수차례 대결 후에 마침내 해고당했다. 대학교의 비미스 친구들은 그의 해고가 그의 친노동 인민주의 이데올로기에 의해 정치적으로 동기화되었다고 불평하였다. 확실하지는 않지만 J.D. 록펠

13_ Edward W. Beemis, "The Discontent of the Farmers," *Proceedings of the American Economic Association*, 1892, pp. 75-76.

14_ Harold E. Berquist, Jr. "The Edward W. Beemis Controversy at the University of Chicago, *Bulletin of the AAUP* 58 (December 1972): 384-93; Metzger, *Academic Freedom in the Age of the University*, p. 152; Furner, *Advocacy and Objectivity*, pp. 164-98.

러가 해고의 배후 인물이었다는 암시도 많았다.

　다른 교육기관의 한 교수 집단이 그 사례를 조사하고자 했으나, 하퍼 총장과 그들의 존재를 "부당한 간섭"[15]으로 여겼던 이사들에 의해 좌절되었다. 하퍼는 그 사례가 정치적 함의를 가졌다는 것을 결국 부정하였으며, 비미스는 부실한 강의 때문에 해직되었음을 암시하였다. 비미스는 해직 후에 이상하게 침묵하였으며, 대결에 대한 하퍼의 경고를 뒤늦게 분명하게 받아들였다. 27년이 지나고 난 후에야 그는 싱클레어에게 하퍼 총장이 직접 그에게 "공중시설물과 노동문제에 대한 그의 태도"[16] 때문에 해직되었다고 말했다고 밝혔다. 그는 하퍼가 그를 다른 대학교의 요시찰 인물 명부에 싣겠다고 협박을 하고 난 후에 침묵을 지키게 되었다.

　사실상, 대결의 여파는 비미스가 정말로 학문적 떠돌이가 되었다는 것이었다. 그는 나중에 동료들에 의해 아이오아 대학, 오베르린Oberlin, 암허스트Amherst, 스미스, 노스웨스턴, 일리노이, 네브래스카 그리고 콜로라도의 교수직에 추천을 받았다. 이사나 총장들은 모든 경우에 있어서 그의 임명을 거부하였다. 비미스는 인민당이 캔자스 주립대학을 잠시 통제하던 동안에 그 대학의 윌T.E. Will로부터 임시 임명을 간신히 확보하였다. 그는 1899년에 인민당과 윌이 떠나게 되자 그 자리를 상실했다.[17]

　록펠러의 그림자는 1896년에 또 다른 캠퍼스를 덮쳤는데, 그때 E.B. 앤드류스는 브라운 대학교 총장직에서 강제로 사직되었다. 앤드류스는 임명된 침례교 목사였으며, 그의 전임자인 웨이랜드F. Wayland와 마찬가지로 그도 "윤리적이며 정치적인 경제"에 대한 그 대학교의 오랜 전통을 계속 이어갔다. 앤드류스는 1889년에 총장직을 맡았으며, 재직 중 인민주의 정치경제학자로서 국제적인 명

15_ Howard C. Warren, "Academic Freedom," *Atlantic Monthly* 114 (November 1914), p. 693.

16_ Sinclair, *Goose-Step*, pp. 243-45.

17_ Furner, *Advocacy and Objectivity*, pp. 196-98.

성을 얻었다. 1892년에는 브뤼셀에서 열린 국제통화회의에서 미국 위원으로 활동하였다. 그는 "트러스트"(시장 독점을 위해 결성된 기업합병)의 격렬한 반대자로서 그리고 마찬가지로 금·은 양본위제의 투철한 옹호자로서 특히 잘 알려졌다. 실제로, 그의 가장 인기있는 저서들 가운데 두 권은 『부와 윤리적 법』(1894)과 『정직한 달러』(1894)였다. 『정직한 달러』는 앤드류스가 인민당 Peoples' Party(1891~1904)을 위해 각별하게 썼던 은의 자유주조에 관한 인기 있는 소논문이었다. 이 소논문은 너무나 널리 읽혀져서 1894년 말에 이르러서 앤드류스는 "화폐개혁의 주도적인 학문적 옹호자"18로 여겨졌다.

이사회와 앤드류스의 분쟁은 그가 1896년 브라운 대학교 졸업식에서 연설을 하도록 브라이언 W.J. Bryan(그는 민주당의 자유주의파의 지배적 세력이었으며, 1896년, 1900년, 1908년에 민주당 대통령 후보로 출마했으나 모두 낙선했다. 그는 1890년대 은본위제 운동의 지도자였으며 연설과 강연에 뛰어났다-역자)을 초대하자 시작되었다. 다음 해에, 이사들은 그에게 "그의 견해를 선전하는 일을 그만두라"고 요청하였다. 그들은 기부금과 개인적인 유증이 줄어든 것을 그 대학의 부유한 친구들이 총장의 활동 때문에 발을 빼게 되었다는 사실 탓으로 돌렸다. 브라운 대학교는 록펠러 자선사업이 총애하는 대상 가운데 하나였다. 앤드류스의 이름이 이사들의 커져가는 걱정의 배경에서 '수상한 인물'로 다시 퍼졌다. 그 의심은 록펠러 2세(후에 일반교육이사회[GEB]의 록펠러)가 그 당시에 학부 학생으로 브라운 대학교에 재학 중이었기 때문에 확대되었다.19

앤드류스는 항의를 하면서 마침내 사직하였다. 그러나 이번에는 전국의 저명한 학자들로부터 전국적으로 강한 항의가 있었다. 이사들은 그에게 재고를 요청

18_ Manley, *Centennial History of the University of Nebraska*, 1:150; Furner, *Advocacy and Objectivity*, pp. 206-22.

19_ "The Aggressions of American Wealth," *The Spectator*, July 31, 1897, pp. 135-36; E. D. Mead, "Editor's Table," *New England Magazine* (September 1897): 119-28; V.S. Yarreo, "Freedom of Teaching in America," *Westminster Review*, January 1898, pp. 8-16.

했고, 그래서 그는 자신의 사직을 철회하였다. 그는 이사들로부터 계속되는 압력에도 불구하고 인민주의 이론을 계속해서 발표하였으며 그래서 그 결과로 두 번째로 강제로 사직당했다. 공화당 논설위원들도 그의 해직을 이사들의 "의심할 바 없는 권리"로 옹호하였는데, 이사들은 "하인은 자신들의 견해를 만족시키도록 경제학 강의를 만들어야 한다"[20]는 그들의 기대 차원에서 합리화되었다. 인민주의 언론은 "그를 동부 대학교들을 통제했던 금권정치가들에게 배반당한 진리와 정직의 대의명분을 위한 순교자로 그려냈다."[21] 시카고에서 짧은 기간 동안 공립학교 감독관으로 지낸 후, 앤드류스는 인민주의자들이 통제하는 네브래스카 대학교의 총장이 되었다. 그는 연합주의자들이 1908년에 네브래스카 평의원에 대한 통제를 상실할 때까지 그 대학교에서 근무하였다.

인민당 득세 10년 가운데 마지막 중요한 사례는 스탠포드 대학교의 로스E.A. Ross 사례였다.[22] 이 사례의 경우, 한 부유한 트러스트 거물이 배후에 있다가 대결의 최전선으로 나왔다는 단순한 이유 때문에 인민주의자들 사이에서 가장 악명 높은 것 가운데 하나였다. 인민주의 언론에서 훌륭한 추문 폭로를 만들었던 것은 바로 이러한 종류의 서부식 폭로였다. 시카고에서는 록펠러에 대한 애매한 의혹만 있었다. 브라운 대학교 이사들은 익명의 부유한 후원자들 사이에 있는 불만을 언급했을 뿐이었다. 반면에 스탠포드 대학교 설립자의 미망인인 스탠포드 부인Mrs. Leland Stanford은 로스가 그 대학교의 총장인 조단 박사Dr. David Jordan의 반대에도 불구하고 해직되어야만 한다고 지시하는 데 아주 거리낌이 없었다.

로스는 1893년 개교한 스탠포드에서 사회학과 정치경제를 강의하도록 초빙되

20_ Will, "A Menace to Freedom," pp. 251-52에 있는 보기들을 참고할 것.

21_ Manley, *Centennial History of the University of Nebraska*, 1:150.

22_ 로스 사례에 대해서는 다음을 참고할 것. Orrin Leslie Elliot, *Stanford University: The First Twenty-five Years* (Stanford: Stanford University Press, 1937), pp. 326-78; Furner, *Advocacy and Objectivity*, pp. 229-59.

었다. 그는 주로 2개의 입장 때문에 미국 정치경제학자들의 설립 세대 사이에서 지위를 확립하였다. 그 중 하나는 동양인들의 미국 이민에 대한 반대였다. 그는 이민노동자가 미국의 임금에 하향적인 경쟁적 압력을 가함으로써 조직노동자를 잘라내고 있다고 주장하였다. 이것은 AFL이 그 당시에 이민에 관해 표명했던 입장과 같았다. 그 입장은 논쟁적이었으나 인도나 중국계 하급 노동자의 땀으로 유니온 철도와 남태평양 철도를 건설했고 그래서 개인 재산을 축적했던 사람의 미망인에게는 각별히 불쾌하였다.

두 번째로 로스는 유효한 증거자료가 공공시설과 철도를 포함한 산업활동의 특정분야에서는 공적 소유가 우월하다는 점을 이미 입증하고 있다고 믿었다. 그의 견해로는 공적 소유가 공공의 이익에 더욱 민감할 뿐만 아니라 순전히 경제적인 관점에서도 더욱 효율적이었다. 인민주의자들이 그의 학문적 작업과 같은 입장에서 정치적 프로그램을 제공하려 하자, 로스는 금은양화본위제의 지지자로서 태평양 해안지방을 순회하기로 동의하였다. 로스는 미국경제학협의회(AEA)의 1895년 대표자회의에서 자신의 지지 입장을 펼쳤는데, 그곳에서 그는 엘리, 앤드류스 그리고 J.R 커몬스와 같은 지원자들을 발견하였다. 앤드류스처럼 로스도 양화본위제에 관한 논문인 『정직한 달러』(1896)를 출판하라는 요청을 받았는데, 이 저서도 마찬가지로 널리 대중적으로 유포되었다. 로스의 서부 정치선전운동이 매우 성공적으로 입증되어서 『캘리포니아 은행가들의 잡지』는 공적인 응답을 가지고 그의 견해에 반대하지 않을 수 없었다.

스탠포드 부인은 로스를 공개적으로 비판하기 시작하였다. 그녀는 그를 대학교에서 제거하라고 이사들에게 공공연히 압력을 가하였다. 이사들은 완벽하게 기꺼이 승인하려 하였으나, 조단 총장은 그녀의 관용을 간청하였다. 그러는 동안, 그는 로스에게 논쟁적인 선거운동을 멈추라고 요청하면서 로스를 위기에서 구조하려고 노력하였다. 로스는 거부하였고, 그래서 1900년 1월 14일 로스가 마침내 사직할 때까지, 대결은 조단을 중간에 둔 채 공방을 가속화하면서 계속되었다.

로스는 E.B. 앤드류스가 그때 네브래스카 대학교의 총장으로 전략적으로 재직하고 있었다는 점에서 운이 좋았다. 앤드류스는 그 대학교에 합류하라고 로스를 즉각 초빙하였다. 로스는 그후 1906년에 네브래스카 대학교를 떠났는데, 그때 정치적 상황은 연합주의자들의 패배 이후 불안정하게 되었다. 그는 이번에는 엘리의 초빙으로 북쪽에 있는 위스콘신 대학교로 향했다.

학자들로부터 지금까지 받아온 것보다 더 많은 관심을 받을 만한 가치가 있는 또 다른 사례가 하나 있는데, 그 주된 이유는 아마도 그 사례가 학문의 자유를 둘러싼 대부분의 갈등이 실제로 해결되었던 방식을 대표하기 때문일 것이다. 이 것이 J.R. 커몬스의 사례이다. 커몬스는 엘리, 블리스W.D.P Bliss 그리고 아이오와 대학의 헤론G.D. Herron과 함께 전국 기독교 사회주의 운동을 창립하는 데 도움을 주었던 젊은 정치경제학자였다. 그는『부의 분배』(1893)라는 중요한 저서를 출판했는데, 그때 그는 인디애나 대학교의 조교수였다. 커몬스는 엘리와 로스와 함께 미국경제학협의회(AEA)의 전국대표자회의들에서 인민주의 경제학의 거침없는 옹호론자였다. 그는 또한 지리적 구역보다는 경제와 산업집단들을 대표하도록 배분된 의석수를 가진 비례대표의회를 찬성하였다. 그의 이러한 입장들은 인디애나 대학교 이사회 사이에서 곧 말없는 긴장을 만들어냈는데, 이 이사들은 1894년에 커몬스에게 조치를 취하라고 그 대학교 총장인 스와인J. Swain에게 압력을 넣기 시작하였다.

엘리, 앤드류스, 비미스 또는 로스와는 달리, 커몬스는 아직 저명한 학자는 아니었다. 그가 중요한 미국 노동 역사학자로 약 20년 후에 나타났었다는 사실을 제외하고, 누구도 커몬스에게 일어났던 일에 대하여 알거나 또는 염려하지 않았을 가능성이 있다. 사실 스와인은 다른 사례들이 만들어냈던 종류와 같은 전국적인 평판을 분명히 피하고자 했다. 그래서 시라큐스 대학교가 1895년에 커몬스에게 새로운 지위를 제공하자, 인디애나의 총장은 그를 지원하였으며 또 그것을 받아들이게끔 실제로 술책까지 썼다. 커몬스는 그 제안을 인디애나 대학교에서 승진과 봉급 인상을 확보하기 위한 지렛대로 사용하려는 의도가 있었다. 스와인은 커몬스가 자신의 목표에서 성공할 것이라고 믿도록 유도하였으나, 인디애나이사들에 대한 위협을 더욱 현실적으로 만들기 위해서 그가 시라큐스의 제안을명목상으로 받아들일 때까지 실제로 그렇게 하지는 않았다. 그러나 커몬스가 시라큐스의 제안을 일단 받아들이자, 스와인은 그의 계약 갱신을 거부했고 그래서커몬스에게 공적인 굴욕감을 주지 않으면서 닥쳐온 대결을 피하는 방식으로 커몬스를 힘겹게 제거하였다. 정말로 외견상으로는 커몬스가 더 좋은 자리로 승진해갈 것처럼 보였다.

이 패턴이 "커몬스 모델"을 정의 내린다. 핵심은 커몬스가 자신의 운명을 조용히 받아들여서 시라큐스로 떠났다는 점이다. 실제로 그는 동일한 패턴을 몇 년뒤에 반복했다. 그가 헨리 조오지 Henry George(1839~1897. 미국의 정치경제학자로서 토지세를 반대하고 토지공유론을 주장하였다. 주저로는 『진보와 빈곤』[1879]이 있다 - 역자)와 칼 맑스를 칭찬했고 몇 번의 대중연설을 하고 난 직후인1899년에 시라큐스의 사무처장은 그에게 그의 사회학 강좌가 재정상의 이유로폐강되고 있다고 충고하였다. 그가 그만두어야 하는 재정적 이유는 커몬스가 교수로 남아있는 한, 그 대학교에 기부하고자 하는 여러 중요한 지원자들의 거부로부터 비롯되었다고 사무처장은 말했다. 그 이야기에 대한 커몬스의 해석에 의하면, 사무처장도 그에게 "급진론자"를 고용하지 않겠다고 최근 대학교 총장 회의에서 도달한 동의안에 대해서 경고하였다. 요시찰 인물 명부가 돌고 있었다. 만일커몬스가 자진 사퇴하고 침묵을 지킨다면, 그의 이름은 그 명부에서 제외될 것이었다. 그는 그 흥정을 받아들이고 조용히 퇴직하였다. 엘리가 나중에 그를 위스콘신 대학교에서 채용하였다. 일단 위스콘신 대학교에 들어가자, 커몬스는 엘리의심복이 되었으며, 점점 더 보수적이고 학자적이며 입신출세주의적 생존전략을채택하였다.23

비미스의 모델보다는 커몬스의 모델에 대한 훨씬 더 많은 역사적 본보기들이 있지만, 전자가 당대에는 더 많은 여론의 주목을 받았으며, 아직도 그 이후 대부분의 역사적 분석의 대상이 되고 있다. 그러나 커먼스 모델과 같은 사례들이 대체로 매우 눈에 띄지 않는 지역에서 계속해서 발견되고 있다. 예를 들어서 아워비치I.A. Hourwich는 대단한 분열 없이 1894년에 시카고 대학교를 떠났다. 젊은 인민주의 정치경제학자인 스미스J.A. Smith는 4명의 다른 브라이언Bryan 지지자들과 함께 1897년 봄에 마리에타Marietta 대학에서 해직되었다.24 비미스와 사회주의 정치경제학자인 파슨즈Frank Parsons는 인민주의자들이 1899년에 캔자스 주립대학교에 대한 통제력을 상실하자 그 주를 떠났다. 헤론G.D. Herron은 그의 기독교 사회주의에 대한 대단한 소요 없이 아이오와 대학의 응용 기독교 강좌를 강제로 그만두게 되었다. 패링턴Vernon Parrington은 인민주의 운동이 마침내 오클라호마주에서 의석을 차지하지 못했던 1908년에 오클라호마 대학교를 조용히 떠났다.25

이제는 그 당시에 이데올로기적 억압의 실제 정도에 대하여 합리적으로 근사치를 계산해내는 것조차도 불가능해 보인다. 대부분의 경우는 지방의 관심 이상을 결코 끌지 못했다. 대부분은 그 교육기관의 역사도 다루지 않았을는지도 모르는 소규모 대학과 대학교의 잘 알려지지 않은 학자나 강사들을 포함하였다. 커먼스, 스미스, 패링턴(1871~1929, 미국의 역사학자로서 1920년대에 학제간 연구를 통한 미국학 연구를 주창했으며, 주저로는 『미국 사상의 주요 흐름』[1927]이 있다-역자) 그리고 다른 교수들은 오로지 그들이 서부의 섬들(이데올로기적 섬들)에 피신하여 살아남아 미국 사회과학 역사에서 주요한 인물들이 되었기 때문에 알려져 있다. 그러나 이사들이 전국적인 명성을 가진 학자들을 주저하지 않고

23_ Furner, *Advocacy and Objectivity*, pp. 198-203.

24_ Thomas C. McClintock, "J. Allen Smith: A Pacific Northwest Progressive," *Pacific Northwest Quarterly*, April 1962, pp. 49-59.

25_ Colwell, "The Populist Image of Vernon Louis Parrington," pp. 52-66.

제거하였다면, 수백 개의 소규모 대학들에서는, 그들이 학문 공동체에서 훨씬 덜한 지위에 있는 교수들에게는 확실히 더욱 손쉽게 압력을 가하는 경향이 있었다고 추측해도 아마도 무리는 아닐 것이다. 또, 커먼스와 같은 다른 사람들이 그들 자신의 생존이 엘리의 본을 뜨거나 또는 다른 대학에 조용한 은신처를 구하는 데 달려있다고 결론을 내림으로써 비미스로부터 교훈을 배웠다고 생각해보는 것도 마찬가지로 상당히 그럴싸해 보인다.

학문의 자유에 대한 경영자의 개념

인민주의 폭풍이 물러가자, 미국 대학에 대한 이데올로기적 탄압의 범위도 일시적으로 극적으로 줄어들었다. 그러나 그것의 유산은 대학교수들과 행정가들 사이에서 학문 자유의 의미에 대한 지속적이며 확대되는 토론이었다. 심지어 이 주제에 관심을 가지고 있는 학자들은 독일에서 들여온 절대주의적 입장, 즉 대학에서 학문의 자유에 대한 무조건적인 권리 그리고 대학 밖의 모든 시민들이 누리고 있는 언론의 자유, 청원의 자유 그리고 평화집회에 대한 마찬가지 권리를 일상적으로 옹호하였다. 대학교 이사회들은 교수는 마음대로 고용할 수 있는 "하인들"이며, 그렇기 때문에 그들의 고용주들의 기대 범위 안에서 가르치고 출판해야만 한다고 주장하였다.

대학과 대학교의 총장들은, 그들이 교수들의 주장에 동감을 할 때조차 (그리고 그들은 종종 동감을 가졌었다), 다소 애매한 지대에 있었다. 그들은 교수진 편을 들 수도 있었지만, 1900년까지는 그렇게 하는 것의 대가가 거의 항상 즉각적인 해임이라는 것이 분명하였다. 다른 행정가들은 이사들이 옳다고 믿었으며 그래서 기업이익을 위해 봉급 받는 살인청부업자로 기꺼이 봉사하고자 했다. 그러나 교수진으로부터 일부 지지 기반 없이 캠퍼스를 통치하는 것도 마찬가지로 어려웠다. 그래서 1900년경부터 1915년까지 선도적인 대학과 대학교 총장들은 진행되고 있는 논쟁에 적극적으로 끌려들어 갔다. 학문의 자유에 대한 경영자적 개념이 이러한 토론들로부터 생겨났다. 이 개념을 1920년대 말까지 대부분의 대학과 대학교 총장들이 채택하였다는 개연성은 크다.

이 경영자적 개념에 대한 정확한 파악이 어떻게 해서 대학과 대학교의 행정가들이 1900년 이후부터 교수들 앞에 나서서 학문의 자유에 대한 위협은 미국 어느 곳에도 존재하지 않는다고 진정으로 선언할 수 있었는가를 이해하는 데 결정적이다. 경영자적 개념의 근본적인 전제는 학문의 자유와 학문적 방종 간의 차이에 대한 그것의 구별이었다. 컬럼비아 대학교의 버틀러 N.H. Butler는 "대학교수들의 진정한 언론의 자유"는 그가 "자기통제, 자기관리 그리고 자기정리"26라고 불렀던 것을 전제한다고 주장하였다. 버틀러에 따르면, 이것은 단순하게 추상적인 개인적 특성이 아니고 이미 존재하는 것은 "입증되지 않고 시도하지 않은" 이론들보다 학계에서 더욱 많은 윤리적이며 지성적인 권위를 지녀야만 한다는 "합리적인 가정"을 포함하였다. 그렇기 때문에 학문의 자유는 현재 상태의 윤리적이고 정치적인 가치들에 의해 항상 감시를 받았다.

게다가, 학문적 전문직이 사회에 관한 검증되지 않은 이론들의 검토에 관심을 가지고 있는 한, 전문업에 종사하는 사람들은 전문직의 견해들을 정의 내리는 새롭게 생겨나는 학문상의 한계들에 의해 더욱 제한을 받았다. 예를 들어서, 경제학자는 **정치적** 사회제도들에 관하여 말할 권리가 없었다. 농촌 가족 전문가는 소득과세에 관하여 전문적으로 말할 수 없었다. 이러한 면에서, 사이비과학자에 반대되는 진정으로 **전문직의** 전문가는 그 분야에 있는 다른 전문가들이 일반적으로 인정하는 경험적 "사실들"의 가르침과 출판물에 항상 한정되었다. 학문의 자유는 교수들이 이러한 사실들을 넘어서서 검증되지 않은 대안적인 정치적, 윤리적 또는 사회적 배치에 관하여 이론적인 사색을 하게 될 때 학문적 방종이

26_ Butler, *Scholarship and Service*, p. 64.

되었다.[27]

　버틀러는 검증되지 않은 이론들이 뜻하는 바를 정확하게 상술하는 데 있어서 대부분의 행정가들보다 더욱 정확하였다. 학문의 자유는 다섯 개의 다른 요점들 가운데 어떤 하나라도 적용이 되면 학문적 방종으로 넘어가 버렸다. 첫 번째는 "다른 사람들의 종교적 믿음이나 또는 정치적 신념"에 대한 "불경"이었다. 이것은 무신론적이거나 명백하게 당파적으로 해석될 수도 있는 입장들은 확실하게 배제하였다. 두 번째 경계는 "모든 형태의 인위적인 평등성"을 옹호하면 건너게 되었다. 학문적 방종은 또한 교수가 강의시간을 어떠한 주제에 대해서 개인적 의견을 표현하는 데 사용하게 되면 언제나 작동하였다. 마찬가지로, 교수가 전문가적 견해의 권위를 "최근의 공적 논쟁의 논제들에 관하여 공개적으로 발언하는 데" 사용하게 될 때는 언제나 학문적 방종에 빠졌다. 이러한 면에서 "진지하고 학자적이며 책임 있는 조사연구자들"은 "선동가" 또는 "선전가"가 아니라고 버틀러는 주장했다. 그는 선전가를 "여성 참정권, 금주, 기간을 정하고 하는 시험결혼 그리고 사회주의라고 불리는 것을 위해 선동"[28]하는 사람으로 정의하였다. 학문의 자유라는 개념은 모든 유형의 "급진주의"를 위한 피난처가 아니었다. 이러한 견지에서 버틀러는 1870년 이후로 미국에서 학문의 자유가 실제로 침해되었던 "진정한 사례"는 2개에 불과했다고 결론내렸다.

　버틀러가 이러한 자기감시를 자유로운 대학교의 기초로 여겼다는 점은 의미심장하다. 그는 자유주의를 "무정부 상태의 철학"(무정부주의뿐만 아니라 고삐 풀린 자유방임 자본주의의 "산업독재"를 포함하는 것)과 "비진보적인 문명" 사이에 서있는 영역으로 간주하였다. 대학은 진보적인 민주주의를 위해서 훈련시키는 지도자들에게 맡겨져 있기 때문에, 학생들이 "선동가와 선전가들의 외부영향력"으로부터 보호받아야만 하는 모든 이유가 있다고 버틀러는 느꼈다. 그의 견해로

27_ Ibid., p. 116.
28_ Ibid., pp 65, 89-90, 158-59, 179-80.

는, 자유주의란 "별난 것, 이상한 것, 관습적이지 않은 것, 여론에 어긋나는 것 또는 영원히 반대하는 것"을 포함할 수가 없었다. 그것은 "변종, 괴짜, 혁명론자들"[29]을 배제하였다. 진보적인 산업민주주의의 발달은 일반 교양교육을 받은 지도자들을 필요로 하였지만, 자유주의가 대중 선동가들 간의 경쟁이나 또는 경솔한 사회적 실험으로 타락하지 않기 위해서, 자제와 규율에 의해 균형을 잡아야만 했다. 학문의 자유는 "학문적 책임"의 원리에 의해 항상 균형이 잡혔다.

의심할 것도 없이 버틀러의 입장은 대학교 총장들 가운데에서 극단적 보수주의를 대표하였다. 그러나 다른 행정가들이 다른 곳에서 학문의 자유와 방종 사이에 선을 그었다고 하더라도, 점점 더 그들 모두는 그 경계선을 정말로 그려냈다. 그러나, 행정가들이 실제로 그 구분선을 그릴 수 있는 넓은 영역이 마찬가지로 급진주의와 방종이라는 이론적 개념들을 애매하게 만들었다. 컬럼비아 대학교 행정가들에게는 급진주의가 공화당의 강령을 제외한 모든 것을 사실상 망라하였다. 위스콘신 대학교에서는 그것이 무정부주의만을 사실상 포함하였다.

대부분의 대학교 총장들은 컬럼비아의 버틀러와 위스콘신의 히세C.V. Hise 사이의 어딘가에 아마도 자리를 차지했을 것이다. 그러나 버틀러를 향하여 움직이는 경향이 있었다. 왜냐하면 개별 대학교 총장들이 이러한 어중간한 입장을 대학교의 기업 이상을 일반적으로 언급함으로써 해결했기 때문이었다. 기업 경영자의 전략을 채택했던 총장들은 자신들의 역할을 특정한 교수들의 이해관계보다는 대학교 전체의 이해관계와 동일시하였다. 그래서 무책임한 교수는 어떤 면에서 대학교 전체의 이해관계를 위협하는 것으로 보이는 사람이었다.

아마도 바로 이러한 이유 때문에 교수들은 학문의 자유에 대한 경영자적인 개념을 이해하는 데 "종종" 실패했을 것이다. 교수들은 대학교를 집단적인 단체로서 자신들과 동일시하였다. 그 결과로 학문적 책임에 대한 그들의 개념과 대학

29_ Ibid., pp. 179-80.

교에 대한 충성심은 교수진 구성원이 대학교의 이해관계에 반하서 행동할 수 있다는 통념을 선험적으로 배제하였다. 교수들은 진리를 진리 그 자체를 위해 추구하는 학문적 이상의 역사적인 행위자들일 뿐만 아니라 대학교 그 자체로 생각했다. 학문적 책임 또는 전문직의 충성심이 연구나 교육에 외부적인 구속을 부과할 수 있다는 생각은 상상할 수도 없었다.

반면에 총장들은 대학과 대학교를 교수진에 덧붙여서 여러 집단들을 포함하는 훨씬 더 광범위하고 복잡한 사회제도적 매트릭스로 이해했다. 보두인 Bowdoin 대학의 하이드W.D. Hyde 총장은 대학교를 6개의 요소(설립자, 기부자, 이사, 총장, 교수진, 공적 지지자들)로 구성된 혼합체와 동일시하였다. 총장의 경영상의 역할은 모든 집단들이 대학교의 공동사명을 향하여 사회적으로 효율적인 방식으로 협동하는 것을 책임지는 것이었다. 그래서, 학문의 자유는 사회적 효율성이라는 전문화된 분업에 의해서 원칙적으로 제한을 받았다. 하이드는 심지어 학문의 자유를 "대학교의 여섯 구성 요소들의 조화로운 활동"으로 정의내렸다. 그는 다른 "구성요소들"에 속하는 개인들과 조화롭게 협동할 수 없는 어떠한 사람도 "대학교수진이 될 수 없다"[30]고 암시하였다.

이러한 전망에 대한 하이드의 공식화는 교육기관의 최초의 사명이 설립자와 이사들에 의해 부과되었다는 것이었다. 설립자들은 교육기관의 목적들(공적이건 사적이건 간에)을 명시할 수 있는 권리를 가졌던 반면에, 이사들은 그 사명의 동시대 관리인들이었다. 대부분의 총장들처럼 하이드도 심지어 사립 고등교육기관도 공적인 지지자 층을 가진 공적인 신탁기관이라는 교수진의 견해에 동의하였다. 그러나 버틀러가 주장했듯이, 정확하게 그 이유 때문에 학문적 책임의 원리는 교수들이 "공동 윤리성, 상식, 공동 충성심 그리고 인간의 의견에 대한 품위 있는 존경"[31]을 위반해서는 안 된다는 필요조건을 부과하였다.

30_ Hyde, "Academic Freedom in America," pp. 2-9.
31_ Butler, *Scholarship and Service*, p. 115.

"공적인" 지지자 층은 대부분의 행정가들에게 특별한 의미를 가졌으나, 그것은 교수들이 이해하기에 시간이 걸리는 의미였다. 왜냐하면 교수들은 종종 그 공공성을 다소 추상적인 일반적 의지로 여겼기 때문이었다. 그러나 하이드는 그것의 "가장 중요한 요소"를 "그 교육기관 자체의 동문"으로 정의하였다. 그 다음에는 "기부자와 후원자들"이 중요하였는데, 그들은 "자신들이 돈을 기부한 대학이 가진 정책의 지혜에 대하여 스스로를 만족시켜야 할 분명한 권리"를 가지고 있었다.32 이것이 기부와 후원을 통해서 교육기관을 가능하게 만들었던 진정한 지지계층이었다. 그래서 총장이 한 특정 교수의 행동을 학문적 방종이라고 간주하는 경영상의 판단을 내리는 정확한 지점이, 그 교수가 재직하고 있다는 점이 동문, 입법가, 또는 부유한 후원자들로부터 대학이 수입금을 만들어내는 능력을 협박하는 지점과 종종 동일시되었다. 공적인 정치행위, 파업 그리고 보이콧에 참여하는 교수, 대중적인 팸플릿과 신문사설을 쓰는 교수, 또는 대학에 대한 공중의 대결을 불러일으키는 교수는 분명히 이러한 결과를 초래할 가능성이 더욱 컸다.

이러한 면에서 예일 대학교의 하들리 A.T. Hadley 총장은 정확하게 "교육은 돈이 들기 때문에" 교수진과의 갈등은 불가피할 것이라고 결론을 내렸다. 하들리는 만일 대학교가 재산 소유자들에게 그들의 기득권이 방해받지 않을 것이라고 믿을 이유를 제공할 수 있다면, 대학교는 이 돈을 얻어낼 가능성이 훨씬 더 클 것이라는 점을 인지하였다. 그는 "이론상의 학문의 자유"를 완벽하게 기꺼이 인정하고자 하였다. 그러나 그는 실제로는 "이 갈등의 결과가 그것이 사적이던 공적이던 간에 일반적으로 기업의 이익을 옹호하고 개별교수나 교수집단의 이익에 반한다"고 교수진에게 경고하였다. "이것은 부분적으로 기업이 지출액의 토대를 확보하는 데 있어서 물질적으로 유리한 입장에 있기 때문이기도 하다."33

32_ Hyde, "Academic Freedom in America," pp. 2-3.

33_ Arthur T. Hadley, "Academic Freedom in Theory and Practice," in Metzger, *The American Concept*

교수진은 만일 그들이 원했다면 이 쟁점을 밀어붙일 수 있었으나, 그들은 소크라테스처럼 독약을 마셨다. 대학교의 재정을 관리해야 하는 필요성에 의해 부과된 실질적인 한계를 인정하는 것은 신중함의 결과였다. 이러한 논거를 흐들리가 제출한 것은 그것이 자의식적으로 확대되고 있는 냉소주의 안에서만 가장 자유주의적인 총장 자신의 논거로부터 벗어났기 때문이다. 그 결론은 경영자적인 총장직과 거기에 깔려있는 기업 이상의 필연적인 결과였다.

총장들은 이러한 경영상의 실천을 정치와 사상 간의 이론적 구분으로 종종 개념화하였다. 학문의 자유는 대부분의 행정가들에게 학문적인 자유를 뜻했다. 그 결과로 초기 사례들의 대부분은 이러한 구분을 참고한 비슷한 유형을 따랐다. 여기에 대한 불평들이 대학 밖의 "정치"에 참여한 결과로서 교수에게 처음으로 관심을 돌렸던 지역의 기업인들이나 이사들에 의해 모두 모방되었다. 그에 따라 총장들이 생각하기에 공평한 경고 즉 정치적 활동을 철회하라는 행정부서로부터의 경고가 이어졌다.

엘리나 커먼스 모델들과는 반대되는 비미스 대결 모델과 연관된 결과는 비미스가 경고들을 무시했던 반면에 엘리와 커먼스가 그 경고들의 함축된 의미를 이해하였다는 것이다. 엘리는 인쇄공들의 파업으로부터 스스로 거리를 두었다. 커먼스, 패링턴 그리고 다른 교수들은 지역의 관심 이상을 끌지 않은 채, 조용히 철수하여 서부에 있는 좀 더 안전한 영토를 찾아나섰다. 각각의 경우에 있어서, 줄어드는 기부와 후원이 특정교수에 대한 불만과 직접 연결되어 있다는 점을 확인하고 난 후에만 교수는 해직되거나 또는 결국 사직 요청을 받았다.

휘너 Furner가 주목하듯이, 시카고 대학교의 비미스보다 철학적으로 훨씬 더 급진적인 교수들이 있었다. 제우블린 C. Zeublin과 베블렌 T. Veblen은 방해받지 않으면서 자신들의 일을 할 수 있었으나, "그들의 작업은 이론적이었으며" 또

---

of Academic Freedom, pp. 152, 343.

대중적인 팸플릿 집필처럼 즉각적으로 또는 직접적으로 "기업들과의 갈등으로 몰아가지 않았다."[34] 몇 명의 동료들을 제외하고는 누구도 베블렌이나 제우블린 같은 사람들이 무엇을 하고 있는지에 대해서 조금도 알지 못했다. 반면에 비미스, 앤드류스 그리고 로스는 정치적 활동가였고 대중적인 영웅이었다.

개별 교수들은 이러한 체제 안에서 어느 정도까지 자율을 유지할 수 있었지만, 그 체제는 항상 선천적으로 불안전한 위치에 있었다. 누구도 어느 지점에서 다양한 사상들이 정치적으로 논쟁적이라고 여겨질 것인가를 결코 완전하게 확신할 수 없었다. 행정가들은 정치와 사상 간의 구분을 모든 교수에게 평등하게 적용할 수 있었고 그래서 그 규칙은 모든 사람에게 공평한 경고와 적절한 절차를 구성한다고 여길 수 있었다. 그러나 자본주의사회에서 인생의 단순한 사실은 상공회의소의 지방회의에서 공화당의 강령을 옹호하는 것이 행정가들이 경영상의 결정을 내리는 데 가장 적절하다고 여기는 공적인 지지층에 의해 결코 논쟁적이라고 생각되지 않는다는 것이었고, 반면에 인민주의, 혁신주의, 노동조합주의 또는 사회주의가 다양한 상황 하에서 논쟁적으로 될 수 있다는 것이었다.[35]

이러한 상황들은 지역 정치의 성격, 지역 자본가들이 진정한 위협이라고 파악하는 운동들, 또는 개별 대학교 인사들의 단순한 조심성과 공격성에 따라 엄청나게 좌지우지되었다. 논쟁은 지역신문에서 인용한 무분별한 진술이나 또는 교회 소풍에서 엿들은 즉석발언에 의해 불이 붙을 수도 있었다. 그래서, 누구든 일단 안전한 의견의 상대적으로 좁은 영역 밖으로 움직이게 되면, 학문의 자유가 어떤 특정한 교육기관에서 진정으로 의미했던 것이 심한 변동을 타기 쉬운 지역 상황의 사건이 되기도 하였다. 대학교 총장의 교체, 주의회에서 어떤 당이 다수당이

34_ Furner, *Advocacy and Objectivity*, p. 183. "좌파 학문"의 당대의 제도화는 야코비의 최근 비판 대상이다. Cf. Bertell Oilman and Edward Vernoff, *The Left Academy: Marxist Scholarship American Campuses* (New York: McGraw-Hill, 1982)을 참고할 것.

35_ 무정부주의와 나중에 공산주의는 캠퍼스에서 수용할 수 없는 것으로 항상 여겨졌다.

되는 일, 지역 노동소요 또는 이사회의 새 이사가 학문의 자유의 영역을 상당하게 넓히거나 좁힐 수 있었다. 그것의 의미는 특정 교육기관에서 경고 없이 종종 바뀌었고 그래서 그것의 경계선들에 설 수 있을 만큼 대담한 사람을 손쉽게 기습적으로 붙잡을 수 있었다.

이러한 면에서, 엘리와 커먼스 모델은 급진적 지식인들을 위한 생존전략을 대표했다. 생존자들은 학문의 자유에 대한 경영자적인 개념의 애매성이 던져놓은 그림자를 헤쳐나갈 수 있는 교수들이었다. 그리고, 만일 그들이 대학의 재정적 복지 따라서 그들 대학의 체면과 명성을 위협하지만 않는다면, 점점 넓어지는 무관심의 영역도 그들에게 우호적으로 작용할 수도 있었다. 이것은 반동의 겨울동안에 일시적으로 정치적 동면을 하거나 또는 간헐적으로 다른 대학으로 이주할 것을 요구하였다. 후자가 필요하게 되었을 때는 급진적 지식인들에게 지적 직업인의 품위에 맞는 운명을 받아들일 것을 요구하였다. 이것은 대학교의 더 큰 이해관계에 헌신하는 품위있는 동료가 될 수 있는 능력에서 은밀히 증명되었다.[36]

위스콘신과 같은 대학교는 더 넓은 전국 무대에서 특이하였다. 다른 대학교에서는 경영자적 입장에서 볼 때 교수의 정견이 언제 "정치"가 되는지가 불분명했지만, 그 일반적인 법칙은 우호적이지 않은 여론이 그 대학교의 재정적 능력을 위협할 때였다. 그때가 되면, 총장들은 대학교 밖의 활동에 우선해서 학교에 대한 충성심을 기대하였다. 대부분의 총장들은 기꺼이 사상에 대해서는 타협하고자 하였다. 그들 누구도 (심지어 가장 자유로운 총장조차) 개인의 정치에 대해서는 기꺼이 타협하고자 하지 않았다. 이 과정에서 다소 흥미있는 실례들은 질레트 J.M. Gillette 사례, 르윈손J. Lewinsohn 사례, 로스E.A. Ross가 포함된 또 다른 사건에서 찾아볼 수 있다.

36_ Furner, *Advocacy and Objectivity*, p. 181.

질레트는 캔자스의 목사였는데, 19세기 말과 20세기 초 그의 학문적 출판물들은 그를 농촌사회학의 미국 설립자로 자리매김해 주었다. 질레트는 열성적인 진보주의자이며 종교적인 불가지론자였으며, 유진 뎁스가 분명히 발표했던 사회주의 정책들의 많은 부분과 자신의 유사성을 종종 표현하였다. 질레트가 1907년에 교수직 임명을 위해 노스다코다 대학교에서 인터뷰를 요청받았을 때, 이러한 결과들이 그 대학교의 메리필드Merrifield 총장에게 잘 알려졌다. 인터뷰 이전에 보낸 편지에서, 메리필드는 질레트에게 이사들에게는 "보수적인 어조로 말하라고" 충고하였다. 질레트는 이에 동의하였고 교수직을 제공받았다.[37]

질레트가 일단 캠퍼스에 들어서자, 메리필드는 자신의 충고를 단지 교수직 임명을 확보하기 위한 일시적인 전술로 해석하지 않도록 영원한 경고로서 되풀이하였다. 그는 질레트에게 그 다음 편지에서 다음과 같이 썼다.

> 내가 배운 바로 판단하건대 당신의 견해는 집산주의자의 그것입니다…개인 신념의 최대 자유는 우리 대학 교수진 모두에게 양보되어야 합니다. 동시에 나는 공개적으로나 또는 강의시간에 노스다코다 공동체 일반의 마음에 들지 않아서 그들의 표현이 우리 대학교에서 우리 주 보통시민들의 진실한 동감과 신뢰를 소외시키는 견해들을 표현하는 교수진들이 없었으면 합니다.[38]

메리필드는 더 나아가서 그 대학교가 "무정부 상태의 온상"이라고 이미 공격을 받았음을 설명하였다. 그는 무책임한 교수들에 의해 이러한 비난들이 다시 점화되는 것을 원하지 않았다. 반면에, 질레트는 그가 자신의 활동을 학문에 국한시키는 한에서 안전할 것이었다.

이러한 경고의 심각성은 르윈손이 노스다코다 대학교에서 해직되었던 5년 후

37_ Geiger, *University of the Northern Plains*, pp. 169-70.

38_ Ibid., p. 170.

에 입증되었다.[39] 르원손은 혁신당(1912년 T. 루즈벨트가 조직)의 전국강령위원회에서 봉사한 이후에 노스다코다 대학교의 법학교수로 임명되었다. 그는 루즈벨트를 위해서 1912년 대선운동 기간 동안 대중연설을 계속하였다. 노스다코다의 새 총장인 맥비 F. McVey는 잘 알려진 학문의 자유의 옹호자였다. 그러나, 대부분의 새로운 경영자 총장들과 마찬가지로, 그는 이사회와 불길요한 대결을 피하고자 했다. 맥비는 처음에 르원손에게 그의 대학 밖 정치활동을 지방자치 정치로 한정할 것을 요청했다. 그는 지방정치가 르원손의 견해를 논쟁적이라고 보지 않을 것 같은 다소 진보적인 선거인과 동일하다고 분명하게 판단을 내렸다. 그렇기 때문에 르원손은 주 전체 정치간부들의 관심을 끌 것 같지는 않았었다. 그러나 르원손은 그 충고를 거부하였다.

　매우 보수적인 한나 L.B. Hanna가 1912년에 노스다코다 주지사로 선출되었다. 그는 즉각적으로 그 대학교의 양분된 이사회의 두 빈자리를 자신의 정치 동료들로 채웠다. 이사회의 불안정한 이데올로기적 난국이 보수주의자들에게 이롭게 해결되었다. 게다가 르원손의 진보적 정치관은 선거기간 동안에 한나나 또는 그가 임명한 사람들을 피하지 못했다. 맥비는 이사회의 새로운 다수들로부터 르원손을 해직하라는 압력을 받았다. 맥비는 그에게 "정치를 그만두든지 아니면 대학교를 떠나라"고 그 직후에 명령하였다. 르원손은 후자를 택했고 교수직을 사임하였다. 카펜터 C.E. Carpenter 교수는 그런 다음에 르원손 조치에서 이사회의 정치적 편견을 비판했다는 이유로 이사회에 의해 해임되었다. 법학대학 학장은 르원손을 방어하고 카펜터를 위해 청문회를 열려고 시도했다. 그는 이 두 일 모두에 실패했고 마침내 항의의 표시로 사임하였다.

　로스 E.A. Ross도 심지어 위스콘신 대학교에서 비슷한 한계에 직면하였다. 엘리의 초청으로 그 대학교에 도착한 직후, 반 하이스 C. Van Hise 총장은 교수진

39_ Ibid., pp. 278-79.

가운데 논쟁의 여지가 있는 교수들에게 신중한 행동을 하도록 요청하는 의심스럽게 시기를 맞춘 성명서를 발표하였다. 반 하이스 자신도 위스콘신주의 농민·노동자 혁신주의에 동감하는 정치경제학자였다. 그는 학문의 자유의 열렬한 옹호자로 알려졌지만, 대학교 총장들 가운데 이렇게 가장 자유로운 총장조차도 "대학교의 재정지원을 삭감당하지 않으려면, 대학교의 '급진주의'에 대한 여론의 소동이 있을 때에는 신중함이 필요하다"[40]고 경고하였다.

로스는 평상시대로 일을 하였으며 그래서 예상할 수 있듯이 자신의 강의시간에 골드만Emma Goldman(1869~1940, 아나키스트로서, 20세기 전반에 미국과 유럽에서 무정부주의적 정치철학의 발전에 중심적 역할을 하였다-역자)의 학교 밖 강연시간과 장소를 공지해서 행정부서를 당황하게 만들었다. 위스콘신 신문들이 골드만이 로스의 연구실에 나타났으며 그와 함께 캠퍼스 시찰을 받았다고 나중에 보도를 하자, 행정부서는 분개하였다. 행정부서는 골드만 사건에 대하여 로스를 비난하였으나, 그는 아직까지 무정부주의를 금지하는 비공식 노선을 분명하게 어기지 않았다. 로스가 새로 생긴 캠퍼스 강의위원회로부터 사전 승낙을 받지 않고 한 진보적인 교육자로 하여금 자신의 강의에서 연설을 하도록 하자, 두 번째로 비난을 받게 되었다. 그는 새로운 절차에 대해 몰랐다고 이유를 대서 벗어날 수 있었다.

1917년 로스는 이스트만Max Eastman(1883~1969, 작가로서 혁신주의 대의명분의 지지자였으나, 말년에는 사회주의를 반대하고 개인의 권리를 지지하였다-역자)이 하는 사회주의에 관한 대학 내 강연을 계획할 때, 새로운 절차를 따랐다. 그 위원회는 이스트만이 캠퍼스에 접근하는 것을 거부함으로써 사전제지를 행사하였다. 로스와 다른 후원자들은 그들이 불공평하게 대우받고 있다고 행정부서

40_ Bogue and Taylor, *The University of Wisconsin*, p. 33. 반 하이스 자신의 경제적 견해에 대해서는 다음을 참고할 것. Charles R. Van Hise, *Concentration and Control: A Solution of the Trust Problem in the United States* (New York: Macmillan, 1912).

에 불평을 토로하였다. 행정부서는 모든 사람이 동일한 대우를 받고 있다고 답변을 하고 여성 참정권론자들도 캠퍼스에 접근하지 못하게 했다는 점을 지적하였다. 로스는 자신의 사례를 심지어 위스콘신 대학교의 참을성의 한계까지 밀어붙였으나, 마지막 단계에서 행정부서의 판단을 받아들였으며, 그래서, 그의 경력의 세 번째 종결이 될 수도 있었던 것을 피했다. 로스는 두 번 처벌을 받았고 이제 마지막으로 훈계를 받았다. 이번에는 그도 행정부서의 공평한 경고의 의미를 이해했으며 그래서 적절한 시기에 그런 일을 그만두었다.

주도적인 행정가들은 교수진과 기업인 이사들 간의 갈등을 해결하는 실질적인 방식으로 경영자의 개념을 비공식적으로 채택하였다. 위스콘신 대학교와 같은 강의위원회가 전국의 대학에서 생겨났는데, 이 위원회는 이사, 보수적인 입법가 또는 지역 기업인들의 관심을 끌 수도 있는 캠퍼스 활동에 교수진이 참여하는 것을 막는 데 필요한 사전 억제권을 행사하는 하나의 기제이다. 그러나 실질적인 정책으로서의 그것은 3가지 요소들의 불안전한 삼각 균형에 의존하였다.

첫째로 그 위원회는 공평한 경고라는 관행을 기꺼이 지키고 이해하려는 교수진의 감시받는 협동을 필요로 하였다. 반면에 그것은 마찬가지로 거버넌스와 행정 간의 분업을 기꺼이 인정하려는 상대적으로 비간섭적이거나 또는 태만한 이사회를 필요로 하였다. 이것이 강하면서도 상대적으로 자율적인 경영상 권위의 필수적인 기초였다. 마지막으로 이러한 비공식적인 조정구조는 인간적으로 강하면서도 관용적인 개인들이 경영자적 지위를 차지하는 것에 따라 궁극적으로 결정되었다. 강력한 경영자적인 총장직을 연약하거나 관용적이지 못한 개인이 차지하게 되면, 총장은 노예와 같은 삼류 정치가나 또는 보잘 것 없는 폭군으로 바뀌게 되었다.

그 구조는 정치적인 교수진의 협동을 얻을 만큼 충분히 관용적이고 또 이사들이 이데올로기적 억압을 추진할 가능성이 가장 큰 정확하게 바로 그러한 순간에 정력적인 이사들을 받아넘길 수 있을 정도로 충분히 자신만만한 총장과 함께 할 때만 작동을 하였다. 위스콘신의 반 하이스, 암허스트의 메이클존A. Meiklejohn, 아마도 하버드의 로웰이 그러한 사람들이지만, 그들은 규칙이라기보다는 예외적인 존재들이었다. 그 결과로 혁신적인 시기에 대학교에 있는 비공식적 조정구조는, 그 3개의 기둥 가운데 어느 하나라도 약해지거나 또는 그것의 참여자들 가운데 누구라도 그 게임의 경영상의 규칙을 이해하여 지키는 데 실패하게 되면 붕괴했던 매우 불안전한 균형 상태에 있었다. 혁신적인 시기가 입증하였듯이, 조정구조의 모순은 정치적 혼란기 때에는 파괴되어서 대결을 만들어낼 가능성이 가장 컸다.

계급의식적인 사회운동으로서의 지식인들

혁신주의 시대는 약 1909년경 시작해서 1920년 대 초에 빨갱이 공포가 끝날 때까지 꾸준히 확대되었던 이데올로기 탄압의 두 번째 물결의 원인이 되었다. 학문의 자유를 위한 논쟁의 두 번째 국면은 (특정 동시대 역사가들의 주장에도 불구하고) "소수의 열등한 대학교"에 국한되지 않았으며 떠오르는 이데올로기 국가장치의 연구와 교육 중심지에서도 일어났다.[41] 보수적인 이사들은 급진파 학자들을 근절하거나 또는 그들의 대학교 진입을 금지함으로써 사전억제라는 행정구조를 심화하려는 그들의 노력은 더욱 공격적으로 되었다. 게다가 개별 이사회 측에서 분산된 탄압행위로 시작되었던 것이 이 두 번째 국면 동안에 정부에 의해 점점 더 체계적이고 또 중앙에서 지시하는 식으로 되었다.

버틀러N.M. Butler의 지휘 하에 있었던 컬럼비아 대학교 이사회는 급진적인 학자를 위한 동부의 안식처로서의 대학교의 명성을 전복시키려는 그 활동에서 가장 자의식적이며 체계적인 대학교 가운데 하나였다. 비어드Charles Beard(터너

41_ Veysey, *Emergence of the American University*, p. 303.

F.J. Turner와 함께 20세기 전반의 가장 영향력 있는 역사가이다 – 역자)는, 그 당시에 컬럼비아 교수진들에게는 가짜처럼 보였지만, 돌이켜보면 교수진과 이사들 간의 논쟁의 새로운 판에서 시작을 알리는 총성으로 보이는 하나의 사례를 1909년에 보고한다. 헌법교수인 버지스J.W. Burgees의 퇴임 이후에, 컬럼비아의 정치학 교수진은 비어드가 'X교수'라고만 언급했던 사람을 그 자리에 만장일치로 추천하였다. X교수는 아동노동, 노조화 그리고 다른 노동 쟁점들에 대한 최근 대법원의 판결들에 대하여 비판적이었다. 그는 책을 한 권 출판했는데, 거기서 그는 대법원에 대한 비판을 미국의 헌법을 미국의 변하고 있는 사회적이고 경제적인 삶과 조화를 이루도록 만드는 수단으로 합리화하였다. 노스다코다의 질레트와는 달리, X교수는 이사들에게 "보수적인 어조를 내는 데" 성공하지 못했다. 그의 임명은 이사들에 의해 거부되었다. 그 자리는 대신 이사들 가운데 한 사람의 사업 파트너인 성공적인 기업 소속 변호사인 구스리W.D. Guthrie에게 수여되었다. "그 일 전체가 비밀협상에 의해 결정되었으며, 진보적이거나 자유주의적인 견해를 가진 사람은 누구도 받아들일 수 없다는 점이 그 일에 참여하고 있는 우리들 모두에게 이해되었다"[42]고 비어드는 주장하였다.

컬럼비아 이사들은 X교수사건 직후에 캣텔J.M. Cattell을 목표로 삼았다.[43] 캣텔은 컬럼비아의 평판 높은 심리학 실험실을 관리했던 실험심리학에서 선구자였다. 그는 그때 카네기 연금계획을 반대하는 전국적인 운동을 조직하고 있었으며, 그 주제에 관한 비판적인 논문선집을 막 출판했다. 컬럼비아 이사들은 교육향상을위한카네기재단(CFAT)을 향한 비판들 때문에 특히 그의 해직을 권고했던 결의안을 그 후에 논의하였다. 그의 계약 종료에 관한 최초의 결의안은 다수의 이사들에 의해 부결되었는데, 그들은 해직이 너무 가혹한 처벌이라고 여겼다.

42_ Charles Beard, "A Statement," *New Republic*, December 29, 1917, p. 249.
43_ 캣텔과 컬럼비아 대학에 관해서는 "Columbia University vs. Professor Cattell," *Bulletin of the AAUP* (November 1922): 21-41을 보라.

그러나 버틀러 총장은 그들에게 심리학 실험실에 대한 행정상의 통제를 떠맡고 그 감독인 캣텔을 해직시키라고 확신시켰다. 버틀러는 그렇게 특출난 학자에게 공개적으로 모욕을 주게 되면 성이 나서 사직을 하게 될 것을 분명하게 희망했다.

그것은 반대의 결과를 가져왔다. 캣텔은 두 번째 비판적인 작업인 『대학교 통제』(1913)를 출판했는데, 이 저서에서 그는 대학교 행정에서 기업인들의 역할을 공격하였고, 그 대신에 교수진 민주주의의 형태를 제안하였다. 이사들은 자신들이 다음 회의에서 그에게 조기퇴직을 요청할 생각이었다는 점을 캣텔에게 즉시 통지하였다. 그 조치는 모든 대학원 교수진들로부터 일련의 공식적인 항의가 있고 난 후에야 기선을 제압당했다. 이사들은 후퇴를 하였고, 전체 교수진과의 전면적인 대결을 무릅쓰기보다는 시간을 벌려고 하였다.

1912년 대선이 있고 난 후에 미국의 다른 곳들에서 보복행위의 물결이 곧 밀어닥쳤는데, 거기에서 이사들은 개별 교수들의 활동과 발언들에 다시 주의를 기울이고 있었다. 한 교수는 분명한 이유도 없이 1913년에 아이오와 대학교에서 해직되었다. 바우만 총장이 해직 이전에 자신과 상의하지 않은 이사들에게 사직하겠다고 위협을 하자, 그 사례는 알려지게 되었다.[44] 같은 해에, 피셔 W.C. Fisher 교수는 남성들의 문학클럽에서 "교회 나가는 것과 일요일에 지켜야 할 일을 힐뜯었던"[45] 우발적인 발언을 이사들에게 하고 난 후에 웨슬리안 Wesleyan 대학교에서 사직할 것을 요청받았다. 다른 눈에 띄는 사건에서 모르스 A.E. Morse 교수는 1914년 초에 마리에타 Marietta 대학의 정치학직에서 사직하였는데, 그는 "정치적인 이유 때문에 실제로는 사직을 강요당했다"고 주장하였다. 대학 행정부서는 모르스의 공개적인 항의에 답하는 공식적인 회보를 배포하였는데, 그것은 "대학의 일들을 이사들 자신의 판단과 그들 자신의 양심의 명령에 따라 처리하는

44_ Warren, "Academic Freedom," pp. 693-94.

45_ USBE, *Recent Movements in University Administration*, pp. 57-58; "Academic Freedom," *Science*, March 21, 1913, p. 450; "The Academic Situation," *Popular Science Monthly*, March 1913, p. 307-8.

것이 이사들의 신성한 임무이다"[46]라는 신기한 사실을 통보하였다. 모르스를 옹호했던 두 명의 학과장들에게도 그래서 사직 또는 강제적 해직 간의 선택이 주어졌다.

비슷한 사례들의 긴 명단이 1914년 말까지 축적되었다. 일부 사례들은 전국적으로 알려지게 되었다. 대부분의 경우는 이사들과 지역의 대결들이었다. 그러나 충분한 사건들이 『월간 대중과학 *Popular Science Monthly*』이 주목했던 "미국의 대학교들을 과학적 학문과 사회적 진보의 발상지로 만들려는 사람들을 불안하게 만드는 사건들이 한 달에도 한두 건 이상 항상 발생한다"[47]는 이 월간지에 보낸 불평들을 통해서 알려지고 있었다. 게다가 정치적 해직과 강요된 사직의 이 두 번째 물결에서 하나의 패턴이 분명해져 가고 있었다. 1914년에 프린스턴 대학교의 워렌H.C. Warren은 최근 사례들에 대한 광범위한 목록을 출판하였는데, 거기서 그는 "최근 몇 년 동안 연구와 교육의 자유에 대한 간섭이 대체로 철학과와 심리학과 그리고 특히 경제학과에 한정되어 왔음"[48]을 발견하였다.

기업인들이 대학교에서 경제 사상을 통제하는 데 직접적인 관심을 가지고 있는 것이 모두에게 분명하였다. 그러나 철학, 심리학, 인류학 그리고 정치학과 같은 다른 분야에 대한 그들의 침입은 이제 이데올로기와 교육과정의 통제에 대한 그들의 장기적인 계급이익에 관한 더욱 깊은 이해를 나타내는 표시였다. 집단적 입장 설정의 장기적 안정화는 전체 학문 분야에 걸쳐 있는 한 벌의 획일적인 전제조건들의 부과를 필요로 하였다. 예를 들어서, 심리학, 인류학 그리고 철학은 그것들이 인간 본질, 합리적 인간 그리고 이기주의의 "선천적인" 원칙을 다루기 때문에, 통제되어야만 했다. "이데올로기"와 "집단무의식"과 같은 새로운 사회과학 개념들이 유럽에서 수입되자, 학자들은 고전적인 경제학과 보수적인 정

46_ Warren, "Academic Freedom, " pp. 693-94.

47_ "The Academic Situation," p. 307

48_ Warren, "Academic Freedom," p. 693.

치사상의 기본 가정들에 근본적으로 도전하는 이론적인 틀거리를 개발하고 있었다. 한 대학 이사가 암시하였듯이, "심리학자들이 윤리적 판단과 합리적 의도와 같은 특정한 타고난 근본적인 진리들을 과감히 공격할는지도 모른다는 것이 두려웠었다."[49]

학문의 자유 문제는 마침내 교육국장 클랙스톤의 1915년 연보에서 광범위한 주목을 받을 규모로 급속하게 커져갔다. 클랙스톤은 "지난 2, 3년 동안에…비정통 정치적, 경제적 또는 종교적 견해를 가진 것으로 유명한 교수들에 대한 탁월한 대학교들의 이사와 총장에 의한 처벌 행위가 너무 많이 발생하여서 학문의 자유 문제가 일시적으로 대학교 행정에서 가장 주요한 쟁점들 가운데 하나가 되었다"고 평하였다. 클랙스톤은 또 "경제학과 정치학 분야의 전임강사들이 현재로는 특히 위험에 처해있음"을 발견했다.[50] 그는 누구도 "다른 곳에서와 마찬가지로 학문공동체 안에도 급진적인 선전주의자들을 잠재우고 또 현존질서에 대한 파괴적인 비판을 저지하려고 행사되는 압력이 항상 있다"는 점을 부정하지 않을 것이라고 생각했다. 클랙스톤이 생각하기로는, 이러한 압력이 진보적인 민주주의에 필요한 건설적이고 충성어린 비판을 방해할 지경으로 강력해지게 되면 문제가 발생하였다. 클랙스톤은 그러한 압력이 "일반적으로 권위를 가지고 있는 사람들

49_ Ibid. 예를 들어서 정치경제학자이며 MIT총장인 워커 Francis A.Walker는 독일에서 수입된 경험주의적인 정치경제와 결합되었던 인민주의 운동이 자유방임 경제의 "자의적이며 비현실적인" 가정들을 지지했던 "전통의 한계"와 "권위의 장벽"을 쓸어버렸다고 선언했다. Walker, "The Tide of Economic Thought: Presidential Address to the American Economic Association," *Proceedings of the Fourth Annual Meeting of the American Economic Association*, December 26-30, 1890, pp. 15-21. 마찬가지로 미네소타 대학교 총장인 폴웰 W.W. Folwell도 경제적 연구조사의 대상이 역사적 검토에서 경제적 견지에서 가정한 인간사회의 실제 행동이지…가정된 조건 하에서 움직이는 추상적인 경제적 원자들의 가능한 활동이 아니다…이제 더 이상 경제적 인간에 대한 관심이 존재하지 않는다고 주장하였다. Folwell, "The New Economics: Address of the Acting President of the American Economic Association," *Proceedings of the American Economic Association*, 1893, p. 23. Cf. Richard Ashcraft, "German Historicism and the History of Political Theory," *History of Political Thought* 8 (Summer 1987): 289-302.

50_ USBE, *Report of the Commissioner of Education*, 1915, pp. 158, 160.

에 의해" 미묘하게 그리고 종종 무의식적으로 행사되기는 하지만, 자유주의적이라고 생각되는 큰 대학교들에서 그 압력이 이제 그러한 지경에 도달하고 있다고 생각했다.[51]

그 압력이 너무 강렬하여서 공격을 받고 있었던 학문분야들이 마침내 하나하나씩 차례로 현존하는 교수협의체들을 저항의 기지로 동원하였다. 최초의 조직된 반응은, 철학과 심리학 교수인 맥클린 J.M. Mecklin 박사가 라파이예트 Lafayette 대학으로부터 강요된 사직을 당했던 1913년에 일어났다. 이 시기의 대부분의 종단설립대학들과 마찬가지로, 이 대학의 이사회도 지역의 제조업자, 철도 사업가 그리고 석탄 중개인들로 구성되었지만, 라파이예트는 공식적으로 장로교회의 관할 하에 있었다. 사직을 요청하는 이사들이 단정하는 이유는 맥클린이 "그러한 학과들에서의 교육은 장로교회에서 보통 가르치고 또 가지고 있는 철학의 원리들과 일반적으로 조화를 이루어야 한다는 공동의 이해"[52]를 위반했다는 것이었다.

맥클린 박사는 그 당시에 미국철학협회와 미국심리학협회의 회원이었다. 두 조직 모두 맥클린의 해직에 관해 제공된 공식적인 설명에 만족하지 않았다. 그래서 그 사건을 조사하기 위해서 공동위원회가 구성되었다. 이 위원회는 그 목적이 이 해직이 두 협회 회원들의 "교수지위와 기회를 해치는 결과"를 지녔는가 아닌가를 발견하는 것이라고 주장함으로써 조사를 수행할 자체의 권위를 합법화하였다. 더 나아가서 이 위원회는 그 회원들을 위하여 어떤 "원리상의 한계들"이 라파이예트 대학에서 "철학과 심리학 교육에 최근 부과되었는가"를 확인하고자 했다.[53]

이 대학 행정부서는 어떠한 정보도 제공하기를 "정중하게 거절하였다." 그래

51_ Ibid., pp. 157-58.

52_ Ibid., p. 158; Rev. W. A. Lambert, "Liberty in Teaching," *The Nation* 97 (July 3, 1913).

53_ USBE, *Report of the Commissioner of Education*, 1915, pp 158-59.

서 위원회는 단지 그 법인의 공식적인 헌장이 대학에서 어떠한 원리상의 한계도 부과하는 것을 명확하게 금지한다는 점만을 언급할 수 있었다. 위원회는 또 맥클린이 그 교회의 정통성이 교회 당국에 의해 결코 의심을 받은 적이 없는 좋은 관계에 있는 장로교 목사라는 점도 확증하였다.[54] 이러한 발견된 사실들이 이사들의 공식적 설명이 단지 연막에 불과하다는 의혹에 덧붙여졌다.

이 위원회는 이 특정한 경우에 있어서 공식적인 설명에 일관성이 없다는 점에 여론의 관심을 집중시키는 것 이외에는 할 수 있는 것이 거의 없었다. 그러나 맥클린 사례는 한 교수협회에 의해 학문의 자유에 관한 최초의 공식적인 성명을 만드는 데 필요한 매개물로 사용되었다. 그 원리들에 관한 일반적인 진술은 미국 고등교육기관의 두 가지 서로 다른 종류들을 다음과 같이 구분하면서 시작되었다. 즉 "연구 또는 믿음, 그리고 교육의 자유가, 절대적으로 무제한적이지 않다고 하더라도…실질적으로 의견의 차이를 보여줄 경우가 없을 정도로 거의 없거나 미미한 제한들에 종속되는 대학들과 그리고 솔직하게 종파적이거나 정치적인 선전의 도구들인 대학들."[55]

이 위원회는 학문자유의 절대적 권리에 대한 주장으로부터 스스로 즉각 거리를 두었다. 적절한 제한이 개별 계약의 고용조건이나 또는 대학헌장으로 분명하게 진술되어 있는 한에서, 두 번째 종류의 대학에서 학문의 자유에 대한 권리 주장은 있을 수 없다는 점에 이 위원회는 동의하였다. 교리상의 제한이 미리 상술되어 있지 않은 곳에서만 학문의 자유에 대한 가정이 있었다. 그 다음에 이 공동위원회는 교수들의 협회들이 다음과 같은 특정한 3가지 이유에서만 대학들을 조사하는 권리를 가진다고 주장하였다.

1. 교육의 자유의 원칙들을 공식적으로 공언하는 대학들과 공언하지 않는 대학들을

54_ Warren, "Academic Freedom," pp. 695-96.
55_ USBE, *Report of the Commissioner of Education, 1915*, p. 159.

확인하기 위해서,

2. 공언하지 않는 대학들의 경우에는, 그들 대학교수들에게 부과된 교리상의 제한이 무엇인가를 상당한 정도의 명확성을 가지고 확인하기 위해서,

3. 그리고 전자의 부류에 속하는 대학들에서 교육의 자유를 위반하였거나 또는 규정해 놓은 것이 아닌 제한들이 사후에 부과된 것으로 보이는 모든 사례들에 여론의 관심을 모으기 위해서.56

그 위원회는 마침내 학문의 자유나 또는 교리상의 제한들이 쟁점이 될 때는 언제나 교수들이 자신들에 대한 고소내용을 진술해서 서면으로 제출한 것을 받아볼 수 있는 권리를 가지고 있다고 주장하였다. 이러한 고소 내용들은 모든 지지 증거들과 함께 정당한 절차의 규칙에 따른 공평한 공청회를 위하여 모든 교수진과 이사회에 제출할 것이 권고되었다.

돌이켜보면 이 위원회의 보고서가 경의와 중용의 모델처럼 보이는 사실에도 불구하고, 대학교 행정부서들은 학문의 자유에 대한 이러한 주장에 분개하였다. 그 보고서는 학문의 자유, 정치적 참여 그리고 대학 민주주의에 대한 무조건적 권리에 대한 더욱 급진적인 주장으로부터 전면적인 후퇴였다. 그 보고서는 심지어 대학교 헌장에 규정되어 있거나 또는 과거 행정 관행에 의해 암시되어 있는 사례들을 제외하고는 학문의 자유에 대한 주장을 제안하지도 않았다. 그 위원회는 제한들이 분명해야 한다는 점을 요청하기만 했으나, 그것은 그러한 한계들을 부과하는 대학교의 행정권에 결코 도전하지 않았다. 반면에 그것은 그 쟁점을 기술적으로 정당한 과정의 하나로 좁혔으며, 그래서 최근 문제의 기초가 되었던 정치적이며 이데올로기적인 갈등과의 심각한 대결로부터 한 발자국 물러났다.

3개의 다른 교수협회들이 맥클린 사건 직후에 비슷한 행동을 취했다. 미국

56_ Ibid.

정치과학협의회(APSA), 미국사회학학회(ASS), 그리고 미국경제학협의회(AEA) 각각이 그들 각각의 학문에서 학문의 자유의 상태를 조사하기 위하여 일반위원회를 독자적으로 설치하였다. AEA위원회는 주요 대학교들의 3명의 학과장들인 셀리그만 E.R.A. Seligman(컬럼비아), 엘리 R.T. Ely(위스콘신), 그리고 휏터 F.A. Fetter(프린스턴)로 구성되었다. APSA위원회는 철도법규와 노동중재를 전공한 변호사인 딜리 J.Q. Dealey, 그리고 언론인이며『뉴 퍼블릭 *New Public*』지의 편집인인 크롤리 H. Croly로 구성되었다. ASS위원회는 인디애나 대학교의 경제학과 사회학 교수인 웨더리 U.G. Weatherly, 펜실베니아 대학교의 사회학 교수인 리히텐버거 J.P. Lichtenberger 그리고 하버드 대학교의 법리학 교수인 파운드 R. Pound를 포함하였다.

이 세 위원회들은 웨슬리안 대학교의 피셔 Fisher 사건을 조사할 목적으로 셀리그만을 위원장으로 삼고 단일한 공동위원회로 합쳐졌다. 이 새 공동위원회는 철학과 심리학협의회에서 그 선례가 기초해 놓았던 이론적 틀거리를 그 조사의 기초로 받아들였다. 그것은 이러한 시각에서 웨슬리안 대학교가 명백하게 종단설립대학이기 때문에 피셔에게 정당한 불만이 없다고 결론내렸다. 많은 사람들이 피셔 해직의 진정한 이유는 "그의 정치적이며 사회적인 견해들에 대하여 그 대학의 총장과 이사들 일부가 느꼈던 반대"[57]라고 의심하였던 반면에, 이사들은 공식적으로 해직 사유를 그의 비정통적인 공적인 종교발언에 두었다.

그 공동위원회는 피셔 사건에 이어서 그 원래의 작업을 계속하였으며, 1914년 12월에 마침내 학문의 자유에 관한 예비적인 일반 보고서를 발표하였다. 위원회는 학문의 자유에 대한 권리가 "어떤 종류이든 명백하게 특정 교리를 전파하기 위해 설립된" 대학에는 존재할 수 없다는 원리를 다시 한번 반복하였다. 그것은 그렇지 않은 다른 대학들에서는 문제가 널리 퍼져있다고 결론지었다. 한편으로

57_ "Academic Freedom," p. 450.

교수들은 "학문의 자유의 본질과 한계"를 오해하였던 반면에 다른 한편으로 이사들은 "학문의 종신재직권academic tenure의 근본적인 이론"을 이해하지 못했다고 위원회는 확신하였다. 이러한 면에서 최근의 문제는 양측에서 인정된 기준으로부터 하나의 일탈로 설명되었다. 교수들과 이사들 모두 "그들 지위의 권리 못지않게 의무도 지키지 못했다."58 그렇기 때문에 그 문제에 대한 해결책은 학문의 자유에 대한 한계와 또 학문의 종신재직권에 관한 계약상 기간의 명료화와 상술화에 놓여 있었다.

이 위원회는 자체의 어떤 종류의 특정한 지침을 제공하기를 거절하였으나, 그 대신에 개별 교수들과 행정부서가 각 개별 대학에서 협상을 하기 위해 필요했던 연관된 문제들을 명백히 하려는 시도를 하였다. 이러한 시도들은 정년보장 교수의 지위(즉, 그것은 유럽처럼 절대적인가 또는 영원한 것은 아닌 것인가?), 다양한 교수직급과 연관된 권리들(예를 들어서, 가채용의 지위), 연금기금의 소유권 그리고 정당한 절차상의 해직에 있어 서로 인정할 수 있는 규칙들의 정의 등을 정의 내리는 일을 포함하였다.

이러한 의문점들은 학문의 자유 문제가, 일단 정년보장의 견지에서 이러한 애매성들이 개별 캠퍼스들에서 제거되면 자동적으로 해결될 것을 가정하였다. 베이세이Veysey가 제안하듯이, 이 공동위원회 보고서가 대학교 지식인들의 최근 계급의식을 다시 정확하게 반영하였다는 것이 개연적이다. 학문의 자유는 그것을 중심으로 규합해야 할 고결한 이상이지만, 대부분 교수들의 실질적인 관심사들은 훨씬 더 세속적이었다. 그들은 "안전, 지위, 봉급 그리고 권력의 문제들"59을 더욱 걱정하였다. 학문의 자유라는 개념은 대부분의 교수들에게 하나의 원칙이라기보다는 그들 지위의 일반적 상실과 대학교 통제가 풀 수 없게 연결되어 있는

58_ USBE, *Report of the Commissioner of Education, 1915*, pp. 160-61; E.R.A. Seligman et al., "Preliminary Report of the Joint Committee on Academic Freedom and Academic Tenure," *American Political Science Review* 9 (May 1915): 374-81.

59_ Vevsey, *Emergence of the American University*, p. 387.

것처럼 보이는 정치적 상징이었다. 학문의 자유와 정년보장이 처음부터 동일한 쟁점처럼 보였기 때문이라는 바로 정확하게 그 이유 때문에, 학문의 자유에 대한 교수들 지지의 넓은 토대를 동원하는 것이 가능하였다.

여러 명의 유명한 학자들은 1913년 봄에 현존하는 교수협회들의 공동위원회들과 협력하여 이러한 교수들의 지지를 동원하는 임무를 이미 시작하였다. 컬럼비아 대학교와 존스 홉킨스 대학교의 여러 명의 선임 교수들이 학문의 자유, 정년보장, 봉급, 지위 그리고 대학교 통치 등의 문제들에 특별하게 관여하기 위하여 대학교수들의 전국적인 조직을 만든다는 생각을 꺼냈다. 10개의 주도적인 대학교의 교수진들에게 이 문제에 관하여 의견 조사를 하였다. 그 결과가 용기를 북돋아주는 것으로 입증이 되어서, 11월 회의를 볼티모어에서 열기 위한 소집통보가 공포되었다.

컬럼비아, 코넬, 존스 홉킨스, 하버드, 예일, 프린스턴, 클라크 Clark 그리고 위스콘신 대학교에서 온 대표자들이 참석하였다. 이 최초의 대표단은 이 새 조직이 활동범위에서 전국적이며 또 직급이나 대학과 상관없이 모든 교수들에게 열려 있다는 점을 결정하였다. 이 대표자 회의는 규정을 제정하기 위하여 각각의 주요 학문 분야로부터 적어도 한 사람의 대표자로 구성된 위원회를 조직하는 25명의 회원을 선출하였다. 컬럼비아의 존 듀이가 위원장으로 선출되었다. 캣텔과 엘리는 다른 중요한 회원들이었다.[60]

새로운 미국대학교수협의회(AAUP)는 1914년 초에 그 최초의 공개적인 성명서를 발표하였다. AAUP는 여러 종류의 학회들이 미국 대학교수들의 "과학적이고 전문화된 이해관계"를 보살피는 존경할 만한 일을 하였지만, 어떤 조직도 "대학교 정책의 일반적인 문제들"을 다룸으로써 "교수진의 공통의 이해관계"를 최근에는 대표하지 못했다고 설명했다.[61] AAUP는 하나의 사회적 범주로서 교수들

60_ Warren, "Academic Freedom," pp. 696-98.

61_ "Call for the Meeting For Organization of a National Association of University Professors," *Bulletin*

의 직업상의 공통 이해관계를 추구하기 위해서 학문적인 경계선을 가로질러서 교수진을 조직할 것을 제안하였다. 그 주된 목표는 "그 전문직 전체의 이해관계"를 증진하고 방어하는 것이었다.[62] AAUP는 1915년 말에 60개 대학에서 867명의 회비납부 회원들을 갖게 되었다.[63]

AAUP 의제에서 최초의 쟁점은 학문의 자유와 학문적 정년보장 문제였다. 이 협의회는 일찍이 AEA-APSA-ASS 공동위원회의 최초 회원들 가운데 여섯 명과 또 거기에 덧붙여서 코넬의 라틴어 교수 베넷C.E. Bennett, 컬럼비아의 사회학 교수인 기딩스F.H. Giddings, 워싱턴 대학교의 파델포드F.W. Padelford, 프린스턴의 실험심리학 교수인 웨렌H.C. Warren, 예일의 경제학 교수인 파르남H.W. Farnam, 캘리포니아 대학교 출신 코포이드C.A. Kofoid 그리고 러브조이A.O. Lovejoy를 포함한 13명의 회원들로 구성된 새로운 위원회를 즉각 구성하였다. 셀리그만은 위원장으로 다시 선출되었다.

이 위원회는 그것이 구성되고 난 직후에 터졌던 유타 사례를 곧 심의하였다. 이 사례는 AAUP를 교수진 사이에서 믿을 만하고 합법적인 교수협의회로 확립하는 데 성공했는데, 이 협의회의 임무는 교수들의 불평을 조사함으로써 교수와 이사들 간의 논쟁을 중재하는 것이었다. 유타 사건은 그것이 학문적 대학살이었다는 단순한 이유 때문에도 전국적인 관심을 끌지 않을 수 없었다.

1915년 3월 17일에 유타 대학교 이사회는 교수 4명을 해임하고 또 다른 교수 1명을 경고나 사전 통지 없이 강등시켰다. 17명의 교수들이 그 후 5주간에 걸쳐 항의하며 사직하였다. 해직된 교수 누구도 급진주의 경력을 가진 적이 없었다. 이 4명의 교수들 가운데 가장 탁월한 교수인 놀턴A.A. Knowlton은 물리학자였다. 이 경우에 있어서, "정치"에 대한 경영자적인 개념은 교수진과 행정부서 간의

---

of the AAUP, March 1916, p. 11.

62_ USBE, *Report of the Commissioner of Education*, 1915, p. 161.

63_ *Bulletin of the AAUP*, December 1915.

내부적 관계를 포괄하도록 확장되었다. 이 4명의 교수에 대한 공식적인 혐의는 "행정부서에 대하여 매우 무례한 식으로 이야기하고, 이사장에 대하여 매우 무엄하게 거론하고, 강의실에서 대학교에 대하여 경시하는 식으로 말하고 또 행정부서에 반해서 일하는 것이었다."[64]

이 사건은 AAUP의 전국적인 지지기반을 넓히는 수단으로 각별히 의미심장하였다. 이 사례는 학문적 정년보장과 표현의 자유가 멋대로 고용한다는 주의 employment-at-will doctrine에 의해 함께 연결되는 기묘한 상황 속에서 교수진이 행정부서와 대결하게 만들었다. 이사회는 자신만이 대학의 경영에 책임이 있으며, 또 "다른 사람들로부터의 저항에 의해 영향을 받지"[65] 않을 것이라고 선언하였다. 그래서, 이 사건은 교수진을 기업가-이사에 반대해서 하나의 결집력 있는 사회적 범주로 동원하기 위해서 학문적이며 이데올로기적인 분열에 영향을 끼쳤다. 이 사건은 학문의 자유 문제를 정년보장, 교수지위 그리고 대학교 통제에 관한 더 넓은 관심사와 통합하였기 때문에, 그것은 교수단을 대중동원하는 데 완벽하게 적합하였다.

미국의 다른 곳에서와 마찬가지로, 유타 대학교에서의 교수임명은 1년이라는 적법한 기간이었다. 멋대로 고용주의를 주장하면서 행정부서원들은 법인재산의 수탁자로서 그들의 법적 권리를 충분히 가지고 있었다. 정확하게 이것이 문제였다. 미국 교수들 사이에는 교수들이 훨씬 전에 통지를 받지 않는 한, 계약은 일상적인 일처럼 매년 자동적으로 갱신된다는 전통적인 가정이 있었다. 유타 대학교는 1850년에 설립되었으며, 결정할 수 있는 한에서 그 전통은 1915년까지 결코 깨지지 않았다.

대학교 전통으로 오랫동안 인정되었던 표준들이 더 이상 안전하지 않다는 것

64_ USBE, *Report of the Commissioner of Education, 1915*, p. 163; "Academic Freedom in Utah," *New Republic* 4 (October 16, 1915): 274-75도 보라.

65_ USBE, *Report of the Commissioner of Education, 1915*, p. 165.

이 분명해져 가고 있었다. 이사들은 교수가 종업원이라는 생각을 단호하게 단언하였다. 총장은 용납할 수 없는 정치가 이제 행정가들과 교수진 사이의 내부의 기능적 분업에 대한 도전을 포함하였다고 지적했다. 그것은 심지어 학내 정책들에 대한 반대들까지도 포함했던 영역의 정치적 이유로 인하여 누구도 해직될 수 있다는 점에서 원칙상 예외적일 수 없다는 경고로 사용되었다.

AAUP 조사위원회는 공적인 이사직 public trusteeship이라는 대안적 이론을 가지고 임의적 고용주의에 도전함으로써 그 갈등에 각을 세웠다. 주립대학교들은 주의 시민들이 소유하는 의심할 바 없는 공공교육기관들이었다. 그렇기 때문에 그 대학교들은 견해의 다양성과 또 모든 문제에 관한 서로 다른 의견들을 용인해야 하는 특별한 의무가 있었다. 이사회는 그 결과로서 그 역할이 이러한 다양성을 보장해야만 하는 공적인 신탁체였다. 대학교 행정가들은 공무원들이고 그래서 민주주의에서 다른 공무원들과 마찬가지로 그들의 정책과 역할에 대한 비판을 받아들여야만 했다. 게다가 이러한 권리는 대학교수들에게 임의적으로 거부될 수 없는데, 그들은 시민으로서 공무원과 정부 정책들을 비판하는 동일한 권리를 누렸다. AAUP위원회는 유타 이사회의 조치가 일반적으로 이치에 맞지 않으나, "특히 주립대학교 공무원이라는 점이 부적합했다"[66]는 점을 발견하였다.

유타대학교 이사회는 이 성명서에 대하여 이사회는 "그것의 과거 조치의 올바름 그 자체와 총장의 동기의 공정성에 대하여 아무런 의심도 없다"는 응답으로 답변하였다. 해직된 교수들 누구도 이전의 지위로 복직되지 않았다. 회원수가 늘어난 것 이외에 AAUP가 얻은 것이라고는 앞으로 계약기간이 끝나기 전에 이사와 교수 간에 협의를 하도록 하는 새로운 규정을 유타에서 따냈다는 것이었다. AAUP는 이 소박한 성취물을 "사직함으로써 효과적인 저항을 하였던 교수들에게"[67] 명예가 되도록 하였다. 이러한 종류의 대결적인 보이콧은 교수들이 실제로

66_ Ibid, p. 163.

67_ Ibid., pp. 163-65.

기꺼이 지지하지 않는 전술이었다.

유타 사건 이후에 AAUP는 대학교 행정가, 보수적 정치가 그리고 기업가들로부터 "교수노조"라고 심하게 공격을 받았다. 그러나 유타 사건에 연루된 쟁점들은 노조화나 노조전술을 지지하지 않는 부류의 더욱 보수적인 교수들의 회원가입을 유인했던 것들이었다. 역설적으로 AAUP가 발휘하고자 했던 영향력은 대학교 행정부서들과 협동하고 또 이사들을 어느 정도 전문적으로 설득할 수 있는 그것의 능력에 유일하게 달려있었다. 그 결과로 이제 이 조직은 불만을 제기한 모든 교수들을 본능적으로 방어하는 노동조합이 아니라는 점을 행정가들에게 입증해야 하는 압력을 받게 되었다.

이 조직은 콜로라도 대학교의 사례를 조사함으로써 같은 해에 그 방향으로 약간의 활동을 만들어낼 수 있었다. 그 사례는 1914-15학년도에 고용된 법학교수 브루스터James H. Brewster를 포함하였다. 콜로라도에서 자신의 재직기간 중에 브루스터는 악명 높은 러드로우 대학살Ludlow massacre(이 학살은 1914년 4월 20일 콜로라도주 러드로우에서 발생한 탄광노동자들의 파업을 주방위군이 진압하는 과정에서 20명의 사망자가 발생한 사건을 말한다. 사망자 가운데에는 11명의 어린이, 노령의 여성, 6명의 광부와 보조원, 그리고 1명의 주 방위군이 포함되어 있었다-역자)을 추종하는 그 주의 산업 관행에 극도로 비판적이었던 미국 산업관계위원회에 매우 널리 알려진 증언을 하였다. 그러자 산업관계위원회 위원장은 그에게 위원회를 위하여 두 번째로 증언할 것을 요청하였다.

브루스터는 그 다음해에 재고용되지 않았다. 그는 고지되지 않은 고용 종료를 콜로라도 광산의 이해관계에 반대했던 자신의 정치적이고 법적인 활동의 탓으로 생각하였다. 실제로 AAUP 조사위원회는 주지사가 브루스터를 일찍이 해고하라고 그 대학교 총장에게 압력을 가했음을 발견하였다. 그럼에도 불구하고, AAUP는 행정부서가 브루스터 채용 이전에 "교수진 관련 학칙 개정"을 계획하고 있었으며 또 그의 임용이 재정적 상황이 이러한 학칙 개정을 가능하게 했던 시기를 지나서까지 의도된 것이 결코 아니었다는 근거로 그 대학교가 무고함을 입증하였다. 브루스터에게는 불행하게도, 그 시기가 불과 1년 후에 닥쳤다.[68] 콜로라도 사례는 증거의 완전한 공개가 실제로는 행정부서에 이롭게 작용한다는 점을 입증함으로써 AAUP와 행정부서의 협동을 향한 진입로를 마련해 주었다.

AAUP 비판가들은 콜로라도 사례를 합법적 절차, 정년보장 그리고 계약 등의 기술적 문제들에 초점을 맞추는 것이 어떻게 학문 자유의 실제적인 이데올로기적 측면을 은폐하는가의 본보기로 인용하였다.[69] 왜 브루스터는 다른 사람 대신에 재고용되지 않았는가? 잘 정의된 정년보장과 고용에 관한 학칙 안에서는 개별 교수들의 선별적인 고용과 해직이 완벽하게 가능하였다. 절차상 규칙들의 기술적인 세부사항들에 행정부서가 집착하는 것이 정치적이거나 이데올로기적으로 동기화된 보복을 막아내지는 못하였다. 그것은 상술된 절차를 따르는 행동을 요구하였을 따름이었다. 업튼 싱클레어는 그 사례를 단지 대학교 총장들이 어떻게 해직을 학문의 자유 문제를 은폐하는 규칙들의 관료주의적 틀 안에다 조직화하는가를 배우고 있는 증거로 보았다.

스코트 니어링 사례

스코트 니어링 사례가 1915년에 펜실베니아 대학교에서 터지자, 학문자유의 실질적인 문제들을 학문적 정년보장의 절차상의 관심사들 아래로 은폐하는 전문직의 경향이 일시적으로 주의를 끌었다. 교육국장 클랙스톤에 의하면, 니어링 사례는 "유타 상황보다 훨씬 더 엄청난 여론의 관심을"[70] 불러일으켰다. 어떠한 다른 단일 사례도 유타에서 야기된 정년보장 문제를 이데올로기와 학문의 자유

68_ "Report on Charges of Violation of Academic Freedom at the University of Colorado and at Wesleyan University," *Bulletin of the AAUP* (1915).

69_ Sinclair, *Goose-Step*, pp. 192-93.

70_ USBE, *Report of the Commissioner of Education, 1915*, p. 165.

문제들과 얽히게 함으로써 지식인과 기업 이사들 간의 계급 갈등을 그렇게 두드러지게 하지는 못했다.

스코트 니어링 박사는 펜실베니아 대학교 와튼 스쿨Wharton School의 경제학 조교수였다.[71] 그는 미성년자 노동금지법의 옹호자로서 펜실베니아에서 알려졌다. 그는 그 주제에 관하여 광범위하게 집필하였으며, 1905년부터 1907년까지 펜실베니아 미성년자 노동위원회에서 근무하였다. 니어링은 1907년에 와튼 스쿨 임용을 수락하고 난 후에도 최근 노동 관행들에 매우 비판적인 저서와 논문들을 계속해서 출판하였다. 미성년자 노동문제는 펜실베니아주 의회에서 사회주의자들과 혁신주의자들에 의해서 너무나 뜨겁게 논쟁이 일어났었기 때문에 그 주제에 관한 단순한 출판물도 이 각별한 사례에서는 충분히 "정치행위"가 되었다.

니어링은 투자 금융가인 드렉셀A.J. Drexel이 소유한 신문인 『필라델피아 렛저Philadelphia Ledger』에서 실명으로 자주 비판을 받았으며, 또 보수적인 동문, 다른 교수들 그리고 다양한 토론회에 속한 학생들로부터도 비판을 받았다. 여러 면에서, 니어링은 이사들과 동문들 사이에서 끓고 있었던 대학교에 대한 훨씬 더 깊고도 일반화된 불안을 위한 피뢰침이 되는 불명예를 가졌다. 니어링의 최종 해직은 펜실베니아에서 여러 해에 걸친 긴 일련의 교수진에 대한 불만, 협박 그리고 괴롭힘의 대단원에 불과하였다. 이러한 출판물들은 이사들과 동문들이 주장하기로는 미성년자 노동, 공공소유권 그리고 종교에 관련된 "정통 경제 이론의 확립된 요점들과 인정된 사회 기준들"에 반대하는 것들이었다.[72] 이러한 비판은 교수들이 강의실 밖에서는 소위 일반적으로 인정된 생각들에 도전할 때 가장

71_ 이 사건에 대한 광범위한 논의를 위해서는 다음을 참고할 것. Witmer, *The Nearing Case*. 또 다음도 참고할 것. Scott Nearing, *The Making of a Radical: A Political Autobiography* (New York: Harper and Row, 1972), pp. 83-94. 그리고 Stephen J. Whitfield, *Scott Nearing: Apostle of American Radicalism* (New York: Columbia University Press, 1974), pp. 25-52.

72_ Edward Potts Cheyney, *History of the University of Pennsylvania, 1740-1940* (Philadelphia: University of Pennsylvania Press, 1940), pp. 367-68.

맹렬하였다. 대학교수들 가운데 자유주의자들과 급진주의자들을 통제하지 못해서 좌절한 필라델피아 은행가들, 철도업자들, 석탄업자들 그리고 철강업자들은 젊고 다소 순진한 니어링을 나머지 교수들에게 영속적인 경고로 써먹을 수 있는 본보기로 만들기로 결정하였다.

이사들은 첫 번째로 일반투표로 사법부 판결의 철회를 옹호했다고 로스쿨 학장을 책망함으로써 그들의 불만의 목소리를 냈다. 또 다른 교수는 공식적인 대학교 저널에 "역사 속의 선동가"라는 제목의 연설문을 게재하려는 승낙을 거부당했다. 많은 교수들은 보수적인 학생들의 비우호적인 보고들 때문에 또는 『릿저』에 실린 그들에 관한 비판적인 기사와 사설들 때문에 승진이 거부되거나 연기되었다. 한 조교수는 "강의실에서 그가 했던 발언"에 관한 한 학생이 했던 보고 때문에 계약 종료의 협박을 받았다. 이 경우에 있어서, 그 교수의 학과장이 그 논쟁을 포기하라고 협박하고 난 후에야 그 문제는 끝났다. 그러한 조치들에 대한 교수들의 맹렬한 비난 이후에, 이사들은 1914년에 학문의 자유에 "호의를 드러내는" 성명을 발표함으로써 응답하였다. 그러나 그 성명에는 "해직은 어떠한 인가받지 않은 강의로부터도 비롯될 수 있다"는 경고가 첨부되었다.[73]

이사들의 조치는 총동창회의 지도자들 사이에서 커가고 있는 불만과 밀접하게 관련이 있었다. 24명의 이사 가운데 10명이 총동창회가 지명한 사람들이었다. 그 동창회는 여성의 그 대학교 입학에 대하여 여러 해 동안 불평해오고 있었다. 그것은 대학교를 필라델피아의 "도시 대중들"에게 개방하기 위해 등록생을 늘리는 것을 비난하였다. 동문들은 주 예산에 의존하는 것이 대학교를 "다중의 통제"와 "대중교육"의 변덕에 종속시킬 것이라는 근거로 주 예산에 더 많이 의존하는 것을 반대하였다.[74] 게다가 동문들은 이사들에게 교수진에게 통제력을 발휘하라고 계속해서 압력을 넣었다. 펜실베니아 『동문회보』에 실린 한 1914년 기사가

73_ Ibid
74_ Ibid., p. 383.

동문들의 좌절을 가장 잘 요약한 것 같은데, 그들은 어떠한 해직에도 분명하게 선행 지지를 하고 있었다. 그 기사는 "우주를 개혁하려고 법을 만드는 광기가 제안된 법규에 포함되어 있는 경제적 오류들과 상관없이 고삐가 풀렸다. 노동임금과 시간을 조절하려는 법들은 수요와 공급의 법칙을 무시했다. …대학교 이사들에게는 대중적 환상의 변덕에 맞서서 이러한 위기 속에서 건전한 사고와 신중한 교육을 위해서 확고하게 자리를 지키는 것이 용감한 일이다"[75]라고 불평하였다.

니어링은 1914년 6월 전임강사에서 조교수로 승진했다. 그리고 1년 후인 1915년 6월 14일에 와튼 스쿨 교수진과 학장으로부터 만장일치 추천을 받았음에도 불구하고 재임용되지 않을 것이라는 통보를 받았다. 이 사례는 그 해 말에 전국적인 대사건이었다.

이사회는 그 조치에 대하여 어떠한 공식적인 설명도 하기를 거절하였다. 반면에 개별 이사들은 니어링 해직이 정치적이었다는 널리 퍼진 의혹을 확인해주는 사적인 진술을 하고 있었다. 예를 들어서, 와튼 스쿨을 기증했던 조셉 와튼의 재산 수탁인인 모리스H.S. Morris는 그 조치가 학문의 자유를 보호하는 기부의 조건을 위반하지 않았는가를 알아보기 위해 문의를 하였다. 그는 대학교의 이사인 펩퍼G.W. Pepper로부터 다음과 같이 통지를 받았다.

만일 언론의 자유가 교사가 우연히 가진 견해의 보급을 위해서 그가 좋아하는 어떠한 방법도 채택할 수 있는 교사의 무제한적인 권리를 뜻한다면, 나는 그러한 방종을 나 스스로 옹호할 수 없을 것입니다. …어떤 사람들은 그 나머지 우리들이 기본적으로 여기는 윤리적 원리들에 대한 무시를 옹호하면서 자신이 합리화되었다고 느낄는지도 모릅니다. 반면에, 언론의 자유가 공동체의 윤리적 감각과 충돌하지 않는 견해들을 공언하는 권리를 의미하고 또 그래서 다른 견해들을 가진 사람들의 감수성에

75_ Witmer, *The Nearing Case*, pp. 68-69; USBE, *Report of the Commissioner of Education*, 1915, p. 167.

대한 적절한 배려의 증거로서 주장된다면, 나는 대학교에서 언론의 자유를 위한 운동에 참가해서 행복할 것입니다.[76]

그 이후 계속된 논쟁에서 흥미있는 것은 그러한 판단을 하는 데 관련된 공동체가 동문, 이사 그리고 부유한 후원자들과 거의 독점적으로 일치되었던 정도이다. 그것의 "윤리적 감각"을 구성했던 "윤리적 원리들"은 항상 사유재산, 자유방임 경제학과 정부의 공리들, 그리고 보수적인 정통 개신교 종단들의 종교적 관행들(예를 들어서, 감독제 지상주의Episcopalism와 장로파주의Presbyterianism)의 견지에서 정의되었다. 자유방임 경제학과 공공윤리성의 개념들이 필라델피아 기업인들의 마음속에서 너무나 얽혀있어, 미성년자 노동폐지를 옹호하는 데 있어서 니어링의 "경제적 오류들"에 대한 논의로 시작되었던 것이 결국에는 이사들이 그의 종교적 이단과 비윤리성을 비난하는 것으로 종결되었다.

총동창회는 여론의 부르짖음에 반대해서 대학교 이사회를 공격적으로 방어하였다. 그 일환으로 이사회의 조치를 승인하는 성명서를 하나 발표하였다. 그 기회는 또한 "공개적으로 진술되면 '계급편견을 야기할 가능성이 큰' 특정 교수들의 '오류에 가득 찬 결론들'에 대한 동창회의 저주를 표현하는" 기회로도 사용되었다.[77] 비슷한 성명들이 전국에 걸쳐서 많은 사람들을 위해서 학문의 자유 문제를 구체화하였다. 그 대학교의 심리학 교수인 위트머L. Witmer는 "특권계급들의 특정 대표들이 연구와 교육의 통제를 위한 운동을 결정하였다"[78]고 결론 내렸다. 스코틀랜드와 같이 먼 곳으로부터, 헉슬리T.H. Huxley는 "니어링에 대한 공격은, 그가 연합된 자본의 침략을 공격하기 때문에…이루어진다. 또 연합된 자본은 국민의 경제권에 대한 침략이 불법적이며 또 국민 요구의 적절한 제시에 맞서서

76_ Quoted in USBE, *Report of the Commissioner of Education*, 1915, p. 166.

77_ Cheyney, *University of Pennsylvania*, p. 370.

78_ Witmer, *The Nearing Case*, p. xiv.

버틸 수가 없음을 알고 있기 때문에 공격이 이루어졌다"[79]고 선언하였다.

이 사례를 둘러싼 국제적 논쟁은 마침내 AAUP로 하여금 행동을 취하도록 자극을 하였으나, AAUP 조사위원회가 캠퍼스에 도착했을 때 결정적으로 적대적인 응접을 받았다. 금융과 부동산에 종사하는 이사인 존스J.L. Jones는 펜실베니아 대학교는 공립교육기관이 아니며 또 그렇기 때문에 이사들은 "우리의 의무감과 책임감에만 책임이 있으며, 따라서 누구도 우리에게 책임을 물을 권한이 없음"[80]에 주목하면서, 『필라델피아 렛저』(1915년 6월 19일)에다가 이사회의 입장을 분명히 밝혔다. AAUP는 융화적이었으나, 온건한 조사위원회조차도 분명한 결론을 내리는 데 실패할 수밖에 없었다. AAUP 조사원들은 "니어링 면직에 기여한 적어도 하나의 원인이 그가 교외 연설에서 표현했던…견해에 대한 대학교 밖의 특정 인사들의 반대였다고 마지못해 결론을 내릴 수밖에 없었다."[81]

니어링은 복직되지 않았고 이사들은 학문의 자유에 대한 그들의 이해를 바꾸지도 않았지만, 니어링 사례는 펜실베니아 대학교 이사들로 하여금 교수의 임용과 재직기간에 관련된 새로운 정관들을 만장일치로 채택하도록 확신시켰다.[82] 이러한 새로운 정관들은 교수 직급의 의미, 각 직급 임용의 년도와 기간, 그리고 진급과 승진의 절차들을 명확히 하였다. 조교수직은 "가채용-probationary" 직급으로 분명하게 지명되었다. 이 새 정관들은 모든 교수의 면직이나 계약 비갱신 이전에 교수위원회와의 "협의"를 제도화하였다. 이사회는 학년도가 끝나기 훨씬 전에 비갱신 서면통지를 하게 되어 있었다. 종신 재직이 거부된 교수들은 영원한 종료 이전에 일 년 간의 유예기간을 자동적으로 받았다.

그 정관은 대학교에서 정당한 과정의 절차상의 의미를 필수적으로 분명히 하

79_ Ibid., p, 33.

80_ USBE, *Report of the Commissioner of Education*, 1915, p. 166.

81_ Ibid., p. 141.

82_ "Academic Freedom: Changes in the Status of the Teaching Body of the University of Pennsylvania —A Pleasant Sequel to the Scott Nearing Case," *The Nation*, December 23, 1915, pp. 745-46.

였으며 또 그것은 대학교 안에서 생산의 자본주의적 관계를 안정화하는 데에도 마찬가지로 중요하였다. 교수진 추천들을 받아들이지 않는 이사회 권위의 형식적 인정은 정당한 절차의 대가였다. 교수진이 승인한 새 정관은 "교무사무관과 이사회가 그들의 판단이 승인하는 대로 그러한 재임용을 할 때까지 계속 나아가야만 한다"[83]는 점을 용인하였다.

USBE는 이 새 정관을 "미국에서 대학 통치의 공평하고 효율적인 방법의 진화에서 매우 엄청난 중요성을 가진" 사건으로 선전하였으며 또 다른 대학교 이사들과 행정가들도 이와 비슷한 정관을 고려해보라고 권장하였다.[84] 마찬가지로 AAUP도 그 정관을 학문의 자유라는 대의명분에서 비약적 발전으로 칭찬하였다. 펜실베니아 이사장인 모리스 E.B. Morris는 니어링 사건 훨씬 이전부터 비슷한 규정들을 채택하라고 압력을 넣고 있었다. 이 필라델피아 기업의 경영간부는 관료주의적 권위의 논리를 그의 동료들보다 훨씬 더 잘 이해하였다. 니어링 사건은 그로 하여금 다른 이사들에게, 만일 그들이 대표의 자격으로 활동하는 교수진 위원회의 사전승인을 받았거나 또는 니어링에게 인정된 절차의 틀 내에서 공정한 경고를 했더라면, 이사들에 반대하는 항의가 가능하지 않았으리라는 점을 확신할 수 있도록 해주었다.[85]

AAUP의 2번째 연례회의는 니어링 논쟁의 와중에 소집되었다. 이 협의회가 학문의 자유와 학문적 정년보장에 관한 최초 보고서를 채택했던 것이 바로 이 회의에서였다. 그 원리들의 선언은 니어링 사건을 주시하면서 틀이 짜지고 채택되었다. 그렇기 때문에 그것은 엘리, 캣텔 그리고 존 듀이가 이끌고 있었던 그 협의회의 좌파에게는 이데올로기적 쿠데타와 같은 것이었다.

그 서류는 그 협의회의 자유주의파와 보수파의 서로 다른 관심사들을 반영하

83_ Ibid.

84_ USBE, *Recent Movements in University Administration*, p. 60.

85_ "Academic Freedom," p. 746.

는 것처럼 보이는 두 부분으로 나누어졌다. 그래서 그 서류는 어느 부분을 학문의 자유 문제의 가장 중요한 위치에 놓느냐에 따라, 양쪽 파의 선언문으로 사용될 수 있었다. 1부는 "학문의 자유에 대한 논쟁을 구성하는 정확한 쟁점들을 명백히 하고 구체화하도록 지명된 원리들의 일반적인 선언"이었다. 학문의 자유는 "교육기관 안에서 연구의 자유, 교육의 자유 그리고 대학교 밖에서의 발언과 행동의 자유"를 포함하도록 정의되었다. 이 원리와 관련해서, "이사회에 위임되어 있는 신탁관리의 본질은 단호하게 공개되어야 한다고 선언되었다." 이사회들은 "대중을 위한 이사들"로 여겨졌다. 그 결과로 이사들은 독점적 태도와 특권을 갖도록 허용될 수 없으며…그들은 교수의 이성이나 양심을 구속할 윤리적 권리를 가지고 있지 않다"[86]고 주장되었다. AAUP는 교수진이 이사회의 피임명자이지 어떤 의미에서도 피고용인이 아니라고 주장함으로써 학문의 이상을 호전적으로 재주장하였다. 교수들의 지위는 공직에 있는 영원한 재직권을 가진 본질적으로 자유 토지 보유자의 그것과 같았다. 즉 "판사들이 그들의 판결과 관련해서 대통령의 통제에 종속되지 않는 것과 마찬가지로, 대학교 교사들은 그들이 도달해서 표현한 결론과 관련해서 이사들의 통제에 종속되지 않는다는 점이 이해되어야만 한다."[87]

이 보고서는 이러한 주장들을 최근 역사적 발전을 배경으로 하여 배치하였다는 점에서 특히 대담하였다. 그것은 미국 고등교육의 초창기 시절에는 교회가 학문의 자유에 주요한 위협이었음을 지적하였다. 자연과학이 그 시기에는 억압의 주요 대상이었다. 현대의 시기에는, 교육기관 권력의 위치가 기업인들을 향하여 이동하였는데, 그들은 이제 학문의 자유의 "적"이었다. 이것이 학문의 "위험지대"를 이동시켰다. 학문적 탄압은 "이제 광범위한 사회변혁을 겨냥하거나

86_ "General Report of the Committee on Academic Freedom and Tenure," in USBE, *Report of the Commissioner of Education*, 1916, p. 138.

87_ Ibid., p. 139.

또는 거대한 기득권이 포함되어 있는 경제적 조건이나 상업적 관행의 윤리적 합법성이나 사회적 방편을 의심하는 의견들의 표현"[88]을 향해 명백하게 겨누어져 있었다.

학문 자유의 원리들과 관련된 이데올로기적 진술은 그 보고서의 2부의 의미를 해석하기 위한 이론적 틀거리로 기획되었다. 2부는 학문의 자유와 정년보장에 관한 논쟁을 피하고 해결하기 위한 절차상의 세부사항들의 윤곽을 본질적으로 그려냈다. 그 세부사항들은 펜실베니아 대학교 이사회가 결국 채택했던 것들과 실질적으로 거의 다르지 않았다.

1915년 선언에서 유일한 전술적 진술은 "압도적이며 집중된 여론"[89]의 압력에 대한 순진하게 낙관적이며 전형적으로 진보적인 호소였다. 다음해에, AAUP는 그 협의회가 모든 형태의 강제력을 동원하여 그 목표를 달성하려고 하는 직업노동조합이라는 통념을 공식적으로 부인하였다. 이제 사회적 평판의 영향력이 이사들과 협상하는 그 단체가 가진 유일한 수단이 될 것이었다. 학문적 탄압의 단일 사례를 개정하려는 실패에도 불구하고, AAUP는 "그러한 폐습들이 알려져서 그것들의 중요성이 충분히 이해되면 종식될 것이라는"[90] 통념에 계속해서 집착하였다.

교육국장은 그 새 선언문 3,000부를 대학총장과 이사들에게 배포함으로써 그리고 그것을 자신의 1916년 연보에 재수록함으로써 이 과정을 활성화하려고 시도했는데, 그 연보에서 그는 대학 행정가들에게 AAUP 보고서가 "대학교 이사회와 간부들에게 신중한 고려를 주문할 것이라고"[91] 충고하였다. 학문의 자유와

88_ Ibid.

89_ Ibid. p. 181.

90_ Frank Thilly, "Report of the President," *Bulletins of the AAUP* 3 (November, 1917): p. 15; J H. Wigmore, "President's Report for 1916," *Bulletin of the AAUP* 2 (November, 1916): 15.

91_ "Report of the Committee of Inquiry Concerning Charges of Violation of Academic Freedom at the University of Colorado," *Bulletin of the AAUP* 2 (April 1916): 3. USBE, *Report of the Commissioner of Education*, 1916, p. 138.

학문적 정년보장을 규정하는 정관의 채택도 또한 미래의 USBE 조사팀들의 통상 추천사항이 되었다. AAUP는 더 나아가서 전국적으로 신문과 도서관들에서 그 선언문을 선전하였다.[92]

그러나 얼마간 AAUP는 다른 대학교들로 하여금 펜실베니아 본보기를 본뜨라고 설득시키는 데 있어서 실제로는 거의 전진하지 못하였다. 니어링 사건 이후 몇 년 안에, 학문자유의 위반이 계속해서 늘어났다. 학문의 자유와 학문적 정년보장에 관한 A위원회는 전국 각지로부터 불만을 계속해서 접수하였다. 그러나 인력과 여비의 부족은 A위원회의 대표단들이 겨우 불만의 적은 부분(아마도 결코 10%가 안 되는)만을 조사할 수 있다는 것을 뜻했다. 그럼에도 불구하고, AAUP가 1917년 말까지 조사했던 7개의 사례들 가운데에서, 그 위원회는 6개가 학문의 자유나 또는 정년보장의 위반임을 발견했다.

게다가 AAUP에 접수된 불만들은 커먼스Commons 모델에 속하는 사례들을 포함하지 않았는데, 그 모델에서는 교수들이 자신들의 상황을 조용히 받아들였다. 조사들이 수행되자, 잘 알려진 사례들이 결국에는 종종 교수를 집단적인 인내의 한계점으로까지 몰고갔던 행정적 전횡의 긴 패턴에서 불과 마지막 사건이었음이 드러났다. 니어링 사건 조사는 적어도 네다섯 개의 다른 학대 사건들의 증거를 들추어냈다. 콜로라도 광산학교에서의 조사는 훼스트C.D. Fest 박사와 베일러J.C. Bailar 교수가 이사회로부터 직접 부탁을 받았음에도 불구하고 영향력 있는 친척이 있는 학생의 학점을 올려주기를 거부해서 해직되었음을 밝혀냈다. 이 조사는 4개의 다른 알려지지 않은 임의적인 계약 종료 사건들을 폭로했다.[93]

이러한 폭로 와중에서, 전술은 좌파들이 교수들의 설득과 견책보다는 노동조합과 파업 그리고 보이콧을 계속해서 선호하도록 둔 채로, 이 협의회 안에서 자유

92_ "Editorial Announcement," *Bulletin of the AAUP* 2 (March 1916): 6.

93_ "Report of the Committee of inquiry on the Colorado School of Mines," *Bulletin of the AAUP* 6 (May 1920): 27-37.

주의자들과 좌파들 간의 논쟁의 한계지점에 여전히 머물러 있었다. 셀리그만은 일단 니어링 사건의 후유증이 잦아들고 난 후에, 1915년 선언문의 1부로부터 중요한 방향전환을 이끌어냄으로써 A위원회 위원장으로서 자신의 지위를 통하여 이러한 분열을 일으키는 수단을 전략적으로 더욱 깊이 밀어넣는 조치를 취하였다. 이러한 결정적인 조치는 1917년과 1918년 전쟁기간 동안에 취해졌다.

8장

우상들의 황혼, 1917~1928

일단 니어링 사건에 대해서 관심이 잦아들고, 이어 1917년부터 1918년까지 1차대전의 광란 속에서 마침내 사라지게 되자, 셀리그만과 그의 지원자들은 AAUP 안의 자유주의자들과 좌파들 사이에 쐐기를 밀어넣기 위해 움직였다. 자유주의자들이 독일의 독재정권에 반대하여 민주주의와 미국을 방어하려고 몰려가자, 보수주의자들은 1차 세계대전 중에 이 조직의 좌파를 성공적으로 중립화하였다. 독일적인 것으로 파악된 모든 것(맑스, 니체, 프로이트, 학문의 자유라는 대학교의 전통, 역사주의, 사회제도적 정치경제 또는 사회과학적 방법)이 반역적이거나 또는 외국 앞잡이의 선전으로 즉각 의심을 받았다. 전쟁에 반대하여 발언을 하려는 모든 시도가 민주주의에 대한 비애국적이고 불충한 반대자로서 공격을 받을 상태에 빠졌다.

1차 세계대전과 학문자유의 정치

반 하이스Van Hise 총장 측에서는 미국의 캠퍼스들에 몰려오는 폭풍의 징조에 반응을 했던 최초의 행정가가 된 것이 생소한 선견지명이었다. 그는 일찍이 1914년에 위스콘신 대학교를 미리 억제하는 블랭킷정책으로 에워쌌다. 그는 교수진에게는 "강의실이건 그렇지 않건 간에 대학교 강단을 1차대전과 관련된 어떠한 문제를 토론하는 수단으로 사용하는 것을 자제하라"[1]고 충고했다. 이 대학교와 그 교수진은 공식적으로 중립적인 채로 있었다. 인민주의적, 혁신주의적 그리고 사회주의적 급진파들이 있는 위스콘신 캠퍼스는 그 후 몇 년에 걸쳐서 놀라울 만큼 평화로운 모습을 마련해 주었다.

위스콘신은 버틀러 N.M. Butler와 셀리그만이 체계적인 이데올로기적 억압의 캠퍼스 모델을 공동으로 세웠던 컬럼비아 대학교와는 판이한 대조를 이루었다. 컬럼비아 대학교는 1차대전 동안에 "불충한" 좌파 급진주의자들에 대한 최초의 공동공격을 했던 중요한 집결지가 되었다. 전쟁은 마침내 버틀러와 컬럼비아 이사들에게 오랫동안 성가시다고 여겨왔던 여러 명의 좌파 교수들을 제거[2]할 수 있는 기회를 가져다주었다. 셀리그만은 교수진의 동의를 기꺼이 조직하는 것 이상으로 열성적이어서 심지어 그 정책들을 AAUP로까지 확대하였다.

컬럼비아를 포함한 대부분의 대학교들은 사전 제한 조건을 부과하지 않았기 때문에, 국가의 전쟁준비에 대한 논쟁이 1915년 말과 1916년 초에 점증하자 대학교수들도 또한 1차대전에 대한 자신들의 입장들 안에서 점차적으로 목소리를 냈다. 미국이 그 공식적인 중립성을 포기해야 하는지 말아야 하는지에 대한 논쟁들이 전국의 공립학교와 대학교에서 벌어지고 있었다. 컬럼비아와 뉴욕시립대학(CCNY)은 전쟁에 반대하는 활기찬 중심지들이 되었다. 캠퍼스에서의 군사훈련에 반대하고, 전쟁반대 탄원서를 모으고 또 징병반대 시위를 열기 위해서 강력한 운동들이 컬럼비아와 CCNY에서 조직되었다. 학생 지도자들과 교수진 모두 그 운동에서 활동적이었다. 물론 대부분의 행정가들은 이 동요를 무책임한 교수들의 영향력 탓이라고 비난하였지만, 버틀러와 그의 이사들은 그들 캠퍼스에서의 활동이 컬럼비아로부터 마침내 캠퍼스 밖의 정치적 집단들과 연계되었던 조직된

1_ Curti and Carstensen, *University of Wisconsin*, 2:56.

캠퍼스 저항의 공식적인 지역 네트워크로 퍼져나가는 것을 주시하면서, 그들이 느꼈던 난처함은 경악으로 바뀌었다.

이사회의 교육위원회는 1916년 초에 반전활동을 말리려는 최초의 조치를 취했다. 역사 교수인 캔드릭B. Kendrick과 정치학 전임강사인 프레이저L. Fraser 박사는 교육위원회에 호출되었다. 그들은 학생 모임에서 연설을 한 것에 대해 비난을 받았는데, 거기서 그들은 군사훈련을 미국의 민주적인 사회제도들에 전념할 지도자들을 길러낸다는 교육적 사명을 위반하는 영향력으로 비판하였다. 두 교수 모두 논쟁의 여지가 있는 플라츠버그Plattsburgh 소재 군사기지를 뉴욕 학생들의 민주적 가치에 대한 위협으로 꼽았다.2

비난에도 불구하고, 컬럼비아 교수들은 중립성 쟁점에 관한 학생과 캠퍼스 밖 토론들에 계속해서 참여하였다. 그러한 토론과 관련된 전국적으로 알려진 한 사건이 버틀러와 이사들을 부추겨서 1916년 초에 조치를 취하도록 하였다. 한 토론회에서 한 연사가 관중들에게 "성조기를 방어하자"고 요청하였다. 관중 가운데 누군가가 "성조기를 타도하라!"고 되받아쳤다. 그 응답이 "평화주의"가 "비애국적 충동"에 의해 동기화되었다는 증거로서 그 이후에 전국 신문의 1면을 도배했다.3 이 사건은 미국이 참전해야 하는가 아닌가 하는 문제로부터 공립학교와 대학교들이 전쟁에 관한 토론회를 후원하도록 허락을 해야 하는가 말아야 하는가라는 문제로 전국적인 논쟁을 일시적으로 바꾸어 놓았다. 국가의 전쟁준비를 지지하는 사람들은 그 논쟁을 연장하는 것은 대중을 빈약한 시민의식과 외국의 선전에 노출시킴으로써 시민의 사기를 약화시킬 것이라고 주장하였다.

1916년 4월 21일에, 컬럼비아 대학교의 역사·정치학 교수인 비어드Charles A. Beard가 공화당 전국회의에서 연설을 하면서 이 논쟁에 참여하였다. 비어드는 공립학교들이 모든 쟁점에 관한 공개토론을 위한 합법적인 광장이라는 의견을

2_ Sinclair, *Goose–Step*, pp. 45-49.
3_ Beard, "A Statement," p. 249.

표현하였다. 결국, 세계에서 가장 강력한 공화국인 미국은 뉴욕 시립학교에 모여든 사람들 가운데 한 익명의 남자의 "성조기를 타도하라"는 발언의 보잘 것 없는 영향을 틀림없이 이겨낼 수 있다고 그는 무심코 암시하였다.

대부분의 신문들은 비어드의 즉석 발언을 정확하게 보도하였다. 그러나 한 신문은 이미 논쟁의 여지가 많은 비어드 교수가 이제는 "성조기를 타도하라"는 발언에 공감하고 있다고 신경질적으로 선언하였다.[4] 비어드는 『미국 헌법이 대한 경제적 해석』이라는 저서의 출판으로 전문가적 토론의 경계선들을 넘어서고 있었던 학문적인 내란의 한가운데에 이미 들어서 있었다. 존경을 받는 코르윈 E.S. Corwin은 "경제결정론과 계급투쟁이라는 사회주의 이론의 진리"를 논증하려고 한다고 비어드를 이미 호되게 꾸짖었다. 1912년 공화당 부대통령 후보인 버틀러 Nicholas Butler에게 이미 알려져 있던 인물인 고귀한 롯지 H.C. Lodge도 그러한 작업들이 "사회주의 성향"[5]에 의해 동기화되었음을 암시하였다. 이 두 비난 모두 쓸모가 없는 것이 아니었다.[6] 그러나 동시에, 비어드는 유럽에 있는 봉건절대주의의 잔여물에 대한 역사적으로 필요한 공격일 경우에만 미국의 참전을 옹호하였다.[7]

이 신문 보도는 컬럼비아 이사들의 비공개 교육위원회 회의에 비어드를 소환하는 핑계로 사용되었다. 비어드는 그때에 아무 말도 하지 않았지만, 나중에 그는 "성조기 사건"을 한 신문사 측의 분명한 실수로 신속하게 처리하였음을 보고하였

4_ Ibid.

5_ Edward S. Corwin, review of *Economic interpretation of the Constitution of the United States* by Charles A. Beard, *History Teachers' Magazine*, 5 (February 1914): 65-66; Henry Cabot Lodge, "The Constitution and its Makers," *North American Review* 196 (July 1912): 22.

6_ Clyde W. Barrow, "Charles A. Beard's Social Democracy: A Critique of the Populist-Progressive Style in American Political Thought," *Polity* 21 (Winter 1988): 23-38 참조; 그리고 Ellen Nore, *Charles A. Beard: An Intellectual Biography* (Carbondale: Southern Illinois University Press, 1983), pp. 28-29, 51-52, 94.

7_ Freeman, *An American Testament*, pp. 106-7.

다. 이사들은 그 사건에 대한 그의 해석을 분명하게 받아들였다. 그러나 그는 다음과 같이 명시한다.

성조기 사건은 끝나가고 있었기 때문에, 나는 회의실을 나서려고 준비하고 있었는데, 방스Bangs씨와 쿠데르트Coudert씨(두 명의 이사)가 나의 견해와 강의에 대한 사실 심리를 시작해서 굉장히 놀랐다. 30분 동안 나는 그 두 신사들로부터 "지독한 괴롭힘을 당했다." 버틀러 박사와 정치학 교수진 가운데 몇 명의 동료들(사실 심리에 찬성했던)도 그 행위를 중지시키려고 하지 않았다. 쿠데르트 이사는 나의 강의를 활기차게 비난하였는데, 그러면서 그는 방스 이사로부터 강하게 동의를 받았다. … 심리하는 사람들이 스스로 만족하게 되자, 위원회 위원장은 나에게 내 학과의 모든 다른 교수들에게 미국의 사회제도들에 대하여 무례함을 심어줄 가능성이 있는 강의를 하지 못 하도록 경고하라고 명령하였다.[8]

캔드릭 교수와 비어드 교수는 당분간 침묵하게 되었으나, 프레이저는 국제조정협의회를 위하여 계속해서 일을 하였다. 프레이저는 전국의 캠퍼스에서 이 협의회를 위하여 평화주의와 국제조정의 원칙들에 관한 과목들을 조직하고 있었다. 그래서 1917년 봄에, 버틀러 총장은 정치학 교수진에게 프레이저의 임용 연장을 위해 그를 재지명하지 못 하도록 경고하였다. 버틀러는 교수진에게 프레이저가 방스 이사의 마음에 드는 사람이 아니라는 점을 알려주었다. 교수진은 프레이저를 도전적으로 재지명하였다. 버틀러는 전쟁 동안에 등록생 수의 감소와 연관된 "재정적인 이유" 때문에 프레이저를 고용하지 않았다. 비어드에 의하면, 그래서 그는 "대학 당국에게 가을학기에 대학 재학생 수가 추가적인 강사의 임용을 보장하게 된다면, 어떠한 경우에도 프레이저 박사를 재임용해야 한다고

8_ Beard, "A Statement," p. 249.

통보하였다."[9]

이사들은 프레이저를 강사로 재임용하지 않고 난 이후에 급진파들을 근절하는 더욱 체계적인 접근방법을 채택하였다. 버틀러가 미국의 전쟁준비 (5장 참고) 활동에 "전폭적인 지지"를 표현했던 날인 1917년 3월 6일에, 이사들은 특별조사위원회를 신설했던 두 번째 결의안을 채택하였다. 이 위원회의 전쟁준비 역할은 "미국의 헌법이나 또는 미국이나 뉴욕주의 법률 또는 미국 건국의 원칙들을 파괴하거나 위반하는 경향이 있거나 또는 무시하거나 또는 불충의 정신을 조장하는 경향이 있는 학설들을 대학교의 교원들이 가르치거나 전파하는가를 조사하여 확인하는 것이었다."[10]

이 새 위원회에 임명된 이사들은 버틀러N.H. Butler, 변호사이며 뉴욕 고등법원 판사였던 인그래햄G.L. Ingraham, 변호사 파인J.B. Pine, 맨해튼 은행장이고 바워리Bowery 저축은행과 뉴욕 클리어링하우스 빌딩회사의 임원인 베이커S. Baker 그리고 변호사 방스F. Bangs였다.

공식적인 사실심리위원의 임명은 전국에서 즉각적인 반응을 받았으며 모든 충성스런 대학교들이 모방해야 할 본보기로 지지를 받았다. 예를 들어서, 『뉴욕 타임즈』는 이사들의 조치를 칭찬하였을 뿐만 아니라 이 위원회로 하여금 학문의 자유에 대한 권리의 어떠한 주장도 거절하라고 조장하는 사설을 실었다. 이 사설은 "청년 불충자들, 무정부주의자들 그리고 평화주의자들의 시끄러운 패거리들"이 미국의 학교와 대학들에서 생겨나고 있음에 대하여 우려를 표현하였으며, 또 그것은 "만일 어느 곳에서라도 우리의 어린이들과 젊은이들이 그들의 교사들에 의해 치명적인 학설의 가르침에 노출된다면, 우리는 그 사실을 한 순간도 늦추지 말고 직면해야 한다. 앞으로 '학문의 자유'에 대한 관습적인 실없는 잡담들이 생

9_ Ibid., pp. 249-50. Horace Coon, *Columbia: Colossus on the Hudson* (New York: E. P. Dutton and Co., 1947), p. 126.

10_ *New York Times*, March 6, 1917, p. 2.

겨날 것이다. 만일 교사들이 다음 세대의 애국심을 잠식하고 있다면 그 자유는 교사들을 보호할 수 없을 것이다"[11]라고 결론을 내렸다.

3주 후에 이사들은 9명의 고참 교수를 이 위원회에 임명함으로써 교수진의 저항에 반응하였다. 셀리그만E.R.A Seligman은 교수진 소위원회의 위원장으로 임명되었다. 존 듀이는 좌파와 유사점을 가졌던 유일한 위원이었다. 듀이는 중립을 선호하였다. 그러나 대립관계가 시작되자, 그는 사회민주주의자들이 전쟁 노력의 목표와 결과에 영향을 주기 위해서 거기에 참여해야만 한다고 주장하였다.[12]

일곱 달 후인 1917년 10월 1일에 이사·교수 공동위원회는 2명 교수에 반대하는 조치를 권고하였다. 이사들은 "미국정부에 불충의 정신을 조장하는 경향이 있는 학설을 전파하였다"[13]는 혐의로 캣텔J.H. Cattell을 해직시키는 데 마침내 성공하였다. 이 위원회는 그 혐의를 캣텔이 하원의원들에게 유럽 파병에 반대 투표하라고 강요하면서 그들에게 보낸 여러 장의 개인 편지들에 근거를 두었다. 우리는 어떻게 그 위원회가 이 편지들을 입수하였는가에 대하여 추측만 할 수 있으나, 위원회는 하원의원들이나 또는 그들 사무실의 누군가의 협력을 틀림없이 필요로 하였다.

다나Henry Wordsworth Longfellow Dana도 같은 시기에 해직되었다. 다나는 별로 유명하지 않은 영문학 조교수였으나, 그가 눈에 띄는 중요한 점은 그가 유명한 시인인 롱펠로Longfellow의 외가쪽 자손이라는 점이었다. 위원회는 다나의 계약 종료에 대한 어떠한 이유도 구체화하지는 않았지만, 그는 최근에 사회당의 사회과학 랜드Rand 스쿨에서 "문학의 사회적 해석"을 가르치고 있었다. 그는

11_ "Disloyalists at School," *New York Times*, March 9, 1917, p. 6.

12_ *New York Times*, March 24, 1917, p. 10; Henry D. May, *The Discontent of the Intellectuals* (Chicago: Rand McNally, 1963), p. 14.

13_ *New York Times*, October 2, 1917, p 1.

나중에 러시아 혁명의 때 이르지만 중요하지는 않은 지지자와 또 노동자(공산주의)당의 동반자가 되었다. 그는 개인적으로 자신의 해직을 인민회의 People Council의 반전 활동에 참여한 탓으로 돌리고 있었는데, 인민회의는 대체로 사회당의 좌파가 이끌고 있었던 상부 저항단체였다.[14]

그러나 이 위원회의 내부 역학은 애매한 채로 남아있다. 존 듀이는 캣텔의 계약종료 이후 아무 설명 없이 이 위원회를 사직했는데, 그 절차에 관하여 발언하기를 거부하였다. 그 다음 주에 비어드가 처음에는 다나와 캣텔에 관한 위원회의 조치에 반대하는 동정적인 저항으로 보였던 상태에서 교수직을 사직하자, 컬럼비아의 계략은 새로운 수위에 도달하였다. 비어드 자신은 "이 대학교가 교육계에서 지위도 없으면서…정치적으로는 반동적이며 전망도 없으며 종교 면에서는 편협하고 중세적인 소수의 적극적인 이사 집단의 통제 하에 떨어졌기 때문에" 그가 떠날 수밖에 없었다고 말했다. 『뉴욕타임즈』가 비어드는 전시에도 언론의 자유는 계속되어야만 한다고 발언함으로써 두 번째 조사를 이미 받았다고 밝혀내자, 그는 또 다시 그 신문의 1면 기사거리가 되었다.[15]

비어드의 사직은 부글부글 끓고 있는 대결을 마침내 격렬한 종결로 끌고 갔던 촉매였음이 입증되었다. 그의 사직 다음날, 백 명의 학생들이 비어드에게 행정부서로부터 사직을 철회할 것을 요청하기 위하여 자발적으로 모였다. 듀란트 W. Durant가 앞으로 나서서 학생들에게 열변을 토하고 교수들의 축출에 항의하였다. 비어드는 자신의 사직 철회를 거부하였다. 500명의 학생들이 같은 요구를 촉구하기 위해 그 다음날 모였다. 이번에는 이 집회에 "이사들의 독재"[16]를 규탄하는 일련의 도발적인 연설들이 동반되었다. 700명의 학생들이 10월 12일에 세 번째로 모였다. 이번에는 이사들에게 학문의 자유에 대한 그들의 입장을 바꾸고

14_ Freeman, *An American Testament*, p 105.

15_ *New York Times*, October 9, 1917, p. 1.

16_ Freeman, *An American Testament*, pp. 107-9.

비어드가 돌아오도록 하라고 요구하는 공식적인 결의문을 가결하였다. 비슷한 시위들이, 산발적인 주먹 싸움들과 소규모 말다툼이 비어드의 지지자들과 반대자들 사이에서 일어나고 있었던 주말까지 여러 날 계속되었다. 마침내 준조직적인 게릴라 "전쟁"이 "급진파" 무리들과 "애국적인" 학생들 사이에서 폭발하였고 캠퍼스에서의 전면적인 폭동들에서 절정에 달하였다.[17]

그 다음에 그 불꽃에 비어드의 개인적으로 가까운 친구 교수 가운데 한 사람이 부채질을 하였다. 바나드Banard 대학의 경제학 조교수인 무세이R.H. Mussey 박사는 그 교육기관에서 17년간 지낸 후 공감 표시로 1917년 12월 3일에 사직하였다.[18] 그러나 비어드의 관대한 찬성자들 대부분은 그들이 "노여움의 복받침"으로 해석했던 상태에서 사직을 했던 것에 대하여 그를 비판하였다. 이사들은 이 사건을 시시한 일로 만들기 위하여 이 비판을 활용하였다.

비어드는 『뉴 리퍼블릭』의 12월호에 실린 「성명서」에서 자신의 비판가들에게 답변을 하였다. 비어드는, 1909년에 있었던 X교수 사건으로까지 되돌아가면서, 컬럼비아 교수진의 이데올로기적 외관을 고쳐 만들기 위해 이사들이 만들어낸 오랫동안 잘 고찰했던 프로그램을 요약하였다. 그의 해석에 따르면, 캣텔의 해직은 컬럼비아에서 일어났던 비슷한 사건들의 긴 연장선에서 가장 최근의 것일 따름이었다. 그의 견해로는, "이사들의 작은 집단(버틀러 총장이 지원하지 않더라도 방해하지는 않는 집단)의 분명한 목적은 전쟁상태를 이용하여 전쟁과는 결코 연관이 없는 정치적 문제들에 대하여 진보적이거나 자유주의적 또는 비관행적인 견해들을 가지고 있는 모든 교수를 몰아내거나 모욕을 주거나 또는 위협하는 것이었다. 이 교육기관은 백화점이나 공장 수준 이하로 축소되었으며, 그렇기 때문에 나는 사직서를 제출하였다." 비어드는 또한 10월 초에 자신이 2명의 책임

17_ *New York Times*, October 11, 1917, p. 24; October 13, 1917, p. 13, col. 6; October 18, 1917, p. 5.

18_ Ibid., December 4, 1917, p. 22.

있는 대학교 직원으로부터 (비어드는 이름을 밝히지는 않았다) "자신의 또 다른 학설에 대한 사실 심리가 가까운 시기에 확실하게 잡혀있다고 단호하고 분명하게 통보를 받았다"[19]고 주장했다. 비어드는 자신이 이 위원회의 다음 목표물이라는 점을 확실한 소식통으로부터 입수하였다. 그는 이사들로부터 더 이상의 괴롭힘을 당하기보다는 사직할 것을 선택하였다.

버틀러 총장은 이러한 주장들을 컬럼비아 대학교에 관한 1917년 자신의 연보에서 간접적으로 확증하였다. 그는 그 보고에서 "지식인 볼셰비키(과격파)"가 미국에서 너무 널리 퍼졌다고 논평하였다. 그는 더 나아가서 "경제 결정론이… 더 정확한 용어가 없어서 자신들을 지식인이라고 부르는 사람들 사이에서 최근에 엄청난 영향력을 획득했다. …그러나 합리적인 사람들이 문학적이며 학문적인 볼셰비키의 통치를 만족스럽게 고찰할 수 있거나 또는 그들에게 이 나라의 지적 삶에 대한 책임을 지도록 허용할 수 있을 때는 아직 오직 않았다"[20]고 암시하였다.

컬럼비아의 특별조사위원회는 1917년 10월 6일에 정식으로 해산되었으나, 압력은 그것의 경고에 주의하지 않았던 교수들에게 분명하게 여전히 가해지고 있었다. 유명한 국제법 교수인 스토웰E.C. Stowell 박사는 1918년 3월 1일에 사직하였다. 스토웰은 이 특별조사위원회를 지역신문에서 "프러시아 독재주의"라고 공격했던 그 위원회에 대한 목소리 큰 비판가였다. 스토웰은 자신의 사직원에서 그가 대학교 행정가들과 다른 교수들로부터 대학교의 전시 정책들에 대한 비판을 그만두라고 엄청나게 압력을 받았다고 불평하였다. 그러나 그는 자신의 사직이 "나의 행동의 자유, 특히 신문매체를 통해서 국제문제에 관한 나의 견해의 표현과 관련된 행정부서의 간섭"[21]에 의해서 동기화되었다고 설명하였다.

19_ Beard, "A Statement," p. 250.

20_ *New York Times*, December 3, 1917, p. 11.

21_ *New York Times*, March 2, 1918, p. 11.

다른 교육기관들이 컬럼비아의 전략을 모방하자, 컬럼비아 학살의 반향은 범위 면에서 전국적이었다. 언론인인 위체슬러 J. Wechsler는 전국의 신문들이 버틀러 총장의 사례를 전시에 "다른 대학의 총장들이 열망해야만 하는 행위의 화신으로" 찬양하였다고 논평하였다. 컬럼비아는 이제 다른 캠퍼스들이 따라야 할 길을 비추는 등대였다. 총장과 이사들은 그 신호를 이해하여서 그들 자신의 캠퍼스에서 "국가에 충성하지 않는 자들"에 반대하여 적절하게 행동하였다. 그 당시에 컬럼비아 대학교 학부생이었던 프리만 J. Freeman은 컬럼비아의 교수들 해직을 "지식인 세계에서 공포의 통치"[22]를 시작한 것으로 간주하였다.

이 사건들은 널리 퍼졌다. 예를 들어서 미네소타 대학교수진 가운데 한 사람을 제외한 모든 사람들이 국가에 공개적으로 불복종하고 있다고 비난을 받았다. 그 혐의들은 아주 터무니없는 것이었다. 그럼에도 불구하고 이사들은 그 혐의가 가라앉기 전까지 전면적인 청문회를 열었다. 정치학과 학과장인 샤퍼 W. Schaper 교수만이 청문회로 인하여 해직된 유일한 교수였다. 샤퍼는 전쟁준비 노력을 힘차게 지지하고 있었지만, 그는 연합군이 독일정부를 완전히 파괴하고 그 나라를 전후에 무정부 상태로 남겨두는 것이 현명하지 않다고 생각했기 때문에 계약이 종결되었다.[23]

미국의 다른 곳에 흩어진 사건들도 있었다. 패튼 Patten 교수는 반전활동 때문에 펜실베니아 대학교에서 해직되었다. 오레곤 대학교의 전임강사 이튼 A. Eaton 은 인민의회 Peoples' Council 모임에 참석한 것 때문에 즉각 계약이 종결되었다. 3명의 교수들이 네브래스카 대학교에서 쫓겨났는데, 그들은 전쟁을 반대했기 때문이 아니라, 그들 각자가 공격적인 미국정신이 부족했고 국제주의의 원칙을 지지했으며 또 독일인들에 관한 잔혹한 이야기들을 믿지 않았다는 것이 이유였다.

22_ Wechsler, *Revolt on the Campus*, p. 17; Freeman, *An American Testament*, p. 109.

23_ James Gray, *The University of Minnesota, 1851-1951* (Minneapolis: University of Minnesota Press, 1951), pp. 246-47.

7명의 다른 교수들이 근거없이 단정된 "친독일 성향" 때문에 미시간 대학교에서 쫓겨났다. 비슷한 사건에서 왈츠W.E. Waltz 교수는 "이 전쟁에서 그의 확신뿐만 아니라 그의 동조심도 독일편이라는 인상을" 만들어냈다는 이유로 18년 봉직 후 메인Maine 대학교에서 추방되었다. 일리노이 대학교는 그 교수진에게 "자유 공채(1차대전 중 미국이 모집한 전시 공채 - 역자) 판매원들을 조롱하는" 사람은 누구나 처벌받을 것이라고 경고하였다.[24]

마침내 공산주의자 쟁점이 전쟁 중에 도입되었다. 사회학자인 에드워즈 L. Edwards 박사는 "그의 미래의 유용성을 완전히 파괴시킬 정도로 미국 정부의 근본적인 원칙들에 반대되는 특정 견해를 러시아에 관하여"[25] 가졌기 때문에 라이스 연구소Rice Institute에서 밀려났다. 이러한 것들은 알려진 사례들 가운데 본보기에 불과하다. 아마도 색인이 안 된 지방신문에 여전히 숨어있거나 또는 아직 쓰여지지 않은 수백 개의 교육기관들의 역사에서 밝혀지기를 기다리고 있는 대학교 기록보관소에 파묻혀진 훨씬 더 많은 사례들이 있을 것이다.

AAUP는 캠퍼스에서 쫓겨난 사람들에게 제한된 지원조차 하지 않으려 했을 뿐만 아니라 이 한 차례의 학문탄압을 지지하는 결정적인 조치들을 취하였다. 존 듀이와 같은 사회민주주의 지도자들은 전쟁과의 실용적인 공모라는 실패한 정책에 의해 마비되고 분명히 당황하게 되었다. 다른 사람들은 위스콘신 대학교의 엘리Ely나 야스트로Jastrow처럼 사전 억제는 아니더라도 침묵 속에서 중립화되었으며, 그런 다음 신중하고 조용한 생존이라는 개별 전략들에 의해 중립화되었다. 이렇게 되자, 셀리그만 같은 반동분자나 또는 러브조이와 같은 기회주의자가 아무런 도전도 받지 않고 AAUP를 통해서 자유롭게 미친 듯이 날뛰었다.

사태의 방향은 컬럼비아 학살 이후 한 달 이내에 분명해졌다. AAUP 회장으로 듀이를 계승했던 코넬 대학교 철학 교수인 틸리F. Thilly는 자신의 연례 연설에서

24_ Wechsler, *Revolt on Campus*, pp. 16-17.
25_ Ibid., p. 17.

전쟁에 관한 최초의 공식적인 선언을 하였다. 그는 다음과 같은 선언과 함께 컬럼비아 대학교의 사건들에 찬성하는 눈길을 보냈다.

"우리 전문직 회원들은 이 전쟁에서 대통령 뒤에 충성스럽게 서 있습니다. ⋯우리는 충성하지 않는 자들 그리고 심지어 무관심한 사람들과 공감하지 않습니다. 또 우리는 지금이 무분별한 발언과 행동의 시기라고 믿지 않습니다. ⋯우리는 우리나라가 참여하고 있는 전쟁의 기운찬 수행을 믿습니다. ⋯우리는 지금과 같은 시기에도 언제라도 항상 하고 싶은 말을 해야 한다는 양도할 수 없는 권리를 주장하는 사람들을 호의를 가지고 보지 않습니다."26

틸리의 입장은 러브조이가 위원장인 전시 학문의 자유에 관한 특별위원회를 통하여 AAUP 회원들로부터 폭넓은 지지를 받았다. 이 협의회는 전국대표자회의가 비준한 보고서를 1918년 초에 발표하였는데, 그것은 "대학이나 대학교 교수들은 그들 교육기관들로부터 다른 사람들로 하여금 군 당국의 징병법이나 규정들에 저항하거나 회피하도록 계획되거나 또는 의심할 여지가 없이 그런 경향이 있는 선전을 삼가해야만 한다고 요청을 받고 있습니다. 또 이러한 요청에 순응하기를 거부하는 사람들은 주 법무장관이 그들에 반대하는 조치를 취하기도 전에 해직되거나 해직되어야만 합니다"27고 권고하였다.

전시정책은 러브조이 보고서를 비준했던 같은 연례 대표자 회의에서 셀리그만에 의해 교묘하게 제도화되었다. A위원회 위원장으로서 자신의 지위를 통하여,

---

26_ 틸리는 반맑스주의적 반사회주의 진보론자였다. 철학자로서 그는 사회주의에 대한 자신의 정치적 반대를 정치적 "유물론"의 인지된 윤리적 결과들에 대한 신조가 있는 적대감으로부터 끌어왔었다. Frank Thilly, "Annual Report of the President," *Bulletin of the AAUP* 3 (November, 1917): 19-20; Frank Thilly, "The Characteristics of the Present Age," *Hibbert Journal* 10 (October 1911): 253-66.

27_ Arthur O. Lovejoy, "Report on Academic Freedom in Wartime," *Bulletin of the AAUP* 4 (February–March, 1918): 37.

좌파가 여전히 침묵 속에서 중립화되어 있던 동안에, 셀리그만은 결정적인 조치를 능숙하게 처리하였다. 이 위원회는 1916~17년 동안에 학문의 자유나 또는 종신재직권 위반을 보고하는 30개 이상의 불평을 접수했다고 보고하였다. 이 위원회는 이 사례들 가운데 1/3 이하만 학문자유의 진정한 쟁점들을 포함했다고 결론내렸다. 나머지 사례들은 종신재직권에 관한 절차상의 분쟁들이었다. 이 위원회는 "경험에 의할 것 같으면, 우리가 개별 불평의 원인을 실제로 시정할 것을 거의 기대할 수 없음을 매우 분명하게 보여주어 왔다"고 논평하였다. 그러나 이 위원회는 자신들의 일반적인 절차와 또 정년보장의 정의에서 변화들을 협상하는 데 꽤 성공적이었다고 느꼈다. 그 결과로 인하여, 위원회는 실질적인 결과를 내고자 한다면 AAUP가 그 강조점을 "학문의 자유의 문제로부터 학문적인 종신재직권의 안전에 관한 더욱 일반적인 문제로"[28] 이동시켜야 한다고 권장하였다.

1915년 성명서의 1부는 사실상 효과적으로 무효화되었다. 그것은 학문의 자유의 문제가 AAUP에 의해 해결되었기 때문이 아니었다. 오히려 그 정반대였다. 그것은 위원회가 그 문제를 해결할 수 없다고 내린 결론 때문이었는데, 그 문제는 AAUP로 하여금 학문의 자유의 정치적 원리에 대한 변명을 포기하도록 하였다. 게다가 위원회는 앞으로는 정년보장과 대학교 지배에서 변화를 협상할 가능성이 있는 사례들일 경우에만 현장조사를 수행한다는 그 의도를 명시하였다.

학계의 좌파는 전후에 그 외관을 개조했던 또 다른 방식으로 전쟁 쟁점에 의해 더욱 소외되었다. 1917년 4월에 미국 사회당은 세인트루이스에서 열린 전당대회에서 전쟁에 미국이 참전하는 것을 지원하느냐 마느냐를 놓고 분열되었다. 당의 신좌파 다수들은 그 전쟁을 경쟁적인 제국주의 열강들 간의 갈등으로 비난하였다. 이들은 더 나아가서 반전과 징병 저항을 동원하기 위한 전국적인 상부조직들인 인민의회와 미국평화연맹American Peace Federation을 위한 핵심을 형성하였

28_ Ibid., pp. 16-21.

다. 좌파가 이 의회 그리고 이와 관련된 운동들에 참여하게 되자, 대학 행정부들은 충성 문제를 이유로 호전적이며 혁명적인 사회주의 학자들을 더욱 손쉽게 해직시킬 수 있게 되었다.

반면에 대학간사회주의자협회(ISS) 회장인 펠프스-스토크스 J.G. Phelps-Stokes는 한 선언문에서 다음과 같이 주장하면서 사회당의 입장을 비난하였다. "우리는 더 개선되고 더 숭고한 삶을 향한 사회주의, 산업민주주의 그리고 세계 노동자들의 전진의 대의명분이 미국과 그 연합 민주주의 국가들의 대의명분과 확고하게 연결되어 있다고 믿는다."[29] ISS는 미국 남북전쟁에서 북부군에 대한 맑스의 지지를 노동자들의 기본적인 권리와 자유를 부정하는 후진적인 사회구조를 공격적으로 전복시키는 것을 합리화하는 선례로서 인용하였다. 그 순 결과는 이미 극우측을 차지했던 대부분의 대학교 사회주의자들이 사회당과 결별하고 노동운동의 더욱 전투적인 분파들과 유대관계를 끊고 또 미국 민주주의를 방어하려는 돌진 대열에 참여했다는 것이었다. 좌파 학자들 가운데에서 남아 있는 사람들도 스스로 우파로 옮겨갔다.

결과적으로 ISS는 사회당과는 대조적으로, "연방정부 당국으로부터 비교적 덜 괴롭힘을 당했다." 반면에, ISS에 관한 유일한 연구서를 썼던 호른Max Horn은 "전쟁 동안에 대학 당국들이 각 대학지회의 활동에 어느 정도까지 간섭하였는가를 서류로 입증하는 것이 어렵다는 것"을 발견했다. 행정적인 간섭은 "지역의 전통, 지회들의 재간 그리고 각각의 대학들에 대한 외부의 압력의 정도에 따라서" 대학마다 각각 달랐다. 그럼에도 불구하고, "거의 모든 대학지회의 활동이 축소되었으며 또 셀 수 없을 만큼 많은 지회들이 탄압을 받았다"[30]는 점은 확실하다.

ISS는 심지어 휴전 전에 좌파 지식인들을 재조직하는 운동을 시작할 정도로

29_ *New York Times*, May 27, 1917, p. 9; ibid., June 24, 1917, sec. 6, pp. 8-9; June 2, 1917, p. 1; September 10, 1917, p. 5.

30_ Horn, *Intercollegiate Socialist Society*, p. 162.

자신의 안전에 확신이 있었다. 그러나 ISS는 자제와 침묵이라는 무언의 전략인 전쟁의 유산과 부딪쳤다. 이전의 회원들은 스스로 사회주의라는 딱지, 그것의 정책들 그리고 그것의 정치로부터 거리를 두고 멀어져 갔다.

미네소타 대학교에서 실시한 한 조사는 새로운 문제를 암시한다. 이 대학교의 학생신문은 1919년 초의 샤퍼Schaper 사건 이후 학문의 자유가 캠퍼스에서 억압 받았다고 주장하였다. AAUP의 그 지역 분회는 그 대학교 총장에게 그러한 주장을 조사하고 또 학문자유의 일반적인 문제를 탐색해 보기 위해서 교수총회 소집을 요청하였다. 이 교수총회는 "조사하고, 증언을 듣고, 증거를 수집하여 선별하며 또 개별 교수들의 정서를 감지하는"[31] 위원회를 임명하였다.

이 위원회는 또 다른 탄압의 특정 사건들을 발견할 수는 없었지만, 샤퍼 사건의 결과가 두려움과 억제의 분위기로서 캠퍼스에 여전히 남아있음을 발견했다. 학문적 테러의 폭넓은 구조가 여러 해에 걸쳐서 캠퍼스에 들어서기 시작했다가 전쟁 중에 굳어졌다. 미네소타 대학교의 이 위원회는 학문의 자유 문제가 "심리적이며 또 이미 발생했던 것이라기보다는 닥쳐올지도 모르는 것에 대한 느낌 속에 훨씬 더 분명하게 기록되어 있는 묵시적인 이해의 문제임"을 알아냈다. 이 위원회는 "우리 대학교가 이 점에서 실질적이며 심각한 문제를 가지고 있다"[32]고 결론을 내릴 정도로 이 파악하기 어려운 점을 충분히 감지하였다.

ISS가 부딪쳤던 문제들은 이러한 심리적인 암류가 너무나 만연하여서 그것이 이제는 거의 모든 캠퍼스의 내부로 스며들었음을 암시한다. 그 당시에는 ISS의 철학, 사회당, 세계산업노동자조합(IWW) 그리고 새로운 공산주의 운동을 세밀하게 구분하는 사람이 거의 없었다. 사회주의, 무정부주의, 노동조합주의, 평화주의 그리고 공산주의는 모두 범죄적인 "급진주의"와 "스파이 행위"로 손쉽게 하나로 묶였다. 특히 전쟁 히스테리가 "빨갱이 공포"로 간단히 대체되어감에 따라,

---

31_ Gray, *University of Minnesota*, p. 256.
32_ Ibid., p. 257.

생존전략은 좌파들에게 이러한 명칭들이 붙을 수 있는 집단들로부터 거리를 유지하도록 명령하였다.

ISS는 이러한 분위기 속에서 이전 지지층의 대부분을 끌어당길 수 없었다. 그 결과로, 전국 임원들은 언론의 자유에 대한 간섭이 지역 지회들의 재조직을 금지하는 방식으로 캠퍼스에서 여전히 계속되고 있는가를 확인하기 위하여 1919년 가을에 대학 캠퍼스들에 대한 그들 자체의 조사를 수행하였다. 그들은 60개가 넘는 캠퍼스로부터 교수들의 응답을 받았다. 다음과 같은 그들의 결론은 6개월 전에 미네소타 대학교에서 도달했던 결론과 동일하였다. "자유토론을 억누르는 공식적인 기구는 없거나 거의 없었지만, 누구나 탄압의 더욱 미묘하고 만연한 풍토를 확인할 수 있었다."[33]

국가 테러가 된 빨갱이 공포

이러한 풍토는 1919년 말이 되면서 더 이상 미묘하거나 쉬쉬하는 상태가 되지 않게 되었다. 러시아혁명은 자본가들과 보수적인 정치지도자들 사이에서 세계적인 공포를 촉발하였다. 민주주의와 국가안보에 대한 위협은 독일에서 러시아로 이동하였다. 급진파들은 독일 스파이들로 보여지다가 갑자기 러시아 스파이들로 해석되도록 바뀌었다.

당시 법무장관인 팔머 M. Palmer는 미국에서 "볼셰비키 선전"에 대하여 연방정부가 조사를 시작해야 한다고 미국 상원을 납득시킴으로써 미국의 빨갱이 공포를 쏘아올렸다. 상원의 소위원회가 사법부에게 그러한 조사를 수행하라고 지시하는 결의안이 1919년 2월 4일 통과되었다.

이 조사의 대부분은 러시아에서의 전개과정들과 또 힐퀴트 M. Hillquit, 뎁스

33_ Horn, *Intercollegiate Socialist Society*, pp. 165-69

E. Debs, 버거V. Berger, 이스트만M. Eastman 그리고 리드J. Reed와 같은 주요 사회당 활동가들에 초점을 맞추었다. 그러나 이에 덧붙여서, 니어링S. Nearing, 다나H.W.L. Dana 그리고 스토웰E.C. Stowell을 포함한 여러 명의 뛰어난 대학교 지식인들도 조사를 받았다. 이 위원회는 컬럼비아 대학교 정치학 교수진의 25~50%가 "어떠한 대가를 치르더라도 평화"를 지지하였다는 스토웰의 마지못한 폭로에 의해 특별히 동요되었다. 그들은 미국의 급진적인 운동들 안에서 불온하게 하는 "인텔리겐치아와 지식인"이 있음을 발견하였다.34

육군성The War Department 정보부도 이 위원회에 "그들의 활동이 전쟁 중에 미국에 도움이 되지 않았던"35 62명의 돌출한 사람들의 자체 목록을 제출하였다. 이 목록에는 또 다시 ISS의 간사인 라이들러H. Laidler뿐만 아니라 여러 명의 대학교수들이 올라있었다. 많은 다른 사람들은 ISS의 회원, 지지자 또는 동감자들로 목록에 올랐다.

전국적으로 발표된 조사, 공청회, 증언 그리고 신문기사와 연결된 이름들의 목록은 폭력없는 테러라는 성공적인 전략에 결정적이었다. 대중의 관심은 함축적으로 반역자, 외국 스파이, 그리고 민주주의의 비미국인 적들로 간주되었던 특정 개인들에게 집중되게 되었다. 그 혐의가 진실인가 아닌가 하는 것은 중요하지 않았다. 중요한 것은 국가의 학대, 체포, 소환, 비방, 고발, 소송의 주석즈 문구 그리고 법적 기소가 만들어내는 분위기였는데, 그런 분위기 안에서는 개인적 생존전략을 추구하는 사람들이 이러한 사람들과 연관이 되거나 또는 블랙리스트에 오른 조직들에 가입할 가능성이 훨씬 적었다.

게다가 연방정부의 조사는 다양한 사회적 교육기관들의 구조에 더욱 깊이 들

34_ U.S. Senate Subcommittee on the Judiciary, *Report and Hearings: Brewing and Liquor Interests and German and Bolshevik Propaganda*, U.S. Senate Document no. 62, 66th Cong., 1st sess., (Washington, D.C.: GPO, 1919), 2: 2184-87 2478-85; ibid., 3:13; *New York Times*, January 9, 1919, p. 9: cols. 1-2.

35_ *New York Times*, January 28, 1919, p. 8.

어갈 수 있는 다른 조사들에게 지시를 인가하고 덧붙이는 정치적 분위기를 만들어냈다. 주, 지역 또는 교육 관리들은 지방 공무원들과 더 나아가서 의심쩍은 조직의 회원들을 표적으로 삼기 위해서 이러한 틀 안에서 비슷한 정책들을 추구할 수 있었다. 이러한 두 번째 단계의 조사에서 가장 인상적인 사례는 선동행위 조사를 위한 뉴욕공동입법위원회의 그것이었다. 뉴욕의 소위 러스크Lusk위원회의 보고서는 방대한 4권으로 출판된 4천 쪽과 백만 단어가 넘는 기념비적인 노력의 결과물이었다.36 『혁명적인 급진주의』라는 이 보고서는 사람들과 조직들의 확인 단계를 초월해서 미국에서 사회주의를 근절하는 데 필요한 일련의 실질적인 조치들을 제안하였다.

러스크보고서는 모든 주요 유럽 국가들에서 혁명적 사회주의의 생성을 이론적 원리뿐만 아니라 그 나라들의 노동운동과의 관계의 관점에서 기록하고 분석하였다. 이 보고서는 그런 다음에 특정 인종집단, 노동지도자들 그리고 범죄를 저지른 혁명가들의 이민을 통해서 사회주의가 추정상으로 미국으로 수입되는 과정을 추적하였다. 러스크위원회 위원들은 공식적인 미국의 이데올로기를 지지하기 위해 인상에 남을 만큼 상세한 역사적 고증작업을 선도하였는데, 그 이데올로기란 모든 좌파 급진주의가, 유럽 하층계급의 경제적 이민 그리고 그 계급구조의 전통이 미국의 그것과 다른 나라들에 있는 미국 학자들의 교육과 관련된, "비미국적인" 원리라는 것이었다. 위원회는 지식인들과 하층계급이 미국에는 적용할 수 없는 조건들 밑에서 개발된 계급증오의 원리를 공동으로 지지하였다고 결론을 내렸다. 게다가 이 위원회는 미국의 민주적 자본주의의 적들(즉, 독일과 러시아)이 소요와 불안을 선동하기 위하여 이민자들의 무지와 지식인들의 순진함에 자극을 줄 수 있는 외국 스파이들이 침투할 수 있는 방패막이로 이러한 이민을 이용할 수 있었

36_ New York Joint Legislative Committee Investigating Seditious Activities, *Revolutionary Radicalism: its History, Purposes, and Tactics, with an Exposition and Discussion of the Steps Being Taken and Required to Curb It*, 4 vols. (Albany: J. B. Lyon Co., 1920).

다고 주장하였다.

이 보고서는 어떻게 사회주의 이데올로기가 이민온 인구 전체에 걸쳐서 가정컨대 확산되었는가에 대한 장황한 검토를 제공하였다. 그 보고서가 주장하기를, 이민자들의 세뇌는 좌파 정당들, 기독교 사회주의와 이민자 주택사업과 관련된 교회들, YMCA와 같은 시민조직들, 자선조직들, 상호원조단체들, 좌파출판사들(예를 들어, 찰스 커Charles H. Ker 출판사), 공립학교, 그리고 노동자대학의 세련된 사회제도적 연결망을 통해서 일어났다. 이 연결망을 들추어내는 과정에서, 이 위원회는 당간부, 노조간부, 교사, 그리고 대학교수들을 포함하는 의심받는 조직들의 간부와 회원들의 광범위한 목록을 수집하여 출판하였다. 이 보고서는 교수들의 대중연설 발췌문을 재출판하고, 개별 교수들이 강의했던 특정 과목들을 공격하고 또 수없이 많은 학문서적들을 혹평할 지경으로 철저하였다.

러스크위원회는 자체 분석으로부터 사회주의의 위협에는 노동급진주의와 지식인들에 대한 양면공격으로 가장 잘 대처할 수 있다고 결론을 내렸다. 자본주의를 보존하기 위해서는 그것의 옹호자들이 미국의 노동운동을 비유럽적인 발전 노선으로 나아가도록 만드는 것이 우선적으로 필요하였다. 다른 차원에서는, 공교육을 미국인들이 그들의 사회, 경제 그리고 정부에 대하여 생각하도록 가르치는 방식을 형성하는 메커니즘으로 이용해야만 했다. 러스크보고서는 대체로 빨갱이 공포와 연결되어 있는 히스테리의 한가운데에서 뛰어나게 차분하고 잘 생각해낸 행동지침으로 눈에 띈다.

미국 노동운동의 이데올로기적 성격에 영향을 주려고 노력하면서 러스크위원회는 국제숙녀복장노동자노조(ILGWU)와 IWW를 포함한 9개의 "혁경적인 산업노동조합"을 표적으로 삼았다. 이 위원회는 이 노조들이 "미국의 지평선에 혁명이라는 진짜 유령을 보여주었다"고 경고하였다. 그들의 지도자들은 노동운동 안에서 더 이상의 지배력을 갖지 못하도록 방해를 받아야만 했다.[37]

그러나 러스크위원회는 공무원들에게 노골적인 탄압형태들(파업파괴나 경찰

동원과 같은 것을 사용하지 말라고 충고하였다. 왜냐하면 이러한 것들이 과거에 그리고 다른 나라들에서 급진 노동자들을 오히려 실제로 단련시켰기 때문이었다. 그 대신에 이 위원회는 다음과 같은 세 가지 대안을 제시하였다. (1) 이민 통제, (2) 사뮤엘 곰퍼스 S. Gompers와의 협력, 그리고 (3) 공교육.

이민 통제의 주된 정치적 목적은 혁명적인 산업노동조합들이 조합원 대다수를 모집했던 외국 노동자들의 물결을 저지하는 것이었다. 이민 통제는 엠마 골드만 Emma Goldman, 버크만 A. Berkman과 같은 급진적 외국인들과 혁명적 산업노동조합 지도자들의 추방도 포함하였다. 해외추방은 법체계의 더욱 미묘한 사용을 동반하게 되어있었다. 정치와 노동의 급진파들은 반선동법, 연방간첩활동법령, 그리고 노동금지명령을 위반한 이유로 기소되고 구속되거나 또는 추방될 수 있었다. 이것이 정부 관료들로 하여금 급진주의자들을 단순한 범죄자, 외국스파이 또는 민주적인 법과 질서를 위협하는 인물로 지칭하는 것을 가능하게 해주었다.

이 보고서는 이러한 전술들을 위한 조직이 이미 설치되어 있음에 주목하였다. 의회는 비슷한 방식으로 이민법을 이미 옥죄고 있었다. 연방간첩활동법령은 평화시절로까지 확장되었다. 게다가 1차 세계대전 중과 직후에, 35개의 주는 자체의 형사신디칼리즘(Criminal Syndicalism, 사회변혁을 노린 폭력, 테러 등의 실정법상 범죄-역자) 법들을 통과시켰는데, 이 법들은 글이나 연설에서 평화주의, 사회주의, 공산주의, 신디칼리즘, 무정부주의 또는 혁명적인 정부 전복을 포함하는 다양한 신념들을 지지하는 것을 불법으로 만들었다.[38] 심지어 AAUP조차도

37_ Cf. David M. Schneider, *The Workers' (Communist) Party and American Trade Unions* (Baltimore: Johns Hopkins Press, 1928); William Z. Foster, "The Work of the Trade Union Educational League," in *American Trade Unionism* (New York: International Publishers, 1947) McAlister Coleman, *Men and Coal* (New York: Arno Press, 1969), pp. 105-14; Joel Seidman, *The Needle Trades* (New York: Farrar and Rinehart, 1942), pp. 153-85; Walter Galenson, *The United Brotherhood of Carpenters* (Cambridge: Harvard University Press, 1983), pp. 215-20; Mark Perlman, *The Machinists* (Cambridge: Harvard University Press, 1961), pp. 64-65; Philip Foner, *The Industrial Workers of the World* (New York: International Publishers, 1965).

이 법들과 관련하여 "미국 역사상 여론을 통제하려는 그와 같은 대규모의 노력이 있은 적이 없었다"[39]고 평하였다.

이 위원회가 제안했던 최종 정책은 곰퍼스에 대한 지지를 장려하였다. 러스크 위원회는 미국노동총연맹(AFL)의 곰퍼스 파가 자본주의나 현존 사회구조에 도전하지 않았음을 입증하려고 장황하게 설명하였다. 그 파는 독립적인 노동당이나 사회당과 함께 현존 양당체제에 도전하지도 않았다. 그와는 반대로 AFL 안에서 곰퍼스는 노동당을 항상 반대하였고 또 사회주의자들과 전투를 적극적으로 하면서 일생을 보냈다. 그렇기 때문에, 자본주의자들과 정부 관료들은 그의 길에 방해물을 설치하는 일을 그만두고 곰퍼스를 간섭하지 말아야 하며 그래서 그가 노동조합들 안에서 필요하지만 힘든 일을 하도록 놔두어야 한다고 위원회는 주장하였다.[40]

보수적 반응의 다른 측은 기본적으로 교육에 초점을 맞추었다. 이 위원회는 미국에 사회주의의 전파가 미국의 사회제도들과 법들에 무지한 수천 명의 노동자들에게 미국식 형태의 정부를 경멸하도록 자극하고 있는…사회주의, 공산주의 그리고 무정부주의 집단들의 끈질긴 선전[41]의 결과라고 주장하였다. 학교와 대학들은 이러한 선전에 반대해서 미국주의Americanism에 대한 이해를 가지고 대처할 수 있도록 시민권과 미국화 프로그램들을 강화해야만 했다. 이 위원회는 전국의 공립학교들을 조사하였고 그래서 이 방향에서 이미 진전이 일어나고 있다고 또 다시 결론내렸다. 1차 세계대전이 초등학교와 중등학교로 하여금 국민윤리와

38_ Joint Legislative Committee, *Revolutionary Radicalism*, pp. 2035-75, 2084. Eldridge Foster Dowell, "A History of Criminal Syndicalism Legislation in the United States," *Studies in Historical and Political Science*, Series 57. no. 1 (Baltimore: Johns Hopkins Press, 1939), pp. 3-176 참조.

39_ "Local and Chapter Notes," *Bulletin of the AAUP* 11 (October 1925): 309-10.

40_ Joint Legislative Committee, *Revolutionary Radicalism*, p. 4225. Cf. James O. Morris, *Conflict within the AFL: A Study of Craft versus Industrial Unionism, 1901-1938* (Ithaca: Cornell University Press, 1958).

41_ Ibid., pp. 3346-4164.

시민권 과목들을 더욱 폭넓게 도입하도록 이끌어갔다. 성인교육 프로그램들은 이민자들에게 영어와 미국화 과목들을 통해서 시민권 훈련을 제공하고 있었다. 교육자들과 사업가들의 다양한 연합들이 국가역사봉사이사회(NHSB)의 전쟁 쟁점 모델에 근거를 둔 미국정부와 역사에서 필요로 하는 대학 강좌들을 성공적으로 촉진하고 있었다.

그러나 러스크위원회는 그것이 사회주의 교수들 특히 경제학, 사회학, 심리학 그리고 정치학 분야 교수들의 잘 조직된 연결망이라고 간주했던 것의 교란적인 윤곽을 폭로하였다.[42] 그것은 전국적인 규모로 사회주의자들 간에 개인적 접촉이 있었음을 보여주는 소환장이 발부된 개인편지들을 통해서 이 연결망을 확인하였다. 그 보고서는 또한 사회주의 교수들이 그 위원회의 관할 지역 밖에 있는 서부와 중서부 주들에 불균형하게 많이 거주하고 있음을 발견하였다. 그럼에도 불구하고 이 위원회는 이 지역의 대학 행정가들이 종종 알고서도 사회주의자들을 채용하였고 또 그들의 신념에 대하여 간혹 가다가 동정적이었다고 실망감을 표현하였다. 그것은 또 대학간사회주의자협회(ISS)에 더 많은 관심을 집중시킬 수 있었다. 뉴욕에서는 러스크위원회가 컬럼비아, 뉴욕시립대학 그리고 유니온 신학대학과 같은 주요 대학들의 여러 개별 교수들에 주목하였다.

당시의 자유주의자들은 러스크, 그의 참모들 그리고 그의 위원회 동료들과 같은 사람들을 단순하게 미국 역사에서 유별난 편향을 대표하는 편집증적 극단주의자들로 묘사하기를 좋아한다. 그러나 이러한 묘사는, 이 위원회의 분석 안에서 히스테리, 과장 그리고 지나친 단순화에도 불구하고 러스크가 그의 증거 없는 단언을 부정하는 사람들보다 더욱 진실에 가깝다고 평가되었다는 사실을 최소한도로 가볍게 평가한다. 그는 그들의 이름을 정확하게 들이대며 비난하였다. 그리고 그와 또 그와 같은 다른 사람들은 좌파 조직, 학회연합, 주도적인 이론가, 언론

42_ Robert W. Iverson, *The Communists and the Schools* (New York: Harcourt, Brace, 1959)와 Eaton, *American Federation of Teachers*, pp. 90-93을 보라.

연합체 그리고 노동조합 지도자들을 일일이 확인하였다.

이러한 에피소드들을 최소한도로 극소화하는 것의 다른 측면은 국가테러가 노조지도자들과 지식인들 사이에서 자유주의적인 합의를 만들어가는 데 얼마나 중요하였는가를 감추는 것이다. 그것은 자유주의에 대한 좌파 대안을 약화시키고 또 자본주의에 대한 도전을 진보적인 민주주의의 제도적 틀 안에 한정하는 데 있어서 결코 유일한 것은 아니지만 중요한 요소였다. 그 공포가 피해를 입힐 때까지 그 당시의 자유주의자들이나 진보주의자들이 국가테러에 반대를 거의 하지 않았다는 것 자체가 흥미롭다. 그들이 그 사태가 그들을 집어삼킬 위험에 처할 때까지 방관자처럼 조용히 서있었던 것은 그때가 마지막은 아니었을 것이었다.

자유주의 좌파가 된 사회주의자들

빨갱이 공포는 1921년 말에 흩어졌다. 그러나 뉴욕주 의회가 1923년 4월 24일에 그 주 자체의 반선동 "러스크법"을 폐지하자 공식적으로 끝났다. ISS 지도자들의 새로운 전후세대는 이 시기 동안에 그 모임을 재건하기로 결정하였다. 그러나 빨갱이 공포의 한 유산(사회주의는 심지어 사회주의자들 사이에서도 금지된 단어가 되었다는 것을 반영하여서, 이전 ISS는 그 이름을 산업민주주의연맹(LID)으로 바꾸었다. LID는 "사회주의자, 노동조합 운동가, 여러 부류의 자유주의자들과 진보주의자들의 느슨한 연합체"[43]였다. 노먼 토마스Norman Thomas와 헨리 레이들러 Henry Laidler는 집행위원으로 지명되었고 비어드, 듀이, 니버Reinhold Niebuhr와 버를 A.A Berle은 다른 유명한 회원들이었다.

명칭 변경이 부분적으로 사회주의 단체에 가입하는 것과 연관되어 있는 잔존하는 두려움을 피하려는 시도였던 반면에, 그것은 또한 새로운 지도체제 내의

43_ Horn, *Intercollegiate Socialist Society*, p. 184.

다른 정치적 방향 설정을 보여주는 것이었다. ISS는 "사회주의에 대한 지적인 논의"에 몰두하였다. LID는 그것의 새로운 목표가 "사적 이익이 아니라 공적 사용을 위한 생산에 기초를 둔 새로운 사회질서를 위한 교육"[44]이 될 것이라고 대담하게 발표하였다. 이 연맹은 그 초점을 캠퍼스 활동들로부터 결국에는 라플레트La Follette의 1924년 혁신당Progressive Party을 중심으로 연합하였던 노동조합운동의 한 분파와 현실정치 쪽으로 옮겼다.

부분적으로 LID는 학문적 민주주의 문제가 산업노동의 일반적 조건으로부터 분리될 수 없다는 좌파 지식인들 사이의 새로운 인식을 대표하였다. 노동문제와 학문의 자유 문제는 자본주의적 생산관계 안에서 사유재산과 그것의 불평등 분배의 문제였다. LID는 미국노동총연맹(AFL)에 남아있는 펜실베니아 노동연맹 회장인 마우러J. Maurer와 통합광산노동자(UMW) 2지구(펜실베니아)의 회장인 브로피J. Brophy와 같은 사회주의 노동지도자들과 관계를 발전시키는 데 가장 성공적이었다.

그 관계는 1922년 말에 벌써 결과를 보여주고 있었다. UMW는 브로피를 위원장으로 하는 3인으로 구성된 "국유화연구위원회"를 만들었는데, 그 위원회는 1922년 12월 29일에 모든 무연탄 탄광의 국유화를 요구하는 계획을 보고하였다. 한 주요 산업노동조합에서 나온 국유화에 대한 단순한 제안은 기업 단체들에게 충격파를 가져왔다.[45] 『뉴욕타임즈』는 그 보고서를 그 다음날 머리기사로 실었다.

그 계획은 국유화에 대한 요구의 관점에서 그렇게 놀라운 것은 아니었다. UMW는 지방과 지역 지도자들 사이에서 강한 사회주의적 실체를 가진 것으로 알려져 있었다. 그 보고서는 새로운 출발이었다. 왜냐하면 그것은 민주적인 국유화를 위한 실질적인 계획의 발전에서 새로운 수준의 정교화를 기록했기 때문이

44_ Ibid., p. 183.

45_ *New York Times*, December 30, 1922, p 1.

었다. 이것은 사회주의에 대한 막연한 요구가 아니었다.

이 위원회는 그 제안을 미국 석탄산업의 전체 장부가격과 그 자본재산에 대한 구체적인 경제적 평가와 사정에 근거를 두었다. 그 계획은 경영의 법적 절차와 변화들에 대한 기술적인 세부사항들과 함께 수년간의 기간에 걸친 인수과정에 재정을 지원하는 정확한 방법들을 제시하였다. 그 계획은 산업민주주의의 자치 경영 프로그램을 통해서 산업관리를 노동자들에게 넘겨주는 규칙들을 이글어냈다. 그러나 기업 경영자들과 언론은 눈에 보이는 것 이상의 것이 있을 것이라고 의심하였다.

그러다가 제안된 국유화의 더욱 상세한 세부사항들이 한 달 뒤에 뉴욕시의 LID 회의에서 UMW 위원회에 의해 공개되자, 그들의 의심은 확인되었다. 광산 소유자들과 정치적 보수주의자들은 그 계획이 "석탄산업과는 전혀 관계가 없는 일부 뉴욕의 급진파들이 그 위원회를 위해 마련한 것"[46]이라고 즉각 비난하였다.

철도 종업원들이 비슷한 제안을 하자, LID에 대한 기업의 적대감은 철도산업 으로도 옮겨갔다. 1923년 3월호 『철도평론 *Railway Review*』은 이러한 제안에 비 판적인 기사를 실었다. "철도 종업원들과 산업 노동자들에 대한 잘못된 교육"이 라는 제목이 붙은 이 기사는 『뉴욕타임즈』에 그 전체를 재수록하는 것을 보증할 정도로 충분히 중요하다고 생각되었다. 그 기사는 기업과 정부의 임원들에게 "미 국에서 조직노동의 주요 부분들을 대표하는 노동지도자들이 사회주의 운동에서 유명해진 전직 대학교수들 집단과 또 미국 대학에서 급진적인 사상을 가진 지도 자들과 동맹을 맺었다"고 경고하였다. 그것은 노동자와 지식인 간의 이러한 동맹 을 "노동 지도자들, 전직 교수들, 대학 볼세비키들이 미국에서 지금까지 시도했 던 혁명적 선전 가운데 가장 광범위한 프로그램"으로 묘사하였다. 그 기사는 "대 학의 급진주의자들이…노조에서 급진적인 집단들에게 그들의 힘을 브탬으로 해

46_ Ibid., January 29, 1923, p. 8.

서 사실상 조직노동자들의 실질적인 지도자들이 되었다. 미국에서 사회주의 운동을 지도하는 급진적인 대학 졸업생들의 보이지 않는 지도력 아래서, 노동조합들은 혁명적인 목적을 향하여 점점 더 나아가고 있다"[47]고 지적하였다. 예전의 ISS와 지금의 LID는 이러한 "혁명적인 음모"를 영속시키는 집단 가운데 두 조직으로 확인되었다.

광산업과 철도 경영간부들은 이러한 동맹이 전체 사회와 경제질서에 즉각적인 위협을 가져온다고 확신하였다. 이러한 점에서 기업 경영진들은 LID가 쇠퇴하는 사회당 또는 사회주의 노조지도자들보다도 사회혁명의 전망이 훨씬 더 좋다고 여겼다. 광부들과 철도 종업원들의 제안은 그들의 정치적 전술에서 확실하게 혁명적이지 않았다. 그 제안들은 모든 기업 자산의 국유화에서 완전 보상과 적법한 절차의 원칙을 고수하였다. 그러나 기업 경영진의 반발은 지식인과 노동자 간의 좌파적 동맹에 대한 어떠한 암시도, 그것이 아무리 온건하거나 적법하더라도, 임박한 사회주의 혁명의 신호와 원인으로 즉각 해석되는 극심한 반응의 정도를 드러내 보여준다.

이러한 빨갱이 공포 이후의 당황감은 미국 캠퍼스에 대한 학생들의 불만의 분출에 의해 더욱 악화되었다. 광란의 1920년대에는 밀주집들과 여대생 말괄량이들만 있었던 것은 아니었다. 오래된 대학간사회주의자협회(ISS)의 해체에 의해 생겨난 진공지대는 자유주의 클럽과 사회과학 클럽의 새로운 세대에 의해 천천히 채워졌다. 아마도 20개의 클럽들이 이전 ISS 분회들의 폐허로부터 1919년 말까지 생겨났을 것이다.[48] 1920년 초에 45개의 클럽들이 확인되었다.[49]

이러한 자생적인 지역 집단들은 1921년 4월 12~13일에 하버드 대학교에서 열렸던 한 대표자 회의에서 마침내 통합하였다. 그곳에서 27개의 대학과 대학교

47_ Ibid., March 5, 1923, p. 7.

48_ Wechsler, *Revolt on Campus*, p. 26.

49_ Alice Payne Hackett, *Wellesley: Part of the American Story* (New York, 1949), p. 222.

에서 참석한 250명의 대표자들은 새로운 대학간자유주의연맹(ILL, Intercollegiate Liberal League)을 설립하였다. 그것의 머리글자로 만들어진 단어 ILL은 그 당시에 미국 좌파에 대한 적절한 묘사였다. 그것의 조직은 ISS와 비슷하였지만, 그것의 사명을 표현한 성명서는 지식인 좌파들 쪽에서 사회주의적인 정치적 대안의 확고한 이념적 진술로부터 철수하고 있는 절차적인 움직임을 보여주고 있었다. ILL은 자신의 목적을 "대학생 집단에 의한 사회적, 산업적, 정치적 그리고 국제적 문제들에 대한 공평하고 개방적인 고찰"[50]이라고 막연하게 정의하였다.

여러 명의 연사들이 이 새로운 운동에 그것의 옛 사명감을 불어넣으려는 견해를 가지고 창립총회에서 연설을 하였다. 전 ISS의 회원인 리프만Walter Lippman은 "미국 대학들에서 이단 사상이 있을 것으로 보이는데, 그때가 오면 투쟁은 학생들의 의무"라고 학생들에게 경고하였다. LID의 라이들러Henry Laidler는 학생들에게 학문의 자유에 대한 모든 침해에 저항하고 또 "현 상태의 히스테리"에 저항할 것을 요청하였다. 기독교 사회주의 목사인 홈즈J.H. Holmes는 학생들에게 "무언가를 성취하는 최고의 방법은 자신들을 극단적으로 노동계와 동일시하는 것이다"[51]라고 말하였다.

의례적인 한 차례의 보수적인 비난이 ILL 창립총회 이후 곧 쏟아졌다. 그 총회 이틀 후에 『뉴욕타임즈』는 소위 자유주의 클럽들이 사실은 "자유주의 주간지들로부터 빌려온 혁명적인 통념을 울면서 지껄이고 있는" 열성적인 젊은 사회주의자들과 급진파들, 그리고 전복자들을 위한 피난처라고 이미 공언하고 있었다. 러스크위원회의 고문인 스티븐슨A.E. Stevenson은 ILL이 "ISS가 타고난 재로부터 날아오른 불사조"라고 비난하였고 또 대학들이 이미 또다시 "급진적인 사상들에 더 많은 적대감을 인정하고 있다"[52]는 자신의 유감을 표현하였다.

50_ "Intercollegiate Liberal League," *Bullet of the AAUP* 7 (October, 1921): 8.

51_ *New York Times*, April 3, 1921, p. 21; April 4, 1921, p. 3.

52_ Ibid., April 5, 1921, p. 18; April 7, 1921, p. 8.

육군성 차관인 웨인라이트 J.M. Wainright는 한 연설에서 새로운 학생급진파들이 "종종 외국인들이 이끌고 재정지원을 하는 조직된 적들"이라는 하딩 Harding 행정부의 입장을 제시하였다. 그는 "이 불길한 세력들이 육군과 해군을 몰아내고 미국을 연약한 나라로 만들려는 목적을 가지고 있다"고 주장하였다. 웨인라이트는 이러한 외국인들의 전복 의도를 노동과 자본 간의 현재 투쟁과 연결하였다. 그는 "상호 믿음과 존경, 호혜주의가 있어야 할 곳에 불신만이 계속해서 조장되고 있는데, 그것은 전혀 예상치 않았을 때 불길이 치솟아 오르는 연기를 내고 타고 있는 불과 같다."[53]고 넌지시 암시하였다.

정치적인 반응은 말뿐인 비난에 국한되지 않았다. 정부의 직접적인 억압이 없었음에도 불구하고, 이러한 성격의 연설들이 사적인 단체들에게는 여전히 미국에서 "새로운 활력"의 일부분으로서 자경 활동을 인가하는 암호들이었다.[54] 미국 재향군인회와 전국안전보장연맹(NSL)과 같은 애국적인 단체들(기업가, 보수적인 정치인 그리고 군 장교들의 연합체)은 그들이 결코 기소당하지 않을 것이라는 사전지식을 가지고 급진파 모임들을 해산시키기 위해 조직 폭력배들을 고용하는 것을 꺼리지 않았다.

ILL 창립총회 일주일 후에, NSL은 ILL의 주도권을 방해하려고 준비중인 계획들을 가지고 있었다. NSL은 시민권 훈련을 필수과목으로 대학교육과정에 도입하려는 운동을 이미 주도하고 있었다. NSL은 버틀러 N.H. Butler와 협동해서 컬럼비아 대학교에 모델 과목을 개설하는 데 성공적이었다. NSL은 이제 "대학생들

53_ Ibid., July 14, 1922, p. 15; Calvin Coolidge, "Enemies of the Republic: Are the 'Reds' Stalking Our College Women?" *The Delineator*, June 1921, pp. 4-5, 65-66. 개별 교수들, 급진적 조직들 그리고 불충한 캠퍼스들의 이름이 연방정부 최고 수준 관료에게 분명하게 매우 잘 알려져 있었다. 이러한 감시의 매우 심각한 사례는 다음을 보라. Calvin Coolidge, "Enemies of the Republic: Are the 'Reds' Stalking Our College Women?" *The Delineator*, June 1921, pp. 4-5, 65-66.

54_ Graham Wallas, "The 'New Virility' in the United States," *New Statesman*, January 31, 1920, pp. 487-88; Russell Scott, "The 'New Virility' in America," February 28, 1920, pp. 613-14.

사이에서 사회주의 단체들의 영향력을 상쇄하는 시도를 할 것이며 또 ILL의 영향력을 좌절시키는 노력을 할 것이라고" 선언하였다. "우리나라 대학과 대학교의 전통적인 역할"은 "미국주의와 내셔널리즘의 요람"으로서 그것들의 봉사이며, 또 사회주의자들이 "미국주의의 토대를 공격하기 위해" 이제 ILL을 이용하고 있다고 주장하면서, NSL은 "ISS나 새 ILL이 작업하고 있는 미국의 모든 대학과 대학교에" NSL의 대학 지부를 세우겠다고 선언하였다. NSL 지도자들은 "이러한 계획이 전쟁 중에 매우 성공적으로 우리들에 의해 응용되었다"고 단족스럽게 주장하였다.

이러한 주장은 실제로 약간의 논거를 가지고 있었다. NSL 전쟁클럽들은 대학 운동선수들과 친목단체 회원들인 난폭한 패거리로 구성된 것으로 악명이 높았는데, 이 단체들은 대체로 지역 기업가들로부터 재정지원을 받았으며, 반전 학생시위자들을 겁주고 때리기 위해 몽둥이로 무장을 하였다. 기업인들이 탄광이나 철제련소에서 일어난 파업을 막기 위해 사용했던 기술들이 학생시위를 막는 데에도 효과적임이 입증되었다. NSL 지도자들은 "독약과 같은 사람들에 맞서는 아직 영향을 받지 않은 충성스러운 학생들로 이루어진 호전적인 애국적 조직들이 가장 잘 대항할 수 있다"[55]는 점을 믿어 의심치 않았다.

대학의 이사회들도 학생의 새로운 반항에 대하여 마찬가지로 염려를 하였다. 대학교 행정가들에게 학생들을 학문적 부도덕함으로부터 보호해야 할 의무가 있다는 버틀러의 입장은 전국에서 이사들이 하는 공중연설에서 자주 울려퍼졌다. 시라큐스 변호사이고 은행임원이며 전직 공화당 뉴욕 상원의원이었던 히스코크 F. Hiscock 는 코넬 대학교 이사장으로서 이러한 연설을 하였는데, 1923년의 한 연설에서는 대학교는 "그것을 지원하는 데 너그러운 주정부 그리고 자신들의 자녀를 우리에게 맡기고 있는 아버지와 어머니들에게 이 학생들이 잘못된 현혹시

키는 주장들에 휩쓸리지 않도록 배려해야 할 빚을 지고 있다…대학교 안과 주변에서 미국의 이상과 사회제도들에 충실한 분위기를 유지하는 목적 이외의 그 어떤 목적에 대해서도 우리는 진지하게 생각하지 않을 것이다"[56]라는 점에 주목하였다.

학생의 행위를 규제해야 할 책임을 가지고 있는 사람들의 의견으로는 학생 반역의 문제에 대해 비난을 받아야 할 사람이 누구인가에 대해서는 의심의 여지가 거의 없었다. 좌파 교수들은 문제의 뿌리에 항상 놓여있었다. 바사Vassar 대학 총장인 맥크락켄H. MacCracken은 학생운동에 관한 한 논문에서 "짓밟힌 사람들에 대한 사회적 동정심이 강한 경향을 가진 교수들이 밀접한 제휴에 의해 학생데모 지도자들의 발전을 조장하였다"고 결론내렸다. 교수들은 "강의실에서 최근의 문제들에 자신의 지식을 응용함으로써 아주 간단히 우리 시대의 학생운동을 불러일으켰다." 맥크락켄은 "이러한 점은 바뀌지 않은 사물의 질서를 지지하는 사람들에 의해 인정이 되지만, 그들은 청년운동을 비난하면서도 그것의 학생지도자들은 결코 비난하지 않으면서, 자신들이 믿는 것을 말한 교수들을 맹렬히 공격한다"[57]고 언급하였다.

학문적 탄압의 분명한 사례들이 이러한 정치적 환경 속에서 계속해서 증식되었다. AAUP조차도 피할 수 없었던 여러 개의 중요한 사례들은 1920년대 전반기에 조사되어 공표되었다. 정치경제 교수인 르바인L. Levine은 주 광산 과세에 대한 비용 효과 분석을 출판한 이유로 몬태나 대학교에서 쫓겨났다. 미국사·정치학 교수인 팔머H.C. Palmer는 인디애나의 프랭클린Franklin 대학에서 해직되었다. 키르크패트릭J.E. Kirkpatrick 박사는 학문적 민주주의에 관한 자신의 프로그램을 중심으로 교수진을 조직했다가 워시번Washburn 대학에서 밀려났다. 역사교수인 로렌스W.H. Lawrence와 경제학 교수인 스티븐스J.G. Stevens 모두

56_ Frank Hiscock, "Radicalism in Universities," *Bulletin of the AAUP* 9 (February, 1923): 33.
57_ *New York Times*, May 30, 1926, sec. 4, p. 18.

는 분명하게 이념적인 이유 때문에 미들버리 Middlebury 대학교로부터 방출되었다. 펠프스-닷지 Phelps-Dodge 유한주식회사는 주의회에서 구리용해 연기가 지역 농작물에 피해를 주고 있다고 감히 주장했다고 해서 한 능화학 교수의 계약 종료를 강제함으로써 애리조나 대학교에 타격을 가하였다.[58] 진화논쟁 때문에 주요 남부 대학교들 (예를 들어서, 테네시 대학교)에서 12개 이상의 계약종료가 있었다.

AAUP는 자신의 입장을 뒤집으려 하지 않았다. A위원회의 1913년 보고서는 러브조이 A.O. Lovejoy의 위원장 재임기간인 1919년부터 1920년까지 재확인되었다. 1차대전 후 AAUP 최초의 대표자 회의는 그 연단에서 그것의 기본적인 목적이 "행정적 권위의 임의적인 행사에 맞서서 지켜야 할 일련의 원칙들"[59]을 개발하는 데 있어서 지역 교수진들과 행정부서들 사이에서 조정하는 것이라는 점을 반복하였다. A위원회는 모든 사례에서 셀리그만 Seligman 노선을 따랐다. A위원회는 1924년에 또 다른 중요한 보고서를 발표했는데, 그것은 "이전 년도들에 발표한 위원회의 보고서들이 위원회가 다루어야만 하는 불평등이 강의나 표현에서 자유의 침해보다는 정년보장의 침해에 관한 원리들에 더욱 자주 근거를 두고 있으며 또 이러한 점은 계속해서 위원회가 경험해야 할 것이다."[60]라고 언급했었음에 주목하였다. 이 위원회는 "자유의 진정한 문제들이 많은 해직의 표면 밑에 놓여 있을는지도 모른다"는 점을 시인하였다. 그러나 불행하게도 행정가들은 계약종료 전략들에서 더욱 세련되어져 가고 있었다. 그들은 이제 AAUP가 공식화해 왔던 절차들과 지침 안에서 그 전략들을 추구할 때 더욱 조심스러웠다.

58_ "Report on the University of Montana—The Levine Case," *Bulletin of the AAUP*, May 1919, pp. 13-25; "Report on Washburn College," ibid. 7 (January-February, 1921); Report on Midclebury College," ibid. (May, 1921); "Report on the University of Montana," ibid. 10 (March, 1924); "Report on the University of Arizona," ibid. November 1924.

59_ "Annual Meeting," *Bulletin of the AAUP* 7 (January-February, 1921): 8-9.

60_ "Report of Committee A," *Bulletin of the AAUP*, February 1924, p. 71.

그 결과로 AAUP는 그 자체의 법률을 존중하는 접근법 안에 갇히게 되었는데, 그것은 학문의 자유를 학문적 정년보장의 폭넓은 문제 안에서 단지 우발적인 항목으로 정의하였다. A위원회는 AAUP의 현행 실용주의적 지침 안에서는 이 문제에 대한 해결책을 제공할 수 없었다.

이것이 진실의 한 부분이었다. 컬럼비아 대학교 이태리어 교수인 리빙스턴 A. Livingston이 지적했듯이, 그 다른 부분은 "미국 교수들의 90%가 학문의 향상에는 관심이 없었다"는 것이었다. 학문의 자유는 그들의 일상생활을 건드리는 문제가 아니었으며, 그들 대부분이 만나게 될 것 같은 문제도 결코 아니었다. 대부분의 교수들은 "중등학교의 전통적인 방식으로 가르치지만 더 적은 강의시간과 그들의 허영심에 더 많은 특전을 가지고 상대적인 평화 속에서 살 수 있는 기회에 만족하였다." 그것이 AAUP의 진정한 목적이었다. 그러나 그러한 세속적인 목적 안에서 그 단체는 "학문적 용기의 쇠퇴"를 여전히 대표하였다. AAUP는 "효율적인 노동조합주의"조차도 제시하지 못했고, 장황한 사이비 사법적인 견해들을 작성하는 것에 만족하였는데, 그 견해들을 신문들은 거의 싣지 않았으며, 사람들은 거의 읽지 않았다. "품위와 정의의 이러한 혼합물들"은 교수단의 자만에 대한 욕구만을 만족시키는 것처럼 보였다.[61]

AAUP는 창립된 지 10년도 되지 않아서 엄청나게 소멸해가는 상태에 있었기 때문에, 행정부서를 포함해서 연루된 모든 사람들이 진화론을 가르쳐서 교수들이 해직되었음을 인정하였을 때에도 테네시 대학교에서 학문 자유의 침해를 찾아낼 수조차 없었다. 해직은 현행 인사규정 내에서 적절하게 조립되었기 때문에, AAUP는 개입할 수 있는 근거를 찾을 수 없었다. 『뉴 리퍼브릭 *New Republic*』지는 AAUP가 "종신재직권과 특전의 기술적인 법률적 요점들만 너무 신중하게 검토하는 데만 경직되게 몰두해서, 이제 교수 규약의 위반에만 분명하게 자동적

61_ Arthur Livingston, "Academic Freedom," *New Republic*, November 17, 1917, pp. 69-71.

으로 한정을 하게 되었다"[62]고 정확하게 추측하였다.

지식인, 자본주의 그리고 미국: 역사상 유명한 합의

절차주의를 향한 AAUP의 꾸준한 추세는 1920년대 말에 지식인들과 미국 기업인들 사이에 역사상 유명한 합의를 위한 때이른 토대를 확립하였다. 대학교 이사들은 1923년에 암허스트 대학에서 메이클존Alexander Meiklejohn 사례를 동반했던 소문과 토론회들이 한창일 때 다른 방향에서 결정적인 돌파구를 만들어냈다. 메이클존은 브라운 대학교에서 앤드류스E.B. Andrews가 사직하기 전에 마지막으로 임용한 교수들 가운데 한 사람이었던 그 대학교의 전임 철학교수였다. 1912년, 메이클존은 암허스트 대학을 보수적인 상투적 방식으로부터 벗어나 분발하도록 하는 분명한 목적을 위하여 총장으로 임명되었다. 그는 10년에 걸쳐서 그 임무를 너무도 훌륭하게 분명히 성취하였다. 그러나 부유한 동문들이 1921년경부터 메이클존에게 반대의 목소리를 내기 시작하였다. 나이가 많은 전통주의자들이 주도했던 한 교수진 보고서가 총장이 인사와 행정 정책들에서 경제학, 철학 그리고 정치경제에 부여했던 중요성 때문에 그를 비난하자, 비판은 점증하였다. 메이클존은 동문들과 고참 교수진이 지나치게 급진적이라고 여겼던 이러한 분야들에서 새로 교수임용을 하면서 교수진을 천천히 개혁하고 있었다.[63]

영문학 교수이며 지역 공화당 활동가인 처칠G.B. Churchill은 메이클존이 "교양 대학의 목적은 자유이다the goal of the liberal college is freedom"[64]라는 점을 믿는다고 공개적으로 비난함으로써 그 보고서를 끝까지 추종하였다. 처칠은 메이클존의 행정정책들이 암허스트의 학생들 사이에서 보이는 흐트러진 행동과 권

62_ "A Professional Fiasco," *New Republic*, May 28, 1924, p. 6.

63_ *New York Times*, June 15, 1923, p. 1.

64_ Ibid., June 16, 1923, p. 2. Alexander Meiklejohn, *The Liberal College* (Boston: Marshall Jones Co., 1920)와 idem, *The Experimental College* (Cabin John, Md.: Seven Locks Press, 1981) 참조.

위에 대해 버릇없이 구는 것에 책임이 있다고 주장하였다. 그는 이제 많은 학생들이 그 대학에서 꼭 순응해야만 할 윤리적이거나 지적인 기준이 없다고 느낀다고 불만을 말하였다.

교수진은 처칠의 비난이 한창일 때에 그 대학의 이사들에게 자신들의 보고서를 제출하였다. 그러자 이사들은 그들 자체의 조사위원회를 구성하였다. 이 위원회는 분명하지 않은 이유들 때문에 그 다음 해(1922년)에 폐지되었다. 그러나 그것은 메이클존 박사의 "교육정책과 인사문제"를 조사한다는 분명한 권한을 부여받고 즉각 재조직되었다. 이 위원회는 1923년 6월까지 보고를 하라고 명령을 받았다. 그것은 다음과 같은 은행가, 기업 소속 변호사 그리고 공화당 활동가들과 같은 인상적인 집단으로 구성되었다. 은행가이며 J.P 모간 주식회사 구성원인 마로우 D.W. Morrow, 변호사-은행가이며 워체스터 카운티 Worcester County 저축협회 이사인 이스티 E.T. Esty, 연방준비국의 재정 분석가인 플림톤 G.A. Plimpton, 조합교회 목사이며 공화당 활동가인 질레트 A.L. Gillette, 그리고 기업 소속 변호사, 경영자 그리고 국제구두주식회사(보스턴)의 임원인 킹 S. King이 그들이다.

이 위원회가 조사를 하고 있을 때, 뉴욕시나 보스턴의 기업가들인 부유한 암허스트 동문들은 메이클존에 대한 그들의 공격에 박차를 가하였다. 그는 "선전활동", "평화주의", 그리고 "급진적 경향들"에 참여한다고 비난을 받았다. 그러나 비난이 한창일 때에 동문회의 회장인 테일러 H.E. Taylor는 기업인들이 이전에 종종 분명히 말하지 못했던 의미심장한 구분을 열거하였다. 테일러는 메이클존이 그 대학을 급진화함으로써 그것을 자유주의적으로 만들려는 권한을 제멋대로 사용하였다고 주장하였다. 테일러는 "암허스트가 자유주의적인 대학인가 아닌가 하는 것에 대해서는 쟁점이 없다. 자유주의의 자유를 급진주의의 방종으로 해석하지 않는다면, 내가 아는 한 어느 동문도 우리 모교를 달리 생각하지 않을 것이다"[65]라고 주장했다.

처음으로 영리법인 기업의 대표자들은 급진적 사상의 폭넓은 범위로부터 자유주의를 의식적으로 끌어내서 제외시켰다. 이것이 이론적인 시각에서 볼 때 학문의 자유에 대한 교육기관의 한계를 덜 모호하게 만들지만, 실질적인 정책으로서 그것은 수용할 만한 교육의 범주들을 주목할 만하게 넓혔을 뿐만 아니라 수용할 수 없는 정견의 범위를 의미심장하게 좁혀놓았다. 자유주의적 대학의 원칙은 이제 더 이상 문제가 되지 않았고, 그것의 규정 구조의 세부사항들만 문제가 되었다. 메이클존을 표적삼아 나온 비난들에 대한 매우 널리 알려진 토론들을 통해 그 새로운 범주들은 이사들에게 분명해졌다. 대학교수가 모든 무정부주의자, 사회주의자 또는 공산주의 운동을 지지하게 되면, 언제나 자유주의는 급진주의로 퇴보하였다. 물론 온건한 민주적 사회주의자들은 단지 좌편향적 자유주의자 또는 극단적 자유주의임을 주장함으로써 이러한 정의의 변두리에서 빈약하나마 활동의 여지를 협상할 수 있었다. 게다가, 교수들이 전쟁과 같이 국제적 위기의 시기에 미국을 방어하는 데 실패할 때는 언제나 자유주의는 급진주의로 건너갔다. 그렇기 때문에 자유주의는 평화주의를 배제하였다. 마찬가지로 중요한 행정상의 원칙이 메이클존 논쟁 중에 이사들을 위해서 세워졌다. 그것은 이사들이 아니라 총장에게 자유주의적 자유와 급진적 방종 간의 경계들을 조정하는 책임이 있다는 것이었다. 이러한 경계들을 방어하는 데 실패하는 총장들은 책임이 있다고 간주되었다. 이것은 또한 대학 총장들이 포함된 이전의 논쟁들로부터 중요한 변화였다. 메이클존은 그 자신의 이념적 개입이나 정치적 활동 또는 급진적 교수들을 해직시키기를 거부함으로써 이사들의 권위를 무시하였기 때문에 위협을 받은 것이 아니었다. 오히려 그는 급진주의를 우선적으로 예방하지 못해서 공격을 받았다. 이것이 무책임하고 경솔한 행정을 구성하였다.

이러한 점에서, 메이클존 논쟁은 그의 행정적 실패를 실증하기 위해 사용되었

65_ *New York Times*, June 16, 1923, p. 2.

던 두 개의 특정한 사건들을 마침내 결정하였다. 그는 "훌륭한 교사라면 볼셰비키라도 채용하겠다"[66]고 언젠가 단언한 것으로 정확하게 인용되었다. 메이클존은 몇 년 전에 전쟁준비반대 연사가 동일한 연단을 공유하도록 허락하지 않는다면, 전쟁준비찬성 연사가 캠퍼스를 공개토론장으로 사용하는 것을 허락하지 않았었다. 그렇기 때문에 메이클존은 공산주의와 평화주의를 묵인함으로써 행정가로서 받아들일 만한 학문 자유의 한계를 기꺼이 위반하였다고 고발되었다. 암허스트 이사회는 1923년 6월 16일 메이클존의 사직을 요청하려고 모였을 때에도 비슷한 소견을 표현하였다. 이사회는 메이클존이 행정가로서 실패하였다고 결론지었다. 그는 자유주의적 대학교의 관점에서 훌륭한 경영자가 아니었다.

암허스트 학생들은 이사들로 하여금 메이클존 사직 요청을 철회할 것을 요구하는 항의와 청원서 쓰기 운동으로 즉각 반응하였다. 학생들은 이사들이 메이클존에 대해 논의를 하면서 "계급의식"과 같은 용어들을 자주 사용했음을 지적하였다. 학생 반항자들은 메이클존 사례에 있어서는 훌륭한 행정이 지적인 감독과 동일시되고 있음을 주장하였다. 경영상의 개념들이 밑에 깔려있는 이념적 관심사들을 모호하게 만들기 위해 간단하게 사용되고 있었다. 이사들과 동문들은 매우 직설적인 방식으로 항의에 답변하였다. 그들 대부분은 그들이 암허스트 학생이었을 때 자신들도 그러한 자유를 누렸지만, 기업의 실제 세계에서 성숙하고 난 후에 그들은 너무 많은 자유가 대학의 명성이나 그 졸업생의 윤리적 성격에 좋지 않음을 이해하게 되었다고 지적하였다.[67]

메이클존은 1923년 6월 19일에 사직하기로 마침내 동의하였다. 그 날 저녁 학생들은 대학 교회에 침입하여서, 암허스트에서 "자유주의의 죽음"을 뜻하는 상징적 애도로서 종을 울렸다. 이사회는 메이클존을 1891년부터 암허스트에서 가르쳐 왔던 80세의 수학교수로 대체하였다.[68]

66_ Ibid.

67_ Ibid., June 17, 1923, p. 1; June 18, 1923, p. 3.

메이클존은 1923 학번의 마지막 졸업연설을 할 수 있는 승낙을 받았다. 매우 잘 알려진 이 연설에서, 메이클존은 학문적 자치운영과 지성적 자유를 향한 첫 번째 조치로서 미국의 대학과 대학교에서 모든 이사회를 폐지할 것을 요구했다. 이 요구는 미국에서 민주주의의 더욱 폭넓은 주제와 결합이 되었다. 메이클존은 "미국이 민주주의 국가가 되고자 노력하고 있다"고 낙관적으로 소견을 말했다. 그의 낙관론은 미국의 고등교육기관이 그 과정에서 그들의 역사적인 사명을 완수하도록 인정을 받을 것인가에 대한 의심에 의해 단련이 되었다. 미국의 최선의 노력에도 불구하고, "미국은 어떻게 민주주의 국가가 되는가에 대해서는 모르고 있다. 미국은 민주주의 견지에서 사고할 수 없다. 미국은 여전히 특권과 소유 그리고 사회적 파벌의 견지에서 사고하고 있다. 미국은 그러한 견지가 아닌 다른 입장에서 사고하는 것을 배워야만 하고 또 미국은 장기적인 과업을 가지고 있다"[69]는 것은 여전히 사실이었다.

메이클존이 임명한 사람들 가운데 많은 사람이 그의 마지막 졸업식 연설 이후에 사직하는 동정적인 동작을 취하였다. 그러나 이것은 그저 숙청을 가속화하였을 뿐이었다. 다음과 같은 6명의 교수가 6월 25일까지 사직하였다. 정치학 조교수 가우스 J.H. Gaus, 경제학 교수 스튜어트 W.W. Stewart, 경제학 교수 해일 W.H. Hale, 종교사 교수 휘치 A.P. Fitch, 음악 전임강사 히너스 E.E. Hinners, 그리고 그리스어 전임강사 아가드 W.R. Agard, 컬럼비아 대학교의 정치학 교수인 파웰 T.R. Powell과 옥스퍼드 대학교의 영문학 교수인 라드 H.A. Ladd는 그들이 이전에 메이클존으로부터 수락했던 지위를 떠맡기를 거절하였다.[70] 이 사직 모두는 메이클존의 해직에 대한 분노와 또 학문의 자유가 캠퍼스에 더 이상 존재하지 않는다는 믿음을 표현하였다.

68_ Ibid., June 20, 1923, pp. 1 and 18.
69_ Ibid., June 21, 1923, p. 1.
70_ Ibid., June 25, 1923, p. 1; June 30, 1923, p. 1; July 16, 1923, p. 22.

그럼에도 불구하고, 메이클존 사례는 이사들에게 새로운 출발을 눈에 띄게 하였다. 이사들은 특정 총장이나 개별 교수들보다는 행정적인 구조에 더욱 관여하게 되었다. 그들은 방종을 규제하는 원칙을 책임있는 총장의 행정이라는 그들 자신의 개념 속으로 편입시킴으로써 경영자적인 총장의 직책을 향해서는 더욱 가깝게 그리고 직접적인 행정으로부터는 멀리 움직여 갔다. 메이클존 사례는 종업원 관념에 대한 수정을 분명히 표현하는 포럼이었다.

메이클존의 제거는 대학과 대학교 행정가들에게 그들은 학문의 국경을 통제함으로써 학문적 급진주의와 방종을 막아내는 책임이 있는 경영자와 같은 종업원들이라는 점을 통지하였다. 그 핵심은 사후 탄압이 아니라 통제적인 예방이었다. 행정가는 이사들이 사건에 개입할 필요가 있음을 발견했을 때에는 이미 쓸모가 없어졌다. 이러한 원칙은 대학 총장직에 대한 경영자적인 개념 속에서 그 이후에 제도화되었다. 이러한 점은 너무나 잘 이해가 되어서 맥베이F.L. McVey와 휴즈 R.M. Hughes는 그들의 고전적인 교과서인 『대학과 대학교 행정』에서 다음과 같이 쓸 지경이었다. "이사회들은 보수적인 남녀들로 주로 구성되어 있다. 그들은 교수들의 급진적인 성명이나 행동에 관련된 비판에 예민하다…능력있는 총장은 그러한 사람들이 교수에 임용되지 않도록 주의를 기울일 것이다."[71]

메이클존 사례는 전국에 걸쳐서 이사들로 하여금 그들의 역할을 폭넓게 재배치하고 다시 생각하도록 이끌어갔던 것으로 보인다. 이사회들은 1920년대 후반기 동안 직접적인 행정으로부터 점차적으로 철수하였다. 1919년에 시작되었던 가속화되는 학문적 탄압의 형태는 1924년에 분명하게 최고조에 달했다.[72]

1920년부터 1924년까지 5년 동안 AAUP는 교수진이 학문의 자유와 정년보장의 위반을 단언했던 21개의 사례를 조사하였다. AAUP는 자체의 보수적인 기준에 따라 그 사례들 가운데 13개(62%)에서 그러한 위반이 발생했다고 동의하였다.

71_ McVey and Hughes, *College and University Administration*, p. 54.

72_ Wechsler, *Revolt on Campus*, p. 31.

1925년부터 1929년까지에는 고작 6개의 사건만이 조사가 되었지만, 그러한 위반은 모든 경우에서 확인되었다. 이러한 수치들로 측정을 해볼 수 있는 한도 내에서, 그 수치들은 공공연한 학문적 탄압의 수준이 1920년대 후반에 와서 그 전 수준의 절반 이하로 줄어들었음을 보여준다.

이러한 감소에 대한 가장 분명한 설명은 1920년대 말까지 대학교의 이사회들이 미국 교수진들 가운데에서 극좌파를 제거하는 데 다소 성공적이었다는 것이다. 극좌파의 애매한 경계선에 남아있는 교수들은 침묵을 하게 되거나 재배치되고 지하로 내몰리거나 또는 적어도 캠퍼스 밖 정치와 노동조합주의로부터 제거되었다. 학문적 좌파가 정치적이며 사회적으로 소외되는 경향은 대학교 안팎의 운동들에 의해 강화되었다.

ISS와 LID는 1차 세계대전 중에 미국 노동운동의 극좌파와 결별하였다. 그 결과로 사회주의자들과 진보주의자들이 AFL 안에서 전면적인 후퇴를 하도록 압력을 받게 되자, 학문적 좌파는 육지에 올라온 고래처럼 해변으로 끌어올려졌다. 유일한 대안은 혁명적인 산업노조들을 향하여 좌측으로 역전을 하거나 또는 생겨나고 있는 자유주의적 합의를 향하여 더욱 우측으로 나아가는 AFL을 따르는 것이었다. 첫 번째 대안을 선택한 사람들은 자유주의자들을 급진주의자들로부터 구분하는 수락할 만한 경계선들 훨씬 밖에 있었다. 1924년, 라폴레트La Follette의 혁신주의적인 선거운동이 패배하자, 사회주의 지식인들은 그들의 마지막 정치적 매개물이 사라지는 것을 보았다.

동시에 메이클존 사례와 관련된 사건들과 여파는 자유주의자들이 기업가들과 역사적인 화해를 협상할 수 있는 새로운 풍토를 마련하여 주었다. 일단 기업인 이사들이 자유주의와 혁신주의를 금지된 이데올로기 목록에서 기꺼이 제거하고자 하자, 학문의 자유 문제는 양측에서 협상가능하게 되었다. AAUP는 대학관리에 관한 1920년 보고서에서 조절을 위한 한 가지 가장 중요한 조치를 이미 해두었다. 이사들은 학문적 재산에 대한 그들의 통제 또는 소유권에 의해 모든 교육정책들에 대해 최종적인 권위를 행사한다는 점에 대한 이 단체의 인정도 계급갈등이라고 하는 가장 급진적으로 협상 불가능한 쟁점을 협상 테이블로부터 제거하였다. 사유재산권이 교수들로 구성되는 자문 평의원회 대신에 인정되었다.

AAUP는 1925년 A위원회의 한 보고서에서 그 위원회가 심지어 봉급문제를 포기하자 그 이상의 양보를 하였다. 그 협의회는 "심지어 우호적인 환경에서조차 성공적인 학문적 노력에 대한 재정적 보답이 성공적인 기업경력에 대한 그것과 동일할 수 없을 것"이라고 솔직하게 인정하였다. AAUP는 전문직 이하의 보상을 인정하는 대신에 "정년보장이라는 비교적 안전함"을 교환하자고 제시하였다. 정년보장이 제공하는 잠재적인 자율이 가지고 있는 위협적인 특성은 젊은 교수가 "시험 중에" 갖게 되는 견습 기간이라는 생각을 받아들임으로써 경감되었다. 만일 견습 조교수가 동료, 행정가 또는 이사들의 승인을 받지 못하게 되면, 그 사람은 이 집단들 가운데 어떤 집단의 반대에 의해서도 자유자재로 계약이 종료될 수 있었다.[73]

경영자의 책임이라는 개념을 확립함으로써, 마침내 메이클존 사례는 카네기재단과 AAUP가 그들의 출판물에서 10년 동안 요청해오고 있었던 거버넌스와 행정의 분리를 향한 폭넓은 운동을 시작하는 데 도움을 주었다. 이것은 행정부서들과 교수진들 간의 상호작용의 유형을 바꾸어 놓았다. 그것이 뜻하는 바는 교수진 구성원들이 행정가들을 통하여 이사들과 계약을 맺을 수 있다는 것과 또 이사들도 행정가들을 통하여 교수진 구성원들과 계약을 맺을 수 있음을 뜻했다. AAUP가 희망했던 대로, 대학교 총장들이 이사회가 행정에 부과한 소유권의 한계들을 받아들이는 한에서, 이사들은 교수진 구성원들과 협상을 하면서 다소 더욱 융화적인 경향을 보였다.

모든 방법을 동원해서, 미국대학협의회(AAC)는 1924년에 갈등의 종합적인 해

73_ "Report of Committee A," *Bulletin of the AAUP*, February 1925, p. 84.

결을 향하여 그 다음 조치를 취하였다. AAC는 AAUP(미국대학교수협의회)가 개발했던 것을 분명하게 모델로 삼았던 공식적인 "정년보장 원칙의 선언"을 채택하였다.[74] 다음 해 1925년 1월 2일에, 미국교육자문위원회(ACE)는 "학문의 자유, 정년보장 그리고 승진 문제들에 관한 조치를 조정하기 위해서"[75] 워싱턴 D.C에서 학문의 자유에 관한 연차회의를 개최하였다. ACE는 위원장인 카펜 S.P. Capen과 자문 공학자이며 위원장 당선자인 만 C.R. Mann을 통하여 그 연차회의를 중재하기로 동의하였다. AAUP는 러브조이 A.O. Lovejoy가 이끄는 3명으로 구성된 대표단을 파견하였다. 이사들은 이사회협의회에서 파견한 대표단이 대표하였다. 행정가들은 AAC, 도시대학교협의회, 주립대학교전국협의회, 무상불하토지 대학협의회 그리고 미국여자대학교협의회에서 선출된 대표자들을 파견하였다.[76]

AAC는 그 연차회의에서 협상을 위한 구상으로 자체 선언문을 제시하였다. 하루 동안 토론한 후에, 그 연차회의는 AAC 성명서를 수정하기 위한 실무위원회 위원으로 러브조이, 카펜 그리고 (AAC 회장인) 에핑거 J.R. Effinger를 선출하였다. 그 실무위원회는 전체 연차회의의 다음 모임에서 보고를 하였다. 학문의 자유, 정년보장 그리고 승진에 관한 ACE의 새로운 선언문은 미국의 모든 주요 고등교육협의회의 대표들의 승인을 받았다.[77] 그런 다음 그것은 그 연차회의에 대표들을 파견했던 모든 협의회들에 의해 그 후 3년간에 걸쳐서 채택이 되었다. 이 협의회들은 다시 그 회원 교육기관들에게 ACE 원칙들 또는 거기에 약간의 수정을 가한 것들을 채택하도록 권장하였다.

A위원회는 1929년까지 "학문의 자유와 정년보장을 좌우하는 원칙들의 공식

74_ Ibid., p. 86.

75_ "Report of the Conference on Academic Freedom and Tenure," *Bulletin of the AAUP*, February, 1925 p. 99.

76_ H. R. Fairclough, "Academic Freedom and Academic Tenure," *Bulletin of the AAUP* 15 (February, 1929): 99.

77_ Ibid., pp. 100-101.

화와 일반적 인정에서 상당한 진보가 있었다"고 보고할 수 있었다. AAUP는 "전국에서 학문의 자유와 학문적 정년보장의 일반적인 조건들이 한 세대 전보다 의심할 여지없이 훨씬 만족스럽다"[78]는 점에 기뻐하였다. 지식인들은 자신들과 지배권력들에게 만족스러운 절차상의 타협에 마침내 도달하였다. 어느 쪽도 상대편을 완전하게 믿거나 또는 이해하지는 못 했다고 하더라도

78_ Ibid., p. 101.

9장

헤게모니와 자율: 미국 지식인의 정치 경제

　현대의 사회 이론가들은 지식인의 역할을 대학 현대화를 동반했던 계급투쟁 동안에 발전했던 두 개의 서로 경쟁하는 이상적인 유형의 견지에서 계속해서 개념화한다.[1] 이제 지배적인 이데올로기는 지식인들이 지식 그 자체를 위해 지식을 추구하는 자율적이며 상대적으로 계급 없는 계층을 구성한다는 주장을 중심으로 구성되어 오고 있다.[2] 이 견해에 동의하지 않는 사람들은 지식인들이 구조적으로 한 계급 또는 계급들의 부분이며 그래서 자본주의사회를 구성하는 경쟁하는 계급들과는 독자적으로 사회학적인 지위를 갖지 않는다고 계속해서 주장한다.[3] 그럼에도 불구하고, 양측에는 현대 지식인들이 대학 전문화의 사회적 세력

1_ Barrow, "Intellectuals in Contemporary Social Theory," pp. 415-30.

2_ Talcott Parsons and Gerald M. Platt, *The American University* (Cambridge: Harvard University Press, 1973); Parsons, "Considerations on the American Academic System," pp. 497-510; Lewis S. Feuer, *Ideology and the Ideologists* (New York: Harper and Row, 1975); Lewis S. Feuer, "What is an Intellectual?" in Aleksander Gella, ed., *The intelligentsia and the Intellectuals: Theory, Method, and Case Study* (Beverly Hills: Sage Publications, 1976).

3_ 맑스주의자들 가운데에서 지식인들에게 정확하게 어떠한 계급 또는 계급들을 할당할 것인가에 대해서는 의견이 분분하다. 여러 다양한 저자들이 그들을 불완전한 프롤레타리아화의 결과로서 객관적으로 모순되는 계급위치뿐만 아니라 부르주아, 쁘띠 부르주아, 프롤레타리아, 새 노동계급의 부분, 전문직-경영직 계급의 한 구성요소 등으로 지칭해 왔다. 다음을 참고할 것. Herbert Aptheker, "Academic Freedom in the United States," *Political Affairs*, July 1965, pp. 53-60;

에 의해 역사적으로 형성되어 왔다는 합의가 있다.[4]

지적 전문직 협의체들은 이제 대체로 전문적인 학문분야들의 정의 그리고 발생과 동일시되고 있다. 그러나 이러한 다양한 학문분야의 실천가들을 사회 내의 다른 집단들의 이해관계와 독립적으로 그리고 심지어 반대해서 집단적인 이해관계를 분명히 표현할 수 있는 상대적으로 응집력있는 사회적 세력으로 단결시키는 것이 바로 대학교이다.[5] 그래서 정치적이며 이념적인 자율에 대한 중요한 척도는 전문적인 교육기관들, 특히 대학교들이 사회 계급들과 학자들의 조직된 공동체들 사이에 자율적이거나 또는 타율적인 상호관계를 구축하는 정도이다. 지식인의 서로 경쟁하는 이상적인 유형들은 이 상호관계의 분석에서 주로 갈라진다.

자율 명제의 신봉자들은 학문 자유의 공식적 보장, 학문의 질과 중요성의 평가에서 전문직 동료 평가의 역할 그리고 학위 증명서, 교수업적, 승진 그리고 정년보장의 기준들을 정의하는 데 있어서 교수진 자치의 중요성을 강조해오고 있다. 타율 명제의 신봉자들은 다음과 같은 3가지 현상들, 즉 이사회의 사회적 구성, 기업과 사립교육지원재단의 영향력 그리고 특정 정치적, 경제적 그리고 군사적 의제들을 향한 연구를 관리하는 데 있어서 연방정부 조정의 중요성을 강조한다. 역사적 분석은 이러한 견해들의 전자나 또는 후자의 타당성과 관련하여 무엇을

Nicos Poulantzas, *Classes in Contemporary Capitalism* (London: New Left Books, 1975), pp 224-99; Francesca Friedman "The Internal Structure of the American Proletariat: A Marxist Analysis," *Socialist Revolution* 26 (October–December 1975): 41-83; André Gorz "Technical Intelligence and the Capitalist Division of Labor," *Telos* 12 (Summer 1972): 27-41; Barbara Ehrenreich and John Ehrenreich, "The Professional Managerial Class," *Radical America* 11 (March–April 1977): 7-31; and Erik Olin Wright, "Intellectuals and the Working Class," *Insurgent Sociologist* 8 (Winter 1978): 5-18.

4_ Wilbert E. Moore, *The Professions: Roles and Rules* (New York: Russell Sage Foundation, 1970); Shils, *The Constitution of Society*, p. 191; Draper, "Intellectuals in American Politics," pp. 15-42; Coser, *Men of Ideas*, and Howe, "Intellectuals, Dissent, and Bureaucrats," 303-8.

5_ Poulantzas, *Political Power and Social Classes*, pp. 84-94.

지적하는가? 대학교 현대화의 가장 피상적인 척도는 1880년부터 1930년까지 반세기 동안에 형식적인 통제를 종교적 권위로부터 세속적인 권위들로 이전한 것이었다. 그러나 더욱 의미심장한 것은 대학교 통제와 소유권의 세속화가 권력을 미국 실업가들에게로 이전한 것과 동의어처럼 사용되어오고 있음을 일관되게 지적하는 많은 숫자의 경험적인 조사들이다. 일찍이 1917년에 니어링 S. Nearing이 확인했던 기업통제의 유형들은 그 이후 70여 년 동안에 더욱 공식적으로 발표되어 왔을 뿐이었다. 한 가지 분명한 결론은 근대화(또는 현대화)와 합리화라는 현대적 개념들이 미국 대학들을 형성했고 아직도 여전히 구조화되고 있는 계급 갈등들을 은폐하는 이념적인 완곡한 표현이라는 것이다. 그러나 정확하게 그러한 이유 때문에, 그러한 손쉬운 탈신비화로 만족하지 않는 것이 중요하다. 그것은 바로 어느 누구도 더 이상 논쟁하고자 하지 않는 결론이다.

3장에서, 나는 이데올로기 비판에 대한 적어도 한 가지 중요한 이론적 수정을 제안했다. 대부분 미국 대학교들의 지역과 지방의 특질이 이사회들의 구성에 반영되어 왔는데, 그것들은 사회구조에서 지역과 지방의 변화들에 극도로 예민한 것으로 보인다. 이러한 의미에서 이사회들이 지역적으로 지배적인 계급과 정치적인 이해관계를 반영한다는 점은 옳지만, 그러한 지배 자체는 계급들 간에 있는 권력의 구체적이며 이동하는 균형으로 이해해야만 한다. 이념적인 권력은 자본주의사회에서 고정된 사회제도적이거나 또는 사회적 구조라기보다는 지식인들과 경쟁하는 계급들 간의 사회적 관계들의 조직된 유형이다. 이러한 관계들은 대학교 자체 안에 있는 의식적인 행위자들에 의해 적어도 부분적으로 구성되지만, 그 관계들은 자본주의 경제의 명령들에 대한 자동적인 적응이거나 또는 자주적인 지식인들의 학문적인 의도의 순진한 결과는 아니다.[6]

국가는 국가 지도력, 중앙집중화된 자원 할당 그리고 전략적인 강제를 통하여

6_ Mannheim, *Ideology and Utopia*, pp. 153-64.

학문적인 계급투쟁에 개입함으로써 이러한 권력균형을 통제하는 데 있어서 결정적인 역할을 한다. 국가 엘리트들이 고등교육에서 일관성 있는 국가 이익을 공식화하는 능력은 특정 계급의 이해관계들에 실제로는 특혜적인 대우를 하는 특정한 정책들을 합법화하는 데 사용될 수도 있다. 경제발전과 국가방위의 촉진에 대한 직접적인 정치적 관심사는 국가와 자본 간의 자연스러운 동맹을 향하는 경향이 있어왔다. 게다가 이러한 동맹은 자본가계급 헤게모니의 중추적인 구성요소이다. 그것은 이 동맹이 촉진한 이해관계로 하여금, 미국 고등교육의 탈중앙집중화된 구조 때문에 전형적으로 분산되고 파편화된 정치적 반대들에 맞서서, 국가 자원, 교육기관 지원 그리고 공적인 선거구들을 동원하는 것을 가능하게 해준다. 그래서 국가는 행정부서들을 성공적으로 식민지로 만들 수 있는 사람들 사이에서 조정된 정치적 행동을 활성화하는 전국적인 지휘 센터이다.

그래서 국가는 지식인들로 하여금 헤게모니를 가진 교육적이고 과학적인 프로젝트들을 공동 연구하는 것을 강하게 장려하는 물질적 동기들을 제공함으로써 특정한 권력 균형을 더욱 강화한다.[7] 그렇게 되면 연구보조금, 수당, 그리고 고문의 지위는 이번에는 대학 안에서 개인의 지위에 영향을 미치는 출판, 승진, 그리고 정년보장의 기획들에 중요한 역할을 한다. 이러한 전략의 성공은 지식인들로부터 맹목적인 순진함이나 또는 일정 정도의 잘못된 믿음을 요구하는 것으로 보이지만, 그것은 그들을 어떤 특정계급의 구성원이라기보다는 권력의 기회주의적인 하인으로 만드는 종류의 전략이다.[8]

현재 널리 퍼져있는 학문 계급의 타협은 다른 종류의 연구, 교육 또는 출판을

7_ 예를 들어서, Irving Louis Horowitz, *The Use and Abuse of Social Science* (New York: Transaction Books, 1971); idem, *The Rise and Fall of Project Camelot* (Cambridge: MIT Press, 1967); Robert Nisbet, "Project Camelot: An Autopsy," in Rieff, *On Intellectuals*, pp. 307-39.

8_ Gouldner, *Future of Intellectuals*, pp. 60-70; Baritz, *Servants of Power*; Noam Chomsky, *American Power and the New Mandarins* (New York: Pantheon Books, 1969); idem, "Objectivity and Liberal Scholarship," in O'Brien and Vanech, *Power and Consciousness*, pp. 43-136; idem, *Problems of Knowledge and Freedom*.

절대적으로 막을 수는 없다. 이 타협은 불평등한 보상과 인센티브 체제를 통하여 그것들을 방해할 수 있을는지도 모른다. 그러나 절대적 자율과 전체주의적 통제 사이에 있는 이론적 자유공간의 타협을 이루어낸 범위는 현실적이며 실질적이다. 사회적 권력의 균형으로서, 헤게모니는 전체주의적 통제나 지배에는 존재하지 않는다. 그것은 밀리반드Miliband가 제시하듯이, "다른 편에 대하여 한 편에 압도적인 강점을 줄 정도로 불평등한"9 이념적 경쟁구조이다. 이러한 면에서, 이념적 헤게모니는 지식인들을 개인들로서나 또는 억압받는 집단으로 통제하기보다는 시장의 힘을 통해서 그들을 조정하는 구조화된 교육기관의 역량으로 구성된다.10 국가가 재정지원을 하는 학문적이며 과학적인 연구가 점점 더 우세해져 가는 것은 행정 간부들로 하여금 연구를 특정 방법론적 체제들과 정책 의제들을 향하여 주목할 만하게 끌고가는 것을 가능하게 한다. 이러한 인센티브들을 수여하기 위해 구축된 중앙집중화된 교육기관의 구조들은 또한 전략적으로 배치된 정치적이며 행정적인 피임명자들로 하여금 용인할 수 없는 프로젝트들을 비밀리에 반대하는 것을 가능하게 한다.11

마침내 국가는 학문적 계급투쟁이 현존하는 타협의 분열을 위협할 때, 권력균형을 유지하거나 또는 거듭 주장하기 위해 강압적인 방법으로 개입할 수 있게 된다. 국가는 정치적 위기의 시기 동안 자체의 강압적인 활동들을 후원할 수 있거나 또는 사적인 통제를 간접적으로 인가할 수 있다. 실제로 미국은 정치적인 갈등의 압력 하에서 불안정해진 통제 구조들을 떠받치기 위해서 강압적인 자격으로 일관되게 개입해오고 있다. 미국이 거의 모든 세대마다 규칙적으로 분명하게 그렇게 해야만 한다는 사실은 지식인들과 기업인들이 어떤 의미에서 서로 혐오감

9_ Miliband, *State in Capitalist Society*, p. 182.

10_ Craig Kaplan and Ellen Schrecker, *Regulating the Intellectuals* (New York: Praeger Press, 1983).

11_ Paul Seabury, ed., *Bureaucrats and Brainpower* (San Francisco: Institute for Contemporary Studies, 1979); Piccard, *Science and Policy Issues*; and Finn, *Scholars, Dollars, and Bureaucrats*에 실린 논문들을 참고할 것.

을 품은 사회적 세력이라는 점을 암시하는데, 그들의 불편한 휴전은 자본주의사회에 강압적인 제재들과 함께 주기적으로 재확립되어야만 한다.[12]

오늘날 이러한 통제 구조의 한 주요 구성요소가 대학교 안에 불완전하게 제도화된 기업의 이상이라는 데에는 의심의 여지가 없다. 그것은 고등교육 안으로 기업 경영기법의 도입을 촉진해 왔는데, 그것은 보상을 받는 종류들의 활동들과 학문에 실질적인 영향을 주고 있다. 그것은 (재정적인 인센티브들을 통하여) 자본, 국가 그리고 대학교 간의 더욱 밀접한 결속을 장려하는 조직적인 전략들을 촉진하였다.

이러한 행정적인 발전들은 대학교를 그저 또 다른 회사 조직으로 분명하게 정의하는 고등교육 이데올로기의 출현과 함께 일어났다. 대학교 지출액은 사용 가능한 지식, 기술적 혁신 그리고 시장에서 팔 수 있는 기술의 형태로 화이트칼라와 지적 노동에 대한 유형의 이윤을 효율적으로 내야만 하는 사회적 또는 교육적 투자로 정의된다. 교육투자의 이윤은 이제 대학교가 공익사업 임무를 성공적으로 수행했는지 또는 그 소비자들(학생들과 납세자들)에게 양질의 생산품을 제공하였는가를 판단하는 주요한 척도들 가운데 하나이다. 이 이데올로기는 다른 정치 관료 그리고 행정 간부들과 (이들은 그것의 중요한 지지자들로 남아있다) 장기적인 교육적 제휴를 성공적으로 만들어낸 기업 엘리트와 함께 분명하게 생겨났다. 그래서 그것은 경제적이며 정치적인 지배계급의 결합된 이해관계에 우선권을 부여하는 대학교 거버넌스와 공익사업 public service이라는 개념을 조직한다.

그러나 헤게모니의 다른 측면은 갈등이다. 지식인 자신들의 전문적인 주장들뿐만 아니라 공교육의 민주적인 정치적 이상은 완전하게 부정될 수 없다. 만일 현대 대학교가 민주적인 사회 안에서 또는 심지어 대학교 공동체 안에서 정치적

12_ Michael Mann, "The ideology of Intellectuals and Other People in the Development of Capitalism," in Leon Lindberg, ed., *Stress and Contradiction in Modern Capitalism* (Lexington, Mass.: D. C. Heath, 1975).

인 정당성을 성취하고자 한다면, 기업 역시 독자적인 학문의 요구들과 폭넓은 대중의 관심사들을 계속해서 수용해야만 한다는 점을 발견해오고 있다. 그것은 현재로는 확실하게 불평등한 교환이다. 미국의 기업 자본은 그것의 교육프로그램을 추구하는 데 있어서 다른 어느 곳에서보다 더욱 성공적인 것으로 보인다. 그럼에도 불구하고 교육기관의 견제와 균형이라는 선재하는 유형은 기업 이상의 지지자들에 의해 결코 완전하게 제거되지 않았다. 이것들은 정년보장, 동료평가, 자문교수 평의원회consultative faculty senates 그리고 새 교수진 지명 추천권을 포함한다. 그러한 견제들의 종속적인 역할이 대학교 안에서 공격적인 전략들에게 결코 유익하게 되지는 않지만, 그것들은 특정 자유공간을 보호하고 그래서 그것을 완전히 제거하는 것을 막아내는 방어벽들을 세워놓는다.

이데올로기 국가장치: 권력의 균형

이데올로기 국가장치(ISA)는 그래서 지식인들, 그리고 그것 때문에 지식의 생산과 분배(즉 연구와 교육)를 경영하는 국가 중심의 통제구조로 가장 잘 개념화된다. 그것은 교육의 위기를 피하기 위하여 자본주의와 민주주의 간의 폭넓은 모순들뿐만 아니라 대학교 안에서 지식인과 기업 간의 갈등도 성공적으로 경영해야만 한다. 그것은 대학교로부터 특정 계급을 배제하려는 현실과 또 대학교를 민주적인 능력사회meritocracy로 정당화하는 열망aspiration의 문화 간의 상호모순도 성공적으로 경영해야만 한다. 그러나 이러한 모순들이 영원한 기초 위에서 성공적으로 경영될 수 있다는 보장은 없다.

그 결과로, 이러한 권력균형을 유지하는 비결은 이데올로기 국가장치를 구조화하는 기업, 행정부서 그리고 교수진 간의 3자가 참여하는 적응이 있어 왔다. 이러한 타협은 기업인들로부터 매우 마지못한 양보를 요구하여서 그들은 대학 생활의 세부사항들을 행정가들과 교수진에게 맡겨두게 된다. 그러나 그들의 교육기관과의 소유 관계는, 대결 잠재력이 가장 클 때와 같은 바로 그러한 순간에, 직접 통제를 하려는 계속적인 유혹을 만들어낸다. 그래서 현존하는 권력균형에서 결정적인 기둥은 자율을 제거하지 않으면서 그것을 제한하는 교육 행정가들의 경영상의 능력이어 왔다. 행정적 경영의 현대적 체제는 일차적으로 학문적 게임의 공평한 경고와 규칙을 구성하는 끝없는 통제의 정교화를 통해서 이러한 임무를 완수한다. 이것들이 사전에 행위를 징계하고 그래서 게임의 규칙들을 위반한 사람들에 대한 처벌을 합법화한다. 팀을 위해 뛰는 선수들은 상당히 바람직한 물질적이고 사회적인 유인물들 꾸러미로 보상을 받는다. 이따금 있는 변절자는 대중의 상징적인 구경거리가 되어서 여전히 처벌을 받는다.[13]

그러나 이 전략의 약점은 바로 정확하게 그것이 변절자가 변절자처럼 보여야 한다는 점과 물질적인 유인물을 중단 없이 전달할 수 있는 능력에 의존하고 있다는 것이다. 행정가들은 상대적인 사회적 평화와 정치적 합의의 시기에는 단속이 손쉬운 과제이지만, 일단 경쟁적인 세력들이 지배 엘리트들에게 도전하게 되면, 지식인들이 허약한 균형을 붕괴하도록 하는 캠퍼스 밖의 사회운동에 한 무리가 되어 끌려들어 간다는 것을 수차례에 걸쳐 계속 발견해 왔다. 한편 국가의 재정위기는 널리 퍼진 인센티브들을 제공하는 대학교와 정부 행정가들의 능력을 주기적으로 잠식한다. 어느 시점에 이러한 제한들이 심지어 더 큰 경쟁이나 엘리트주의를 증진하기를 그치는지 그리고 어느 시점에서 그것들이 지식인들 사이에서 일반화된 불만을 낳는지를 미리 아는 것은 겉으로 보아서는 불가능하다. 그러나 1970년대 동안에 널리 퍼진 교수진의 노조화, 동료 평가의 중립성에 대한 증가하는 공격들 그리고 정부연구기금의 불공평한 분배에 대한 불만들은 그 한계를 1970년대와 1980년대에 때때로 넘어섰을는지도 모른다는 것을 암시한다.

그러나 미국의 지식인들은 이러한 문제들에 대한 반응 면에서 역사적으로 분

13_ Ollman, "Academic Freedom in America Today."

열되어 왔다. 대다수 지식인들은 새롭게 구성된 AAUP가 원래 대표하였는데, 그것은 미국 대학들과 대학교들의 상대적 자율성을 구성하는 개인의 절차상의 보장과 교환하여 기업이 내세우는 이상의 중요 요소들을 양보함으로써 이사, 행정가 그리고 국가 엘리트들과의 협상된 계급타협을 선호하였다. 그것은 지식인들, 사업가들 그리고 정부 관료들 사이에서 가능한 한 많은 정치적 거리를 두려는 협상을 겨냥했지만, 다른 한편으로는 대학교를 성공적으로 정복했던 관료와 자본가의 사명을 받아들였던 방어적인 전략이었다. 이러한 해결은 미국교육자문위원회(ACE)가 조정했던 행정부서, 이사, 교수협의회들 사이의 1928년 동의안에서 이미 성취되었다.

지식인들의 두 번째 집단은 미국교원연맹(AFT)과 대학간사회주의자협회(ISS)가 대표하였다. 이 두 조직은 대학교수들을 미국 노동운동과 경제적으로, 정치적으로 연합하려는 시도들이었다. 이 조직의 목적은 새로운 집단 정체성을 받아들임으로써 자본가 헤게모니에 직접적으로 도전하는 것이었다. 이 정체성은 지식인들을 자율적인 지적 직업인들 대신에 노동자로 정의하였고, 그래서 그들의 장기적인 정치적 이해관계를 미국사회 전체에 걸쳐있는 경제적이며 정치적인 권력의 균형을 재편성하려는 저항적인 행동주의와 동등하게 다루었다. 그것은 산업적이며 학문적인 민주주의 동맹이 될 것이었다.

서로 경쟁하는 지식인의 이상적인 유형들이 지식인들의 특정한 역사적 사명을 정의내리는 더 큰 이데올로기들의 구성요소로서 나타났던 것은 실제로 바로 지식인들 사이에서 계속되고 있는 논쟁으로부터이다.[14] 이 두 입장 모두 사실상 지식사회학을 위해 적합한 이론적 틀은 아니다. 왜냐하면 이것들 가운데 어느 것도 미국대학교 지식인들에 대한 정확한 경험적 묘사를 제시하지 않기 때문이다. 사실상, 최근과 역사상의 이상적 유형들은 기껏해야 지식인들의 실존적 이데

14_ Mannheim, *Ideology and Utopia*, pp. 157-59.

올로기들이다. 그것들은 폭넓은 사회갈등들과 관련해서 지식인들의 정치적 입장을 합리화해야 할 필요성에 직면했을 때, 지식인들의 개인적이며 집단적인 행동의 방향을 설정한다. 그렇기 때문에, 모든 미국 지식인들의 적절한 이론적 개념화는 그것을 설명하는 근거의 한가운데에 이러한 계속되고 있는 역사적 갈등을 두어야만 한다는 것이 바로 나의 논점이다.

나의 목적은 이러한 점을 상대적 자율이라는 경험적인 개념과 필연적으로 연관되어 있는 이데올로기적 헤게모니라는 제도적으로 근거를 둔 개념을 가지고 예증하려는 것이었다. 이 두 개념들은 서로 배타적이지 않으며, 제대로 이해를 한다면 그것들은 자본주의사회에서 지식인들이 차지하고 있는 모순적인 입장의 필연적으로 연관된 구성요소들이다. 이러한 논지를 개진하면서, 나는 현대 지식인들의 두 개의 근본적으로 대립하는 이상적인 유형들에 양다리를 걸쳐보려고 시도해 왔다. 이것은 이 두 개념 각각이 지식인들의 방향을 설정하는 데 있어서 부분적인 실존적 타당성을 가지고 있기 때문만이 아니라 그 타당성 자체가 자본주의사회 안에서 그것들 입장의 실질적인 애매성으로부터 비롯되기 때문이기도 하다.

최근의 작업에서, 나는 지식인들의 자율을 역사적으로 속박하고 또 그렇기 때문에 자율이 필연적으로 상대적이지 절대적이지 않다는 점을 논증하는 요소들을 강조해왔다. 나는 지식인의 자율을 일관되게 주장하고자 하는 이론가는 다음과 같은 두 개의 간단한 질문, 즉 누구로부터 자율적이며 무엇에 대해 상대적인가? 에 답변할 수 있어야만 한다고 제안해 왔다. 자율이라는 개념은 사회제도적이며 이데올로기적 헤게모니의 명시할 수 있는 맥락과의 관계 안에서만 의미가 있다.[15] 특히 이데올로기 국가장치의 경험적 윤곽이 자율의 측정을 위한 틀로서 분명하게 그려질 때, 자율은 이데올로기 국가장치에 관한 현대의 통념들에 대한

15_ Ibid., pp. 282-84.

방어물이 아니다. 그 대신에, 그것은 우리가 자유의 정도를 이해하고 측정하는 근거를 정의내리는 계급갈등과의 관계이다.

동시에 그것은 하나의 사회적 유형으로 지식인의 형성을 조정하는 대학교가 설립한 상대적 자율이다.16 이것은 지식인 개념을 사회계급과의 관계 안에서만 의미가 있는 경험적인 지시물로 서술하지만, 그것은 사회계급들의 생산과의 직접적인 경제적 관계들이 정의내리는 사회계급들과 그 개념을 동일시하는 것을 피할 것을 필연적으로 요구한다. 지식인들은 그들 자신들의 사회학적 지형 위에서 존재하고 구성된다, 그 지형이 계급갈등의 압력과 모순들로 둘러싸여 있기는 하지만.

역사적 분석에서 볼 때, 지식인들이 때때로 자신들을 별개의 이해관계를 가진 별개의 계층과 동일시하고 조직화한다는 점은 분명하다. 그래서 지식인들과 사회계급들 간의 관계를 지식인들이 제휴 coalition와 사회운동들 속으로 사회제도적으로 동원된 결과로 보는 것이 더욱 이치에 닿는 것으로 생각된다.17 이러한 장기적인 제휴상의 동원은 이데올로기 장치에 관한 우리 생각의 지시물(기의)이다.

이것이 뜻하는 바는 헤게모니와 상대적 자율이라는 설명적인 개념들은, 그것들이 구체적이며 역사적인 사회제도적 사회관계들의 견지에서 상술될 때 효과적으로 정의된다는 것이다. (조정하는 경계들로서) 이러한 매개변수들은, 계급 갈등의 수준들과 그에 따른 사회권력 균형 여하에 따라, 장소마다 그리고 역사적 시간을 가로질러서 팽창하고 수축한다. 만일 우리가 그 개념들을 지식인들의 상대적 자율의 수준을 그 권력 균형과 관련해서 결정하는 구체적인 교육기관의 조건과 사회·정치적 갈등들의 견지에서 이해한다면, 헤게모니와 상대적 자율이라는 개념들이 개념화할 수 있는 것은 바로 정확하게 이러한 역사적이며 지역적인 가변

16_ Ibid., p. 155.

17_ George Rude, *Ideology and Popular Protest* (New York: Pantheon Books, 1979); Oberschall, *Social Conflict and Social Movements*.

성이다.

헤게모니와 지식인의 상대적 자율은 그렇기 때문에 어떤 특정 시간에 지식인, 행정가 그리고 경제적이고 정치적인 엘리트들 간의 권력의 역사적 균형의 결과이다. 그 자율의 정확한 경계선들은 항상 장기적인 재조정뿐만 아니라 일시적인 변동에 종속되는 실제 갈등들의 결과이다. 따라서 자율의 상대적인 정도를 정의내리는 자유공간은 다음과 같은 역사적으로 불확실한 요소들에 따라 팽창하거나 수축한다. 즉 지식인들에게 다양한 형태의 탄압, 강요 또는 인센티브들을 사용하고자 하는 엘리트들의 자발성, 학문의 자유를 촉진하거나 또는 축소하려는 행정가들이 취한 마음가짐, 외부집단들과 계약하기 위해 자신들을 응집력있게 조직할 수 있는 지식인들의 능력 그리고 사회의 지배 엘리트들에게 도전하는 다른 사회 집단들과 지지 동맹들을 동원해낼 수 있는 지식인들의 능력.

1990년에 쓰는 후기

절대적 자율과 전체주의적 통제 사이의 변동의 폭이 자유주의적 대학교에서 재발하는 주기적인 위기의 윤곽을 세워놓는 것처럼 보인다. 미국에서 전국적인 이데올로기 국가장치의 구축은 경제위기와 합법화 위기와 밀접하게 필적하는 것으로 보이는 계속되고 있는 과정이다. 1894년부터 1928년까지 발생했던 것과 동일한 사건들의 순환이 1929년부터 1962년까지 본질적으로 반복되었다. 1929년의 대공황과 2차 세계대전으로 이끌어갔던 사건들이 또 다른 좌파의 학문적 반란을 초래하였다. 아카데미 비평이라는 베블렌의 장르가 린드R.S. Lynd, 린드만E.C. Lindeman, 웨크슬러 J. Wechsler 그리고 벡 H.P. Beck과 같은 저자들에 의해서 진척되었다.

동일한 유형의 타협과 탄압이 그래서 다음 20여년에 걸쳐서 다시 한번 반복되었다. 좌파 조직들은 2차 세계대전에서 민주주의를 구해내기 위해서 혁신주의의 뉴딜 후계자들과 통일전선을 만들었다. 과학과 공학은 이제 미국 자본주의의 영원한 전쟁 경제를 구조화하는 군산복합체에 영원히 통합되었다.[18] 일단 세계 전쟁에 대한 국가적 통일성이 격렬한 산업적 불안과 국제적 긴장의 한복판에서 무너지게 되자, 두 번째 빨갱이 공포가 국가테러라는 러스크Lusk 모델에 따라 폭발하였다.

AAUP는 최초의 1915년 문서보다 훨씬 더 양보한 새로운 학문의 자유오- 정년 보장에 대한 성명서를 1940년에 채택함으로써 이 위기에 반응하였다. 그것은 더 나아가서 "논쟁의 여지가 있는 자료"를 강의실에서 소개조차 하지 말라고 대학교수들에게 경고하였다. 이 두 번째 반복은 또 다른 조사운동과 국방교육법에서 공고하게 되었다. 국가정책의 다른 척도들이 국가와 기업 엘리트들과 기꺼이 협력하고자 하는 지식인들에게 연구와 명성을 위한 기획들을 확장하였다.

과거 역사가 지침이라면, 우리는 지금 1990년대 중반에 접어들 때까지는 아마도 끝날 것 같지 않은 새로운 물결의 한복판에 있는 것 같다. 미국의 대학들은 1963년에 시작되었던 3번째 주기의 학문적 불안을 경험하였다. 이 주기는 평소와 다름없이 교육과정, 교육기관의 사명, 그리고 연구를 자본축적과 국방의 필요에 더욱 밀접하게 통합하기 위해 계획된 1972년 카네기위원회 보고서로 시작된 새로운 한차례의 국가와 전국교육조사위원회들의 활동에 의해 이어졌다. 민주적인 사회에서의 삶에 적절한 교육과정에 대한 급진적 요구들은 1980년대에 걸쳐서 교육과정의 한층 더한 직업화로 재형성되었다. 학문적 자기경영에 대한 요구들은 증가된 인센티브들과 실력사회적 보상을 통한 인텔리겐치아의 적문화에 대한 제안들에 의해 반대의 벽에 부딪혔다.

어떤 면에서, 이러한 순환들 각각은 기업자본과 자본주의 국가로 하여금 대학교에 더욱 깊이 침투하여 더욱 강하게 통제하도록 하였다. 그러나 그 헤게모니는

18_ Seymour Melman, *The Permanent War Economy* (New York: Simon and Schuster, 1974).

또한 이데올로기 국가장치의 모순적인 구조들 안에 역사적으로 항상 있어왔던 상쇄하는 경향들을 가속화해 왔다. 그래서 대학교들 내부의 양극화는 기업체들과 국가에 의한 대학교에 대한 증대하는 지배만큼이나 기업 헤게모니의 조직적인 결과이다. 이 불평등한 양극화는 적어도 두 가지 현상, 즉 대학교수진의 노조화와 좌파학회의 성장에서 확인 가능하다.

학교와 국가 관료제도의 계속되는 전진은 교수진 노조화라는 쇄신된 물결과 마침내 마주치게 되었다. 이러한 노조들 대부분의 주요 관심사들이 여전히 신분, 수입, 정년보장 그리고 개인적 안전이기 때문에, 이 노조들이 아주 비호전적인 전문직 협의회들이라는 점에는 의심의 여지가 없다. 그래서 만일 국가가 최근 재정위기를 성공적으로 경영할 수 있다면, 새로운 지식인 계급타협이 미국 노동자들의 시체 위에서의 축제에서 대접을 받게 될 가능성이 크다.

그럼에도 불구하고 교수진 노조화의 성장도 지식인의 계급의식의 역사적인 개조를 가동시키지 않는다. 그것은 미국의 지식인들이 학문적 천직이라는 본질적으로 중세적인 개념을 기꺼이 버리고자 하는 중요한 고비에 도달하고 있음을 보여주는 것으로 생각된다. 전문직의 자율이라는 통념들은 학문과 산업의 민주주의라는 개념으로 조용하게 대체되고 있다. 이러한 점에서, 노조화는 미래의 대결국면들에서 권력균형 교체의 가능성을 여전히 제공한다. 그것은 이전의 대결국면에서 부족했었던 조직적 전술과 또 노동운동과의 대학 밖 동맹의 완전히 새로운 분야를 열어젖힌다.

게다가 1960년대의 반란은 이전의 주기들에서와 같은 정도까지로 예상했던 한 차례의 보복행위들과 국가테러로 이어지지 않았다. 고립된 개별적인 사례들이 있었고 또 앞으로도 계속 있겠지만, 두 번의 빨갱이 공포에 근접하는 것은 없었다. 그것이 조급한 예상일는지는 모르지만, 신좌파의 이념적 유산이 이전 시기들보다 최근 시기에 캠퍼스에서 훨씬 더 막강하다.19 그래서 미래의 어떤 반란의 발발도 전진된 위치에서 시작할 것으로 생각된다.

야코비Jacoby가 최근에 주장하였듯이, 캠퍼스에 대한 증가된 관용이 기회주의적인 생존전략의 다른 측면일는지도 모르지만, 좌파는 그 전략으로부터 너무 학문적으로 출현하여서 그것이 미국의 자본주의나 또는 자본주의 국가에 어떠한 심각한 위협도 최근에는 가하지 않고 있다.[20] 우리는 엘리 Ely와 같은, 베블렌과 같고 그리고 주블린Zeublin과 같은 사람들 세대가 되어버렸는지 모르겠는데, 그들의 정치적 학문은 너무 기회주의적이거나 또는 너무 난해해서 이제 부적절하다. 좌파학회가 불편하고 현혹적인 휴전의 넓어진 경계선들을 두드러지게 하는 학문적 계급투쟁에서 진정한 승리라는 점도 마찬가지로 가능하다. 그러한 난국은 오직 휴전들을 필요하고 가능하게 만드는 조건들이 바뀌지 않고 남아있는 한에서만 계속될 것이다. 유권자들 가운데에서 더욱 자유주의적인 추세, 학생 행동주의의 증대, 중요한 경제위기 또는 또 다른 제국의 작은 충돌이 과거에 갈등으로 이끌어갔던 똑같은 압력을 거듭 주장할 것이다.

19_ Oilman and Vernoff, *The Left Academy*.

20_ Jacoby, *Last Intellectuals*.

■책, 논문 그리고 학위논문

Abrams, Philip. 1982. *Historical Sociology*. Ithaca: Cornell University Press.

"Academic Freedoms." *Science*, March 21, 1913, p 450.

"Academic Freedom: Changes in the Status of the Teaching Body of the University of Pennsylvania—A Pleasant Sequel to the Scott Nearing Case." *The Nation*, December 23, 1915, pp. 745-46.

"Academic Freedom in Utah." *New Republic*, October 16, 1915, pp. 274-75.

"The Academic Situation." *Popular Science Monthly*, March 1913, pp. 307-8.

Adams, Henry. 1931. *The Education of Henry Adams*. New York: Modern Library

"The Aggressions of American Wealth." *The Spectator*, July 31, 1897, pp. 135-36.

Alexander, H. B. 1914. "The Professor and the Institution." *Science* 40 (July 10): 60-62.

Althusser, Louis. 1971. "Ideology and Ideological State Apparatuses: Notes Toward an Investigation." In *Lenin and Philosophy and Other Essays*. New York: Monthly Review Press.

Althusser, Louis, and Balibar, Etienne. 1977. *Reading Capital*. London: New Left Books.

An American Professor. 1898. "The Status of the American Professor." *Educational Review*, December.

Anderson, James G. 1968. *Bureaucracy in Education*. Baltimore: Johns Hopkins Press.

Andreano, Ralph C. 1973. *Superconcentration/Supercorporation*. Andover: Warner Modular Publications.

"Annual Meeting." *Bulletin of the AAUP* 7 (January–February 1921): 3-10.

Apple, Michael W. 1979. *Ideology and Curriculum*. London: Routledge and Kegan Paul.

Apple, Michael W. 1982. *Education and Power*. London: Routledge and Kegan Paul.

Apple, Michael W. 1983. *Ideology and Practice at Schooling*. Philadelphia: Temple University Press.

Aptheker, Bettina. 1966. *Big Business and the Universities*. New York: Institute for Marxist Studies.

Aptheker, Herbert. 1965. "Academic Freedom in the United States." *Political Affairs*, July, pp. 53-60.

Armytage, W.H.G. 1965. *The Rise of the Technocrats: A Social History*. London: Routledge and Kegan Paul.

Ashcraft, Richard. 1987. "German Historicism and the History of Political Theory." *History of Political Thought* 8 (Summer) 289-324

Baran, Paul A., and Sweezy, Paul M. 1966. *Monopoly Capital: An Essay on the American Economic and Social Order.* New York: Monthly Review Press.

Baritz, Loren. 1960. *The Servants of Power: A History of the Use of Social Science in American Industry.* Middletown: Wesleyan University Press.

Barnard, Chester. 1956. *The Functions of the Executive.* Cambridge: Harvard University Press.

Barnard, John. 1969. *From Evangelicalism to Progressivism at Oberlin College, 1866-1917.* Columbus: Ohio State University Press.

Barrow, Clyde W. 1987. "Intellectuals in Contemporary Social Theory: A Radical Critique." *Sociological Inquiry* 57 (Fall): 415-30.

Barrow, Clyde W. 1988. "Charles A. Beard's Social Democracy: A Critique of the Populist-Progressive Style in American Political Thought." *Polity* 21 (Winter): 253-276.

Beard, Charles. 1917. "A Statement." *New Republic.* December 29.

Beard, Charles A., and Beard, Mary R. 1930. *The Rise of American Civilization*, 2 vols. New York: Macmillan Co.

Beck, Hubert Park. 1947. *Men Who Control Our Universities: The Economic and Social Composition of Governing Boards of Thirty Leading American Universities.* New York: King's Crown Press.

Beemis, Edward W. 1892. "The Discontent of the Farmers." *Proceedings of the Fifth Annual Meeting of the American Economic Association*, Chautauqua, N.Y., August 23-26.

Bell, Daniel. 1972. *Marxian Socialism in the United States.* Princeton: Princeton University Press.

Bell, Daniel. 1976. *The Coming of Post-Industrial Society.* New York: Basic Books.

Benet, James. 1972. "California's Regents: Window on the Ruling Class." *Change*, February.

Bensel, Richard Franklin. 1984. *Sectionalism and American Political Development*. Madison: University of Wisconsin Press.

Bernstein, Basil. 1975. *Toward a Theory of Educational Transmissions.* Vol. 3 of *Class, Codes, and Control.* London: Routledge and Kegan Paul.

Berquist, Harold E. 1972. "The Edward W. Beemis Controversy at the University of Chicago." *Bulletin of the AAUP* 58 (December): 384-93.

Bledstein, Burton J. 1976. *The Culture of Professionalism: The Middle Class and the Development of Higher Education in America.* New York: W. W. Norton and Co.

Block, Fred L. 1977. "The Ruling Class Does Not Rule: Notes on the Marxist Theory of the State." *Socialist Revolution* 7, no. 3:6-28.

Bloom, Allan. 1987. *The Closing of the American Mind.* New York: Simon and Schuster

Bogue, Allan G., and Taylor, Robert, eds. 1975. *The University of Wisconsin: One Hundred and Twenty-Five Years*. Madison: University of Wisconsin Press.

Bond, Jesse A. 1927. "Results of School Surveys. M.A. thesis," University of Southern California.

Bowles, Samuel. 1972. "Unequal Education and the Reproduction of the Social Division of Labor." In Martin Carnoy, ed., *Schooling in a Corporate Society: The Political Economy of Education in America*, pp. 38-66. New York: McKay.

Bowles, Samuel, and Gintis, Herbert. 1969. *Schooling in Capitalist America: Educational Reform and the Contradictions of Economic Life*. New York: Basic Books.

Bowles, Samuel, and Gintis, Herbert. 1986. *Democracy and Capitalism*. New York: Basic Books.

Bowman, Claude Charleton. 1977. *The College Professor in America*. New York: Arno Press.

Brennan, J. Fletcher. 1879. *A Biographical Cyclopedia and Portrait Gallery of Distinguished Men, With an Historical Sketch of the State of Ohio*. Cincinnati: John C. Yorston and Co.

Brown, Elmer E. 1909. *Government by Influence and Other Essays*. London: Longmans, Green, and Co.

Brubacher, James S., and Rudy, Willis. 1976. *Higher Education in Transition*. New York: Harper and Row Publishers.

Bryan, Enoch Albert. 1928. *Historical Sketch of the State College of Washington*. Spokane: Inland American Printing Co.

Burns, James MacGregor. 1978. *Leadership*. New York: Harper and Row Publishers.

Butler, Nicholas Murray. 1918. "Education after the War." *Proceedings of the Association of Colleges and Preparatory Schools of the Middle States and Maryland*, November 29.

Butler, Nicholas Murray. 1921. *Scholarship and Service*. New York: Charles Scribner's Sons.

Cabaniss, Allen. 1971. *The University of Mississippi: Its First Hundred Years*. Hattiesburg University and College Press of Mississippi.

"Call for the Meeting for Organization of a National Association of University Professors." *Bulletin of the AAUP* 2 (March 1916): 11-13

Capen, Samuel P. 1911. "The Supervision of College Teaching." *Pedagogical Seminary* 18 (December): 543-50.

Capen, Samuel P. 1919. "The Colleges in a Nationalized Educational Scheme." *School and Society* 9 (March 24): 613-18.

Capen, Samuel P. 1953. *The Management of Universities*. Buffalo: Foster and Stewart Publishing Corp.

Carey, James C. 1977. *Kansas State University: The Quest for Identity*. Lawrence: Regents Press of Kansas.

"The Carnegie Pension." *Journal of Education*, April 28, 1910.

Carnoy, Martin, ed. 1977. *Schooling in a Corporate Society: The Political Economy of Education in America.* New York: McKay.

Carnoy, Martin. 1982. "Education, Economy, and the Stated." In Michael W. Apple, ed., *Cultural and Economic Reproduction in Education: Essays on Class, Ideology, and the State,* pp. 79-126. London: Routledge and Kegan Paul.

Carnoy, Martin. 1984. *The State and Political Theory.* Princeton: Princeton University Press.

Cary, Harold Whiting. 1962. *The University of Massachusetts: A History of One Hundred Years.* Amherst: University of Massachusetts Press.

Cattell, James McKeen. 1902. "Concerning the American University." *Popular Science Monthly* 61 (June): 170-82.

Cattell, James McKeen. 1909. "The Carnegie Foundation for the Advancement of Teaching." *Science* 29 (April 2): 532-39.

Cattell, James McKeen, ed. 1913. *University Control.* New York: Science Press.

Cattell, James McKeen, ed. 1919. *Carnegie Pensions.* New York: Science Press.

Cattell, James McKeen. 1922. "The Organization of Scientific Men." *Bulletin of the AAUP* 8 (October): 50-52.

Chandler, Alfred D. 1962. *Strategy and Structure: Chapters in the History of the American Industrial Enterprise.* Cambridge: MIT Press.

Chandler, Alfred D., and Redlich, Fritz. 1961. "Recent Development in American Business Administration and Their Conceptualization." *Business History Review,* Spring, pp. 103-28.

Cheyney, Edward Potts. 1940. *History of the University of Pennsylvania, 1740-1940.* Philadelphia: University of Pennsylvania Press.

Chomsky, Noam. 1969. *American Power and the New Mandarins.* New York: Pantheon Books.

Chomsky, Noam. 1969. "Objectivity and Liberal Scholarship." In Conor Cruise O'Brien and William Dean Vanech, eds., *Power and Consciousness,* pp. 43-116. New York: New York University Press.

Chomsky, Noam. 1971. *Problems of Knowledge and Freedom.* New York: Pantheon Books.

Churchill, Thomas W. 1914. "Carnegie Foundation." *Journal of Education,* September 3.

Clark, Eliot R., et al. 1920. "Report of the Missouri Local Branch of the AAUP." *Bulletin of the AAUP* 6 (April): 14-18.

Cleaver, Harry. 1979. *Reading Capital Politically.* Austin: University of Texas Press.

Cleaver, Harry, and Bell, Peter. 1982. "Marx's Crisis Theory as a Theory of Class Relations." *Research in Political Economy,* no. 5.

Clough Wilson O. 1965. *A History of the University of Wyoming, 1887-1964.* Laramie: University of Wyoming Press.

Cochran, Thomas C. 1972. *Business in American Life: A History.* New York: McGraw Hill

Book Co.

Cohen, Jean L. 1982. "Between Crisis Management and Social Movements: The Place of Institutional Reform." *Telos* 52 (Summer): 21-40.

Coleman, McAlister. 1969. *Men and Coal*. New York: Arno Press.

Collins, Varnum Lansing. 1914. *Princeton*. New York: Oxford University Press.

Colorado College. 1917. *Report on College and University Administration*. General Series, no. 94. Colorado Springs: Colorado College Publications.

"Columbia University vs. Professor Cattell." *Bulletin of the AAUP* 8 (November 1922): 21-41.

Colwell, James L. 1962. "The Populist Image of Vernon Louis Parrington." *Mississippi Valley Historical Review* 49 (June): 52-66.

Commons, John R. 1934. *Institutional Economics: Its Place in Political Economy*. New York: Macmillan Co.

Coolidge Calvin. 1921. "Enemies of the Republic: Are the 'Reds' Stalking Our College Women?" *The Delineator*, June, pp. 4-5, 65-66.

Coon, Horace. 1947. *Columbia: Colossus on the Hudson*. New York: E.P. Dutton and Co.

Corey, Lewis. 1930. *House of Morgan: A Social Biography of the Masters of Money*. New York: G.H. Wyatt.

Corwin, Edwin S. 1914. Review of *Economic Interpretation of the Constitution of the United States*, by Charles A. Beard. History Teachers' Magazine 5 (February): 65-66.

Coser, Lewis A. 1965. *Men of Ideas: A Sociologist's View*. New York: Free Press.

Cotkin, George Bernard. 1978. "Working-Class Intellectuals and Evolutionary Thought in America, 1870-1915." Ph.D. diss., Ohio State University.

Crane, R.T. 1909. *The Utility of All Kinds of Higher Learning*. Chicago.

Creamer Daniel; Dobrovolski, Sergei P.; and Borenstein, Israel. 1960. *Capital in Manufacturing and Mining*. Princeton: Princeton University Press.

Croly, Herbert. 1909. *The Promise of American Life*. New York: Macmillan Co.

Curti, Merle, and Carstensen, Veron. 1949. *The University of Wisconsin A History, 1848-1925*. 2 vols. Madison: University of Wisconsin Press.

Curti, Merle, and Nash, Roderick. 1965. *Philanthropy in the Shaping of American Higher Education*. New Brunswick: Rutgers University Press.

Dahl, Robert. 1971. *Polyarchy: Participation and Opposition*. New Haven: Yale University Press.

Dahl, Robert. 1985. *A Preface to Economic Democracy*. Berkeley and Los Angeles: University of California Press.

Dale, Roger. 1982. "Education and the Capitalist State: Contributions and Contradictions." In Michael W. Apple, ed., *Cultural and Economic Reproduction in Education: Essays on Class, Ideology, and the State*, pp. 127-61. London: Routledge and Kegan Paul.

Davis, Mike. 1986. *Prisoners of the American Dream: Politics and Economy in the History of the U. S. Working Class*. London: Verso Books.

Demarest, William H.S. 1924. *A History of Rutgers College, 1776-1924*. New Brunswick: Rutgers University Press.

Dewey, John. 1902. "Academic Freedom." *Educational Review*, January, pp. 1-14.

Dewey, John. 1916. "The Need of an Industrial Education in an Industrial Democracy." *Proceedings of the Second Pan-American Scientific Congress*. Washington, D.C. December 27, 1915 to January 8, 1916. Vol. 4.

Domhoff, G. William. 1967. *Who Rules America?* Englewood Cliffs, N.J.: Prentice Hall.

Domhoff, G. William. 1970. *The Higher Circles: The Governing Class in America*. New York: Random House.

Doten, Samuel Bradford. 1924. *An Illustrated History of the University of Nevada*. Reno: University of Nevada Press.

Douglas, Paul H. 1929. "Incomes and Living Costs of a University Faculty." *Bulletin of the AAUP* 15 (May): 350-55.

Dowd, Douglas. 1974. *The Twisted Dream: Capitalist Development in the United States since 1776*. Cambridge: Winthrop Publishers.

Dowell, Eldridge Foster. 1939. "A History of Criminal Syndicalism Legislation in the United States." *Studies in Historical and Political Science*. Series 57, no. 1. Baltimore: Johns Hopkins Press.

Draper, Theodore. 1984. "Intellectuals in American Politics: Past and Present." In Nissan Oren, ed., *Intellectuals in Politics*, pp. 15-42. Jerusalem: Magnes Press.

Dunaway, Wayland Fuller. 1946. *History of the Pennsylvania State College*. Lancaster: Pennsylvania State College.

Dupree, A. Hunter. 1957. *Science in the Federal Government: A History of Policies and Activities to 1940*. Cambridge: Harvard University Press.

Durham, N.W. 1912. *History of the City of Spokane and Spokane County, Washington*. 3 vols. Chicago: S. J. Clarke Publishing Co.

Duster, Troy N.d. *The Aims of Higher Learning and the Control of the Universities*. Berkeley pamphlet.

Easterby, J.H. 1935. *A History of the College of Charleston, Founded 1770*. Charleston: Scribner Press.

Eaton, William Edward. 1975. *The American Federation of Teachers, 1816-1961: A History of the Movement*. Carbondale: Southern Illinois University Press.

Eddy, Edward Danforth, Jr. 1956. *Colleges for Our Land and Time: The Land-Grant Idea in American Education*. Westport, Conn.: Greenwood Press.

"Editorial Announcement." *Bulletin of the AAUP* 2 (March 1916): 6.

Ehrenreich, Barbara, and Ehrenreich, John. 1977. "The Professional Managerial Class." *Radical America* 11 (March–April) 7-31.

Eliot, Charles. 1907. "Academic Freedom." In Walter P Metzger, ed., *The American Concept of Academic Freedom in Formation*, pp. 1-12. New York: Arno Press, 1977.

Eliot, Charles. 1908. *University Administration*. Boston: Houghton–Mifflin Co.

Elkin, Stephen L. 1987. *City and Regime in the American Republic*. Chicago: University of Chicago Press.

Elliot, Orrin Leslie. 1937. *Stanford University: The First Twenty–Five Years*. Stanford: Stanford University Press

Ely, Richard T. 1887. "Statement of Dr. Richard T. Ely." *Publications of the American Economic Association.* Vol. 1.

Ely, Richard T. 1892. "Discussion of the Farmers' Movement." *Report of the Proceedings of the Fifth Annual Meeting of the American Economic Association*, Chautauqua, N.Y., August 23-26.

Ely, Richard T. 1894. "Fundamental Beliefs in My Social Philosophy." *Forum* 18: 173-83.

Fairclough, H.R. 1929. "Academic Freedom and Academic Tenure." *Bulletin of the AAUP* 15 (February): 99-101.

Feuer, Lewis S. 1969. *The Conflict of Generations: The Character and Significance of Student Movements*. New York: Basic Books.

Feuer Lewis S. 1975. *Ideology and the Ideologists*. New York: Harper and Row Publishers.

Feuer, Lewis S. 1976. "What is an Intellectual?" In Aleksander Gella, ed., *The Intelligentsia and the Intellectuals: Theory, Method, and Case Study*, pp. 47-58. Beverly Hills: Sage Publications.

Fine, Ben. 1975. *Marx's Capital*. London: Macmillan Co.

Finn, Chester E. 1978. *Scholars, Dollars, and Bureaucrats*. Washington, D.C.: Brookings Institution.

Fleming, Walter L. 1936. *Louisiana State University*. Baton Rouge: Louisiana State University Press.

Flexner, Abraham. 1940. *I Remember*. New York: Simon and Schuster.

Folwell, W. W. 1893. "The New Economics: Address of the Acting President of the American Economic Association." *Report of the Proceedings of the American Economic Association*.

Foner, Philip. 1965. *The Industrial Workers of the World*. New York: International Publishers.

Fosdick, Raymond B. 1962. *Adventure in Giving: The Story of the General Education Board, a Foundation Established by John D. Rockefeller*. New York: Harper and Row Publishers.

Foster, William Z. 1947. *American Trade Unionism: Principles and Organization, Strategy and*

Tactics. New York: International Publishers.

"The Freedom of Teaching." *Dial* 18 (September 1, 1894): 103-5.

Freeman Joseph. 1973. *An American Testament: A Narrative of Rebels and Romantics.* New York: Octagon Books.

Friedman, Francesca. 1975. "The Internal Structure of the American Proletariat: A Marxist Analysis." *Socialist Revolution* 5 (October–December): 41-83.

Furner, Mary O. 1975. *Advocacy and Objectivity: A Crisis in the Professionalization of American Social Science, 1865-1905.* Lexington: University Press of Kentucky

Galenson, Walter. 1983. *The Untied Brotherhood of Carpenters: The First Hundred Years.* Cambridge: Harvard University Press.

Gates, Charles Marvin. 1961. *The First Century at the University of Washington, 1861-1961.* Seattle: University of Washington Press.

Geiger, Louis M. 1958. *University of the Northern Plains: A History of the University of North Dakota, 1883-1958.* Grand Forks: University of North Dakota Press.

Geiger, Roger L. 1986. *To Advance Knowledge: The Growth of American Research Universities, 1900-1940.* New York: Oxford University Press.

"General Report of the Committee on Academic Freedom and Academic Tenure." *Bulletin of the AAUP* 8 (December 1922): 4-21.

"General Report on Academic Freedom and Academic Tenure." *Bulletin of the AAUP* 1 (December 1915): 490-507

Gerstenberger, Heide. 1978. "Class Conflict, Competition, and State Functions." In John Holloway and Sol Picciotto, eds., *State and Capital: A Marxist Debate*, pp. 148-59. Austin: University of Texas Press.

Gilbreth, Frank. 1912. *A Primer of Scientific Management.* New York: D. Van Nostrand Co.

Gilman, Daniel Colt. 1898. *University Problems in the United States.* New York: Century Co.

Goldman, Eric F. 1944. "J. Allen Smith: The Reformer and His Dilemma." *Pacific Northwest Quarterly,* July, pp. 195-214.

Gompers, Samuel. 1922. "College Men and the American Labor Movement." *American Federationist*, March, pp. 212-15.

Gompers, Samuel. 1922. "For Higher Universal Education." *American Federationist,* November, pp. 843-44.

Goodnow, Frank J. 1900. *Politics and Administration.* New York: Macmillan Co.

Goodspeed, Thomas Wakefield. 1922. *The University of Chicago Biographical Sketches* 2 vols. Chicago: University of Chicago Press.

Goodspeed, Thomas Wakefield. 1933. *The Story of the University of Chicago, 1890-1925.* Chicago: University of Chicago Press.

Gorz, André. 1972. "Technical Intelligence and the Capitalist Division of Labor." *Telos* 12 (Summer): 27-41.

Gould, Jay M. 1966. *The Technical Elite*. New York: Augustus M. Kelley Publishers.

Gouldner, Alvin W. 1979. *The Future of Intellectuals and the Rise of the New Class*. New York: Continuum Publishing Corp.

Gramsci, Antonio. 1971. *Selections from the Prison Notebooks*. New York: International Publishers.

Grantham, Dewey W. 1983. *Southern Progressivism: The Reconciliation of Progress and Tradition*. Knoxville: University of Tennessee Press.

Graves Frank P. 1902. "The Need of Training for the College Presidency." *Forum* 32: 680-85.

Gray, James. 1951. *The University of Minnesota, 1851-1951*. Minneapolis: University of Minnesota Press.

Griffin, Clifford S. 1974. *The University of Kansas: A History*. Lawrence: University of Kansas Press.

Haber, Samuel. 1964. *Efficiency and Uplift: Scientific Management in the Progressive Era, 1890-1920*. Chicago: University of Chicago Press.

Habermas, Jürgen. 1975. *Legitimation Crisis*. Boston: Beacon Press.

Hacker, Louis. 1940. *The Triumph of American Capitalism: The Development of Forces in American History to the End of the Nineteenth Century*. New York: Columbia University Press.

Hackett, Alice Payne. 1949. *Wellesley: Part of the American Story*. New York: E.P. Dutton and Co.

Hadley, Arthur T. 1977. "Academic Freedom in Theory and Practice." In Walter P. Metzger, ed., *The American Concept of Academic Freedom in Formation*. New York: Arno Press.

Hanford, Cornelius H. 1924. *Seattle and Environs*. Seattle: Pioneer Historical Publishing Co.

Harvard University. 1937. *Historical Register of Harvard University 1636-1936*. Cambridge: Harvard University Press.

Haskell, Thomas L. 1977. *The Emergence of Professional Social Science: The American Social Science Association and the Nineteenth-Century Crisis of Authority*. Urbana: University of Illinois Press.

Hays, Samuel P. 1957. *The Response to Industrialism, 1885-1914*. Chicago: University of Chicago Press.

Hays, Samuel P. 1959. *Conservation and the Gospel of Efficiency: The Progressive Conservation Movement, 1890-1920*. Cambridge: Harvard University Press.

Hays, Samuel P. 1960. *Municipal Reform in the Progressive Era: Whose Class Interest?* Boston: New England Free Press.

Heilman, J.D. 1925. "Methods of Reporting the College Teachers' Load and Administrative Efficiency." *Educational Administration and Supervision* 11 (March): 167-87

Herbst, Jurgen. 1972. *The German Historical School in American Scholarship: A Study in the Transfer of Culture.* Port Washington, N.Y.: Kennikat Press.

Herman, Stanley M. 1968. *The People Specialists: An Examination of Realities and Fantasies in the Corporation's View of People.* New York: Alfred A Knopf.

Hewett, Waterman Thomas. 1905. *Cornell University: A History.* 2 vols. New York: University Publishing Society.

Heyl, Charles C. 1910. "The Carnegie Foundation and Some American Educational Problems." *Journal of Education*, May 26.

Hilferding, Franz. 1981. *Finance Capital: A Study of the Latest Phase of Capitalist Development.* Boston: Routledge and Kegan Paul.

Hirsch, E.D. 1987. *Cultural Literacy.* Boston: Houghton–Mifflin Co.

Hirsch, Joachim. 1978. "The State Apparatus and Social Reproduction: Elements of a Theory of the Bourgeois State." In John Holloway and Sol Picciotto, eds., *State and Capital: A Marxist Debate*, pp 57-107. Austin: University of Texas Press.

Hiscock, Frank. 1923. "Radicalism in Universities." *Bulletin of the AAUP* 9 (February): 33.

Hobsbawm, Eric. 1976. "The Crisis of Capitalism in Historical Perspective." *Socialist Revolution* 6 (October–December): 77-96.

Hofstadter, Richard. 1955. *The Age of Reform: From Bryan to F.D.R.* New York: Vintage Books.

Hofstadter, Richard. 1963. *Anti-Intellectualism in American Life.* New York: Vintage Books.

Hofstadter, Richard, and Metzger, Walter P. 1955. *The Development of Academic Freedom in the United States.* New York: Columbia University Press.

Hollis, Daniel Walker. 1956. *University of South Carolina.* Columbia: University of South Carolina Press.

Hollis, Ernest Victor. 1938. *Philanthropic Foundations and Higher Education.* New York: Columbia University Press.

Horn, Max. 1979. *The Intercollegiate Socialist Society, 1905-1921.* Boulder: Westview Press.

Horowits, Irving Louis. 1967. *The Rise and Fall of Project Camelot: Studies in the Relationship between Social Science and Practical Politics.* Cambridge: MIT Press.

Horowitz, Irving Louis. 1971. *The Use and Abuse of Social Science.* New York: Transaction Books.

Howe Irving. 1984. "Intellectuals, Dissent, and Bureaucrats." *Dissent* 31 (Summer): 303-8.

Hunt, Herbert. *Tacoma: Its History and Its Builders.* 3 vols. Chicago: S. J. Clarke Publishing Co.

Hurlin Ralph G. 1920. "The Salaries of College Teachers in 1920." *School and Society* 12 (October 30): 412-14.

Hyde, William Dewitt. 1977. "Academic Freedom in America." In Walter P. Metzger ed.,

The American Concept of Academic Freedom in Formation. New York: Arno Press.

Hymer, Stephen. 1978. "The Evolution of the Corporation." In Richard C. Edwards, ed., *The Capitalist System: A Radical Analysis of American Society*, pp. 120-25. 2nd ed. Englewood Cliffs, N.J.: Prentice–Hall.

Indiana Survey Commission. 1926. *Report of a Survey of the State Institutions of Higher Learning*. Indianapolis: William Buford.

"Intercollegiate Liberal League." *Bulletin of the AAUP* 7 (October 1921): 8.

Iverson, Robert W. 1959. *The Communists and the Schools*. New York: Harcourt, Brace, and Co.

Jacoby, Russell. 1987. *The Last Intellectuals: American Culture in the Age of Academy*. New York: Basic Books.

Jastrow, Joseph J. 1906. "The Academic Career as Affected by Administration." *Science* 23: 561-74.

Jastrow, Joseph J. 1908. "Academic Aspects of Administration." *Popular Science Monthly* 73 (October): 326-29.

Jessop, Bob. 1982. *The Capitalist State*. New York: New York University Press.

Johns Hopkins University. 1926. *Johns Hopkins Half Century Directory, 1876-1926*. Baltimore: Johns Hopkins Press.

Johnston, Thomas R., and Hand, Helen. 1940. *The Trustees and the Officers of Purdue University*. Lafayette: Purdue University

Kaduslzin, Charles. 1974. *The American Intellectual Elite*. Boston: Little, Brown, and Co.

Kaplan, Craig, and Schrecker, Ellen. *Regulating the Intellectuals: Perspectives on Academic Freedom in the 1980s*. New York: Praeger Press.

Karabel, Jerome, ed. 1977. *Power and Ideology in Education*. Oxford: Oxford University Press.

Karabel, Jerome. 1981. *Trends in the Racial, Sexual, and Class Inequalities in Access to American Higher Education*. Cambridge, Mass.: Huron Institute.

Kevles, Daniel J. 1979. *The Physicists: The History of a Scientific Community in Modern America*. New York: Vintage Press.

Kirkland, Moses. 1895. *History of Chicago*. 2 vols. Chicago: Munsell and Co.

Kirkpatrick, James E. 1926. *The American College and its Rulers*. New York: New Republic Press.

Kolko, Gabriel. 1977. *The Triumph of Conservatism: A Reinterpretation of American History, 1900-1916*. New York: Free Press.

Kotz, David M. 1978. "Finance Capital and Corporate Control." In Richard C. Edwards, ed., *The Capitalist System: A Radical Analysis of American Society*, pp. 147-58. 2rd ed. Englewood Cliffs, N.J.: Prentice Hall.

Ladd, Everett Carl, and Lipset, Seymour Martin. 1975. *The Divided Academy: Professors and Politics.* New York: W. W. Norton and Co.

Lambert, W. A. 1913. "Liberty in Teaching." *The Nation* 97 (July 3): 11.

Lampman, Robert J. 1962. *The Share of Top Wealth Holders in National Wealth.* Princeton: Princeton University Press.

Lane, Winthrop D. 1926. *Military Training in Schools and Colleges of the United States.* New York: Committee on Military Training.

Larson, Margali Sarfatti. 1977. *The Rise of Professionalism: A Sociological Analysis.* Berkeley and Los Angeles: University of California Press.

Lawton, William Cranston. 1906. "The Decay of Academic Courage." *Educational Review* 32 (November): 395-404.

Lefort, Claude. 1986. "What Is Bureaucracy?" In *The Political Forms of Modern Society: Bureaucracy, Democracy, Totalitarianism*, pp. 89-121. Cambridge: MIT Press.

Leighton, J.A. 1920. "Report of Committee T on the Place and Function of Faculties in University Government and Administration." *Bulletin of the AAUP* 6 (March): 17-47.

Lester, Jeanette Ann. 1968. "The AFT in Higher Education: A History of Union Organization of Faculty Members in Colleges and Universities, 1916-1966." Ph.D. diss., University of Toledo.

Levine, David O. 1986. *The American College and the Culture of Aspiration, 1915-1940.* Ithaca: Cornell University Press.

Lindblom, Charles. 1977. *Politics and Markets.* New York: Basic Books.

Lindeman, Eduard C. 1936. *Wealth and Culture: A Study of One Hundred Foundations and Community Trusts and Their Operations During the Decade 1921-1930.* New York: Harcourt, Brace and World.

Lintner John. 1969. "The Financing of Corporations." In Edward Mason, ed., *The Corporation in Modern Society.* New York: Atheneum Press.

Lipset, Seymour Martin. 1972. *Rebellion in the University: A History of Student Activism in America.* London: Routledge and Kegan Paul.

Livingston, Arthur. 1917. "Academic Freedom." *New Republic*, November 17, pp. 69-71.

"Local and Chapter Notes." 1925. *Bulletin of the AAUP* 11 (October): 309-10.

Lockmiller, David A. 1939. *History of the North Carolina State College of Agriculture and Engineering, 1889-1939.* Raleigh: Edwards and Broughton Co.

Lodge, Henry Cabot. 1912. "The Constitution and Its Makers." *North American Review* 196 (July): 20-51.

London, Jack. 1908. "Revolution." *Contemporary Review* 93 (January): 2-31.

Lovejoy, Arthur O. 1918. "Report on Academic Freedom in Wartime." *Bulletin of the AAUP*

4 (February–March): 29-47.

Lovejoy, Arthur O. 1919. "Annual Message of the President of the AAUP." *Bulletin of the AAUP* 5 (November–December): 10-40.

Lowell, A. Lawrence. 1910. "The Physiology of Politics." *American Political Science Review* 4 (February): 1-15.

Lukes, Steven. 1974. *Power: A Radical View*. London: Macmillan.

McCarthy, Charles. 1912. *The Wisconsin Idea*. New York: Macmillan Co.

McClintock, Thomas C. 1962. "J. Allen Smith: A Pacific Northwest Progressive." *Pacific Northwest Quarterly*, April, pp. 49-59.

McCracken John Henry. 1920. *College and Commonwealth*. New York: Century Co.

MacDonald, Edward D., and Hinton, Edward M. 1942. *Drexel Institute of Technology, 1891-1941: A Memorial History*. Philadelphia: Drexel Institute of Technology.

McGrath, Earl J. 1936. The Control of Higher Education in America." *Educational Record* 17 (April): 259-72.

Machlup, Fritz. 1962. *The Production and Distribution of Knowledge in the United States*. Princeton: Princeton University Press.

McVey, Frank L., and Hughes, Raymond M. 1952. *College and University Administration*. Ames: Iowa State University Press.

Mandel, Ernest. 1975. "The Industrial Cycle in Late Capitalism." *New Left Review* 90 (March–April): 3-25.

Mandel, Ernest. 1980. *Long Waves of Capitalist Development: The Marxist Interpretation*. Cambridge: Cambridge University Press.

Manley, Robert N. 1967. *Centennial History of the University of Nebraska*. 2 vols. Lincoln: University of Nebraska Press.

Mann, Michael. 1975. "The Ideology of intellectuals and Other People in the Development of Capitalism." In Leon Lindberg, ed., *Stress and Contradiction in Modern Capitalism: Public Policy and the Theory of the State*, pp. 275-307. Lexington, Mass.: D. C. Heath.

Mannheim, Karl. 1936. *Ideology and Utopia*. New York: Harcourt, Brace, Jovanovich.

Marx, Karl and Engels, Friedrich. 1970. *The German Ideology*. New York: International Publishers.

May, Henry. 1963. *The Discontent of the Intellectuals: A Problem of the Twenties*. Chicago: Rand–McNally and Co.

Mead, E.D. 1897. "Editor's Table." *New England Magazine*, September, pp. 119-28.

Means, Gardiner C. 1939. *The Structure of the American Economy*. Washington D.C.: GPO.

Means, Gardiner C. 1972. "Business Concentration in the American Economy." In Richard C. Edwards, ed., *The Capitalist System: A Radical Analysis of American Society*, pp. 145-56.

Englewood Cliffs, N.J.: Prentice-Hall.

Meiklejohn, Alexander. 1920. *The Liberal College*. Boston: Marshall Jones Co.

Meiklejohn, Alexander. 1981. *The Experimental College*. Cabin John, Md.: Seven Locks Press.

Melman, Seymour. 1974. *The Permanent War Economy: American Capitalism in Decline*. New York: Simon and Schuster.

Merton, Robert. 1972. *Social Theory and Social Structure*. Chicago: University of Chicago Press.

Merwin, C.L. 1942. "American Studies of the Distribution of Wealth and Income by Size." *Studies in Income and Wealth*. New York: Columbia University Press.

Miliband, Ralph. 1969. *The State in Capitalist Society: An Analysis of the Western System of Power*. New York: Basic Books.

Mill, John Stuart. 1975. "On Liberty." In *Three Essays*, pp. 5-141. Oxford: Oxford University Press.

"Mr. Rockefeller's Educational Trust." *Current Literature* 42 (March 1907): 253-54.

Moore, Wilbert E. 1970. *The Professions: Roles and Rules*. New York: Russell Sage Foundation

Morris, James O. 1958. *Conflict within the AFL: A Study of Craft versus Industrial Unionism, 1901-1938*. Ithaca: Cornell University Press.

Morton, J. Sterling. 1905. *Illustrated History of Nebraska*. 2 vols. Lincoln: Jacob North and Co.

Myers, Burton Dorr. 1951. *Officers of Indiana University, 1820-1950*. Bloomington: Indiana University Press.

Nearing, Scott. 1917. "Who's Who among College Trustees?" *School and Society* 6 (September 8): 297-99.

Nearing, Scott. 1972. *The Making of a Radical: A Political Autobiography*. New York: Harper and Row Publishers.

Nelson, Daniel. 1980. *Frederick Taylor and the Rise of Scientific Management*. Madison: University of Wisconsin Press.

Nelson, Ralph L. 1959. *Merger Movements in American Industry, 1895-1956*. Princeton: Princeton University Press.

Nelson, Richard R.; Peck, Merton J.; and Kalachek, Edward D. 1967. *Technology, Economic Growth, and Public Policy*. Washington, D.C.: Brookings Institution.

Nelson, Robert. 1970. "Project Camelot: An Autopsy." In Philip Rieff, ed., *On Intellectuals*, pp. 307-39. Garden City: Doubleday and Co.

Noble, David. 1977. *American by Design: Science, Technology, and the Rise of Corporate Capitalism*. New York: Alfred A. Knopf.

Nordan, Max. 1923. "White-Collar Slaves." *Railway Carmen's Journal*, January, p. 57.

Nore, Ellen. 1983. *Charles A. Beard: An Intellectual Biography*. Carbondale: Southern Illinois

University Press.

Norton, Theodore N., and Ollman, Bertell, eds. 1979. *Studies in Socialist Pedagogy.* New York: Monthly Review Press.

Oberschall, Anthony. 1973. *Social Conflict and Social Movements.* Englewood Cliffs, N.J.: Prentice-Hall.

O'Brien, Conor Cruise, and Vanech, William Dean, eds. 1969. *Power and Consciousness.* New York: New York University Press.

O'Connor, James. 1973. *The Fiscal Crisis of the State.* New York: St. Martin's Press.

O'Connor, James. 1987. *The Meaning of Crisis: A Theoretical Introduction.* London: Basil Blackwell.

Offe, Claus. 1984. *Contradictions of the Welfare State.* Cambridge: MIT Press.

Okun, Arthur. 1975. *Equality and Efficiency: The Big Trade-Off.* Washington, D.C.: Brookings Institution.

Ollman, Bertell. 1984. "Academic Freedom in America Today: A Marxist View." *Monthly Review*, March, pp. 1-12.

Ollman, Bertell, and Vernoff, Edward. 1982. *The Left Academy: Marxist Scholarship on American Campuses.* New York: McGraw-Hill Book Co.

Parsons, Talcott. 1970. "The Intellectual: A Social Role Category." In Philip Rieff, ed., *On Intellectuals.* Garden City, N.Y.: Doubleday and Co.

Parsons, Talcott. 1977. "Considerations on the American Academic System." In Walter P. Metzger, ed., *Reader on the Sociology of the Academic Profession*, pp. 497-50. New York: Arno Press.

Parsons, Talcott, and Platt, Gerald M. 1973. *The American University.* Cambridge: Harvard University Press.

Perlman, Mark. 1961. *The Machinists: A New Study in American Trade Unionism.* Cambridge: Harvard University Press.

Perry, George Sessions. 1951. *The Story of Texas A&M.* New York: McGraw-Hill Co.

Peterson, William J. 1952. *The Story of Iowa.* 4 vols. New York: Lewis Historical Publishing Co.

Peterson, George E. 1964. *The New England College in the Age of the University.* Amherst: Amherst College Press.

Piccard, Paul J., ed. 1969. *Science and Policy Issues.* Itasca, Ill.: F. E. Peacock Publishers.

"The Point of View." *Scribner's Magazine* 42 (1907): 122-24.

Polanyi, Karl. 1944. *The Great Transformation.* Boston: Beacon Press.

"Political Revolt in the Northwest, III: Making the Schools an Issue." *New Republic*, November 17, 1917, pp. 71-73.

Pollard, James E. 1952. *History of the Ohio State University: The Story of Its First Seventy-Five*

Years, 1873-1948. Columbus: Ohio State University Press.

Poulantzas, Nicos 1973. *Political Power and Social Classes.* London: New Left Books.

Poulantzas, Nicos. 1978. *Classes in Contemporary Capitalism.* London: New Left Books.

Poulantzas, Nicos. 1980. *State, Power, Socialism.* London: New Left Books.

Powers, William H. 1931. *A History of South Dakota State College.* Brookings: South Dakota State College.

Presthus, Robert. 1962. *The Organizational Society.* New York: Alfred A. Knopf.

Price, Geoffrey. 1984-1985. "Universities Today: Between the Corporate State and the Market." *Culture, Education, and Society* 39 (Winter): 43-58.

Pritchett, Henry S. 1905. "Shall the University Become a Business Corporation?" *Atlantic Monthly* 96 (September): 289-99

Pritchett, Henry S. 1906. "Policy of the Carnegie Foundation." *Educational Review* 32 (June): 83-93.

Pritchett, Henry S. 1908. "Organization of Higher Education." *Atlantic Monthly* 102 (December): 783-89.

Pritchett, Henry S. 1908. "Scope and Practical Workings of the Carnegie Foundation for the Advancement of Teaching." *Journal of Education,* December 17, pp. 656-57.

"A Professional Fiasco." *New Republic,* May 28, 1924, p. 6.

Ratner, Sidney. 1942. American Taxation: *Its History as a Social Force in Democracy.* New York: W.W. Norton and Co.

Raugh, Morton A. 1968. *The Trusteeship of Colleges and Universities.* New York: McGraw-Hill Book Co.

Reeves, Floyd W. 1933. *Organization and Administration.* Chicago: University of Chicago Press.

Reich, Michael. 1972. "The Evolution of the United States Labor Force." In Richard C. Edwards, ed., *The Capitalist System.* Englewood Cliffs, N.J.: Prentice-Hall.

"Report of the Committee of Inquiry Concerning Charges of Violation of Academic Freedom at the University of Colorado." *Bulletin of the AAUP* 2 (April 1916): 3-71.

"Report of the Committee of Inquiry on the Colorado School of Mines." *Bulletin of the AAUP* 6 (May 1920): 9-40.

Report of the Proceedings of the Thirty-Eighth Annual Convention of the American Federation of Labor, St. Paul, Minn., June 10-20, 1918.

"Report on Charges of Violation of Academic Freedom at the University of Colorado and at Wesleyan University." *Bulletin of the AAUP* (1915).

"Report on MiddleBury College." *Bulletin of the AAUP* 7 (May 1921): 28-37.

"Report on the University of Arizona." *Bulletin of the AAUP* 10 (November 1924): 18-35.

"Report on the University of Montana." *Bulletin of the AAUP* 10 (March 1924): 50-58.

"Report on the University of Montana–the Levine Case." *Bulletin of the AAUP* (May 1919): 13-25.

"Report on Washburn College." *Bulletin of the AAUP* 7 (January–February 1921): 66-137.

Reynolds, John Hugh, and Thomas, David Yancey. 1910. *History of the University of Arkansas*. Fayetteville: University of Arkansas Press.

Ross, Earle D. 1942. *A History of the Iowa State College of Agriculture and Mechanic Arts*. Ames: Iowa State College Press.

Rowland, Dunbar. 1925. *History of Mississippi: The Heart of the South*. Jackson: S.J. Clarke Publishing Co.

Rude, George. 1979. *Ideology and Popular Protest*. New York: Pantheon Books.

Rudolph, Frederick. 1962. *The American College and University: A History*. New York: Alfred A. Knopf.

Ruml, Beardsley, and Tickton, Sidney. 1955. *Teaching Salaries Then and Now: A Fifty-Year Comparison with Other Occupations and Industries*. New York: Fund for the Advancement of Education.

Sanders, Elizabeth. 1987. "Industrial Concentration, Sectional Competition, and Antitrust Politics in America, 1880-1980." *Studies in American Political Development* 1: 142-214.

Sargeant, Ide G. 1915. "Vermont and the Carnegie Survey." *Journal of Education* 81 (May 13): 508-11.

Sartre, Jean–Paul. 1974. *Between Existentialism and Marxism*. New York: Pantheon Books.

Scase, Richard, ed. 1980. *The State in Western Europe*. London: St. Martin's Press.

Schneider, David. 1928. *The Workers' (Communist) Party and American Trade Unions*. Baltimore: Johns Hopkins Press.

Scott, Russell. 1920. "The 'New Virility' in America." *New Statesman*, February 28, pp. 613-14.

Seabury, Paul, ed. 1979. *Bureaucrats and Brainpower*. San Francisco: Institute for Contemporary Studies.

Seidman, Joel. 1942. *The Needle Trades*. New York: Farrar and Rinehart.

Seligman, E.R.A., et al. 1915. "Preliminary Report of the Joint Committee on Academic Freedom." *American Political Science Review* 9 (May): 374-81.

Sellers, Charles Coleman. 1973. *Dickinson College: A History*. Middletown, Conn.: Wesleyan University Press.

"A Serious Situation." *Journal of Education*, February 15, 1915.

Shibley, G. H. 1900. "The University and Social Questions." *Arena* 23: 294-96.

Shils, Edward. 1972. *The Intellectuals and the Powers*. Chicago: University of Chicago Press.

Shils, Edward. 1972. *The Constitution of Society*. Chicago: University of Chicago Press.

Shor, Ira. 1980. *Critical Teaching and Everyday Life*. Boston: South End Press.

Shor, Ira. 1987. *A Pedagogy for Liberation.* South Hadley, Mass.: Bergin and Garvey Publishers.

Shugg, Robert W. 1939. *Origins of Class Struggle in Louisiana: A Social History of White Farmers and Laborers during Slavery and After, 1840-1875.* Baton Rouge: Louisiana State University Press.

Sinclair, Upton. 1923. *The Goose-Step: A Study of American Education.* Rev. ed. Pasadena: Privately Printed.

Skillman, David B. 1932. *The Biography of a College: Being the History of the First Century of the Life of Lafayette College.* 2 vols. Easton, Pa.: Lafayette College.

Skocpol, Theda. 1979. *States and Revolution.* Cambridge: Cambridge University Press

Skocpol, Theda. 1980. "Political Response to Capitalist Crisis: Neo-Marxist Theories of the State and the Case Of the New Deal." *Politics and Society* 10: 155-201.

Skowronek, Stephen. 1982. *Building a New American State: The Expansion of National Administrative Capacities, 1877-1920.* Cambridge: Cambridge University Press.

Smith, Adam. 1965. *An Inquiry into the Nature and Causes of the Wealth of Nations.* New York: Modern Library.

Smith, David N. 1974. *Who Rules the Universities? An Essay in Class Analysis.* New York: Monthly Review Press.

Smith, Durrell Hevenor. 1923. *The Bureau of Education: Its History, Activities, and Organization.* Baltimore: Johns Hopkins Press.

Snowden, Clinton A. 1909. *History of Washington.* 4 vols. New York: Century History Co.

Solberg, Winton U. 1968. *The University of Illinois, 1867-1894: An Intellectual and Cultural History.* Chicago: University of Illinois Press.

Spring, Joel H. 1972. *Educations and the Rise of the Corporate State.* Boston: Beacon Press.

Spring, Joel H. 1980. *Educating the Worker-Citizen.* New York: Longman.

Stadtman, Verne A. 1968. *The Centennial Record of the University of California, 1868-1968.* Berkeley and Los Angeles: University of California Press.

Stevenson, John J. 1904. "The Status of American College Professors." *Popular Science Monthly* 66 (December): 122-30.

Story, Ronald. 1980. *The Forging of an Aristocracy: Harvard and the Boston Upper Class, 1800-1870.* Middletown, Conn.: Wesleyan University Press.

"A Survey of the Vermont Survey." *Journal of Education* 79 (March 26, 1914): 350-51.

Taylor Frederick. 1911. *The Principles of Scientific Management.* New York: Harper and Bros.

Taylor, James Monroe, and Haight, Elizabeth Hazelton. 1915. *Vassar.* New York: Oxford University Press.

Thilly, Frank. 1911. "The Characteristics of the Present Age." *Hibbert Journal* 10 (October): 253-66.

Thilly, Frank. 1917. "Annual Report of the President." *Bulletin of the AAUP* 3 (November): 11-24.

Thompson, Edward P. 1963. *The Making of the English Working Class*. London: Gollancz.

Thwing, Charles. 1920. *The American College and Universities in the Great War, 1914-1919*. New York: Macmillan Co.

Thwing, Charles. 1928. *The American and German University: One Hundred Years of History*. New York: Macmillan Co.

Tilly, Charles. 1975. *The Formation of National States in Western Europe*. Princeton: Princeton University Press.

Tilly, Charles. 1978. *From Mobilization to Revolution*. New York: Random House.

Tobey, Ronald C. 1971. *The American Ideology of National Science, 1919-1930*. Pittsburgh: University of Pittsburgh Press.

Touraine, Alain. 1974. *The Academic System in American Society*. New York: McGraw-Hill Book Co.

Trombley, Kenneth A. 1954. *The Life and Times of a Happy Liberal: A Biography of Morris Llewellyn Cooke*. New York: Harper and Brothers.

True, Rodney H. 1929. "Salary Scales of Trained Men and Women." *Bulletin of the AAUP* 15 (December): 538-40.

University of Mississippi. 1910. *Historical Catalogue of the University of Mississippi, 1849-1909*. Nashville: Marshall and Bruce Co.

University of Pennsylvania. 1914. "The Professors' Union." *Alumni Register*, February.

Vanderlip, Frank A. 1907. *Business and Education*. New York: Duffield and Co.

Van Hise, Charles R. 1912. *Concentration and Control: A Solution of the Trust Problem in the United States*. New York: Macmillan Co.

Veblen, Thorstein. 1912. *The Instinct of Workmanship and the State of the Industrial Arts*. New York: B. W. Huebsch.

Veblen, Thorstein. 1957. *The Higher Learning in America: A Memorandum on the Conduct of Universities by Businessmen*. New York: Sagamore Press.

Veysey, Laurence R. 1965. *The Emergence of the American University*. Chicago: University of Chicago Press.

Wakeby, Arthur C. 1917. *Omaha: The Gate City Old Douglas County, Nebraska*. 2 vols. Chicago: S.J. Clarke Publishing Co.

Walker, Francis A. 1890. "The Tide of Economic Thought: Presidential Address to the American Economic Association." *Report of the Proceedings of the Fourth Annual Meeting of the American Economic Association*, December 26-30, pp. 15-21.

Wallas, Graham. 1920. "The 'New Virility' in America." *New Statesman*, January 31, pp.

487-88.

Warren, Howard C. 1914. "Academic Freedom." *Atlantic Monthly* 114 (November): 689-99.

Weber, Max. 1949. *The Methodology of the Social Sciences*. New York: Free Press.

Weber, Max. 1977. *From Max Weber: Essays in Sociology*. Ed. Hans H. Gerth and C. Wright Mills. New York: Oxford University Press.

Wechsler, James. 1936. *Revolt on the Campus*. Seattle: University of Washington Press.

Weinstein, James. 1968. *The Corporate Ideal in the Liberal State, 1900-1918*. Boston: Beacon Press.

Whitfield, Stephen J. 1974. *Scott Nearing: Apostle of American Radicalism*. New York: Columbia University Press.

Who Rules Columbia? New York: North American Congress on Latin America, 1968.

Wiebe, Robert. 1962. *Businessmen and Reform: A Study of the Progressive Movement*. Cambridge: Harvard University Press.

Wiebe, Robert. 1967. *The Search for Order, 1877-1920*. New York: Hill and Wang.

Wigmore, J. H. 1916. "President's Report for 1916." *Bulletin of the AAUP* 2 (November): 9-52.

Will, Thomas Elmer. 1901. "A Menace to Freedom: The College Trust." *Arena* 26 (September): 244-57.

Willard, Julius Terras. 1940. *History of the Kansas State College of Agriculture and Applied Science*. Manhattan, Kans.: Kansas State College Press.

Williams, William Appleman. 1972. "A Profile of the Corporate Elite." In Ronald Radosh and Murray N. Rothbard, eds., *A New History of Leviathan*, pp. 1-6. New York: E P. Dutton.

Wills, Elbert Vaughn. 1936. *The Growth of American Higher Education*. Philadelphia: Dorrance and Co.

Witmer, Lightner. 1915. *The Nearing Case*. New York: B.W. Huebsch.

Wolfe, Alan. 1978. *The Limits of Legitimacy: Political Contradictions of Contemporary Capitalism*. New York: Free Press.

Wolff, Robert Paul. 1969. *The Ideal of the University*. Boston: Beacon Press.

Wright, Erik Olin. 1978. "Intellectuals and the Working Class." *Insurgent Sociologist* 8 (Winter): 5-18.

Yarreo, V. S. 1898. "Freedom of Teaching in America." *Westminster Review*, January, pp. 8-16.

Zimmerman, Ekhart. 1985. "The 1930s World Economic Crisis in Six European Countries: A First Report on Causes of Political Instability and Reactions to Crisis." In Paul M. Johnson and William R. Thompson, eds., *Rhythms in Politics and Economics*. New York: Praeger Press.

■ 정부 서류들

별도 표시가 없으면, 모든 서류들은 워싱턴 D.C.에 있는 정부인쇄소에서 출판되었음.

미국교육국(USBE): 출판된 서류들

Annual Report of the Commissioner of Education, 1870-1914.

Biennial Survey of Education, 1916-30.

Capen, Samuel P. 1916. *A Survey of Educational Institutions in the State of Washington.* Bulletin, 1916, no. 26.

Educational Surveys. Bulletins, 1928, no. 11.

Education in Patriotism: A Synopsis of the Agencies at Work. Teachers' Leaflet nc. 2. April 1918.

Ellis, A. Coswell. *The Money Value of Education.* Bulletin, 1917, no. 22.

Engineering Education after the War. Bulletin, 1921, no. 50.

Government Policies Involving the Schools in Wartime. Teachers' Leaflet no. 3. April 1918.

Increases in Salaries of College Teachers. Higher Education Circular no. 15. July 1919.

Koos, Leonard V. *The Adjustment of a Teaching Load at a University.* Bulletin 1919, no. 15.

Land-Grant College Education, 1910-1920. Bulletin, 1924, no. 30.

Land-Grant Colleges, 1926. Bulletin, 1927, no. 37

National Crisis in Education: An Appeal to the People. Bulletin, 1920, no. 29.

Opportunities for History Teachers: The Lessons of the Great War in the Classroom. Teachers' Leaflet no. 1. December 1917.

Physical Education in American Colleges and Universities. Bulletin, 1927, no. 14.

Recent Movements in Universities Administration. Bulletin, 1916, no. 46.

Sears, Jesse B. *Philanthropy in American Higher Education.* Bulletin, 1922, nc. 26.

State Survey of Higher Educational Institutions of Iowa. Bulletin, 1916, no. 19.

Survey of Negro Colleges and Universities. Bulletin, 1928, no. 7.

The Work of American Colleges and Universities during the War: A Report of the Work of the Education Section of the Committee on Engineering and Education of the Advisory Commission of the Council of National Defense. Higher Education Circular no. 2. June 8, 1917.

The Work of American Colleges and Universities during the War: Contribution of Higher Institutions to the War and to Reconstruction. Higher Education Circular no. 4. August 30, 1917.

The Work of American Colleges and Universities during the War: A Report of the Work of the Education Section of the Committee on Engineering and Education of the Advisory Commission of the Council of National Defense. Higher Education Circular no. 5. December 15, 1917.

The Work of American Colleges and Universities during the War: Contribution of Higher Institutions to the War and to Reconstruction. Higher Education Circular no. 6. January 1918.

Work of American Colleges and Universities during the War: Effect of the War on College Budgets. Higher Education Circular no. 10. April 1918.

Work of American Colleges and Universities during the War: Effect of the War on Student Enrollment. Higher Education Circular no. 9. April 1918.

미국교육국(USBE): 미출판 서류들

All of the following documents are located in the National Archives, Washington, D.C., Record Group 12. Listings are in chronological order.

Documents from Press Copies of Letters Sent, 1870-1908: "O" Series, M635.

Commissioner of Education to the Secretary of the Interior, January 8, 1903.

Elmer E. Brown, Commissioner of Education, to Henry S. Pritchett, President of the Carnegie Foundation, August 13, 1906.

Lovich Pierce, Acting Commissioner of Education, to A. Le F. Derby, Assistant Secretary of the Carnegie Foundation, October 3, 1906.

Commissioner of Education to Secretary of Interior, December 12, 1906.

Elmer E. Brown, Commissioner of Education, to Dr. Samuel A. Green, Massachusetts Historical Society, April 18, 1907.

Indexes to Letters Received.

Documents from Historical File no. 100: Organization of the Office, vol. 2.

Brown, E. E. "Partial Program for the Development of the Bureau of Education in the Near Future." Undated.

Gulick, L. "A Brief for the Extension Plans of the United States Bureau of Education." Undated.

James A. Tawney, Chairman, Committee on Appropriations, House of Representatives to Hon. Elmer E. Brown, Commissioner of Education, June 10, 1908.

Report Prepared by L. A. Kalbach, Acting Commissioner of Education, and Submitted to Secretary of Interior Bollinger for use by Senator Bourne, Jr., Chairman, Committee on Public Expenditures, August 20, 1909.

Gulick, L. "What the Bureau of Education Should Be and Do to Further Education in America." October 1909.

Memorandum of Conference at Luncheon at the Hotel Willard, Washington, D.C., Saturday, March 26, 1910.

Memorandum of Meeting Held at the Ebbitt House, Washington, D.C., March 27, 1910.

Memorandum by Elmer Elsworth Brown. Undated.

Report on the Campaign in Behalf of the United States Bureau of Education. Undated.

Henry S. Pritchett to Hon. Walter L. Fisher, Secretary of the Interior, May 29, 1911.

P.P. Claxton to the Secretary of the Interior, August 10, 1911.

Assistant Attorney General for the Department of the Interior to the Secretary of the Interior, August 20, 1911.

Acting Secretary of the Interior to P.P. Claxton, August 28, 1911.

Assistant Attorney General for the Department of the Interior to the Secretary of the Interior, November 9, 1911.

P.P. Claxton to Hon. Franklin K. Lane, Secretary of the Interior, January 13, 1917.

Documents from Historical File no. 106, vol. 8.

Loose handwritten note, signed JDW. Undated.

Loose handwritten note, signed J.C.B. Undated.

Loose handwritten note, signed F.B.D. Undated.

Loose handwritten note, signed Kle. B. Undated.

Loose handwritten note, signed A.S. Undated.

Miss Elsa Denison, Bureau of Municipal Research, to P.P. Claxton, Commissioner of Education, January 31, 1912.

P.P. Claxton to Miss Elsa Denison, February 3, 1912.

Chief Clerk of the Bureau of Education to Miss Elsa Denise, March 2, 1912.

P.P. Claxton, Commissioner of Education to Hon. James K. Baker, Secretary of the Interior, August 7, 1914.

Chief Clerk of the Bureau of Education to Mr. Basil M. Manly, January 20, 1915.

Documents from Historical File: Commissioner's File no. 107, War Articles, P.P. Claxton.

"Bureau of Education: Suggestions for War Service."

"P.P. Claxton, Activities in Connection with War Work."

Capen, Samuel P. "Report of the Division of Higher Education to the Executive Committee."

Woodrow Wilson to Franklin K. Lane, July 20, 1917.

Minutes of 3:30 p.m. to 5:15 p.m. Conference, Thursday, January 31, 1918.

Minutes of Conference, Friday, February 1, 1918.

"Scientific and Industrial Training in the War Emergency," June 28, 1918.

Commissioner P.P. Claxton to College Officers and Teachers, August 16, 1918.

Documents from School Survey Materials: Historical File no. 501.

E.A. Bryan to S.P. Capen, March 8, 1915. Box no. 106.

P.P. Claxton to Hollis Godfrey, February 23, 1916. Box no. 105.

S.P. Capen to P.P. Claxton, May 17, 1916. Box no. 104.

"Outline of Investigation of Higher Institutions in Connection with Educational Survey of Alabama." Undated.

"Information about Surveys Compiled for Use by Appropriations Committee." January 2, 1922.

"Higher Educational Surveys since 1921." January 5, 1926.

Jesse A. Bond to P.P. Claxton, January 29, 1927.

"Results of Educational Surveys Conducted by the U.S. Bureau of Education." September, 1928.

미국 내무부

"General Education Board Annual Report," 1903-14. Secretary's Central File. National Archives, Record Group 48.

Letters from the Commissioner of Education to the Secretary of the Interior. Central File, sec. 6, boxes 1526 and 1538, National Archives, Record Group 48.

미국 상하원 서류들

Report of the Committee Appointed Pursuant to H.R. 429 and 574 to Investigate the Concentration of Money and Credit by the U.S. House Banking and Currency Committee. 62nd Congress, 2nd Session. 1913.

Report of the U.S. Senate Subcommittee on the Judiciary: Brewing and Liquor Interests and German and Bolshevik Propaganda. U.S. Senate Documents, no 61. 66th Congress, 1st Session. 1919.

Report and Hearings of the U.S. Senate Subcommittee on the Judiciary: Brewing and Liquor Interests and German and Bolshevik Propaganda. U.S. Senate Documents, no 62. 66th Congress, 1st Session. Vols. 2-3. 1919.

기타 정부 서류들

Bureau of the Census. 1975. Historical Statistics of the United States: Colonial Times to 1970. 2 vols.

Bureau of Labor Statistics. 1926. *Union Scale of Wages and Hours of Labor.* Bulletin no. 431. May 15.

Capen, Samuel P. 1915. *Report of a Survey of the University of Oregon.* University of Oregon Bulletin, n.s., vol. 13, no. 4. Salem: State Printing Department.

Capen, Samuel P. 1916. *A Report on the Colleges of North Carolina*. Raleigh: Office of the State Superintendent of Public Instruction

Committee on Public Information. 1918. *Official U.S. Bulletin*. Vol. 2, no. 4-3. September 16.

Department of Health, Education, and Welfare. 1979. *Digest of Education Statistics*.

Department of the Navy. 1918. "Schools and Colleges with Naval Units." *Report of the Secretary of the Navy*.

Department of War. 1919. *Committee on Education and Special Training: A Review of Its Work during 1918*.

New York Joint Legislative Committee investigating Seditious Activities. 1920. *Revolutionary Radicalism: Its History, Purposes, and Tactics, with an Exposition and Discussion the Steps Being Taken and Required to Curb it*. 4 vols. Albany: J.B. Lyon Co., Printers.

Temporary National Economic Committee. 1941. *Investigation of Concentration of Economic Power: The Structure of Industry*.

Temporary National Economic Committee. 1941. *Investigation of Concentration of Economic Power: Final Report*.

■ 사립교육재단 출판물들

CFAT

Admission of State Institutions to the System of Retiring Allowances of the Carnegie Foundation. Bulletin no. 1. New York, 1907.

Annual Report. New York, 1907-30.

Cooke, Morris L. 1910. *Academic and Industrial Efficiency: A Report*. Bulletin no. 5. Boston: Merrymount Press.

Financial Status of the Professor in America and Germany. Bulletin no. 2. New York: G.P. Putnam's Sons, 1917.

Mann, Charles R. 1918. *Study of Engineering Education*. Bulletin no. 11. New York

Standard Forms for Financial Reports of Colleges, Universities, and Technical Schools. Bulletin no. 3. New York, 1910.

Study of Education in Vermont. Bulletin no. 7. Montpelier, 1914.

GEB

Annual Report of the General Education Board, 1915/16-1929/30.

General Education Board: An Account of its Activities, 1902-1914. 1915.

Flexner, Abraham, and Bachman, Frank P. 1915. *Public Education in Maryland*.

■기타 원고들

Capen, Samuel P. Letters from Samuel P. Capen to Mrs. Samuel P. Capen, 1914-19. Capen Papers, boxes 7-10, University Archives, State University of New York at Buffalo.

Capen, Samuel P. "The States of the Land-Grant College as Outlined in Reports of Surveys Recently Made by the United States Bureau of Education." 1919. Capen Speeches, University Archives, State University of New York at Buffalo.